明月”，青春的生命活力四射，“善思亭”旁的秋千上摇曳着白色的纱裙，笑靥如花的面庞，一幅“笙箫吹断水云间，重按霓裳歌遍彻”的画面浮现出来。不由得让我想起了高中时代最喜欢的一首诗——塞缪尔的《青春》：

青春不是年华，而是心境；
青春不是桃面、丹唇、柔膝，
而是深沉的意志、恢宏的想象、炽热的感情；
青春是生命的深泉涌流。
岁月悠悠，衰微只及肌肤；
热忱抛却，颓唐必致灵魂。
无论年届花甲，抑或二八芳龄，
心中皆有生命之欢乐，奇迹之诱惑，孩童般天真久盛不衰。
人的心灵应如浩渺瀚海，
只有不断接纳美好、希望、欢乐、勇气和力量的百川，
才能青春永驻、风华长存。

愿我们都能留在青春里，永远对生命抱有炽热的期盼。

2024年8月1日

大国教育

教以成人

中华优秀传统文化的教育实践

拓丹丹◎著

光明日报出版社

图书在版编目（CIP）数据

教以成人：中华优秀传统文化的教育实践 / 拓丹丹著. -- 北京：光明日报出版社，2025. 4. -- ISBN 978-7-5194-8701-0

Ⅰ. G623. 202

中国国家版本馆 CIP 数据核字第 2025DF7758 号

教以成人：中华优秀传统文化的教育实践

JIAOYI CHENGREN：ZHONGHUA YOUXIU CHUANTONG WENHUA DE JIAOYU SHIJIAN

著　　者：拓丹丹

责任编辑：张　丽　　　　责任校对：刘兴华　乔宇佳

封面设计：中联华文　　　　责任印制：曹　诤

出版发行：光明日报出版社

地　　址：北京市西城区永安路 106 号，100050

电　　话：010-63169890（咨询），010-63131930（邮购）

传　　真：010-63131930

网　　址：http：//book. gmw. cn

E - mail：gmrbcbs@ gmw. cn

法律顾问：北京市兰台律师事务所龚柳方律师

印　　刷：三河市华东印刷有限公司

装　　订：三河市华东印刷有限公司

本书如有破损、缺页、装订错误，请与本社联系调换，电话：010-63131930

开　　本：170mm×240mm

字　　数：323 千字　　　　印　　张：18

版　　次：2025 年 4 月第 1 版　　　　印　　次：2025 年 4 月第 1 次印刷

书　　号：ISBN 978-7-5194-8701-0

定　　价：98. 00 元

前言

中华优秀传统文化是中华民族共同创造的智慧结晶，是华夏儿女安身立命的精神家园。聚焦教育学研究立场，中华优秀传统文化教育的核心指向是实现“教以成人”。在学校教育体系中融入中华优秀传统文化教育，目的是培养学生完美的人格。在教育实践层面，主要通过学习经典文化和先贤智慧，培育学生的优良品格和内在人文精神，通过技艺修养和礼乐教化涵养学生外在行为规范，由此实现“教以成人”的教育目的。

本书以四川省成都市广都区“广都小学”为田野考察对象，通过课堂观察、深度访谈、实物分析以及现象描述等研究方法，探究广都小学中华优秀传统文化教育的发展历程以及广都小学课堂教学和学校日常生活中的中华优秀传统文化教育，由此进一步探索分析中华优秀传统文化教育“教以成人”的理论基础和实践路向，为学校中华优秀传统文化教育的发展提供有益参照。本书的基本思路和主要研究内容如下。

首先，对如何开展中华优秀传统文化教育研究，如何通过田野调查的方式开展中华优秀传统文化教育实践研究进行分析，力图清晰地呈现本书对广都小学中华优秀传统文化教育实践研究的整体研究思路。

其次，论述广都小学中华优秀传统文化教育的整体概况，展示广都小学开展中华优秀传统文化教育的发展历程及其具体的教育内容、教育形式和教学方法理念。同时，阐述广都小学为推进中华优秀传统文化教育构建的传统文化教育共同体及运行机制，分析其积极意义和存在的现实问题。

再次，基于现象描述、意义解释、实践批判等研究视角，从根植课堂和融入学校日常生活两个维度具体阐释中华优秀传统文化教育“教以成人”的内涵。在根植课堂层面，主要从经典诵读中的道德培育、传统文化课堂中的精神熏陶、书法艺术中的人格陶冶等方面予以展开；同时，通过诗词歌赋的滋养引导学生悟道怡情，以中华传统节日形塑学生传统美德，以古代典籍故事培育学生家国情怀，以传统技艺提升学生身心修养，促进学生完美人格的养成。在融入学校日常生活层面，主要从“崇自然，尚和谐”的校园文化环境建设、“据于德，依于仁”的师生日常交往以及“不学礼，无以立”的日常礼仪规范等方面展开阐述。整体而言，该部分重点在田野考察的基础上，从学校课堂教学和学校日常生活两个维度和两者之间的交互关系来具体阐述中华优秀传统文化教育“教以成人”的开展过程。

最后，立足田野考察资料和相关分析，主要从理论审思和实践路向两个维度揭示并阐述推进中华优秀传统文化教育“教以成人”的实践途径。在中华优秀传统文化教育的理论审思层面，从中华优秀传统文化教育“教以成人”的学理基础、健全中华优秀传统文化教育的保障体系以及教育观念的转变等三方面进行论述。在中华优秀传统文化教育实践路向层面，重点从家校共育、提升教师中华优秀传统文化素养以及学生生命关怀等方面展开探究。整体而言，该部分侧重从理论分析和实践策略两个层面探讨中华优秀传统文化教育，展现中华优秀传统文化与“教以成人”教育理念之间的内在关联，并在此基础上探究中华优秀传统文化教育“教以成人”的实践路向。

目　录
CONTENTS

第一章　绪　论 ………………………………………………………………… 1
第一节　研究缘起 ……………………………………………………………… 1
第二节　核心概念分析与界定 ………………………………………………… 8
第三节　文献综述 ……………………………………………………………… 19
第四节　研究的逻辑理论 ……………………………………………………… 41

第二章　广都小学中华优秀传统文化教育概况 ……………………………… 69
第一节　广都小学中华优秀传统文化教育发展历程 ………………………… 69
第二节　构建中华优秀传统文化教育共同体 ………………………………… 88
第三节　构建中华优秀传统文化教育运行机制 ……………………………… 97
本章小节 ………………………………………………………………………… 105

第三章　植根课堂的中华优秀传统文化教育的“成人”之教 ……………… 107
第一节　经典诵读中的道德培育 ……………………………………………… 108
第二节　传统文化课堂中的精神熏陶 ………………………………………… 115
第三节　书法艺术中的人格陶冶 ……………………………………………… 125
第四节　蕴含于其他课程中的“成人”之教 ………………………………… 131
第五节　课堂教学过程中对中华优秀传统文化教育的反思 ………………… 141
本章小节 ………………………………………………………………………… 150

第四章　融入学校日常生活的中华优秀传统文化教育的“成人”之教 …… 153
第一节　“崇自然，尚和谐”的日常生活环境浸润 …… 153
第二节　“据于德，依于仁”的日常交往价值引导 …… 160
第三节　“不学礼，无以立”的日常秩序规范 …… 170
第四节　学校日常生活中中华优秀传统文化教育的审视 …… 175
本章小节 …… 178

第五章　中华优秀传统文化教育“教以成人”的理论审思 …… 180
第一节　中华优秀传统文化教育“教以成人”的学理基础 …… 181
第二节　健全中华优秀传统文化教育融入学校教育的保障体系 …… 187
第三节　推动“分数中心”到“成人之教”观念变革 …… 195
本章小节 …… 201

第六章　中华优秀传统文化教育“教以成人”的实践路向 …… 203
第一节　家校共育助推中华优秀传统文化教育“成人”目标的实现 … 203
第二节　提升教师践行中华优秀传统文化教育的文化自觉 …… 211
第三节　激活中华优秀传统文化教育对学生生命整体的关怀 …… 222
本章小节 …… 232

第七章　反思与展望 …… 234
第一节　研究结论与创新 …… 234
第二节　研究不足与展望 …… 239

参考文献 …… 243
附　录 …… 264
后　记 …… 277

第一章

绪 论

人需要通过接受教育才能成为合格的人，如何教导学生“成人”是教育面对的基本问题。所谓“成人”，即人的完成，通过教育涵化的实践历程而完成。但在教育现实中，教育实践的经济属性让人们在教育中过于注重工具性价值的获得①，导致个人生命“存在”的器物化。中华优秀传统文化蕴含的“成人”教育思想能有效弥补现代技术所缺乏的人文意蕴，消弭人们偏重科技和实用主义的价值取向，培养既具有专业技能，又具备丰富情感和高尚德行的人。学校是开展中华优秀传统文化教育的主阵地，本书以田野学校“广都小学”② 开展的中华优秀传统文化教育实践为切入点，展现学校课堂教学和日常生活中呈现的中华优秀传统文化教育内容、形式和方法，分析其中蕴含的“成人”教育理念及其对学生“成人”的推动作用，进一步探究中华优秀传统文化教育“教以成人”的学理基础和实践路向，为其他学校开展中华优秀传统文化教育提供学理支持。

第一节 研究缘起

近年来，我们越来越深刻地认识到中华优秀传统文化对中华民族发展的重要价值与积极影响。中华优秀传统文化作为中华民族繁衍存续、凝心聚力的根本源泉和精神命脉，对国家、社会、个人的发展具有重要的价值与意义。实施中华优秀传统文化教育是延续经典文化、传承先贤智慧的基本途径，也是陶冶学生美好情操、形塑学生价值观的重要方式。

---

① 程良宏．教学的文化实践属性研究［D］. 上海：华东师范大学，2017：152-162.

② 遵循田野研究的惯例，田野学校及所有被访谈者和涉及的其他学校和人物均为化名。同时，本书出现的部分人物图片，根据资料提供者的要求进行了虚化处理。

一、研究背景

（一）时代背景：多元文化交融的时代亟须凸显中华优秀传统文化的价值引领

全球化的发展把全世界的人连接在一起，他者文化伴随着经济和科技的发展渗透世界的每一个角落，外来文化与传统文化的交流与融合必不可少。假如不同的文化之间没有形成价值之争，那么文化就不会成为人们反思的对象。① 不同文化的交织、碰撞是一个相互学习的过程，人们总会吸取他者文化中对自己有意义的东西。但是，一些发达国家在文化传播中常常有一种莫名的优越感，认为他们的文化优于其他文化，这就形成了一个文化问题。

文化是民族的根与魂，任何一个民族的生存与发展必须植根于自身的文化土壤之中。② 自西学东渐以来，西方的哲学、文学、科学、诗词等风靡一时，人们在文化上受西方思想的影响越来越大，而代表中华文化的经典典籍受到冷落。在中西文化相遇碰撞后，一些人对中华文化的优越性产生怀疑，认为中华传统文化难以在世界文化之林站稳脚跟，对中国的传统文化认识存在误解与偏见。③ 传统文化对于一个国家的重要性不言而喻，任何一个民族或国家的“传统信仰破产之日”即它的“衰乱之日”。④ 当下是网络化和智能化迅速发展的时代，文化的发展呈现出多元共存的态势，任何人，无论身处何时何地，都可以接触到多样的文化成果。面对新时代的要求和新形势的挑战，我们应对中国传统文化有自觉的认识，要把中国传统文化置于整个世界文化发展的总趋势中来考察，为中国传统文化确立一个适切的定位。这就需要笔者认真发掘中国古老文化的思想精髓，保持和发展中华优秀传统文化的特色和优势，使之顺应时代与人类社会的发展需求。同时，推动中华文化的更新，使之富有现代性和世界性。

回望历史，自鸦片战争以来，中国走过了长达一个世纪的救亡图存道路，我们不断将目光望向西方，学习他们的器物、制度、文化和经济发展模式。在意识形态领域，有人大喊“打倒孔家店”，“三纲五常”等繁文缛节被视为压在人民身上的精神枷锁。甚至一些优秀的传统文化也遭到质疑，延续了两千多年的孔儒文化遭受了巨大的冲击。自鸦片战争以来的百年历史虽然给中华文化造

---

① 赵汀阳．没有世界观的世界：政治哲学和文化哲学文集［M］．北京：中国人民大学出版社，2005：230.

② 汤一介．中国传统文化的特质［M］．上海：上海教育出版社，2019：80.

③ 亓华．汉语国际推广与文化观念的转型［J］．北京师范大学学报（社会科学版），2007（4）：118-125.

④ 贺麟．文化与人生［M］．上海：上海人民出版社，2011：97-98.

成重创，但也使国人开始重新思考自己的文化。从新中国成立到改革开放以来，我们持续性地吸纳世界优秀文化，尤其是根据中国实际将马克思主义中国化，在与世界优秀文化的交融与碰撞中不断发展自身文化。任何文化要在历史长河中不断发展，必须不断地吸收其他民族优秀文化，在相互交流中才能得到适时的发展和更新。进入21世纪，中华民族的快速发展获得了举世瞩目的成就，国家以开放与包容的姿态学习吸纳世界各国的先进技术，对不同的文化意识形态兼收并蓄，在交织与融合中，在冲突与斗争中，人们也在不断反思和审视自身文化与他者文化的异同。社会在不断发展，思想文化在不断更新，在今天全球化的时代，我们应彰显国际视野，吸收融合西方文化和其他各民族的优秀文化①，搭建起理解他者文化的精神桥梁。跨文化交流是推动一个民族文化繁荣和文化发展的必经之途。

当下，国际形势错综复杂，各国之间的观念冲突日益激化，加之信息化时代的影响，不同文化的高频输入，人们面临太多的选择，个人的观念很容易受外来因素的影响。在这种自我与他者文化的冲突中，人们的价值观和思想受到多种文化的交叉影响，人们开始对自身的文化产生疑惑，意识形态的稳定性和坚定性受到怀疑与挑战。"一切迹象都指陈，发生了文化危机，或者（就其本质来说）价值危机。"② 面对这样的现实情况，亟须发挥中华优秀传统文化的引领作用，积极地吸纳、挖掘中华优秀传统文化中的宝藏，形成文化上的中流砥柱，以中华优秀传统文化为底蕴，形塑新时代的中国文化，这是中华民族屹立于时代的必然要求。

（二）政策背景：推进文化强国建设需从中华优秀传统文化中汲取力量

在科技发展的制高点上，中国印记渐趋凸显。譬如，5G技术成功商用，新能源汽车跻身世界前列，"力箭一号"首飞成功，"奋斗者"号深潜马里亚纳海沟等。人工智能、大数据以及生物科学等技术的快速发展，为我国科技产业的高质量发展注入蓬勃动力。在彰显硬实力的同时，我们需要提升的是国家的软实力。软实力是一种吸引别人的能力，软实力建立在塑造他人喜好的能力之上。一般来说，软实力的来源主要包括文化、政治价值与政策三方面。③ 在"一带一路"倡议和"人类命运共同体"等政治文化理念下，中国成功吸引了世界其他国家的目光。而一系列具有中国特色的"实用主义治世方案"，以及古老的东

① 汤一介．中国传统文化的特质［M］．上海：上海教育出版社，2019：59.

② 李慎之，何家栋．中国的道路［M］．广州：南方日报出版社，2000：11.

③ NYE J S. Soft Power：The Means to Success in World Politics［M］. New York：Public Affairs，2004：5.

方智慧为世界的和平与发展做出贡献，展现出中华优秀传统文化与他者共享价值与利益的思想观念，在无形中，让人们对中国古老的思想产生浓厚的兴趣。

新中国成立以来，党和国家高度重视对中华优秀传统文化的继承与发展创新，尤其是党的十八大以来，国家推出一系列相关政策推动中华优秀传统文化教育在全社会范围内的落实与发展。例如，2014 年印发《教育部关于全面深化课程改革落实立德树人根本任务的意见》（以下简称《意见》）要求和《完善中华优秀传统文化教育指导纲要》（以下简称《纲要》）的通知，《意见》提出，各级各类学校应着力提升课程方案和课程标准的思想性及其内含的文化价值，在学校教育中全面传承中华优秀传统文化。《纲要》进一步从国家社会发展的宏观层面和个人修养的微观层面阐述了加强中华优秀传统文化教育的重要性和紧迫性，提出了在各级各类学校落实中华优秀传统文化教育的具体要求。同时《纲要》指出当下学校教育实践中存在的突出问题，例如，对实施中华优秀传统文化教育重要性的认识不深刻，教学内容在整体上缺乏系统性和连贯性，教师队伍的传统文化素养有待提升等。2017 年，中共中央、国务院发布《关于实施中华优秀传统文化传承发展工程的意见》，再次强调开展中华优秀传统文化教育的重要意义，提出要在全社会、全领域推进中华优秀传统文化教育，要求把中华优秀传统文化教育贯穿国民教育的始终。2018 年 9 月，教育部、国家语委印发《中华经典诵读工程实施方案》，强调以实践活动引领全社会共同发展中华优秀传统文化，通过诵读、书写、演讲、写作和游学参观等方式营造学习氛围，使广大青少年亲近中华优秀传统文化，领悟中华优秀传统文化蕴含的核心理念，在情感上和心理上产生坚定的自我文化认同，在实践中传承与弘扬民族文化精神。这一系列具有标志性意义的政策文件出台，充分体现了党和国家对实施中华优秀传统文化教育的重视程度，有效提升了人们对中华优秀传统文化所蕴含的价值思想、文化力量、民族情感和物质遗产等方面的认识。

中华文化源远流长，博大精深、独具特色，历经五千年的风雨洗礼从未中断。中国作为四大文明古国之一，只有中华文化完整地保留了下来①，她是中华民族宝贵的精神矿藏。中国要想长久地在国际上站稳脚跟，获得更深层次的发展和持久的大国地位，必须从中华优秀传统文化中汲取磅礴力量，向世界各国展示中华优秀传统文化中“讲仁爱、重民本、守诚信、崇正义、尚和合、求大

① 王岩．中华文明是中华民族独特的精神标识［J］．红旗文稿，2022（14）：38-41.

同"① 的核心思想理念。这不仅对个人道德品性、智商情感、理想信念具有引导作用，也对国家整体战略"文化强国"的实现具有重要的推动作用。

（三）教育背景：弘扬中华优秀传统文化需以学校为主阵地

"文化与教育是息息相关的，没有了文化，教育也就不复存在；而失却了教育，文化也就无由传递、无由发展，甚至失却了意义。"② 教育是进行文化传承的主要方式，对自身文化的理解与传承是教育的责任和义务。21世纪中国基础教育的传统文化使命应着力培养学生对中华优秀传统文化的热爱之情，唤醒学生对中华优秀传统文化的自觉意识，在学生内心深处形成对中华文化的认同感，提升学生对本民族文化的自信心和自豪感。

随着时代的变迁和社会的发展，新一代青年学子对传统文化表现出一定的疏离感，中华优秀传统文化的传承与发展令人担忧。有位华人教授曾对杨淑子教授提出这样的疑问："中国来美的留学生，ABC很好，XYZ也很好，也懂得美元、英镑，就是不太了解长城、黄河，不太了解文天祥、史可法，一点儿也不知道"四书"、《老子》、《资治通鉴》、《史记》。请问，这种学生毕业出去以后能很好地为中华民族服务吗?"③ 这种感慨是国人的缺憾，也是教育的失误。中华优秀传统文化的传承在西方文化的冲击下面临严峻挑战，我们需要积极发挥学校教育的力量，促进中华优秀传统文化的传播，采取多元的方式和途径激发师生的内在心理情感，树立师生自觉传承中华优秀传统文化的意识，担负振兴中华民族文化的重任。

学校承担着文化传承、文化交流与文化创新的重要职责，是传承发展中华优秀传统文化的主阵地，学校生活在潜移默化中影响着师生的文化观。在学校场域中，中华优秀传统文化教育既体现在制度化的课堂教学实践中，又体现在师生日常的生活世界中。推动中华优秀传统文化进校园、进课堂、进教材才能让中华优秀传统文化融入学生的日常生活，根植学生的心灵血脉，成为滋养学生成长的文化力量。中华优秀传统文化教育丰富了有关"社会主义建设者和接班人"的思想图景和理论认识，学习中华优秀传统文化和传统美德是时代的呼唤、个人全面发展的需求。学校应充分认识到中华优秀传统文化的育人价值，将其作为一项系统性工程，充分挖掘中华优秀传统文化中蕴含的丰富德育资源

---

① 习近平在中共中央政治局第十三次集体学习时强调：把培育和弘扬社会主义核心价值观作为凝魂聚气强基固本的基础工程［N］. 人民日报，2014-02-25（1）.

② 叶澜. 二十世纪中国社会科学：教育学卷［M］. 上海：上海人民出版社，2005：273.

③ 杨叔子，肖海涛. 文化素质教育是中国教育理论和实践的创新：杨叔子院士专访［J］. 苏州大学学报（教育科学版），2021，9（2）：51-57.

和具有现代价值意义的文化内容，让学生能从中华优秀传统文化中陶冶品格、涵养性情，汲取生命的力量。

我们要通过中华优秀传统文化教育，培养熟知中华优秀传统文化，具有传统智慧、传统技艺和传统美德的社会主义建设者和接班人。这里需要注意的是，中华优秀传统文化教育并不是要向学生灌输某些固有的、死板的传统观念和纯粹的知识，也不是单纯地为了中华文化的传承而传承，而是能真正地寓教于乐，让学生以一种更开放的姿态去感受中华优秀传统文化和世界其他文化，在以中华优秀传统文化为主流价值观的熏陶下形成一种更加理性、更具包容性的思维理念。中华优秀传统文化具有自身的先进性和科学性①，在学校教育中更好地诠释、运用和发展中华优秀传统文化，坚持和发展基于本土的教育伦理观，这既是扎根中国大地办教育的应有之义，也是教育回归原点和育人回归本质的重要途径。

（四）自我意识：坚定的文化自信与文化传承的愿望

中华优秀传统文化滋养着一代又一代中华儿女的精神世界，这种精神早已化为中华儿女的血肉融在每个人的骨髓里。2020 年国内新冠疫情防控初期，来自日本的防疫支援物资上赫然写着“山川异域，风月同天”“岂曰无衣，与子同裳”，这让具有悠久诗词传统的华夏儿女尤为动容，也让我们再一次为两国之间深厚悠久、密切相关的文化历史而感慨万千。为何这样两句简短的诗句能迅速吸引到大众？这就是文化的力量，是中华民族优秀传统文化的力量，我们对自身的文化应有足够的自信。

文化自信从宏观上来说是一个民族屹立于世界的精神基础，从微观上表现为“个人”日用而不自觉的价值观。文化自信是民族的自信，是真正意义上作为“人”的自信，文化自信是我们继承和发展自身文化的必要前提。鲁迅曾向国人发问：“中国人失掉自信力了吗？”在面对国际交融的全球化大格局时，中华民族仍然面临这个问题。对自己的文化是否自信不仅关系着民族文化的发展走向，更关系着一个国家如何立足。我们说的文化自信不是盲目地认为自己的文化就是最好的，而是对自身文化的优势与弱点有足够清醒的认识，能对自身文化进行持续的反省与创新，使其不断向前发展。

当下的社会是一个全球紧密联结的网络体系，我们不影响别人，就会被别人影响；要想立足主流地位，就必须有策略地投入全球体系，“独善其身”变得

---

① 王嘉毅，鲁子箫. 规避伦理风险：智能时代教育回归原点的中国智慧［J］. 教育研究，2020，41（2）：47-60.

越来越不可能。中华优秀传统文化的复兴与发展，需要在全球的框架中寻求定位。中华优秀传统文化是中华民族发展的根基和精神命脉，在多元文化交融与碰撞的新时代，我们更需要挖掘中华优秀传统文化的精髓，提升中华优秀传统文化的影响力。只有在详细了解本民族文化的历史特性、发展需求以及面临的基本问题的基础上，从自身的民族历史和文化中凝聚中国精神、中国价值，积攒富有中华民族特色的中国力量，才能更好地向世界展现中华优秀传统文化的优势。中华民族的复兴不可能建立在文化荒漠上①，自觉接受中华优秀传统文化的熏陶，以中华优秀传统文化蕴含的文化精神和价值理念涵养自我精神是每一个中国人的使命担当。

二、研究意义

教育是传承中华优秀传统文化的重要方式，中华优秀传统文化本身蕴含着深厚的育人价值，学校开展中华优秀传统文化教育，不仅是向学生展现中华文化的精妙深邃及其历史特性、发展需求，更在于发挥中华优秀传统文化的育人价值，让学生在中华优秀传统文化的熏陶与培育中成为一个拥有完整人格的人。研究中华优秀传统文化教育既能丰富传统文化教育的理论，又能总结学校践行中华优秀传统文化教育的实践经验，还能为更多的学校提供发展中华优秀传统文化教育的参照图式和有效路径。

（一）理论意义

本书采用田野考察的研究范式，辅之以教育哲学、教育心理学等相关领域的理论对中华优秀传统文化教育实践进行深描，从质的研究方法和文化解释学的视角，深化中华优秀传统文化教育研究的深度。在研究过程中，通过对师生日常教学生活的细致观察，力求全面地、客观地认识学校中的中华优秀传统文化教育，阐述学校实践教学中体现的以促进个体“成人”为核心的传统思想理念和教育现象，并对教育过程中中华优秀传统文化的现代性转化进行阐释，展现中华优秀传统文化的育人价值。

研究过程借鉴人类学、社会学等学科领域的理论和方法，探究学校生活中的中华优秀传统文化教育，丰富探究中华优秀传统文化教育的视角与理念。中华优秀传统文化教育是一个非常复杂的教育事件，不仅关涉教学内容的编排、教学形式的呈现，还关乎教师的传统文化素养及其教学能力，同时涉及学校整

---

① 杨丽萍．传统文化教育的时代语境与推进路径：基于《完善中华优秀传统文化教育指导纲要》的解读［J］．西南民族大学学报（人文社会科学版），2015，36（4）：222-227.

体的文化面貌、生态环境和学校领导的办学理念等。从已有的研究文献来看，当下的研究大多是从某一方面的角度进行研究，虽有一些研究将中华优秀传统文化教育整体作为研究对象，但更多关注的是外在的教育形式，对中华优秀传统文化的育人价值挖掘不够。本书以田野考察的方式，将中华优秀传统文化教育作为一个整体现象来研究，为全面认识中华优秀传统文化教育提供新维度和新视角，进而为认识和实践中华优秀传统文化教育提供理论基础，拓宽中华优秀传统文化教育的理论体系。

（二）实践意义

其一，提升教育者对中华优秀传统文化的认知，提高学校开展中华优秀传统文化教育的实效性。本书主要通过田野调查的方式展开研究，结合教育理论对学校生活中不同情境下中华优秀传统文化教育的形式、内容和效应进行描述，借助实际案例进行教育现象的阐释与分析，探索课堂教学中的中华优秀传统文化教育的内涵意蕴以及相关学科内容之间内在的文化呼应，力求为学校改进中华优秀传统文化教育策略提供参考资料，在一定程度上提升人们对中华优秀传统文化教育的认识，助力中华优秀传统文化教育在学校教学中的深度融入。

其二，洞察基础教育阶段中华优秀传统文化教育存在的现实问题，回到教育的原点，以“人”为目的，以人的全面发展为旨归进行探究，优化中华优秀传统文化教育路径。本书运用人类学的研究方法，深入学校进行田野考察，阐释教育实践如何实现中华优秀传统文化教育“教以成人”的目标追求，提出推进中华优秀传统文化教育的学理基础和制度规范，探索与时代发展相适应的中华优秀传统文化教育实践体系，促进学生对中华优秀传统文化的理解与认同。进而推进中华优秀传统文化教育在学校落地、在课堂生根的目标，由此实现中华优秀传统文化对个体“成人”的浸润与陶冶，为学校进行中华优秀传统文化教育实践提供可借鉴的实践范式。

第二节　核心概念分析与界定

中华优秀传统文化是一个复合概念，对其进行概念界定需要对其内涵的概念元素分别定义，其中包括文化、中华传统文化、中华优秀传统文化，当然还可以对其进行进一步的细分，本书主要从文化、中华传统文化、中华优秀传统文化三个维度出发对其概念进行文字性和学缘性分析。

一、文化

"文化"一词含义甚广，学界对"文化"的概念解释存在诸多分歧，社会学家、人类学家、教育家从不同的维度出发阐释文化的概念，在不同的语境下，文化概念的内涵存在一定差异。以下笔者将从中西两方面的源流考察文化概念的起源和变迁，对不同的文化定义做扼要梳理。

"文化"是中国语法词汇系统早已有之的词语。"文"最早的解释来源于《周易·系辞下》："物相杂，故曰文。"①《说文解字》强调："'文，错画也。象交文。'本意指各色交错的纹理。"② 《礼记·乐记》载有"五色成文而不乱"③。由此引申出"文"的三种含义：其一，表示古代语言文字、文物典籍和礼乐制度等各种象征性符号；其二，"文"具有彩绘、装饰、人文修养等意义；其三，引申为美善、德行等意义。④ 文最初是指人类的一种创造活动，人类使用各种颜色根据某种自然现象在实物上作画，或出于某种审美需要将自然界其他动物、植物的面貌描绘于物品上，这是人类精神世界觉醒的开始，人不再仅仅追求食物，开始不自觉地追求精神生活，可以说，"文"的象征符号的出现代表人类开始走向文明世界。

"化"在《周易·系辞下》曰："男女构精，万物化生。"⑤《礼记》曰"赞天地之化育"。庄子在《逍遥游》有言，"化而为鸟，其名为鹏"。"化"本义为生成、造化，指事物形态或性质的变化。"文"与"化"并用较早见于《周易》，"刚柔交错，天文也；文明以止，人文也。观乎天文，以察时变；观乎人文，以化成天下"⑥。就是说，日月交错的天文背后彰显的是天道规律，而人与人之间纵横交织形成的社会关系，就是社会人伦。在人类群体的社会生活中，遵循既存的人伦秩序，推行君臣、父子、夫妇、兄弟、朋友等有序的社会关系，让人们日常的行为举止更加符合"礼"的规范。显然，"文化"最早连用时，便有了"以文化人，以文育人"的含义，即通过"文"的学习和推广，人们将

---

① 张岱年，方克立．中国文化概论［M］．北京：北京师范大学出版社，1994：1.
② 张岱年，方克立．中国文化概论［M］．北京：北京师范大学出版社，1994：1.
③ 胡平生，张萌，译注．礼记［M］．北京：中华书局：2017：735.
④ 赵毅衡．文化：社会符号表意活动的集合［J］．社会科学战线，2016（8）：147-154.
⑤ 蒙培元．天·地·人：谈《易传》的生态哲学［J］．周易研究，2000（1）：9-17.
⑥ 曾繁仁．中国古代"天人合一"思想与当代生态文化建设［J］．文史哲，2006（4）：5-11.

规则、秩序内化于心，外化于行。① 后来人们将“文”与“化”合用，即“圣人之治天下，先文德而后武力……文化不改，然后加诛”②。此处，“文化”的主要含义是指改造人类的生活方式，是一种社会实践活动。③ 汉代之后，“文”与“化”联合使用成为常态，意为“以文教化”，用文化来培养人的性情，陶冶人的情操。文化实质上是“人文化”与“理性化”的化身。④ “文化内辑”“敷文化以柔远”⑤ 中的“文化”，都是“文明教化”的含义，指的是中华文化中精神文明的部分。

在英文词汇中，文化的拼写形式是 culture，由“cultura”演化而来，译为耕种。在《通用词典》中，“culture”的定义是，人类通过自身的活动使土地更加肥沃，以及在种植和耕作过程中运用的改良措施。⑥ 由此将土地意义上的开垦与未开垦引用到人类社会中，开垦表示有过人类实践活动的土地，未开垦则表示人类足迹未曾踏上的地方，而文化也就成了人类的一种实践活动，纯自然状态的事物是不能被称为文化的。西方的“文化”起源于直接的实践生产活动，更看重“耕作”的实际成果，而我国“文化”的含义起源于人类的精神生活世界的萌发而催生的创造活动，更注重文化对人的精神和心灵的作用。在德国，文化即“教化”，是对个人内在修养的提升和外在行为的指引。“文化，就是对人进行智力、美学和道德方面的培养。”⑦ 文化的含义不再只是描述人类改造自然的活动，而与人类群体的智力活动和精神发展具有了密切的联系。“有文化的”被理解为“有教养的”。一些原始地区就被称作“uncultured”，意思是“没有教养的”“未开化的”。这里注重的是文化作为动词的意义，“culture”也具有名词的性质，作为名词的文化，侧重点在“文”。

随着不同形态文化财富的不断积累，文化的含义也有所扩展。泰勒认为，文化或文明是一个繁杂的整体，它既包括知识、信仰、艺术、伦理道德、法律、

---

① 师娅．中国传统文化与社会主义核心价值观建设［D］．西安：陕西师范大学，2017：13.
② 覃光广，冯利，陈朴．文化学辞典［M］．北京：中央民族学院出版社，1988：108.
③ 师娅．中国传统文化与社会主义核心价值观建设［D］．西安：陕西师范大学，2017：13.
④ 张永奇．中华优秀传统文化传承发展机制的构建：价值、内容与策略［J］．马克思主义研究，2017（12）：80-87，158.
⑤ 赵坤．中华优秀传统文化当代价值［M］．桂林：广西师范大学出版社，2019：33.
⑥ 埃尔．文化概念［M］．康新文，晓文，译．上海：上海人民出版社，1988：3.
⑦ 威廉斯．文化与社会［M］．吴松江，张文定，译．北京：北京大学出版社，1991：18-19.

风俗等内容，也包括作为一个社会成员的人通过学习而获得的任何其他能力和习惯。[①] 文化逐渐具有了表达人们生活方式、价值观念和道德伦理的形容词意义。克鲁伯和克拉克洪统计了164种关于“文化”的定义和阐释，经过系统的整理与综合之后，将文化定义为“文化存在于各种内隐的和外显的模式之中，借助符号的运用得以学习和传播，并构成人类群体的特殊成就，这些成就包括他们制造物品的各种具体样式，文化的基本要素是传统（通过历史衍生和由选择得到的）思想观念和价值，其中尤以价值观最为重要”[②]。经过不同学者的阐释，文化的概念经历了一种由“耕作”转向“精神活动”的变迁，其含义渐趋丰富。

《辞海》从广义和狭义两个维度阐述文化的内涵。从广义的角度上而言，文化是指人类通过自身活动所创造的物质财富和精神财富的综合。从狭义的角度上来说，文化主要是人类所创造的精神财富的总和，为人们提供了行为的规范。[③] 狭义的文化，有三种表述：第一，主要从与物质相对应的精神层面进行表述，认为文化主要是人类所创造的所有精神产品，包括有形的和无形的两种，文化在实质上是通过各种物质形态所表现出来的人类的精神；第二，主要从行为层面阐释文化，认为文化是人类所形成的稳定的行为方式；第三，主要从民族精神的角度阐述文化，指出文化是蕴藏在文化内容中的被人类传承下来的精神，是用它来指称文明成果中那些历经社会变迁和历史沉浮而难以泯灭的、稳定的、深层的、无形的东西。[④] 这三种分类实则表达的是文化的两种形式，即精神层面、行为层面，第三种民族精神仍旧是属于精神层面的，也包括有形的和无形的。可以说，文化在某种程度上内含着一个国家、一个民族乃至一个社群所共同享有的交流符号，共同认可的价值观和社会规范。[⑤] 其中“价值观”是影响人们共同生活的最重要因素，“价值观”是“文化”的核心。

近代以来很多学者对文化也下过不同的定义。梁启超认为，“文化者，人类心能所开积出来之有价值的共业也”“文化是包含人类物质精神两面的业种业果

---

① 泰勒．原始文化：神话、哲学、宗教、语言、艺术和习俗发展之研究［M］．连树生，译．桂林：广西师范大学出版社，2005：1.

② 殷海光．中国文化的展望［M］．上海：上海三联书店，2002：129.

③ 鞠忠美．中华传统文化创造性转化创新性发展实现机制研究［D］．济南：山东大学，2018：28.

④ 陈泽环．文化自信中的文化观与伦理学：三论新时代伦理学话语体系的构建［J］．东南大学学报（哲学社会科学版），2018，20（4）：13-18，146.

⑤ 波普诺．社会学［M］．李强，等译．北京：中国人民大学出版社，1999：66.

而言”①。张岱年等提出：“文化是人类在处理人与世界关系中所采取的实践活动和精神活动的方式，以及其所创造出来的物质和精神成果之总和，是活动成果与活动方式的辩证与统一。”② 这里主要是从文化与人类实践生活的角度定义文化。从哲学视角看，“文化”即“人化”，是人的“对象化”实践活动及其成果，它不同于自然本身的创造物，而是凝结了人类的智慧。③ 作为人类在实践活动中历史生成的存在方式，文化是影响个体行为方式和社会运作模式的内在机理。人类的生活本身就体现着一种生活方式，人类的一切活动及其表现形式都展现了文化风貌。也就是说，人类创造的文化成果显现了一种生活方式和价值观。文化是人类的生活和活动所表现的形式，是一套彰显社会创造意义的价值与风俗习惯。文化是一种融合与力量，其要素包括文学、科学、哲学、政治、经济、法律、语言、衣食住行、艺术、宗教等方面的习俗、利益、制度与器物，包括了精神文明和物质文明。人创造了文化，但人的外在形象或行为是经过文化加工的产物。所以，文化会在不知不觉中影响人的思维，规范人的行为。

二、中华传统文化

“中华”的语义随着历史的发展变迁而嬗变，从地域上来说，中华在古代主要指中原地区，用来区分“胡汉”，这时“中华”对应的是“胡人”，“中华”表示具有中原文化的人。④ 自唐朝以来，中华成为唐朝的别称，有古籍记载：“谓葱岭之东，地方数千里，曰赤县神州，即有唐中华之国也。”⑤ 自此，“中华”便成为“中国”的代称。中华文化历经时代与社会的变迁，是各区域、各民族从古至今相互之间不断交流、借鉴和融合的结果。

“传统”一词是由“传”字和“统”字构成，“传”有“传递”“传送”“传授”和“流传”等含义，在时间上有历时性，具有历史纵向性的内涵，主要指那些历史上存在，到现在仍然发挥作用的东西，是历代传承具有鲜活性的东西；而“统”字的本义是“丝的头绪”，具有“纲纪”“准则”的含义，也指

---

① 梁启超．梁启超论中国文化史［M］．北京：商务印书馆，2012：7.

② 张岱年，程宜山．中国文化与文化论争［M］．北京：中国人民大学出版社，1990：2.

③ 张九童．新时代文化自信：生成逻辑、价值定位、应然功能［J］．长白学刊，2019（4）：142-148.

④ 石硕．胡人中华：“中华”一词的产生及开放性特点：东晋南北朝至隋唐胡汉融合与“中华”词义嬗变［J］．清华大学学报（哲学社会科学版），2022，37（4）：128-136，225.

⑤ 岳纯之，校．唐律疏议［M］．上海：上海古籍出版社，2013：166.

“事物之间一脉相承的连续关系”；动词的“统”指“统领、率领”“治理、管理”“总括、总起来”等，具有全局性、整体性的意思，它既体现出一种权威性，也表现出时间、空间方面的拓展性。而“传统”一词，在历史上一方面意味着“帝业、学说等世代相传”，另一方面又表现为“世代相传的具有特点的风俗、道德、思想、艺术、制度等社会因素”①。传统对照的词是现代，也就是说传统与现代之间有时间的界限，中华传统文化在时间界限的划分上主要有三种观点。第一种是以“鸦片战争”为分割点，认为1840年鸦片战争以后中国被迫打开国门，思想文化开始受外界影响。② 第二种是以封建王朝的灭亡为节点划分传统文化的时间界限，认为清政府灭亡之前传统文化一直保持着自己的特色，受外来文化干预很小。第三种是以“五四运动”为节点，这种观点认为“五四”新文化运动也是基于传统文化基础之上的。③ 这三种划分方法都有一定的依据和道理，但以年限和事件来划分传统与现代的分割节点还是缺乏足够的说服力，究其根源，这是一种外在的划分方法，没有揭示问题的实质。

传统是一种时间概念，但实际上绝非仅限于时间跨度。客观的物理时间在某些对象身上意义不大，正如马克思所说：“亚洲各国不断瓦解、不断重建和经常改朝换代，与此截然相反，亚洲的社会却没有变化。”④ 这种社会的基本经济要素的结构，不为政治领域中的风暴所触动，这表明，亚洲各国的革命尽管风起云涌，但由于没有改变物质生产方式，依然是不断重复的“活化石”而已。也就是说，传统与现代的分割点主要是人们生产方式的改变，而这种改变是缓慢的，所以，我们并不能给传统文化一个明确的时间界限。传统是从过去延续至今的事物，“精神范型、价值信仰或思维范型、社会关系范型、技术惯例，以及所有的物质产品”都可能成为传统。⑤ 传统具有源头的含义，是由特定的动机、期待、希望、目标所主导而流传下来的规则，传统文化是指根据前代、前人承袭下来的某种价值观念、生活方式、道德伦理等规范。从传统传承的时代内涵来看，“传统”指的是中华民族在长期的历史实践中创立、延续的共同共通的社会议题。⑥ 在现代性的语境下，传统以各种形式不断衍生发展，以一种隐性

① 张乐农．我国大中小学中华优秀传统文化教育衔接研究［D］．武汉：华中科技大学，2019：10.

② 张岱年，方克立．中国文化概论［M］．北京：北京师范大学出版社，1994：9.

③ 张宏．用中华优秀传统文化培育文化自信研究［D］．沈阳：辽宁大学，2019：24.

④ 张宏．用中华优秀传统文化培育文化自信研究［D］．沈阳：辽宁大学，2019：25.

⑤ 希尔斯．论传统［M］．傅铿，吕乐，译．上海：上海人民出版社，2014：21.

⑥ 杨果，吴增礼．“互联网+”时代中华优秀传统文化传播的本质要义、实践审视和联通路径［J］．湖南大学学报（社会科学版），2021，35（5）：7-12.

的存在影响着人们的日常生活和社会交往。传统给予一个民族以自我认同的根据，并在日常生活中构成一个民族共同拥有的特殊的文化记忆。① 文化记忆一旦形成，就会按照自身的逻辑在人们的脑海里形成一种相对稳定的结构，影响人们的认知、记忆和情感。传统具有某种惯性，但传统并不是自然而然形成的，它是文化反思建构和再现的结果。传统之所以能够连续存在，必定是存在着某种稳定发生作用的客观动力，传统的重构往往伴随着人类对最大利益的追逐。

对中华传统文化的定义一直是一个具有争议性的话题。20 世纪初，为了区别于西洋文明，中国传统文化被称为“国学”。最开始，“国学”一词是从日本的相关著述转译到中国的，具有两层意思：一层指中国的传统文化体系，另一层指近代以来形成的研究中国传统文化的学术体系。② 陈炎认为，“国学”的含义即关于我国传统文化和学术的研究与整理。③ 也有学者认为，西方各国皆无所谓“国学”，所以中国所谓的“国学”概念缺乏对应的概念，故而不能成立。④ 而张岱年认为，“国学”可以认为是中国学术研究的简称，称中国的传统文化研究为“国学”并无不妥，这里的“国”可以理解为“本国”之意。⑤ 从这个意义来说，每一个民族都有自己的国学。按照张岱年的解释，“国学”是一国自身演绎发展流传下来的学说文化与思想。后来，在相关著作出版和其他活动中，为了称呼的简便性、版面的简易化和用词的典雅化，遂以“国学”指代“中国传统文化”，例如，将编纂的中国传统文化系列的丛书称为“国学丛书”，如果称为“中国传统文化丛书”，则显得冗长而通俗。在中小学，人们也经常以“国学”指代传统文化。

张岱年等认为，中国传统文化指的是 1840 年鸦片战争以前形成、积累和流传下来的中国文化。⑥“中国传统文化”是在“世界文化”涌入中国之后的社会历史背景下，获得独立、确切的概念的。⑦ 中国的历史上，“传统”文化真正遇到挑战是近代以来的事情，西方文明通过坚船利炮打开了中国的大门，从此中华传统文化几经磨难，几乎遭遇灭顶之灾。面对西方文明带来的文化挑战，我们开始重新认识和反省自身的文化，才将这种文化称为传统文化。李宗桂认为：

---

① 董成雄．中国优秀传统文化的系统解读和传承建构［D］．泉州：华侨大学，2016：27.
② 葛洪泽．关于“国学”讨论的几个问题［J］．求是，1996（7）：45-47.
③ 陈炎．超越国学研究的古典境界［J］．中国文化研究，1998（1）：21-28.
④ 罗志田．国学不是学：西方学术分类与民初国学定位的困惑［J］．社会科学研究，2002（1）：117-121.
⑤ 张岱年．国学与时代［J］．中国社会科学院研究生院学报，1995（5）：1-3.
⑥ 张岱年，方克立．中国文化概论［M］．北京：北京师范大学出版社，1994：9.
⑦ 田广林．中国传统文化概论［M］．北京：高等教育出版社，1999：13.

"'中国传统文化'，就是中国历史上流传下来的，由思想家提炼出的理论化和非理论化的，并转而影响整个社会的，具有稳定结构的思维方式、价值取向、国民品性、伦理观念、理想人格、审美情趣等精神成果的总和。"① 这一定义的焦点是"中国历史"，既注重传统的地域性，又注重传统文化的历史延续性。王杰认为："传统文化是一种观念之流，是一种价值取向，是肇始于过去融透于现在直达未来的一种意识趋势的存在。"② 这里注重的是传统文化的延续性和稳定性。以上所概括的中华传统文化，基本是精神领域、意识形态的传统文化。庞朴认为："传统文化的全称大概是传统的文化，落脚在文化，对应于当代文化和外来文化而谓。""传统文化产生于过去，带有过去时代的烙印；传统文化创成于本民族祖先，带有自己民族的色彩。"③ 此处注重的是传统文化的时代性和本土性，定义的重心落于文化以及文化的创造者上。

张继良认为，中国传统文化是指以汉族为主体包括各少数民族在内的整个中华民族在几千年文明发展史上共同创造和形成的反映本民族特征的思想、道德、文学艺术、审美情趣、民族心理和民族性格等精神文明的总称。④ 此处关注的是传统文化的创造主体。鞠忠美从广义与狭义两方面界定中华传统文化：从广义上而言，中华传统文化是古代中国人所创造的物质财富与精神财富的总和；从狭义上来说，中华传统文化主要是指中国古代人民在社会实践中所创造的精神财富，包括文学、艺术、法律、道德、思想观念，以及蕴藏在文化内容中、体现在人们的行为中，被历代中国人传承的民族精神。⑤ 这里对中华传统文化的定义增加了空间与时间上的限定词，并注重物质形态层面的传统文化。张乐农从地域和创造主体的角度出发，认为传统文化是指"由中国地域内的中华各民族及其祖先所创造的，经过千百年历史积淀并流传至今的观念形态的文化"⑥。这种文化是中华民族历史上各种文化思想、道德传承以及精神观念形态的总体，它具有相对稳定的思维方式、道德观念、价值取向、生活方式、风俗习惯、宗

① 李宗桂．中国文化导论［M］．广州：广东人民出版社，2002：14.

② 王杰．传统文化的价值取向与主体价值问题［M］//张立文，王俊义，许启贤，等．传统文化与现代化．北京：中国人民大学出版社，1987：88.

③ 庞朴．忧乐圆融：中国的人文精神［M］．上海：上海教育出版社，2020：95-396.

④ 张继良．从否定传统文化到"国学热"的兴起（上）［J］．甘肃社会科学，1998（1）：72-75.

⑤ 鞠忠美．中华传统文化创造性转化创新性发展实现机制研究［D］．济南：山东大学，2018：30.

⑥ 张乐农．我国大中小学中华优秀传统文化教育衔接研究［D］．武汉：华中科技大学，2019：12.

教信仰、礼仪制度、文学艺术、教育科技等诸多层面的内容。赵吉惠聚焦传统文化的思想观念层面，认为在传统文化中起主导和支配作用的是思想观念文化，思想观念文化对于其他层面，如语言、礼仪制度、价值取向、道德情操、风俗习惯、宗教信仰、科学技术等传统文化内容具有一定的导向作用。① 王学伟以重要历史事件发生的时间为分割点，认为中国传统文化是中华民族1840年鸦片战争爆发以前创造的文化成果的总和。具体来讲，包括传统的物质、行为、知识、制度、文学、艺术、思想、精神等层面。物质层面，如传统的建筑、典籍、器具等；行为层面，如传统的礼仪、习俗等；知识层面，如传统的医药、天文知识等；制度层面涉及古代的文化政策、选官制度等；文学层面包括诗词歌赋、戏剧小说等成果。② 人们对传统文化的定义越来越全面，把传统文化的时间界限、创造主体、主要内容概括进来，几乎涵盖了中华民族从古至今创造的一切有形和无形的成果。可以笼统地认为，中华传统文化指在中国地域上创造的，经过历史上积淀下来，形成某种稳定传承体系和形态的文化。既包括积极的、先进的、科学的、具有充分传承与发展意义的传统文化，也涉及消极的、封建的、迷信的，应予以客观对待、审慎处理的传统文化。而本书涉及的传统文化主要侧重于“优秀”的传统文化。

三、中华优秀传统文化

优秀是汉语词汇中的褒义形容词，表达一种主观看法，泛指人和事物的某一特质突出，即“好”的意思。《说文解字》释“优”为“饶”，即饶裕之意。“秀”，有状貌或才能隽美拔萃之意。《广雅·释焉》云：“秀，茂也。”即“茂盛”之义。③ 由此可知，“优秀”具有茂盛、卓越、出类拔萃的含义。那么，所谓“优秀文化”就是指人类所创造的“文化”元素中内涵丰富且卓尔不凡的文化部分。因此我们可以认为，中华优秀传统文化指的是在中华传统文化体系内，具有“好”的、卓越特质的文化④，其所涵盖的内容是中国传统文化的精髓和气魄所在，从根本上体现中华民族精神的内在价值意蕴。

对于如何判断是否为“优秀”的传统文化，不同学者的评判视角和思维维

---

① 赵吉惠．中国传统文化导论［M］．南京：江苏教育出版社，2007：40.

② 王学伟．试论中国优秀传统文化的科学内涵［J］．海南师范大学学报（社会科学版），2014，27（6）：73-77.

③ 王学伟．试论中国优秀传统文化的科学内涵［J］．海南师范大学学报（社会科学版），2014，27（6）：73-77.

④ 李宗桂．试论中国优秀传统文化的内涵［J］．学术研究，2013（11）：35-39.

度是有差异的。张岱年认为："所谓优秀传统，即是具有'科学性'和'进步性'的传统。"① "科学性"即正确反映客观实际，"进步性"即在社会生活中有促进社会发展作用。劳思光先生认为，"文化"既有它的"封闭成分"，也有其"开放成分"，所谓"封闭成分"指文化中存在的完全受历史时空限制的成分，它们在过去的某个特定的历史环境中产生，但在现在已经没有存在的价值和意义，对人类的生活毫无益处。而文化的"开放成分"是指那些具有普遍价值意义的成分，不论是过去还是现在都对人类的生活和处境具有积极的指导作用。② 从这个意义上说，"优秀"，即指传统文化中的"开放成分"。也有学者认为，"优秀传统文化"也应包括那些虽无法承载现代性，但将其置于所产生的历史时代，经横向比较能凸显其优秀性的文化。③ 也就是说，我们不能从传统文化能否适应现代性的角度来度量"优秀文化"。张继功等认为，中华优秀传统文化是能提高人民的思维能力，促进社会主义物质文明和精神文明发展的文化内容。④ 这里强调的"优秀"是有益于提升人的思维能力的文化。优秀的传统文化具有民族性、稳定性和向心性等特征，无论时代如何变迁，世事如何发展，它始终萦绕在中国人的精神深处和日常行为中。

对于中华优秀传统文化的内涵界定，李申申等认为："中华优秀传统文化是指那些经过了实践检验、时间检验和社会择优继承检验而保留下来并能传之久远的文化。"⑤ 张宏认为，中华优秀传统文化是中华传统文化中可以为人们认识和改造世界提供有益的启迪，可以为治国安邦和政务推行提供有益的启示，也可以为道德建设提供有益启发的哲学思想、人文精神、教化思想、道德理念等，其文化精神"跨越时空、超越国度、富有永恒魅力、具有当代价值"⑥。张乐农认为，中华优秀传统文化是以中华智慧为价值引领，贯穿思想理念、器物制度、行为结构、生活方式等所有物质文化、精神文化和社会生活文化的总和。⑦ 这些

---

① 张岱年．张岱年全集：第七卷［M］．石家庄：河北人民出版社，1996：471-474.
② 郑宗義．中华文化的精神价值［C］//郁文华章：中华文化学与教育资源套（中学篇）．香港：中华人民共和国香港特别行政区政府教育局，2020：1-21.
③ 张宏．用中华优秀传统文化培育文化自信研究［D］．沈阳：辽宁大学，2019：24-26.
④ 张继功，李反修，李森．中国优秀传统文化概论［M］．西安：陕西师范大学出版社，1998：18.
⑤ 李申申，陈洪澜，李荷蓉，等．传承的使命：中华优秀文化传统教育问题研究［M］．北京：人民出版社，2011：92.
⑥ 张宏．用中华优秀传统文化培育文化自信研究［D］．沈阳：辽宁大学，2019：24-26.
⑦ 张乐农．我国大中小学中华优秀传统文化教育衔接研究［D］．武汉：华中科技大学，2019：12.

定义都注重中华优秀传统文化对社会文明发展的推动作用。可以说，中华优秀传统文化是中华民族共同创造的智慧结晶，是指引人们得以安身立命的精神家园①，也是当下构建社会主义核心价值体系、实现中华文化复兴、推动文化强国建设的力量之源。

根据前述对“文化”“中华”“传统”“优秀”等词义的分别溯源，结合本书的探究主题，本书所指的“中华优秀传统文化”，主要指中华各民族及其祖先所创造的，经过后世继承发展，对今天的中国和世界的发展具有促进和积极意义的文化，包含物质形态层面、知识技术层面、行为层面、文学艺术层面和思想精神层面等。

四、中华优秀传统文化教育

中华优秀传统文化教育旨在推动个体“成人”。在中国传统文化中，“成人”指的是“全人”“完美的人”。中华优秀传统文化教育在目的上要促进人的全面发展，培育学生的道德、智慧、仁性、才艺、礼乐等诸种德性②，使之获得全面发展。

中华优秀传统文化教育的概念，借用王汉澜先生对教育概念的阐释，可以从狭义和广义两个维度解释。从广义上而言，中华优秀传统文化教育是指以中华优秀传统文化为核心内容，有目的地提升人的知识技能、促进人的德行修养、增强人的体质的活动，不论是有组织的或是无组织的、成体系的或是零散的，

---

① 向云驹．论“文化空间”[J]．中央民族大学学报（哲学社会科学版），2008（3）：81-88.

② “德性”是中国哲学与伦理学的标识性概念，出自《中庸》“故君子尊德性而道问学”。按《中庸》首句“天命之谓性”，性是与生俱来的品质；“君子尊德性而道问学”，标示“君子”为主语，以“尊”为谓语，凸显对德性的价值肯定，故德性可理解为与生俱来的良好道德品质。“德性”由“德”与“性”合成，“德”构成“性”的内涵，而德目不止于一，“性”使“德”获得一种共同性的确认，从而使“德性”成为一个具有普遍性的概念。孔子讲：“君子之德风，小人之德草，草上之风，必偃”。“德”为君子与小人之共有，德在君子那里，其德性如风，而在小人那里，其德性如草。风与草同为天地之物，并无高低贵贱的价值区别，不同处只是特性有别，草是柔软的，风是流动的，风流过草上，草即随风而偃，这也只是各顺其德性而已。按《中庸》“天命之谓性，率性之谓道，修道之谓教”，德性固然自始获自天命，但此先天禀赋需要后天培植，这个培植分为两个过程或两种状态，前者为“率性”，是先天禀赋所得自性的自我生长，后者是“修道”，是“率性”过程中的纠偏。

由此可知，德性可以指某种内在的品德（中性），也可以是通过后天的培养教育获得的美好品质。

以中华优秀传统文化为核心内容展开的教育活动，都可以称为中华优秀传统文化教育。狭义的概念是指学校内专门组织开展的中华优秀传统文化教育，是根据一定社会现实和未来发展的需要，遵循年轻一代学生的身心发展规律，有目的、有计划、系统地引导受教育者学习中华优秀传统文化，从而获得与中华优秀传统文化相关的知识技能，在中华优秀传统文化的浸润中陶冶思想品德、发展智力和提升体力，从而实现自我人格的全面发展。① 本书的“中华优秀传统文化教育”主要是指狭义层面的概念。

第三节　文献综述

中华文化历经数千年绵延不断地发展，从未因战争、天灾、人祸或异族入侵而湮没，反而在历史的发展中一脉相承，成为中国人精神生活的根底。近年来，诸多学者致力于探究中华优秀传统文化教育的核心内容、理论基础及其在不同学段的实施方式，各地也出台了一些相关政策，支持中华优秀传统文化教育的推进与落实，市面上有关传统文化的读本和教材的出版量也在持续增加。政策的支持和相关著作的陆续出版和教材的投入使用，为中华优秀传统文化教育“进校园、进课堂、进头脑”奠定了基础。各级各类学校开展了一系列传承中华优秀传统文化的活动和相关课程，尝试将中华优秀传统文化作为学校发展的特色课程，增强学生对中华优秀传统文化的认知与学习。在诸多探索中，一些学校将中华优秀传统文化的元素融入学校发展目标，既传承了中华优秀传统文化，也促进了学校整体的发展。部分学校通过中华优秀传统文化教育构建学校发展特色，取得了卓越的效果。以下将从中华优秀传统文化教育的价值、内容、途径、问题、解决策略等方面对中华优秀传统文化教育的已有研究做简要评述。

一、中华优秀传统文化教育价值的研究及述评

中华优秀传统文化积淀着中华民族最深沉的精神追求，滋养着一代又一代中国人的心灵，其深厚的思想内涵构筑了坚硬的民族之魂，是中华民族生生不息、发展壮大的动力源泉。汉内斯·阿尔文曾说：“如果人类要在21世纪生存

---

① 殷翊．中小学优秀传统文化教育的特质与策略研究［D］．广州：广州大学，2009：11.

下去，必须回到2500年前去汲取孔子的智慧。”① 人们越来越认识到中华优秀传统文化对中华民族发展的价值与意义，党和国家高度重视民族精神的培育和文化自信的涵养，进行中华优秀传统文化教育是加强思想道德建设、培育精神文明的重要途径。关于中华优秀传统文化教育价值的著述丰硕，不同学者从不同角度切入并进行了阐释。

斯宾塞曾向世人提出疑问“什么知识最有价值”②“为我们的完美生活做准备是教育应尽的职责，而评判一门教学科目的唯一合理办法就是看它对这个职责尽到什么程度”③。对英国而言，最具价值的知识是其本国的传统文化知识，英国国家课程内容选择的两个原则是“形成对国家的认同和忠诚”“坚持人文主义的自由教育观”。在学校教育中，英国非常重视通过（本国）传统文化教育促进学生的精神世界、道德境界、文化意识和身心修养等方面的提升，在日常教学中通过（本国）传统文化内容的学习引导学生形成强烈的民族自豪感。④ 雅克·朗曾自问自答：“初中教什么？首先作为绝对原则，我的回答是法语。”⑤ 法国非常重视通过“语言”的运用向世界其他国家输出本民族的价值观念，扩大本民族文化在世界范围内的影响力。为此，法国颁布了《法语使用法》，规定人们在劳动、传媒及公共服务部门使用的语言必须为法语，尤其是所有学校的授课语言（外语学科和外国教授除外）必须使用法语。⑥ 在学校教育中，通过“语言”教学给学生渗透法国的传统文化知识，彰显本民族文化的特色和优越性。⑦ 由此可见，英法两国在文化教育上都非常注重渗透本国的思想观念和文化价值，并体现在国家意志和国家发展战略的层面。

中华优秀传统文化蕴含着天人合一、生生不息、以和为贵、刚毅不拔、博大宽广的民族精神，这种精神是国家未来的发展动力和精神食粮。中华优秀传统文化所蕴含的精神理念、思想智慧、磅礴气度和唯美神韵，在无形中增添了

---

① 魏丕植．国学是中华文化之根民族之魂［J］．武汉理工大学学报（社会科学版），2011，24（2）：284-290.

② 斯宾塞．斯宾塞教育论著选［M］．胡毅，王承绪，译．北京：人民教育出版社，2005：7.

③ 周险峰．论教育文本的意向性建构［J］．湖南师范大学教育科学学报，2006（5）：16-19.

④ 王璐，尤铮．英国传统文化教育研究［J］．比较教育研究，2014，36（6）：18-22，52.

⑤ Le Socle Commun des Connaissances et des Competences［EB/OL］．Ministère de l'Education Nationale et de la Jeunesse，2014-03-20.

⑥ 王晓宁，张梦琦．法国基础教育［M］．上海：同济大学出版社，2015：209.

⑦ 刘敏．浅议法国传统文化教育［J］．比较教育研究，2014，36（6）：23-27.

中国人民对中华优秀传统文化内在的自信心和自豪感。① 章太炎先生曾说：“夫国学者，国家所以成立之源泉也。吾闻处竞争之世，徒恃国学固不足以立国矣。而吾未闻国学不兴而国能自立者也。”② 国学是传统文化的核心组成部分，章太炎认为国学的存在与否直接关系着国之发展与兴亡。国学是我国的文化标志，国学的发展走向关系着民族深层意识的变迁与发展。荣格认为，中国传统文化中蕴含的“和合、中庸、天下”等思想精神对当下西方世界中人们存在的偏执心理具有重要的转换作用。③ 美国学者约翰·希里格斯在其著作中特别提到，中国的《易经》蕴含的深厚理念对他国社会发展具有重要的启示意义。④ 可见包括《易经》在内的中华文化影响深远，中华文化蕴含的核心思想不仅影响中华民族，对世界其他国家来说，也具有重要的思想价值和指导意义。罗素认为，西方的哲学理念自柏拉图以来，形成了“天人二分”的传统，精神与物质分别走向两个方向，各自独立发展。而中国哲学中的“天人合一”思想，“天道”与“人道”相互关联无法分割的“一统”思想，对解决当下个人精神分离、人与自然的对抗等现象具有重要意义。中国传统文化内含的深厚思想价值和文化价值是中西方学者普遍认可的，中华优秀传统文化在哲学思维、道德追求、个人修养等方面对世界其他文明的发展具有指引和借鉴价值。

就学校教育而言，我们认为中华优秀传统文化是塑造学生健全人格、提升学生审美情趣和道德修养的重要知识，是学校学科设置不可或缺的重要组成部分。朱森认为，对国家来说，加强中华优秀传统文化教育承载着时代的使命，是推进中国文化、中国思想走向世界离不开的教育方式，中华优秀传统文化教育是提升国家文化软实力的重要手段。⑤ 从国家发展层面而言，中华优秀传统文化是民族存在和发展的基础。段超认为，中华优秀传统文化中的爱国主义、自强不息、团结奋斗、诚实守信等理念是社会主义核心价值观的思想来源，传承中华优秀传统文化有利于抵抗当下不良思想观念对人们世界观、人生观、价值

---

① 中共中央办公厅，国务院办公厅．关于实施中华优秀传统文化传承发展工程的意见［N］．人民日报，2017-01-26（6）．

② 章太炎．章太炎全集：第4卷［M］．上海：上海人民出版社，1985：231.

③ 荣格．东洋冥想的心理学：从易经到禅［M］．杨儒宾，译．北京：社会科学文献出版社，2000：23.

④ 现代视野中的传统文化［N］．人民日报，2005-02-04（15）．

⑤ 朱森．优秀传统文化融入大学生思想政治教育的思考［J］．学校党建与思想教育，2014（23）：37-38.

观的侵蚀。① 董国军认为，中华优秀传统文化，在宏观上具有维系国家统一、民族团结的纽带作用，在中观层面上有利于推动社会的进步，在微观上是培养健全人格的思想精神来源。② 即中华优秀传统文化所蕴含的内容对国家、社会和个人发展都具有重要的引导意义。孙汝建提到，文化创新是构建创新型国家的关键，而要实现文化创新就必须吸收与重建中华优秀传统文化。中华优秀传统文化教育不同于一般的知识和技能教育，它不仅是培育民族精神的重要手段，在科学技术教育方面也具有不可替代的作用，是推动我国社会、学校持续发展的精神动力和思想源泉。③ 柏嫱等认为，学习中华优秀传统文化有利于提升学生内在的文化自信及其对中华文化的认同，我们应在教育实践中深入挖掘中华优秀传统文化的价值内涵，推动文化创新，连通传统文化内涵与当代青年精神思想，提升学生的文化自信心和自豪感，使之将个人理想融入国家的发展需要。④ 也就是说，当下的文化创新和未来的文化发展都离不开中华优秀传统文化这个营养源泉，同时，中华优秀传统文化教育对学生的心灵、道德修养、学习素养具有重要的滋润作用，而这些品质是进行科学技术创新的关键因素，所以说中华优秀传统文化是奠定学生创新素养的重要基础。

秦永芳认为，中华优秀传统文化可以有效抵御其他文化对我国文化的冲击，弱化市场经济对青少年思想理念的不良影响，对提升青少年的内在人文底蕴、开展德育教育具有重要的精神培育意义。⑤ 该文是从基础教育的角度出发，论述中华优秀传统文化对青少年发展的重要影响作用。杨春霞从四方面论述中华优秀传统文化教育的价值：其一，建立民族文化信仰；其二，有利于保护国家安全；其三，利于应对当下面临的道德滑坡、急功近利等现象，促进人与人、人与社会、人与自然的和谐；其四，有助于培养人格健全、道德完善的人。⑥ 中华优秀传统文化教育的价值大到涉及国家安全，小到关涉个人的品德修养。葛金国认为，实施中华优秀传统文化教育是实现民族复兴的必然之举，是对多元文

① 段超．中华优秀传统文化当代传承体系建构研究［J］．中南民族大学学报（人文社会科学版），2012，32（2）：1-6.

② 董国军．传统文化与德育论略［J］．江苏理工大学学报（社会科学版），2001（2）：100-104.

③ 孙汝建．中国优秀传统文化教育的缺失与重建［J］．民主，2007（5）：15-17.

④ 柏嫱，柏华．中华优秀传统文化融入大学生思想政治教育的现实路径［J］．学校党建与思想教育，2019（16）：52-53.

⑤ 秦永芳．试论在青少年德育中传统文化德育资源的开发与利用［J］．学术论坛，2007（8）：150-153.

⑥ 杨春霞．传统文化教育的现代价值［J］．新闻爱好者，2006（9）：10-11.

化交融现状的回应。① 民族的复兴建立在文化复兴的基础上。雅思贝尔斯在其著作《什么是教育》一书中对《论语》中展现的“教与学”之道高度赞赏，认为孔子对学生的品格修养非常注重，在孔子那里，“教”是指向如何成人，即一个人首先必须亲善于与其有血缘关系的父母兄弟，这是做人的根本，其次才是学“道”。② 以上主要是从中华优秀传统文化本身的价值出发，论述中华优秀传统文化对于国家、社会和个人发展的意义，从不同的视角出发对中华优秀传统文化价值的探究也具有不同的指向，遂从不同的层面和角度阐述中华优秀传统文化在未来发展中的重要价值和意义。

诸多学者从学生发展的角度出发论述了中华优秀传统文化教育对学生价值引导、个人修养、道德素质等方面的积极作用。程太生从具体的教育内容出发，认为学校开展中华优秀传统文化教育主要在于对学生德行的形塑，即以中华传统美德的核心元素引导学生日常的价值追求和道德行为，让学生树立正确的价值思想观念。③ 中华优秀传统文化教育可以有效提升学生的道德品质，塑造学生的人生观和价值观，促进学生对负面思想文化的抵制。④ 王立刚认为，开展中华优秀传统文化教育的目的就是让学生学习、理解、弘扬中华优秀传统文化，让学生通过传统文化知识的学习找到自我内在精神生命的文化归属，在思想上获得自我文化的根基和源头。⑤ 诸多学者认为，落实中华优秀传统文化教育对学生的身心健康和全面发展具有重要的引导作用，同时，增强学生对中华文化、中华民族的认同感和自豪感⑥，有利于中华文化的传承和国家文化软实力的提高。⑦ 还有诸多学者在其论文中提出了类似的观点，例如，马士峰的文章《中学生传统文化教育研究》，杨智敏的《论新时期中小学传统文化教育的若干问题》，张伟丽的《中小学优秀传统文化传承现状及路径分析——以山东省济南市H小学、S中学、J高中为例》等，都提及在学校开展中华优秀传统文化教育对

---

① 葛金国．文化视野中的教育改革［J］．教育学报，2011，7（5）：12-21.

② 雅斯贝尔斯．什么是教育［M］．邹进，译．北京：生活·读书·新知三联书店，1991：89.

③ 程太生，张红娟．高校加强中华优秀传统文化教育的实践与思考［J］．太原师范学院学报（社会科学版），2017，16（5）：107-109.

④ 孔宪峰．中华优秀传统文化的当代价值：兼论中国共产党关于传统文化的新认识［J］．教学与研究，2015（1）：76-83.

⑤ 王立刚．论传统文化教育的内容体系［J］．当代教育与文化，2017，9（1）：10-16.

⑥ 张媛磊．中学生传统文化教育问题研究［D］．郑州：河南大学，2013：13.

⑦ 齐勇锋，李平凡．完善公共文化服务体系，提高国家文化软实力［J］．中国特色社会主义研究，2012（1）：64-72.

国家、民族和学生全面发展的重要意义和促进作用，让人们更加深刻地认识到中华优秀传统文化教育在当下的重要性和迫切性。处于亚洲文化圈的一些国家也借用儒家优秀传统文化教化国民。例如，新加坡前总理李光耀，通过对中华优秀传统文化核心思想的提炼与归纳，将中华传统文化中的“忠孝仁爱礼义廉耻”作为规范本国国民道德修养的重要准则。① 以上主要是从学校教育的角度出发，阐述中华优秀传统文化教育对学生发展的价值和作用，认为在全社会开展中华优秀传统文化教育对社会和学生的全面发展具有不可或缺的价值。

通过对中华优秀传统文化教育价值的相关文献的梳理，笔者从中认识到，中华优秀传统文化对于促进个人、社会和国家乃至世界其他国家的发展具有重要意义。首先，中华优秀传统文化本身具有深厚的思想内涵，是国家立足于世界民族之林的精神象征，对中华民族乃至世界的发展具有重要意义。其次，中华优秀传统文化中涵盖的治国理政的思想精华和为人处世的伦理观念等是社会和谐发展的文化底蕴。最后，中华优秀传统文化是培养社会主义建设者和接班人的文化资源。

二、中华优秀传统文化教育内容和方法的研究及述评

中华优秀传统文化教育的内容和方法在本质上不可分离，教育内容影响教育方式的选择，教育方法需要以教育内容为媒介。

（一）关于中华优秀传统文化教育内容的研究

中华优秀传统文化教育内容是实施教育活动的重要载体，关于中华优秀传统文化教育内容的研究多是从传统典籍、教材、学生读本的维度进行研究。有学者根据古代典籍诸如《大学》《中庸》《论语》等的核心要义，将中华优秀传统文化教育内容概括为个人、社会、国家三个层面，具体应包括提升个人道德追求和形塑个人人格理想的教育内容、加强个人家国情怀的“修齐治平”的内容，以及培养学生自强不息的民族精神的相关内容。② 这是对中华优秀传统文化教育内容的高度概括，指明了中华优秀传统文化教育内容的根本指标，但如何在学校教育中具体表现这些内容还有待进一步探究。王立刚从当代学校教育的角度出发，提出“中华优秀传统文化教育的根本属性是教育活动，中华优秀传

① 王云卉．新加坡传统文化教育对我国大学生传统文化教育的启示［J］．教育观察（上半月），2017，6（17）：18-20.

② 于春海，杨昊．中华优秀传统文化教育的主要内容与体系构建［J］．重庆社会科学，2014（10）：67-75.

统文化教育内容的形成需要以教育实践为基础"①。侯静雯将中华优秀传统文化教育内容归纳为三方面：首先，提升学生阅读古代典籍的能力；其次，增加学生优秀传统文化知识的积累；最后，关于个人行为品质和传统文艺的学习。② 任翔同样将中华优秀传统文化教育内容分为三个部分：其一，传统文化知识性的教育，具体包括语言文字知识、文学知识和历史文化相关的知识；其二，中华民族精神的培养，诸如以传统文化中的"天人合一""自强不息""厚德载物""和合尚中"等思想精华，培养进取精神、博大胸襟和爱国主义的民族情怀；其三，中华文化养成教育，具体包括家风家教建设、学校文化建设以及具体的规章制度建设。③ 对中华优秀传统文化教育内容的选取需要从不同的目的出发去探究挖掘。

以上学者分别从不同的视角论述了中华优秀传统文化教育应包含的内容。就目前教育现状而言，中华优秀传统文化教育在中小学尚未单独设课，而是融入国家三级课程体系之中。④ 基础教育承载着复兴中华优秀传统文化的重任，但其更重要的作用是教人、成人、育人，中华优秀传统文化作为教育内容在育人的过程中发挥文化扶正和传承的作用。因此，中华优秀传统文化教育在基础教育阶段更多是在价值理念层面，而不是在学问上。在价值理念上，还要尽可能淡化价值的功利性，即为达到某种目的的手段，而应强调价值的道德性，即道德是非判断。⑤ 这一时期的教育内容不是为了让学生掌握传统文化的具体知识，而是以"经史子集"中蕴含的思想观念、道德规范和人文精神润泽学生的心灵和精神，使其形成正确的价值观和人生观。

（二）关于中华优秀传统文化教育途径的研究

关于实施中华优秀传统文化教育的途径，已有较长时间的实践探索，学校教育中的实施途径存在诸多相似之处，主要体现为四方面。

其一，通过经典著作诵读开展中华优秀传统文化教育。"经典诵读"是学校开展中华优秀传统文化教育最为普遍的教育形式。有的学校在此基础上探索了

---

① 王立刚．论传统文化教育的内容体系［J］．当代教育与文化，2017，9（1）：10-16.

② 侯静雯．2010 年至 2020 年小学语文传统文化教育内容研究综述［J］．语文建设，2021（6）：24-28.

③ 任翔．中国传统文化教育的目标与内容初探［J］．中国教育学刊，2019（1）：58-63.

④ 陈云龙，任建英，曾莹．中华优秀传统文化教育发展的探讨［J］．课程·教材·教法，2019，39（12）：89-95.

⑤ 张广斌．对中小学开展中华优秀传统文化教育的几点建议［J］．人民教育，2017（合刊 2）：34-38.

一整套具有传统文化特色的校本课程，诸如以传统文学、传统经典为主要内容的经典诵读课程。有的学校有专门的诵读教材，有的学校诵读语文教科书上的诗词歌赋，一般由语文教师、班主任或小组长领读。李逢超认为，学校应该有计划地组织和引导学生阅读传统经典著作，从小学到大学连续地培养学生的传统文化素养，加强学生的综合人文素养。① 杨淑子认为，诵读经典让中华文化生机盎然，中华诗词是文学也是艺术，它陶冶人的思想感情，开拓人的思维能力，提升人的精神境界，经典是必须诵读的。② 也有人提倡将诵读与冥想结合起来，激发学生学习兴趣，助力中华优秀传统文化教育的现代转型。③ 当下中小学的经典诵读相较而言更注重记忆背诵，较少进行深层次的文化意义探讨，人们一般认为，以小学生的智识发展水准难以进行深层次的文化教育。这在某种程度上是一种误解，不论是多么高深的文化，学生在不同的阶段都会有不同的感悟和理解，且每个阶段的理解都是有意义的。

其二，通过各个学科开展中华优秀传统文化教育。《中华优秀传统文化进中小学课程教材指南（2020）》指出，在基础教育阶段，主要在语文、历史、道德与法治三门课程中融入相关的中华优秀传统文化知识。同时，在艺术、体育与健康学科中有重点、有选择地纳入传统文化知识，在其他学科课程中运用有机渗透的形式，力求在基础教育阶段实现“3+2+N”全科覆盖传统文化教育的目标。自 2016 年部编版教材试行使用以来，到现在全国中小学都已全面使用部编版的语文、历史、道德与法治教材，新版的教材更加注重通过中华优秀传统文化对学生进行价值观的引导。教材是中华优秀传统文化教育内容的主要载体，涵盖的内容形式多样，种类繁多齐全，“经史子集”、佛学、唐诗、宋词、元曲、小说、杂剧等都有所涉及，以各种生动的方式融入相应的课程中。可以看出，有关中华优秀传统文化教育内容的类型，在形式上追求“体系化建设”的思考和探索，即把教育内容与学科学段相结合，建设科学合理的内容体系。④

以中小学“语文”教科书为例，小学阶段的 12 册语文教科书共有 124 篇古诗文，在数量上占所有内容的 30%，比原来的人教版教材增加了 55 篇，平均每

---

① 李逢超．阅读文化典籍：中小学生优秀传统文化教育的重要途径［J］．中小学图书情报世界，1999（5）：34-35.

② 杨叔子．经典需诵读，诗教应先行：一项弘扬与培育民族精神的战略措施［J］．华中科技大学学报（社会科学版），2004（1）：1-7.

③ 张梦蕾，刘峻杉．道家经典诵读与冥想结合的小学国学课程研究［J］．课程·教材·教法，2018，38（4）：52-58，63.

④ 侯静雯．2010 年至 2020 年小学语文传统文化教育内容研究综述［J］．语文建设，2021（6）：24-28.

学期学生需要学习大约 10 篇古诗文。初中阶段的语文教科书也有 124 篇古诗文选篇，占比达所有选篇的 51.7%，平均每学期学生需要学习大约 20 篇古诗文，比小学阶段的学习容量增加了 1 倍。① 从中华优秀传统文化知识在教科书中所占的比重就可以窥见当下我们对开展中华优秀传统文化教育的重视程度。温儒敏认为，在语文教科书中融入与传统文化相关的语言文字教育、情感意识教育、审美理念教育，便于学生吸纳学习，能在潜移默化中起到润物细无声的效果。②吴润填认为，语文课程不仅注重语言积累、感悟、运用等基本技能的训练；还通过深厚的文化知识熏陶思想，提升个人的精神世界，在文化感染中构建个体的内在人文精神与人文品格，对学生道德情操的培养和审美情趣的提高具有重要的影响作用。③ 任翔提出，可以通过语文教材构建成体系的传统文化内容，即在小学学段精选古诗文、蒙学选篇；在初中阶段注重融入古诗文和“四书”“五经”选篇；高中学段加强古诗文选篇，同时精选“五经”“诸子”“诸史”等相关内容。只有各项内容自成序列又相互融合，才能形成行文中心贯通、中小学衔接的语文教材传统文化教育内容体系。④ 这主要是从内容筛选的角度循序渐进地实施中华优秀传统文化教育，具体教育的途径需要教师在实践教学中积累经验、掌握技巧，可以说中华优秀传统文化教育的内容和质量都有所提升。张艳玲等提到“部编本”小学语文教科书融入了姓氏歌、节日童谣、端午粽等包含中华民族自身的文化传统和生活方式的具体内容。对这类与学生日常生活相关的传统文化知识的学习，不仅能提升学生对优秀传统文化的理解，还能在潜移默化中让学生产生对中华文化的归属感，增强其文化自信心。⑤ 新编的语文教材通过一种系统而无形的“有机渗透”，以中华优秀传统文化“化人”，在润物细无声中将传统文化的精华融入学生的血液。

“道德与法治”（思想政治教育）课是以学生日常生活为基础，引导学生认识身边的人、事、物，促进学生形成对自我身份的构建与认同，以提升学生的精神品格和道德行为为目的的一门集政治性、伦理性、人文性和实践性等特征

---

① 温儒敏．“部编本”语文教材的编写理念、特色与使用建议［J］．课程·教材·教法，2016，36（11）：3-11.

② 温儒敏．“部编本”语文教材的编写理念、特色与使用建议［J］．课程·教材·教法，2016，36（11）：3-11.

③ 吴润填，林妙君．语文教学中加强传统文化教育的思考与实践［J］．广东水利电力职业技术学院学报，2008（2）：20-23.

④ 任翔．语文教材传统文化教育内容体系化刍论［J］．中国教育学刊，2020（6）：23-28.

⑤ 张艳玲，王玉伟，陈松．“部编版”语文教材的鲜明特点及时代意义［J］．前线，2017（10）：40-42.

于一身的综合课程，也是基础教育阶段融入中华优秀传统文化教育内容的重要课程。曲洪志认为，中华优秀传统文化是思想政治教育的重要营养来源，为思想政治教育内容提供了丰厚的文化内涵、文化品位和文化精神，同时，使传统文化与当下社会文化发展的目标趋向一致，从而以深厚的传统文化知识展开思想政治教育，切实提高人的文化素质，促进思想道德境界的提升。① 吴丽认为，将丰富多彩的中华优秀传统文化知识融入小学“道德与法治”课程，进行教学内容的重组与优化，探究课程融合的创新型教学方式，不仅能提升教师的传统文化素养，也有利于激发学生的学习兴趣，同时，培育学生对中华优秀传统文化的亲切感，感受中华优秀传统文化的博大精深。② 吕莉在其文章《学科教学中渗透中华优秀传统文化教育四部曲——以小学道德与法治课程为例》中提出，小学道法课程中的优秀传统文化主要包括三方面，即传统节庆与民俗文化、传统工艺文化、传统智慧与美德。通过“触、探、融、践”四个步骤循序渐进地在课程教学中融入优秀传统文化，“触”指对教材的研究和梳理，“探”指一步一步融入优秀传统文化，“融”旨在营造生动的传统文化情境，“践”是师生共同对传统文化的践行。③ 也有学者从爱国主义教育的角度提出在“道德与法治”课程中融入传统文化教育的重要作用，爱祖国的文化是培养爱国情感的重要因素。④ 中华优秀传统文化教育在各个科目中的实施途径是多样的，诸如情景体悟式、戏剧模拟式、实践体验式等，根据不同的教学内容可以衍生出不同的教学途径。

其他课程中也可以适当融入中华优秀传统文化内容，其中历史课程涉及较多传统文化的内容。孟长玲提到，学历史是了解我们自身文化的一个必要途径，历史课的教学任务之一，就是要彰显中华优秀传统文化内在的精髓和深厚的价值，让学生真正领悟和认识传统文化蕴含的伟大精神和卓越的智慧，为培养、塑造学生完美的人格奠定精神基础。⑤ 邓敏英也认为，通过历史教育，可以让学

---

① 曲洪志．我国传统文化是思想政治教育的重要资源［J］．山东社会科学，2006（4）：152-154.

② 吴丽．中华优秀传统文化在小学《道德与法治》课程实施中的缺失与回归［J］．教育理论与实践，2020，40（11）：58-61.

③ 吕莉．学科教学中渗透中华优秀传统文化教育四部曲：以小学道德与法治课程为例［J］．基础教育课程，2021（7）：15-22.

④ 苏建明．统编小学《道德与法治》中爱国主义教育的三维构建［J］．教学与管理，2020（29）：42-44.

⑤ 孟长玲．中学历史教学的重要任务是弘扬中国传统文化［J］．西安教育学院学报，2003（3）：37-38.

生通过学习古代的人文史实，从而形成高尚的道德观、正确的世界观，既有助于培养学生爱国主义情感，又有助于形塑学生的集体主义观念，使之在日积月累的学习中养成良好的社会公德。① 这主要是从历史教学的意义而言，阐述历史教育对促进学生发展的重要价值。由以上论述可以发现，中华优秀传统文化教育力求实现与学科教学融合、与五育教育相融合，深深地扎根于学校教育。在这方面，英国也非常重视通过正规课程的融入开展本国的传统文化教育，将传统文化知识融入英国文学、历史、艺术、戏剧、电影和音乐等课程中，同时，通过宗教教育、德行规范的养成进行道德熏陶和绅士风范的培养。② 此外，法国、韩国、日本、新加坡等国家也非常注重在国家课程中融入本国的传统文化知识，通过课程开展文化教育是必然的通途。

其三，通过社团活动和艺术实践开展中华优秀传统文化教育，如书法、篆刻、国画、陶艺、剪纸、戏曲、捏面人、瓷胎竹编等。在以传统文化为特色的学校中，运用最多的是书法教育，书法是展现汉字的形式。汉字内含着中华民族的文化渊源，连接着中华民族五千多年的文化血脉，书写的形式及其变化背后是中华民族历史文化的变迁与发展。不同的书写形式所形成的书法文化是优秀传统文化的重要组成部分，通过书法的学习和练习可以从根本上增强学生对祖国传统文化的情感。李逸峰认为，书法教育对提升学生的艺术修养和人文素质具有不可替代的意义，书法学习不仅能增强学生对中华文化的认同感和自信心，也能让学生在日复一日的提笔与落笔练习中继承和弘扬中华民族优秀传统文化，以书法为纽带凝聚共同的文化情感，增强民族凝聚力和创造力。③ 蔡扬翼也认为书法有其自身的教育优势，对增强学生的民族自豪感和自信心具有重要作用，有利于培养学生良好的思想品质，使之形成高尚洒脱的审美情趣，提高学生的文化生活品位，美化心灵、增进修养，有利于让学生领悟做人做事的道理。④ 有的学校借助书法教学开展实践活动，邀请专业的书法艺术社团和书法大家进校，面对面地向学生展示书法蕴含的生命艺术，深化学生对书法文化的理

---

① 邓英敏．历史教育是优秀传统文化教育的重要途径［J］．中共郑州市委党校学报，2008（3）：86-87.

② 张良驯，周雄，刘胡权．当代青少年中华优秀传统文化教育研究［M］．北京：北京理工大学出版社，2015：89.

③ 李逸峰．当前中小学书法教育：问题与对策［J］．课程·教材·教法，2013，33（6）：123-127.

④ 蔡扬翼．书法教学在德育中的作用［J］．思想教育研究，2003（4）：29-31.

解和认知。同时，带领学生到校外艺术机构参观展览等，感受中华优秀传统文化。① 此外，也有学者提到通过学习对联进行中华优秀传统文化教育，对联是中国人民喜闻乐见的一种集思想性、艺术性、装饰性于一身的古老的文学形式。就其内容而言，无论是述史、叙事，还是写景、抒情都是以中华民族独有的思维方式和价值理念为载体。就其书写看来，对联是方块字及其书法艺术同丰厚的历史文化相结合的产物。② 书写对联既能让学生练习书法，又能让学生感受对联内含的文化、情感、韵味。也有学者提到，可以通过收集历史上具有崇高品德和奉献精神的故事和民族英雄、志士仁人等各种资料或有关的影视作品，以及创设有鲜明民族特色的文化环境和课外活动等方式，让学生以动态的、亲身参与的方式学习悠久而灿烂的华夏文明。③ 也有一些学校将中华优秀传统文化教育与学校发展特色相结合，从学生的日常经验出发扩展开来，构造了既具有传统文化特色又能高效育人的发展理念，诸如四川蒲江两所学校分别以“竹文化”和“茶文化”为核心理念建构学校育人目标和发展策略，让学生亲自种茶、采茶、制茶，学习茶艺，将学生自身的经验与“茶”“竹”背后蕴含的深层理念相结合，由此扩展开来，感受“竹”的君子品质，感受“茶”的淡雅清香。

其四，依托传统节日、民风民俗、地域特色等开展中华优秀传统文化教育。在这方面表现为如下几点。首先，以传统节日文化和“二十四节气”为主要内容的传统节日课程。学校经常借助清明节、端午节、中秋节、重阳节、春节等重要传统节日，动员师生开展各项具有文化教育意义的活动，通过活动展现传统节日蕴含丰富的传统文化内容和形式繁多的传统习俗和礼仪。④ 让学生在丰富多彩的活动中感受传统文化的内涵和韵味。其次，开展以历史英雄如岳飞、戚继光、苏武等为主要内容的历史英雄课程。最后，以当地的历史遗迹、风俗文化、传统技艺等为主要内容，开展具有传统乡俗文化意义的课程。中华民族不同地域的风俗礼仪、民俗风情、技艺文化等蕴含的传统文化之美能有效提升学生对传统文化的鉴赏和内在感受，深化学生对传统文化的情感。⑤ 在实践中，有

① 许丽丽．在初中美术教学中进行中华优秀传统文化教育的策略研究［J］．中国教师，2020（7）：63-65.

② 刘应龙．浅谈对联教学的素质教育功能［J］．对联・民间对联故事，2003（9）：26-27.

③ 朱术．发挥优秀传统文化在中学生德育教育中的作用［J］．福建教育学院学报，2005（5）：45-46.

④ 范中杰．论传统节假日教育与青少年传统文化教育［J］．现代教育论丛，2008（4）：7-12.

⑤ 沈成．学校教育应弘扬中华优秀传统文化［C］//叶圣陶研究会．叶圣陶德育思想与实践研讨会论文集．苏州：叶圣陶研究会，2004：7.

很多学校借助日常的民风民俗、戏曲民谣、秧歌腰鼓等内容开展具有当地特色的优秀传统文化教育，传统文化教育的内容不仅在学校里、课堂上，也存在于我们的日常生活中。此外，还有传统礼仪教育、戏剧教育、陶瓷文化、皮影文化、汉服文化等内容丰富、形式多样的课程体系。

以上关于中华优秀传统文化教育途径的探究只是相关研究的一部分，限于本书田野调查选择的小学取向，主要涉及的是小学阶段的中华优秀传统文化教育途径。首先，已有研究对中华优秀传统文化教育内容的探索较为宏观，对中华优秀传统文化教育究竟应该教什么，教哪些具有代表性和可延展性的知识，学生从中能学到什么等微观的论述不足。通过文献梳理，促使笔者在田野调研过程中注重关注中华优秀传统文化教育具体教的内容、具体的知识形式以及学生的学习效果等。其次，已有研究主要是在形式上提出开展中华优秀传统文化教育的方法，但对方法本身蕴含的中华优秀传统文化理念和教育思想缺乏探讨，缺少对经典诵读、传统节日等蕴含的传统文化思维及其得以延续的内在机理的研究。再次，已有研究多注重对中华优秀传统文化教育与既有学科的融合，对中华优秀传统文化校本课程的研究不足。而当前的现实状况是，学校不能让所有教师都快速具有深厚的传统文化素养，在学科教学中不留痕迹地融入中华优秀传统文化教育，虽然相关的研究很多，但在实践教学中较难落地。最后，还有一些研究对教材中融入传统文化知识的育人作用缺乏有效的论证，教材中融入的传统文化知识在具体教学中能否达到育人效果，需要通过对实践的深入探究才能得以知晓，并不是相关知识融入越多就越有利于学生传统文化素养的提升。通过对上述文献的梳理，笔者进一步细化本书在田野调查过程中应关注的重点，即田野学校的教学方法及其教学内容是否以及在多大程度上起到了有效的育人效果。

三、中华优秀传统文化教育实践问题的研究及述评

任何一项教育活动的开展和落实都会经历一个暴露问题、解决问题的过程，暴露问题、梳理问题是进一步提升优化教育质量的前提。在开展研究前，应先对已存在的相关问题具有一定的了解，以下将具体论述中华优秀传统文化教育在教学过程中显现出来的问题。

近年来中华优秀传统文化教育得益于国家政策的支持，各级各类学校在中华优秀传统文化教育方面取得诸多成就，学生的传统文化素养得到有效提升。但在中小学教学中还存在一些较为普遍的问题，如对中华优秀传统文化教育内

容分辨不清，导致学生学习的传统文化内容良莠混杂①，影响了学生对优秀传统文化的认知，不利于学生的发展。② 具体来说，表现在以下五方面。

其一，学校在开展中华优秀传统文化教育的过程中，总是期望能够取得立竿见影的效果，这是一种急功近利、缺乏远见的现实表现。③ 这种心理导致中华优秀传统文化教育难以取得持续的、长远的成效。当下，大多数学生阅读典籍著作的意愿较低，首先源于经典著作本身的难度，其次源于学生对传统经典缺乏学习的兴趣，最后源于学生在潜意识中认为阅读这些著作对于提升自己的学习成绩没有帮助。中华优秀传统文化教育是一个长期的、缓慢的、日益渗透的过程，对学生道德品质、思想境界的影响不可能立竿见影地展现出来。笔者在田野考察过程中发现，在关于古诗词的教学中，教师更多是注重学生对诗词具体含义的背诵，而在学生对诗词意蕴的体悟方面的教授则较为缺乏，所以教学方式趋向封闭化，并以统一的标准答案固化学生的思维，使所有的学生对古诗只产生同一种理解，似乎只有这一种理解是正确的，是需要记诵的。这样的教学方式不利于学生想象力的发挥，也违背了优秀传统文化教育的初衷和目的。还有一些学生对我国的传统节日习俗缺乏深入了解，不知其来源，甚至不知道它具体的时间，对传统的事物缺乏兴趣。相较而言，学生对一些历史故事和神话寓言等的知晓度较高，而对于“修身养性”“处世立志”等知识缺乏深度了解④，对“陶、瓷、书、画”等艺术性的传统文化内容的掌握就更少了。

其二，中华优秀传统文化教育实践存在形式化、点缀化的问题，在具体的教学形式和教学方法方面存在认知偏差。学校的中华优秀传统文化教育更多倾向于关注外在形式和技艺种类，缺乏对传统文化内在精神的挖掘和探究。在教学目的上更注重对具体知识的掌握和记诵，对学生的德行养成和实践教化不足，学生在现实生活中难以做到“知行合一”。部分学校在思想理念上认为中华优秀传统文化教育就是在学校增加一门“书法课”或举办一场“诗歌朗诵”比赛，忽略了对传统文化内涵的深入挖掘，对传统文化内容彰显的精神意蕴教育不足。在核心课程的教学方面，主要还是聚焦于知识的获得，忽略了教育的情感熏陶

---

① 李先明，成积春．中华优秀传统文化传承体系的构建：理论、实践与路径［J］．南京社会科学，2016（11）：138-145.

② 都进学，李必勤，张海涛，等．关于新世纪青年群体掌握优秀传统文化现状的调查报告［J］．重庆工业高等专科学校学报，2003（4）：76-79.

③ 冯国林．传统文化教育的误区：以 XX 小学“读经诵典”活动为例［D］．成都：四川师范大学，2012：9.

④ 刘华荣．儒家教化思想研究［D］．兰州：兰州大学，2014：10.

和意境领略，脱离了学生的生活实践，在表现形式上缺乏感染力。有些地方盲目夸大读经的作用，采用古代“摇头晃脑”的方式让学生进行纯粹性的记忆而不做讲解，认为可以“读书百遍，其义自见”，或者当下虽然不理解，但在将来的某一刻遇到相关事物刺激时就能“顿悟”。这种观点看似正确，实则荒谬。学习是发生在当下的，学生每个阶段的体验都是有意义的。在教学实施上存在的问题主要体现在三方面，“知识灌输多，内涵把握少；外在形式多，内在体悟少；被动模仿多，主动创新少”①。此外，有学者提出中华优秀传统文化教育方法一体化，在不同的阶段强调不同教育形式，其认为在小学低段应重游戏，从而引发学生的兴趣和积极性；在小学高段应重引导，让学生学会欣赏美的作品；在初中阶段应重体验；在高中阶段应重探究。② 事实上，教育是不能被割裂的，我们不能认为小学阶段的学生就缺乏体验的能力和探究的精神。在任何时候我们都需要引发学生的兴趣，好的教育也需要关注学生的体验能力，让学生不自觉地产生探究的兴趣。当前在教学过程中方法单一，依旧以知识灌输为主，更多注重学生记诵的能力，缺乏内涵式的引导，导致学生对传统文化精髓的体悟和理解不足。

其三，在具体的教学过程中，部分教师对传统文化的认知不够全面，甚至存在一些偏见，认为传统文化是学生发展的障碍，抨击“学而优则仕”的古板传统，认为当下的教育目标偏离了教育的本质，使人成为外在目的的奴隶；他们认为“师道尊严”的师生观阻碍师生间的平等交流，压迫了学生的智性。诚然，这些观念从这个角度来说具有一定的保守性，但现下的青少年不再是过去读“诸子之经”长大的一代，他们接受的是中西交融影响下的现代文化，“学而优则仕”“师道尊严”这些观念对他们的影响越来越小，“学而优则仕”更多是年长一代的殷殷期盼，而不是现下所有青少年的追求。至于“师道尊严”，在这个越来越推崇个性自由的时代，提倡“师道尊严”的理念有利于提升学生对教师的尊重。魏兆丰在其文章中写道：无论是学校教育选择还是个人的教育视野，与科学技术相比，传统文化总被认为是过时的、无用的知识而遭到普遍的忽略。③ 所以，我们需要站在不同的历史背景下观看传统文化，根据时代的特征和人的发展的需求实施中华优秀传统文化教育。

---

① 吴艳玲．提升中华优秀传统文化教育实效：《中华优秀传统文化进中小学课程教材指南》解读［J］．基础教育课程，2021（7）：5-9.

② 明成满，赵辉．中华优秀传统文化教育一体化路径探寻［J］．中学政治教学参考，2021（35）：5-7.

③ 魏兆锋．21 世纪中国基础教育的传统文化使命［J］．教育学报，2010，6（4）：37-42.

其四，中华优秀传统文化教育在学校课程体系中的融入不足，相关内容尚未形成统一的体系，学科内容对中华优秀传统文化教育的支持力度不够，二者之间缺少有机联系。虽然各级各类学校都在实施传统文化教育，但尚未形成系统性，具体的教学形式也缺乏活力，关注诵读多于应运和理解，难以调动学生的学习积极性。① 对此，陈云龙等认为中华优秀传统文化教育存在统一要求和指导不足的实践问题，相关的教材虽越来越多却形式单一，看似热闹实则收效不大。具体而言，在不同学段和学科中融入渗透哪些内容，如何呈现，如何整合，好的方法和策略有哪些，尚未有较好的经验可借鉴。② 另外，有些学校过多将与传统文化相关的趣味活动纳入学科教学③，用“增量”“活动”等简易式的操作落实中华优秀传统文化“进课程、进教材、进课堂”的要求④，虽然这种形式更易于被学生接受，却造成传统文化教育内涵浅表化、碎片化的表现形式，在教育过程中缺失了中华优秀传统文化核心的价值精神。自部编教材印发实施以来，语文科目中增加了大量的古诗词，在每章节的“日积月累”中增加隽永的诗句，让学生领略古人的智慧，感受古代文化的魅力。但是，多数学校只是按部就班地以教材为中心展开日常教育活动，中华优秀传统文化作为教育内容呈现在相关教材中，教学过程并未充分体现对中华优秀传统文化传承的重视，也尚未形成相对成熟的教学手段和教学方式。在小学阶段，有关中华优秀传统文化教育的内容主要体现在“语文”和“道德与法治”教材中，由于传统文化自身的特性，融入其他教材中存在一定的现实难度，毕竟各个学科情况不同，不宜统一要求，但也说明我们对中华优秀传统文化的内容挖掘不足、认识不够，所以在教育实践应用上一直缺乏应有的研究和指导。有的学校尽管研发了校本教材，但各地、各校自己开发的地方教材和校本教材的质量水平参差不齐，有些学校仅限于诗词诵读或四书五经，缺乏对中华优秀传统文化的整体认知。此外，不同学段的教材的适切性、系统性和连续性等问题，教材内容与学生的学习需求、学习兴趣之间的契合性也有待深入研究。此外，学生对中华优秀传统文化教育缺乏学习兴趣也是一个现实的难题。近年来，在国家的大力倡导下，

---

① 王立刚．论传统文化教育的内容体系［J］．当代教育与文化，2017，9（1）：10-16.

② 陈云龙，任建英，曾莹．中华优秀传统文化教育发展的探讨［J］．课程·教材·教法，2019，39（12）：89-95.

③ 肖正德．中小学中华优秀传统文化教学的突出问题及完善之路［J］．中国教育学刊，2019（11）：76-79.

④ 张善超，李宝庆．中华优秀传统文化融入中小学课程设计：内涵、路径与特色［J］．教育理论与实践，2016，36（11）：49-51.

学生的中华优秀传统文化素养有所提升，但对知识的理解深度和对文化的热爱程度仍然不足。

其五，缺乏专职的中华优秀传统文化教育的师资，部分教育实践者缺乏中华优秀传统文化教育的意识和自觉，在教学过程中缺乏对中华优秀传统文化知识的引用和引申，对教材的研究缺乏系统性的认识。造成中华优秀传统文化教育面临传统向现代转换的难题，承载中华优秀传统文化的典籍毕竟是古典著作，隔着千年的时空距离，已经不是那么容易去理解与应用，如何解决传统与现代之间的关系也是学者们一直在探讨研究的问题。王明娣等提出，当下一线教师的传统文化素养参差不齐，一方面，部分教师缺乏将中华优秀传统文化融入学科教学的认知与方法；另一方面，教师入职前的学习和培训缺少中华优秀传统文化相关的内容，入职后的培训和继续教育也较多重视对教学技能的提升，缺乏对中华优秀传统文化内容的重视。① 对此，也有学者提出，我国的师资培育课程内容缺乏对多元文化的关怀与尊重，加剧了教师文化融入教学认知与方法的缺失。② 另外就是，教师没有形成有组织性的传统文化教研活动，对于如何在教学中融入中华优秀传统文化教育还处于教师个体摸索阶段。

中华优秀传统文化教育存在的问题可以简要归纳为，课程目标不明确，教育目的的功利性和教学取向的模糊性，在教的内容、形式和方法上缺乏整体的规划指导和系统的探索和实践；专业师资力量薄弱，教师入职前、入职后的培训内容体系缺乏有关中华优秀传统文化教育的内容，各科教师缺乏相应的交流互动；教学方式古板单一，教育内容与学生发展阶段的适切性不足，学生缺乏学习兴趣，中华优秀传统文化教育的作用难以得到有效发挥。对于相关的问题，笔者在发现问题的同时也提出了一些可能的解决策略和突破路径。通过对以上文献的梳理，笔者在进入田野点后进一步关注这些问题是否依旧存在，以及问题背后的根本原因，从而寻求优化的路径。同时，也能让笔者对可能存在的问题有一个预先的设想，在田野考察中发现类似的问题时能够更加深入思考。

四、中华优秀传统文化教育策略的研究及述评

中小学是实施中华优秀传统文化教育的重要阵地，自 20 世纪 90 年代提倡“传统文化”教育以来，全国的中小学都积极开展相关活动，探索落实中华优秀

---

① 王明娣，翟倩．中华优秀传统文化融入教学的价值、困境及路径［J］．民族教育研究，2020，31（6）：24-30.

② 孟凡丽．论少数民族地区跨文化教师的培养［J］．教师教育研究，2007（3）：12-16.

传统文化教育的路径和方式。① 笔者总结梳理了具有突出教育成效的中华优秀传统文化教育策略，同时提出了进一步优化中华优秀传统文化教育的理论探索。以下主要从四方面论述已有研究中提出的中华优秀传统文化教育优化路径。

第一，营造良好的中华优秀传统文化教育环境，包括物质环境和精神文化环境。校园环境建设是影响优秀传统文化教育的重要因素，多数学校的中华优秀传统文化教育是从外在的形式入手，逐步走向人文环境建设，先在物质建筑上营造一个具有传统文化氛围的校园环境②，在校园中的每一个角落融入传统文化元素，让学生随时能感受到浓厚的传统文化气息，接受传统文化的洗礼。邱国勇认为，校园文化建设应遵循“以人为本”“和谐自然”的传统文化理念③，让传统文化理念在不知不觉中陶冶学生的身心，使之趋向一种自然和谐的状态。张媛磊主张从建设社会文化环境的角度来提升文化市场建设，进一步加大文化公益场所建设，为学生营造优质舒适的中华优秀传统文化教育的社会环境。④ 由此可见，通过营造适宜、自然、和谐的文化环境来促进中华优秀传统文化教育的发展是人们的共识。郝佳彤在此基础上进一步提出，可通过加强传统文化数字资源的开发，建设中华优秀传统文化电子网络资源库，例如，共同着力开发适用于不同学科、不同学段的中华优秀传统文化精品课程和学生自主学习优秀传统文化的教育资源平台，以此提升中华优秀传统文化教育的效度，营造全社会学习中华优秀传统文化的学习氛围。⑤ 这里在现实环境营造的基础上提出了网络空间环境对发展中华优秀传统文化教育的重要作用。即中华优秀传统文化教育环境建设既要充分发挥学校环境教育的主阵地作用，也要积极彰显家庭和社会环境建设所具有的积极影响，需要在时代的变迁中与时俱进，善于利用现代化技术进行中华优秀传统文化教育。

第二，学校教育、家庭教育和社会教育以及互联网媒介相互融通，协同促进中华优秀传统文化教育的育人作用。⑥ 在学校教育中，加强开展中华优秀传统

---

① 李琼．“牵手”互联网，让优秀传统文化教育“活”起来［J］．中小学管理，2017（11）：28-29.

② 韩聪钰，贾利军．传统文化课程体系建设与大学生思想政治教育：基于北京地区高校的调查分析［J］．北京教育（德育），2012（9）：46-48.

③ 邱国勇．社会主义核心价值观教育研究［D］．武汉：武汉大学，2013：101.

④ 张媛磊．中学生传统文化教育问题研究［D］．郑州：河南大学，2013：15.

⑤ 郝佳彤，崔月英，朱红．中小学实施中华优秀传统文化教育的探索［J］．教育探索，2015（1）：107-109.

⑥ 吴艳玲．提升中华优秀传统文化教育实效：《中华优秀传统文化进中小学课程教材指南》解读［J］．基础教育课程，2021（7）：5-9.

文化教育的整体设计，以课堂教学为主渠道①，致力于对跨学科主题教学的探索，在艺术教育、劳动教育、综合实践等活动中重视对传统文化精神的实践体验，将中华优秀传统文化教育与学校的其他主题教育进行有机融合，活化中华优秀传统文化教育表现形式。具体来说，可以开展传统技艺、传统美术、书法、武术等非物质文化遗产进校园之类的活动，让学生的听觉、视觉、触觉都能感受到中华优秀传统文化的存在。在家庭教育方面，作为家长，应当在日常生活中以身作则，为儿童树立示范和榜样形象，引导儿童形成尊老爱幼、勤俭节约、诚实守信、行孝明礼的传统美德，让儿童不论在家、在校还是将来步入社会都能不遗余力地践行。在韩国也非常注重通过社会教育、学校教育、家庭教育渗透本国传统文化理念，通过全方位的浸润，在潜移默化中影响其国民的思维方式、价值观念和行为习惯，以此形塑本国国民的文化性格。② 在社会教育方面，需要政府和社区以及其他相关部门的共同努力。统筹中华优秀传统文化教育研学实践基地，运用博物馆、图书馆、文化馆、纪念馆、革命遗址等公共文化机构的教育力量，开展与中华优秀传统文化相关的主题教育，为学生搭建体验、展示、交流的平台，让学生切实感受传统文化的存在感，丰富学生的实践体验，为中小学生中华优秀传统文化教育提供常态化文化服务，由此提升学生的参与感、认同感和获得感。英国的社会教育也非常支持英国的传统文化教育，英国政府支持各类文化场所建设，如博物馆、美术馆、音乐厅、剧院和文化遗址等，为青少年提供参观、学习英国传统文化的鲜活场景。③ 德国同样注重在社会教育中体现本国传统文化教育的元素，国内共有 6500 个博物馆，其中充满了德国灿烂而久远的历史。青少年置身其中，可以切身感受到本国传统文化的博大与辉煌。④ 在德国，每年用于文化方面的总投资中，德联邦占 13%，联邦各州占 42%，各市政占 44%~45%。⑤ 在这方面，我国的投入还有待提升。在互联网媒介方面，集结各方专业人士，共同打造一批展现中华优秀传统文化特征和精神的精品课程，丰富中华优秀传统文化教育资源，使之可以在电脑、手机等多端

---

① 谭红樱．中小学校开展中华优秀传统文化教育存在的问题及对策研究：基于贵州省 18 所项目校的考察［D］．重庆：重庆师范大学，2016：13.

② 谭红樱，田穗．中小学开展中华优秀传统文化教育的研究综述［J］．重庆第二师范学院学报，2016，29（1）：152-156.

③ 张良驯，周雄，刘胡权．当代青少年中华优秀传统文化教育研究［M］．北京：北京理工大学出版社，2015：89.

④ 安战国．对德国文化政策与管理的认识与启示［J］．当代兵团，2013（10）：40-41.

⑤ 张良驯，周雄，刘胡权．当代青少年中华优秀传统文化教育研究［M］．北京：北京理工大学出版社，2015：95.

口播放，创新中华优秀传统文化的表达形式，拓宽传统文化传播渠道，使中华优秀传统文化在全社会形成广泛的影响。在这一点上，国外的一些经验也值得借鉴。新加坡将传统文化教育和公民的日常活动相结合，和社会媒体相结合，营造传统文化的“场”式熏陶，让学生在所有场域里都有可能体验到传统文化，以此接洽学校中的传统文化教育。此外，新加坡颁布《赡养父母法令》，以立法的形式强化传统文化教育，将儒家“孝悌”的伦理思想种植在每个人的道德精神深处。通过在社区和华人社团举办应节活动，如舞龙狮、放鞭炮、猜灯谜等，体验传统习俗，感受传统文化的情趣和韵味。同时，运用大众传媒面向社会广泛传播儒家优秀传统文化，让传统儒家文化的精髓影响国民的价值体系和思想认知。① 其他国家对利用家庭、社会资源开展传统文化教育，进行了广泛的探索，积累了一定的经验，对我国传统文化教育的发展具有一定的借鉴作用。

第三，政策和制度支持是加强中华优秀传统文化教育的有效保障。耿洪涛建议以中华优秀传统文化为切入点出台相关政策，强化行政职能，让法律、政策的制定能为学生营造良好的教育环境。② 刘良业提出，应规范中华优秀传统文化教育教材编制，成立专门的、专业的中华优秀传统文化教育教材编写机构，编纂一套高质量的、适宜中小学生学习的中华优秀传统文化教育教材。③ 近年来传统文化教育得到快速发展，离不开国家的重视和政策的支持，制度在学校的进一步落实和扎根还需要持续探索研究。此外，徐建宇认为，应当充分利用学校所在地的文化资源和技艺能人，为传统文化教育提供学习资源。④ 张媛磊、查士琴、魏兆丰等都在其论文中提到应当单独设立传统文化课程，编制专门的传统文化教材⑤，还有人提出应将传统文化教育纳入考试范围，在中考和高考中加大对传统文化教育的测评比例。⑥ 以上主要是从传统文化教育形式、内容、评价等规范化的角度开展研究，提出相关对策，尚未涉及传统文化教育法治化建设。

① 谭俊英．新时期中国和新加坡中华传统文化教育的比较研究［D］．广州：广东外语外贸大学，2017.

② 耿洪涛．在青少年中加强中华优秀传统文化教育研究［D］．长春：长春理工大学，2011：16.

③ 刘良业，张建功，郝丽芳，等．如何开展中华优秀传统文化教育［J］．河北教育（德育版），2014（1）：6-8.

④ 徐建宇．苏南地区普通高中生传统文化素养教育现状及对策研究［D］．成都：四川师范大学，2014：19.

⑤ 张媛磊．中学生传统文化教育问题研究［D］．郑州：河南大学，2013：13.

⑥ 李先明，成积春．中华优秀传统文化传承体系的构建：理论、实践与路径［J］．南京社会科学，2016（11）：138-145.

在这方面，日本的《教育基本法》在教育目标中，明确提出在中小学课程中充实与日本传统文化相关的知识内容，确立了传统文化教育在法律中的地位，引导各教育部门从课程标准、教学内容、课程评价、教师培养等方面开展传统文化教育探索，在中小学系统开展传统文化教育。① 我国关于推进传统文化教育法治化的研究还较少。

第四，教师是中华优秀传统文化教育的传授者，教师的传统文化素养和知识体系直接关系着传统文化教育的效应。在教学准备阶段，需要教师对教材中相关的传统文化知识进行深入解读和研究。② 同时，在立足文本的基础上考虑学生的实际学习能力，对教学内容进行情景化、生活化的建构，在二次重构中实现教师自我、教学内容与学生志趣的协同。教师需要结合时代的变迁对教科书中涵盖的传统文化知识进行提炼和升华，使教学目标符合当下的育人需求，引导学生在学习过程中形成独特的文化思维。因此，靳浩辉提出通过提高教师道德修养、更新教师的教育理念，促使教师不断完善自身知识体系，加大对教师传统文化知识的学习力度，培养教师的传统文化情怀，构建一批高质量的传统文化教育师资队伍。③ 蔡海龙认为应当在教师入职资格考试中增加对传统文化的考核④，也有其他学者提出应当对欲从事教师职业者进行全面、深入、严格的考核⑤，确保教师在优秀传统文化素养方面的提升，为落实优秀传统文化教育提供高质量的师资保障。⑥ 王明娣提出从文化融入教学的角度提升教师的教学方法，她认为教师不仅需要有专业的中华优秀传统文化知识，还要掌握中华优秀传统文化融入教学的思路与方式。⑦ 关于教师的传统文化素养问题，很多学者都提出

---

① 洪静怡．日本传统文化教育研究：基于传统文化课程的分析［D］．上海：华东师范大学，2015：29.

② 部静宇．中华优秀传统文化融入高中思想政治教学的路径研究［J］．求知导刊，2021（38）：30-32.

③ 靳浩辉．高校加强中华优秀传统文化教育的三重视域：时代价值、现状审视与实践路径［J］．教育探索，2017（3）：83-85.

④ 蔡海龙．全面深化教师队伍建设应坚持教师立法的专业主义取向［J］．中国教育学刊，2020（4）：35-40.

⑤ 王强．我国当前教师准入制度的问题成因与对策［J］．教育发展研究，2016，36（22）：41-46.

⑥ 杨智敏．论新时期中小学传统文化教育的若干问题［J］．学术探索，2005（6）：142-144.

⑦ 王明娣，翟倩．中华优秀传统文化融入教学的价值、困境及路径［J］．民族教育研究，2020，31（6）：24-30.

了加强教师入职前后有关中华优秀传统文化的培训①，同时，组织教师开展传统文化融入教学的教研活动。此外，提升学校本身的文化环境也有利于提升教师的文化素养。② 可以说学校的文化环境和教师的传统文化素养具有相互促进的作用，教师浸润在具有浓厚传统文化氛围的校园环境中，耳濡目染中不自觉地实现自身传统文化素养的提升，而教师传统文化素养的提升又能进一步促进学校文化环境的建设。教师传统文化素养的提升不是一朝一夕可以完成的，既需要专业考核的激励，更需要教师自身从内心深处热爱传统文化，如此才能从根本上提升教师的传统文化素养。

探究中华优秀传统文化教育的策略，可以让笔者了解已有研究中优化中华优秀传统文化教育的路径，使笔者在进入田野点后，印证这些策略在学校教育中是否已有体现。同时进一步寻找其他中华优化传统文化教育的路径。

通过文献梳理发现，当前关于中华优秀传统文化教育存在的问题和对策并不是一一对应的，人们普遍关注到了师资和制度支持的重要性等关键性问题。但对提升传统文化教育的策略还不够全面，如关于提升师资质量方面的研究，多注重通过外部手段，如考核、考证等，提升教师的传统文化素养，缺乏对提升教师传统文化素养内在因素的讨论。同时，对学校教育中为何教（优秀传统文化教育）、教什么、怎么教的问题进行探讨。此外，研究中提出的对策部分多注重宏观意义的表现，例如，关于环境建设方面缺少对具体如何融入传统文化元素的探讨。由此可以看出，关于中华优秀传统文化教育的研究，理论层面的探究多于实践层面的探究，关于如何具体落实中华优秀传统文化教育的实践策略等实践性问题还需进一步深入研究。

由以上文献研究可知，中华优秀传统文化教育如何在实践中落地生根，如何真正促进学生人格修养的全面发展是学校面临的困境。中华优秀传统文化教育的落地是一个非常复杂且关联甚广的问题，不仅涉及传统文化教育内容的主要载体“教材”和主要实施者“教师”，以及学校的领导者和学校已有的文化传统；也关系到学校所在地的政府部门、社区等机构；同时关系到家长在日常家庭生活中对学生的指引与教导；还涉及互联网、大众媒体、视频 APP 等影响人们观念的现代性技术手段与应用。这些能够被罗列出来的相关因素是能够被

① 辛涛，申继亮，林崇德．从教师的知识结构看师范教育的改革［J］．高等师范教育研究，1999（6）：12-17.

② 白益民．教师的自我更新：背景、机制与建议［J］．华东师范大学学报（教育科学版），2002（4）：28-38.

直接观察到的，在这背后还有诸多不易察觉的、内隐的、潜在的相关因素，有时候这些不能被直观观察到的因素决定着中华优秀传统文化教育能否取得效益。“我们今天关注传统文化的目的，不仅在于保存与传递它，更在于反思与发展它，使它对现代社会文化的发展产生更多的正面价值，有助于现实问题的处理。”① 在往后的研究中，我们还需要继续思考和探究这样几个问题：其一，中华优秀传统文化教育如何通过教育内容、教育形式的整合展现传统文化内含的精神意蕴及其核心价值；其二，如何突破中华优秀传统文化与既有课程体系在知识与技术层面的浅层渗透，将传统文化教育深度融入学校教育；其三，如何使中华优秀传统文化教育在青少年群体中落地生根，引导学生自觉践行中华优秀传统文化的价值内涵和伦理观念。

第四节 研究的逻辑理论

一、研究问题

中华优秀传统文化教育在学校场域中既表现为有计划的课堂生活实践，也体现为课堂之外的学校日常生活实践。“如果我们想发展理性的教育实践，就必须考察当前的实践，考察当前的实践实际上包含的规则、原则，考察实践者在描述那种实践特征和决定应该干什么时所运用的知识、信念和原则。”② 已有研究将中华优秀传统文化教育的核心着眼于培养传统文化的爱好者和传承者，拓展学生的文化视野，提升学生的文化认同和文化自信。一般学校探索中华优秀传统文化教育，往往是基于学校特色发展的需要，将中华优秀传统文化教育作为学校的突出亮点来打造，着重在校园里体现一种传统文化的韵味，而对中华优秀传统文化教育之于“个体成人”的教育作用关注不足，尚未把对中华优秀传统文化教育的追求落实到“人”本身的发展需求上。本书以儒家的“成人”思想为出发点和落脚点展开对田野学校广都小学中华优秀传统文化教育实践的研究。主要致力于探究以下几个问题。

第一，探究广都小学开展中华优秀传统文化教育经历了怎样的历程。具体

① 丁钢．中国教育文化的阐释［M］．北京：教育科学出版社，2021：143.

② 赫斯特．教育理论［M］//瞿葆奎．教育学文集：教育与教育学．北京：人民教育出版社，1993：454.

如广都小学缘何开展中华优秀传统文化教育，推动广都小学中华优秀传统文化教育持续开展的因素是什么，广都小学中华优秀传统文化教育为何能取得一定的成就，阻碍广都小学中华优秀传统文化教育进一步发展的现实问题是什么？

第二，探究广都小学如何通过课堂开展中华优秀传统文化教育。具体如广都小学专门设置的传统文化课堂对个体“成人”具有什么意义，融入其他课程中的中华优秀传统文化教育如何推动个体“成人”？

第三，探究广都小学如何在师生日常生活中浸润中华优秀传统文化教育。具体如广都小学在学校日常生活中具体运用哪些传统文化教育理念提升学生的道德品格、内在情感、礼仪教养等，其对个人“成人”具有什么样的作用和意义？

第四，探究如何以“成人之教”为育人总纲领，优化中华优秀传统文化教育路径，实现“以文化人”“教以成人”的教育目的。

二、研究方法和研究过程

（一）研究方法

1. 文献研究法

在根本上，文献研读是开展学术研究的基础工作和必要环节。通过研读有关中华优秀传统文化的典籍著作和相关论文，梳理中华优秀传统文化的思想内涵和价值意蕴，挖掘文本表层内容背后隐藏的价值倾向与意识形态，深入探究中华优秀传统文化中具有教育意蕴的优秀思想智慧和伟大精神，挖掘传统文化深厚的内涵底蕴，吸收具有教育意义的传统文化思想。对已有的中华优秀传统文化教育研究的文献，诸如对著作、论文、会议资料等进行梳理，概括既有研究所表述的进行传统文化教育的主要内容和具体方式。同时，对田野点学校编创的相关传统文化教育书籍、期刊、报纸等资料进行研读分析，将视野从中华五千多年的传统文化和现代学校中的传统文化教育中跳出来，聚焦田野点师生日常发生的中华优秀传统文化教育，把既有的文本与田野实践进行比较分析，由此探究学校教育里中华优秀传统文化教育交错复杂的现实样态。

2. 田野考察法

作为笔者，一方面在教育领域中提倡实践回归，另一方面则是要到现场调查实践活动。① 深入教育实践场景，观照教育教学实践使教育研究具有源头活

① SMITH R. Paths of Judgement: The Revival of Practical Wisdom [J]. Educational Philosophy and Theory, 1999, 31 (3): 327-340.

水。教育研究正是基于现实，在丰富的教育教学实践中获得营养。“田野考察”是一种强调笔者本人作为研究工具进入与研究问题密切相关的现场进行亲身体验、观察或访谈等，记录在特定的自然情境下的所见所闻，从而获得第一手数据资料的方法。①

田野工作的长期性和亲历性是探究“中华优秀传统文化教育”现状的重要保证，本书基于“中华优秀传统文化教育”的研究主题，以课堂观察为基础，逐步扩展至师生课间生活、用餐、进校、离校等日常活动。通过这些实际的观察，将教育实践与教育理论联系起来，探究在广都小学发生的“中华优秀传统文化教育”的内容、方式、价值指引及其对师生生命历程的影响，揭示广都小学“中华优秀传统文化教育”的发展现状、发展困境及改进路径。

3. 个案研究法

“田野工作、描述和分析是人类知识产生的三大要素。”② 如果说田野工作是收集和研究与问题相关的一手资料，那么个案研究在本质上就是对收集到的资料进行整理、归纳和分析的过程。个案是一个“有界限的系统”③。“界限”意味着本个案与其他个案及其环境之间具有一定的区别和差异；“系统”意味着“个案”所组成的部分可以构成一个相对自成一体的单位。

“个案研究可以就一个或多个案例进行详细解释和分析。”④ 即个案研究可以是一个个人、一个组织，或是一座城市。个案研究一般可以分为两方面：一方面是本质性（intrinsic）个案研究，指以特定个案为研究对象；另一方面是工具性（instructional）个案研究，是对研究问题建立一般性理解的工具。⑤ 本书所选的个案研究设计类型是工具性个案研究。所选取的个案学校只是作为探讨学校中“中华优秀传统文化教育”的工具，目的是以小见大，通过现实中的教育主体互动提炼概括性结论，是为达到研究目的的一种手段。

个案研究在整体领域究竟能够扩展多远多深，是靠它自身的本质属性和具

① 穆树航．小学教师办公室生活研究：基于县城Z小学的田野考察［D］．上海：华东师范大学，2018：19.

② 埃里克森．什么是人类学［M］．周云水，吴攀龙，陈靖云，译．北京：北京大学出版社，2013：45.

③ STAKE R E．The Art of Case Study Research［M］．Thousand Oaks：SAGE Publications，1995：57.

④ 约翰逊，克里斯滕森．教育研究：定量、定性和混合方法［M］．马健生，等译．重庆：重庆大学出版社，2015：366.

⑤ 格莱斯．质性研究方法导论［M］．王中会，李芳英，译．北京：中国人民大学出版社，2013：15.

体容量来决定的。[①] 本书选取的个案只是考察当前中小学中华优秀传统文化教育所蕴含的文化机理的显微切片，但“小细胞”中装载着大世界。任何一所学校的传统文化教育都不是全然靠自身来塑造的，其相关的政策法规、制度规范及其在教学过程中的微观运作都受国家宏观政策的影响。个案研究虽然起始于个案，但并不限于个案的狭窄范围，而是追求从个案出发去探究整体的描绘工作。

（二）研究过程

1. 资料搜集主要来源

中华优秀传统文化教育涉及学校的方方面面，笔者具体从以下几方面收集资料。关于学校大环境的文化资料的收集主要来源于广都县志、广都年鉴和官方网站的相关记录以及教师介绍。关于学校内部的资料，根据学校教师的讲述和笔者的观察，搜集具有中华优秀传统文化教育特征的实物材料。主要包括：学校自 2000 年以来编写的传统文化教育校本教材，相关校刊、学校各项活动的方案简报以及照片和视频、学校课表等；教师教案、教师口述、本人听课记录；学生编写的传统文化“教材”、学生出版的诗集、学生制作的海报、学生的作业，以及师生日常生活和人际往来等。

2. 资料搜集方法

本书所采用的田野调查研究方法主要是观察法、访谈法和实物分析。

（1）观察法

“观察法是收集非语言资料的基本方法，依据研究目的，有计划地观察相关教育现象，搜集教育资料的研究方法。”[②] 本书基于“广都小学中华优秀传统文化教育”的研究主题，将观察视角分为课堂生活和校园日常生活，课堂生活中的中华优秀传统文化教育主要发生在教室内；学校日常生活中的中华优秀传统文化教育发生在教室外的任何一个地方，如师生日常交往、学生课间游戏、班级各项活动、学校大型活动、学生日常用餐和卫生清洁、课间操活动以及其他课外实践活动等。在观察过程中笔者将教育部 2014 年颁布的《完善中华优秀传统文化教育指导纲要》给出的中华优秀传统文化教育的主要内容：人格修养教育（修身）、家国情怀教育（齐家）和社会关爱教育（治国平天下）三个维度作为指标来收集相关资料。同时，采用双窗口模式进行不同的视角转换，一边客观地描述笔者所观察到的事件，不做任何修饰；另一边，根据客观事实和主观想法，给予客观对象一个意义，把观察从感知层面上升到理性分析层面。接

① 渠敬东．迈向社会全体的个案研究［J］．社会，2019，39（1）：1-36.

② 陈向明．质的研究方法与社会科学研究［M］．北京：教育科学出版社，2000：227.

着对这两种不同的描述方式进行比较分析，发现不同窗口模式下对同一现象的认识差异。

课堂观察是本书收集资料的重要方式。观察的主要课堂包括“经典诵读”“传统文化”、书法、语文、道德与法治等课程。“经典诵读”的日常观察主要是选择由该班语文教师或班主任管理的时间，一般是周一、周三观察四年级，周二、周五观察二年级，周四观察六年级，也会根据具体的情况进行一定的调整。“语文”“道德与法治”课堂观察主要是以四年级一班为中心展开，根据课表的安排，在二年级和六年级的课程安排与四年级不冲突的情况下，笔者便参与观察二年级或六年级的教学活动。全校的“国学”和“书法”都安排在周三下午，笔者一般在单周观察四年级，在双周交替观察二年级和六年级。其他时间则主要以四年级一班为重点。

“课堂志”作为一种研究课堂教学的方法，它和人类学中的“人种志”或“民族志”是相同的，是一种参与观察、深度访谈、详细描述、理论解释的研究方法。① 人不再单纯地生活在一个物理宇宙之中，而是生活在一个符号宇宙中。② 课堂志重点关注在教学符号系统中交织复杂的符号的意义。本书通过学校课程中有关中华优秀传统文化教育的教学内容、教学方式和策略以及师生间的交往互动，将笔者的所见所闻叙述出来。观察是人类认识和感知周遭世界的最基本方法，人的观察的过程不仅是调动自我的知觉器官感受周围事物的过程，也是个体大脑积极展开思维活动的过程。③ 有时候，笔者在进入现场后所看到的很多现象可能是经过包装的，具有一定的“表演性”，这就需要笔者能够长时间、近距离、亲密地参与到观察对象的生活中去，并能在离开后多次返回调查现场才能观看到事物的真实面貌。比如，笔者刚进入六年级一班时，该班的班主任特意告诉学生，笔者是来观察他们上课的状态的，让他们就像平时一样，让笔者观看到他们最真实的一面。但这可能恰恰导致笔者不能观察到真实的情境，当学生感受到有一双研究的目光可能正在盯着他们时，日常真实的氛围就已经被破坏了。长时间的参与观察就是一个“脱敏”的过程，当笔者完全地融入被观察者的日常情境时，被观察者忘记了笔者的存在。

师生的日常生活是一种文化现象的具体表征，通过对师生日常行为活动的

① 王鉴．课堂志：作为教学研究的方法论与方法［J］．教育研究，2018，39（9）：122-132.

② 王鉴．课堂志：作为教学研究的方法论与方法［J］．教育研究，2018，39（9）：122-132.

③ 陈向明．质的研究方法与社会科学研究［M］．北京：教育科学出版社，2000：227

构造可以进一步丰富对其教育行为的意义解释，使观察深入被观察者的文化内部。“只有进入当地人的世界，以当地人的眼光来看待事物，我们才能发展出对当地文化和当地人行为的深度理解。”① 日常生活的观察采用参与式观察和非参与式观察相结合的方式，主要是了解师生的日常生活样态及其精神面貌，以及教师之间、学生之间、师生之间的人际交往互动中所蕴含的传统文化教育思想。参与式观察要求笔者融入其研究的社会情境之中，在密切的相互接触和直接体验中感受情境实践。

对于学生日常生活的观察，主要对象是四年级一班的学生，笔者参与该班的各项活动，在课间观看他们的游戏，与他们随意聊天、玩耍。对于教师日常生活的观察，除了旁听他们关于工作生活的闲聊，也观看办公室里的人际往来，其中包括教师与学生的交往。人不是孤立地存在于环境之中，而是与生活环境和活动情境有着相互影响的作用。刚开始笔者的观察是随意的，所有进入视听的事物都去注意，在日常观察过程中笔者尽可能收集并记录所有可能重要的相关事件，诸如教师之间的闲谈、抱怨、处理学生事务等，是一种无焦点式的观察。刚置身于陌生的环境，需要一定的时间融入学校的文化和生活，了解局内人生活的世界，熟悉场域中的人与事物。在经历了一段漫无目的、广撒网式的观察后，笔者对田野学校逐渐熟悉起来，观察视野逐步聚焦在与中华优秀传统文化教育密切相关的人物和事件上。

课堂之外的各项活动是包含中华优秀传统文化教育元素的重要场景，诸如升国旗仪式、开学典礼、文化节活动、少先队员入队礼等，这些活动中包含着各种规制章程、礼仪典范、文化元素等。另外，四年级一班的中秋节活动、重阳节活动、冬至活动等也是观察资料的重要来源。当然，人的观察视域是有限的，环境中的事物是纷繁多样且变动的，能引起笔者注意的“情境”具有其个人意义。另外，笔者的时间和精力都是有限的，不可能观察到田野现场所发生的一切。

（2）访谈法

访谈法可以让笔者更加直接地获取与研究相关的信息，也可以更加直观地理解研究对象发生某种行为或产生某种态度的真实原因，进一步通过研究对象本人的阐述了解其具体的教学方式和教学理念。斯丹纳断言：“随意的访谈研究不可能产生有价值的信息，它们只是复制了常见的观点和偏见，而无法产生关

① 董晓萍．田野民俗志［M］．北京：北京师范大学出版社，2020：179.

于某话题的有价值的新知识。"① 所以，本书根据研究的实际情况，综合运用半开放型访谈和开放型访谈两种方式展开对主要研究对象及其相关人物的调查。半开放型访谈的特征是："将访谈提纲作为一种提示，对访谈的程序、内容等起到一定控制作用，并能依据实际情形灵活调整"②，也就是在既定框架和提纲下对访谈者的教育理念、对待传统文化的态度等进行了解。开放型访谈的特点是：在访谈过程中访谈者本人仅发挥一种辅助作用，尽可能地让受访者根据自己的思路和情意，自由地展开联想和输出。③ 通过这种访谈方式，被访者可以较少地受到访谈者的干扰，较易重建自己的经验，更有利于笔者了解访谈对象真实的、深层次的想法。

本书的访谈对象涉及学校的管理者、各科任课教师、学生、家长等，见表1-1。对学校管理者的访谈主要采用半开放型访谈，根据研究目的提前准备访谈提纲和访谈的核心要点。对教师的访谈则采用开放型访谈和半开放型访谈相结合的方式，将开放型的访谈融入日常与教师的交往交流中，通过随意而自由的方式与教师交谈，了解教师真实的内在想法。对本书的重要访谈对象文老师的访谈经历了"半开放——开放——半开放"这样一个循环往复的过程，最开始的访谈是较为正式的，手里拿着访谈大纲，根据研究需要与文老师进行交谈，到后面经过长期的相处后，访谈就较为随意了，我们会在课间讨论教学内容、学生的表现，也会在楼道、食堂里聊文老师及其团队编写校本教材的过程，谈话也会涉及其他话题，如学校整体的发展和变迁，教师的福利、校长的治学理念等。每次在食堂吃饭，文老师都会把笔者介绍给旁边其他老师认识，方便笔者去听其他老师的课，这也为笔者在学校开展研究提供了很多便利。随着研究内容的聚焦，访谈的内容会有所变化，笔者在整理好新的访谈提纲后，再与文老师正式预约深度访谈的时间。与其他教师的访谈基本是半开放式，相对来说相处的时间比较少，只能在特定的时间邀约访谈。广都小学教师的工作非常繁忙，访谈一般要持续一个半小时左右，每次访谈占用的基本都是教师午休的时间。所以，笔者也会在听完其他老师的课后，利用课间短暂的时间对课堂上的一些疑惑及时求解。这种开放式访谈，没有设置任何的限制条件，被访谈者能

---

① 苛费尔，布林克曼．质性研究访谈［M］．范丽恒，译．北京：世界图书出版公司，2013：15.

② 陈向明．质的研究方法与社会科学研究［M］．北京：教育科学出版社，2000：171.

③ 陈向明．质的研究方法与社会科学研究［M］．北京：教育科学出版社，2000：171.

真实地表达自己的观点、感受等，能够更直观地了解社会成员复杂的行为和思维。①

学生访谈对象主要是四年级和六年级的学生，笔者与四年级的学生朝夕相处，对他们的访谈更多是开放式的，为了不占用学生的学习时间，一般在课间进行，一次课间谈不完的就延续到下次课间继续。对部分在课堂上表现出具有较高传统文化素养的学生，笔者进行了专门的半开放式的访谈，访谈时间基本在 1 小时左右。而六年级的学生因为相处时间较少，而且六年级的学生学习任务较重，所以六年级学生的访谈是多人同时进行的，访谈的对象一开始是由教师推荐，为了进一步了解更多学生的状况，笔者根据课堂观察中学生的表现自己选了几个访谈对象。选择的标准分为两种类型：一种是课堂发言非常积极的；一种是看似游离在课堂外，对课堂教学不感兴趣，专注做自己事情的。对学生的访谈相对来说较为随意，一般从他们的日常生活谈起，比如，“你早餐吃了什么，早上是谁送你上学，你来上学的交通方式等”，这种不经意的询问让学生从心理上放松下来，然后慢慢地过渡到关于学校优秀传统文化教育的问题上。

对家长的访谈采取的是电话访谈的方式，家长访谈对象的确立主要源于被访谈学生提供的信息。根据家长的意愿和研究需要，笔者选择了 4 位注重孩子中华优秀传统文化教育的家长，他们为孩子报相关的课外班，督促孩子学习古诗，与孩子共同阅读经典，共同观看《中华古诗词》和《典籍里的中国》等与中华优秀传统文化相关的教育节目。另外，选择了 2 位“佛系”家长，不特别强调学生对中华优秀传统文化的学习，但根据访谈可以发现，所有的家长，都非常注重对孩子传统礼仪的教导，注重对孩子日常的言行举止的引导。

表 1-1　访谈基本信息

人员 \ 信息	深入访谈	多次访谈	访谈时间
教师	20 人	8 人	1.5~2 小时/次
学生	20 人	6 人	约 1 小时/次
家长	6 人	3 人	1~1.5 小时/次
其他学校教师	4 人	2 人	1~1.5 小时/次

① DENZIN N K, LINCOLN Y S. The Discipline and Practice of Qualitative Research [M] // The Landscape of Qualitative Research: Theories and issues. Thousand Oaks: SAGE Publications Inc, 2003: 1-47.

（3）实物分析

“实物属于物品文化，有其独特的研究价值，从中可以透视物品背后的社会意义和文化表征。”① 传统文化的表现形式多样，学校的一花一草、一树一木往往都有一定的价值内涵。本书选定的田野学校在校园的构造和装饰上融入了大量的传统文化元素，有古色古香的楼阁台榭、构造独特的砖瓦石头、师生创造的文化艺术品、挂在墙上的墨画文字等，这些实体的存在物都是本书的关注点。此外，学校的制度章程、校史馆、校刊、校本教材、学生创作的作品等都具有一定的文化意义，对这些实物的分析能够进一步了解传统文化在教育实践中的运用和表现形式。

3. 资料分析

观察笔记和访谈记录是本书获得资料的主要手段。整个研究过程，共观察课堂 310 个课时，包括语文、道德与法治、国学、书法、音乐、美术、数学、英语、科学、体育、班会等课程。课堂观察和日常生活观察记录主要采用手工记录，辅之以视频录像，形成近 6 万字的观察日记和 68 条短视频。根据研究场所的转变，笔者将观察笔记和访谈资料分为三类：第一种是课堂上呈现的中华优秀传统文化教育，第二种是师生在日常生活交往过程中发生的中华优秀传统文化教育，第三种是与中华优秀传统文化教育相关的各项活动和事件。整个研究访谈人员共 50 位，其中广都小学教师 20 位，包括校管理者和各科任课教师；学生 20 位，四年级一班 10 位，五年级一班 2 位，六年级一班 8 位；访谈家长 6 位。同时，为了做研究对比，笔者访谈了陕西西安两所学校的 4 位教师，这两所学校也都开展过中华优秀传统文化教育“进校园”的活动，但持续的时间很短，做了半年之后就偃旗息鼓了。根据被访谈者的意愿，有 20 份访谈进行了录音，使用语音转录软件转换成文本后有近 30 万字。

本书对收集的材料采取手动编码方式，访谈对象编码方式为身份+性别+序号（按第一次访谈先后时间排序）+日期。教师编码为 T，学生编码为 S，家长编码为 P；男性编码为 M，女性编码为 F，其他小学访谈教师编码在“身份”前加（O）。广都小学教师编码，如第一次访谈的教师为男性教师，访谈日期是 2021 年 6 月 1 日，编码方式为 T-M-1：2021-06-01；如第三次访谈的教师为女性教师，访谈日期是 2021 年 6 月 4 日，编码方式为 T-F-3：2021-06-04。其他小学教师编码，如第一次访谈的教师为女性教师，访谈日期是 2021 年 7 月 1 日，编码方式为 OT-M-1：2021-07-01。广都小学学生编码，如第一次访谈的学生

① 陈向明．质的研究方法与社会科学研究［M］．北京：教育科学出版社，2000：257.

为女生，访谈日期是2021年8月1日，编码方式为S-F-1：2021-08-01。广都小学学生家长编码，如第一次访谈的家长为女性，访谈日期是2021年9月1日，编码方式为P-F-1：2021-09-01。其后，由笔者对访谈文本和田野笔记进行逐行阅读归类，对语句的意义进行抽象分析和理论提升，由此形成意义单位。以下列出一段文本的编码过程。

第一步：逐行编码

笔者：您觉得学校需不需要专门设置“中华优秀传统文化”课程？（T-F-3：2022-3-16）

被访谈者：其实这涉及一个课时的安排，包括相关教育主管部门主张把传统文化渗透到各学科去（传统文化教育政策）；就是渗透到语文、历史等科目中去，但是老师们的意识和能力不够（教师传统文化素养不足）；然后又没有给予具体的方法（政策缺乏指导性）；老师们怎么在语文书里渗透，怎么在讲这篇课文的时候渗透，没有可操作方法，就只是一句空话（教学方法的困惑）；在语文书里加一些关于传统文化的篇目，但操作起来非常困难，所以效果不是那么明显。还有一些学校利用的是地方课程，地方课程一般只有1~2课时，学校利用这个课时来安排传统文化课程，而且四川省教育部门发的文件也明确说了我们可以安排一节传统文化课程（支持传统文化教育进课表）。

笔者：那我们学校的“中华优秀传统文化”课程会不会在一些特殊情况下被其他课程占用？

被访谈者：这个是很有可能的（存在占课现象）；但是该上的时候我们都是在认认真真地上传统文化课，对学生来说就是“聊胜于无”（中华优秀传统文化课存在的意义）；学校安排了一节中华优秀传统文化课，给了教师一个课程，但可能会被占用，语文老师、数学老师都会去占用（语文、数学凌驾于传统文化之上）；但是课程安排在这，如果学校落实检查，监督到位（学校管理），效果还是非常好的。在具体的教学实践中存在诸多问题，因为每个老师的专业背景不一样，如果教师们没有受过传统文化教育的知识训练，那他怎么去教呢？

第二步　抽象和提升

在第一遍整理分析的基础上，标出重复出现或具有重要意义的概念。如A1. 教师的传统文化素养，A2. 教师的教学方法，A3. 教师的教育理念，A4. 教师对传统文化教育的态度，A5. 教师的生命体验，A6. 教师的日常事务，A7. 传统文化融入课程，A8. 优秀传统文化教育内容，A9. 传统文化校本教材的使用，A10. 传统文化教育的形式，A11. 活动中的传统文化教育，A12. 学生发展程度，A13. 学生对传统文化的态度，A14. 学生的兴趣，A15. 师生交往，A16. 日常礼仪，A17. 学校制度管理，A18. 校长的理念，A19. 家校联系等。

第三步 形成意义维度

在概念分类的基础上，寻找概念之间的相互关系。如 A1 是否会影响 A2～A5，A6 是否对 A1～A5 造成影响，分析不同维度之间的相互作用关系。

在对文本材料进行概念归类后，阐释文本内涵的意义，形成意义维度。整理分析材料并不是按照笔者的思维和逻辑安置别人认识事物的方式，而是尽可能客观地运用他们本身的逻辑展示。"不管它们到底是阐释什么，它的实质是用'我们的'语汇来攫住'他们的'观念。"① 在本质上体现的仍旧是"他们"的观点与期望。本书在整理材料过程中采用以主位研究为主、以客位研究为辅的交互视角。"主位研究就是站在文化负荷者的角度或立场上，用他们自身的观点去描述、解释、分析和判断他们自己的文化。客位研究就是用笔者所持的观点去描述，解释、分析和判断所调查到的文化。"② 马文·哈里斯认为，可以从主位和客位两个不同的角度去观察人们的思想和行为，从这两种角度都可以做出科学、客观的评价。③ 从本质上来说，这两种观察视角是互补的，二者的协调共用有利于笔者通过表层现象探究事件背后的深层文化结构。

三、田野选择与入场过程

（一）田野点选择过程

田野点的选择是研究开展的关键。田野是获取一手资料的场所，选择什么样的田野点，对主题的研究内容、研究形式、研究结果具有重要的影响作用。本书的核心主题是中华优秀传统文化教育实践，因此首先需要找一所在中华优秀传统文化教育方面具有突出表现的学校；其次，小学是个体德行养成的奠基之所，因此将关注点放在小学；最后，需要考察如何顺利进入田野学校。也就是说，我们要选择的是能够顺利进入，且在开展中华优秀传统文化教育实践中取得一定成就的小学。

基于以上三点的考虑，笔者将田野点初步选定在陕西省西安市和四川省成都市。在调研了两所西安的学校后，笔者便将西安的学校排除在外。由于各方面的影响因素，在西安能进入的学校非常有限，笔者进入的这两所学校其中一

① 吉尔兹．地方性知识：阐释人类学论文集［M］．王海龙，张家瑄，译．北京：中央编译出版社，2004：11.

② 巴战龙．人类学家乡研究的反思与辩护：基于两项教育民族志的研究［J］．北方民族大学学报（哲学社会科学版），2009（2）：80-85.

③ 哈里斯．文化人类学［M］．李培茱，高地，译．北京：东方出版社，1998：16.

所并没有开展专门的传统文化课程，另外一所由于新冠疫情防控和学校自我保护意识等因素，无法支持笔者在多个班级开展课堂观察。最终笔者将田野点确定为成都的广都小学。

成都作为全国十大古都之一，具有深厚的历史文化底蕴，一直以来都十分注重中华优秀传统文化“进校园、进教室、进学生头脑”的工作。成都市从2009年开始，有目的、有计划、有序地引导全市范围内的中小学和幼儿园开展国学经典教育活动，其主要内容是推动学生进行经典诵读，并向全市的学生发放地方教材，引导学校通过课堂教学开展传统经典和地方文化的教育活动，深化学生对中华优秀文化典籍的认知，提升学生对成都本地历史人文、民风民俗和地域特征的了解，培养既能立足传统又能面向未来的时代新人。同时，为了进一步落实中华优秀传统文化与学校教育相融合，成都市政府给成都的中小学校配备了一套经典诵读教材，包括《弟子规》《论语》《道德经》等，旨在促进学生对中华优秀传统文化的了解和学习，培养学生形成良好的中华优秀传统文化素养。另外，成都市每年定期举行“写经典、诵经典、画经典、演经典”等传承中华优秀传统文化的实践活动。通过多元的教育活动，丰富中小学课堂教学中的中华优秀传统文化元素，激发中小学生学习中华优秀传统文化的潜能。经过十多年的实践探索，成都市各中小学传统文化教育呈现出百花齐放的景象，除了全市统一的经典诵读教材，很多学校自主研发了与中华优秀传统文化教育相关的读本和辅助教材，积极开展各类传统文化技能技艺方面的特色课程。在政策指引下开展了立体多层的中华优秀传统文化教育实践活动，通过中华优秀传统文化教育学生对中华优秀传统文化心生敬意，在中华优秀传统文化的熏陶中滋养精神、汲取智慧，厚植中华文化底蕴，培养学生的家国情怀，启发学生为创造更有价值的中华文化而努力。

为了找到相对契合本书需求的田野点，笔者通过网络资源和熟人介绍收集了成都市十多所小学有关中华优秀传统文化教育的资料，简述如下。

（1）XC小学，以“花香溢校园、书香育英才、琴香美人生”为学校文化理念，注重为学生营造具有中华优秀传统美学意义的校园环境，开展“读经典、写经典、画经典”系列传统文化教育活动，让学生通过读、写、画为一体的综合方式学习中华优秀传统文化，同时借助晨读、午读、亲子阅读的契机，带领学生温习经典，让学生时刻感受中华优秀传统文化蕴含的内在思想智慧。该校在践行中华优秀传统文化教育过程中，组织教师发行校本诵读教材，让学生向自己身边的老师学习，提升学生对教材知识的亲和力。2016年，该校成为“成都市国学经典示范校”。

（2）XH 小学，该校主要是通过中华传统文化技艺——“剪纸”，带领学生学习其中蕴含的传统文化智慧，学校教师为此编写了校本教材《剪纸——芳华》，分为上、下两册，主要供“剪纸社团”的学生使用。每年都有大量的学生在社团选课时选“剪纸”。剪纸是我国非物质文化遗产的代表性项目，其中蕴含着中华民族独特的审美认知和内在情感，人们通过不同的图形符号表现内在的心理活动及其对美好生活的向往。在学校教育中引导学生学习剪纸艺术及其内蕴的文化理念，让学生通过剪纸感受中华传统文化智慧，完成美的享受和情操的陶冶。

（3）TZ 小学，围绕“立德树人”主题设置国学课程规划和实施纲要，该校的国学课程设置有专门的课时，每周一节，学校组织教师自主编写了传统文化校本教材，如《国学经典读本》《国学经典集萃》《中华国学课堂》等，每天早晨和下午设置固定的诵读时间。除此之外，该校以社团的形式开设了书法、篆刻、国画、剪纸、陶艺、围棋等课程，以多样化的形式开展中华优秀传统文化教育，让学生可以选择自己感兴趣的传统文化课程。

（4）HP 小学，提出以“和融”理念为价值指引开展中华优秀传统文化教育，开发“雅言传承文明，经典浸润人生”的传统文化特色课程，将学校既有的基础课程和特别开展的综合实践课程与特色艺术课程相结合，形成以课程教学为主渠道的中华优秀传统文化教育实践。同时，该校组织教师编写了传统文化校本教材，作为开展中华优秀传统文化教育的内容载体。

（5）PTS 小学，结合教学实际，把识字教学和汉字的文化渊源联系起来，让学生在学习汉字的过程中感悟汉字丰富的内涵，尤其是对象形字的解释能让学生体悟古人朴素的智慧。同时，该校根据儒家文化教育次第编选了国学吟诵系列校本教材，渗透中国传统“读书法”吟诵知识点，以经典原著全文吟诵为主线，让学生通过原著感受传统文化。另外，学校带领学生学习诗词歌赋、古文韵律，例如，从《易经·系辞》等编选的《古代歌谣》中学习韵部知识，用《中华新韵》创作歌谣，从《声律启蒙》中学作对联，从五、七言律诗中学作律诗，从《宋词选》中学填词等，培养学生良好的中华优秀传统文化素养和精神。这些活动基本与语文教学联系在一起，该校尚未设置专门的传统文化教育课程。

（6）XD 小学，通过自主编写《国学经典》《课外文言文》等传统文化校本教材，在六年级每周开设一节《国学经典》课程，截至 2024 年已逾 15 年。该校旨在指引学生对经典典籍、诗词歌赋、骈曲散文的学习和诵读，在日积月累中加深学生对传统文化知识的掌握，从内在心理情感上激发学生对传统文化的学习兴趣，在潜移默化中提升学生内心深处对中华传统文化的认同与热爱。

（7）JQ 小学，该校以“学汇九江·德润四海”的办学理念为指引方针，推进书香校园、艺术校园、智慧校园建设，注重对中华传统美德的继承与发展。同时，该校开展家风、家规、家训课程，被称为“三家”课程。此外，该校专门设置了“敬孝感恩节”，在节日来临之际引导全校学生阅读传统孝感故事，启发学生书写孝感作文，教导学生学唱孝感歌曲，引导学生诵读孝感经典等，通过具有仪式感的读书、写作和唱诵形式提升学生对家文化的理解与认同。

（8）HR 小学，形成了以校园“体育、艺术、科技（学校自己制定的校园活动，由不同的学生代表在校园里展示不同国家的文化）、读书”为主题的 5 个校园传统节日与“端午节、中秋节、春节、重阳节”等传统节日相结合的“5+X”学校节日课程体系，传统节日承载着传统文化的精神核心，以传统节日为文化媒介，开展中华优秀传统文化教育，贴近学生的日常生活，有利于学生更好地理解中华优秀传统文化。

（9）TH 小学，该校自 2010 年以来坚持开展中华优秀传统文化教育“进校园、进课堂”，将传统文化知识深度融入语文课程教学，语文教研组的教师拓展语文教材蕴含的传统文化内容，自主编写了诸多校本传统文化课程案例。中华优秀传统文化教育“进课堂”活动的开展，不仅提升了学生的传统文化知识素养，也提高了学生的阅读能力、语言表达能力和写作能力。2019 年 9 月，基于区域联合推动中华优秀传统文化教育的共识，该校开始使用由“广都小学”教师团队编写的辅助教材《小学生优秀传统文化每周一课》，促进了学生学习中华优秀传统文化的连贯性。

（10）JGY 小学，该校的校训是“弘扬传统文化，承续优良传统”。基于此该校设计了“古风今韵”系列课程，主要包括以下四点：其一，“夺天工”，即心灵手巧，巧夺天工，包括面塑、蜀绣、瓷胎竹编三门课程；其二，“演乾坤”，舞台小天地，人生大舞台，包括曲艺、戏剧课程开发；其三，“博众彩”，展体育技艺，扬体育精神；其四，“吟古今”，传承经典，启迪智慧，成就未来。主要指学校的经典诵读课程。但这些课基本是以社团的形式开展，每周只上一次，但有些课如果选课的学生较少就不会开设。该校的校园环境非常具有中国古风文化意蕴，非常遗憾的是，该校尚未设立专门的中华优秀传统文化教育研究工作室，缺少专人专门负责开展中华优秀传统文化教育，教师在中华优秀传统文化教育方面的研修学习较少。

（11）广都小学，下文将详细介绍。上述学校都积极推进中华优秀传统文化教育进校园，学校之间既有共性，也有各自的个性。在形式上基本是开展经典诵读、编写校本教材，在课程安排上，有的是列入课表每周一节，也有一些是放在社团活动中，让学生自由选择。每一所学校都有自己突出的特点，每一所学校也都有与其他学校相似的地方。吟诵是学校运用的最普遍的传统文化教学方法，但每个学校吟诵的内容和方式是有差别的，内容的差别主要是每个学校编写的校本教材的差别，在吟诵方式上，有的学习古人摇头晃脑式的吟诵，有的通过唱的方式吟诵。上述提及的几所学校也都开发了与传统文化教育相关的校本教材，有益于教师积极探究传统文化教育的内容，但也有一定的局限性，教师毕竟不是专门的教材编写人员，教材质量参差不齐。

经过对收集资料的筛选，笔者实地考察了 XC 小学、PTS 小学、JGY 小学、广都小学这四所学校，考察这四所学校一方面基于其良好的传统文化教育成果，另一方面源于这四所学校对笔者而言是较容易进入的。经过比较研究后，笔者最终选择将四川省成都市广都区的“广都小学”作为田野考察对象。

（二）所选田野点的适宜性

一所学校的制度结构、文化内涵、发展水平及校园建设都会受到当地政治因素、历史文化和经济发展水平的影响。在进入核心的研究问题之前，对学校所在地的外部环境和内部发展模式进行描写和剖析，力图呈现田野学校相关的背景知识。通过这种呈现方式，我们能从整体出发去理解广都小学作为本书田野点的适宜性。

1. 广都小学区域外部环境概况

广都小学区域历史沿革。广都小学位于成都市广都区，“广都”是古蜀文明发源地之一。广都最早出现在《山海经》中，即“西南黑水之间，有都广之野，后稷葬焉”①。古蜀王蚕丛、杜宇、开明氏等曾先后以广都瞿上（瞿上城）、樊乡为治所，至今已有四千余年的历史。广都境内有被称为古蜀农耕文化发祥地的“瞿上城”遗址。② 据此，可知广都的历史源远流长。漫长的历史积淀，使这个小区域具有深厚的文化底蕴，出现了众多的历史文化名人。譬如，大唐时期的诗人雍陶，五代时期的诗词家欧阳炯，《资治通鉴》副总编范祖禹，清代槐轩学派创始人刘沅，与齐白石并称“北齐南乔”的篆刻家乔大壮，毛泽东的秘书、共产主义战士田家英等。同时，区域内存有诸多古代遗址、古建筑、古镇等文化古迹，如“瞿上城”遗址，诸葛亮故居葛陌、省级文物保护单位金华庵

① 黄剑华．古蜀金沙：金沙遗址与古蜀文明探析［M］．成都：巴蜀书社，2003：46.

② 成都市双流区地方志编纂《后汉书·张衡传》校注作“广都之野，后稷葬焉。”委员会．双流县志 1911—1985［M］．成都：四川科学技术出版社，2016：61.

等文物古迹，以及中国名镇黄龙溪古镇等。这些可见的建筑物用无声的语言展现着历史发展中广都文化的变迁以及人们的心理特征，体现着古代先贤的文化智慧。

广都小学区域环境概览。自然生态环境是区域文化形态和文化特征形成的根本，它奠定并形塑着一个城市的性格与气质。① 广都小学所在区域气候稳定温润，冬无严寒，夏无酷暑，适于人居。温和湿润的自然风光及其宜人的景色，为区域文化的产生与发展提供了无与伦比的优势，在这种得天独厚的自然环境浸润下，广都小学所在区域形成了一种恬淡、宁静、典雅、诗意的文化和生活方式。广都小学街道两旁的树木四季常青，即使在冬天也有应季的花儿盛开，只要太阳出来就会有温暖如春的感觉。虽然学校被现代化的高楼大厦围绕，但学校附近的大街小巷弥漫着生活与文化的气息。学校周边有书法、古筝、传统舞蹈等艺术培训机构，还有服装店、商店、小吃店、玩具店等，沿街的小吃店将板凳桌子在路上摆得满满当当，每天早晨很多家长和学生在这里吃早餐喝茶，浓浓的生活气息扑面而来。学校附近的道路上种植有赏心悦目的花草，与林立的商店交映成趣，可谓一半烟火一半诗意。学校后门连接着广都区最大的广场——广都广场，每到傍晚时分，广场上就会出现一些流动的卖花小车，人们总是借赏花之名，或热闹之趣，得自然之闲。由于校内面积较小，学校安排四、五、六年级的学生在校外的广场上做早操。笔者也经常在广场上看到围坐在路边的老大爷和老奶奶们，他们一边优哉游哉地喝茶，一边打牌、搓麻将，他们在晨间傍晚扭动身姿跳广场舞、打太极，那些老人们着装精致、体态匀称，旗袍是老奶奶们最热爱的服装。在他们的身上，能看到一种古韵的、典雅的文化气息。这种生活现象也在潜移默化中影响着广都小学学生的认知经验和观念形塑。

广都小学区域教育发展概况。广都优越的自然地理环境和繁荣的农业经济为其文化教育的发展奠定了良好的基础，广都自古就有“崇文重教”的文化传统，这种文化经过千年的发展凝固下来，成为一种集体意识沉淀在广都人民的文化中。② 广都区辖区有 5 个街道、4 个镇，全区实际管辖面积 466 平方千米，其中城市城区建成面积 117.6 平方千米。截至 2022 年 8 月，在基础教育方面，广都全区共有公办学校 126 所（其中幼儿园 75 所、小学 22 所、初中 12 所、九

① 谭平，冯和一，唐婷，等．天府文化与成都的现代化追求［M］．成都：巴蜀书社，2018：30.

② 何一民．成都学概论［M］．成都：巴蜀书社，2010：1.

图 1-1 广都广场上的早操

年一贯制学校 9 所、普通高中 4 所、职业高中 3 所、特殊教育学校 1 所），教职工大约 9900 人，在校学生大约 10.8 万人；民办学校 123 所（其中学历学校 18 所、幼儿园 105 所），教职工 7100 余人，在校学生 6.7 万余人。① 广都小学是区域内在校人数最多的小学。整体来说，广都区已形成了层次分布科学、结构适中合理的名校队伍。广都小学中华优秀传统文化教育的实践与其所处的社会文化环境具有密切的内在关联，广都区中华优秀传统文化教育的快速发展对广都小学的中华优秀传统文化教育探究活动具有重要的指引作用。作为成都市的一个行政区，广都区无论是在历史文化、自然环境，抑或气候、交通、物产等方面，均具有优良的基础。而教育的发展与经济、文化、政治以及民风民俗等因素紧密相连，通过简述广都区的历史、文化以及自然资源等情况，有助于笔者深入理解和把握广都小学区域的外部生态系统。

2. 广都小学概况

广都小学最初是由古庙改办的学校，始建于 1908 年，在抗日战争、解放战争、“文化大革命”发生时都没有停办，百年以来虽然校舍有所迁移，校名多次变更，但一直是该区域教书育人的中心，是一所拥有百年历史文化积淀的现代化特色名校。目前，广都小学拥有 260 多名教职工和 3360 多名学生，学生分为 60 个教学班，每个班级平均有学生 56 名，存在大班额现象，是广都区在校人数最多的学校。有研究调查显示，某市 3579 个班级中有 2294 个班级属于“大班

① 成都市双流区人民政府．双流教育基本情况（2022 年）［EB/OL］．成都市双流区人民政府网，2022-06-08.

额”班级，占样本总量的64.1%①，这并不是个别现象，目前，很多城乡边际的学校都存在学生人数过多、大班额现象。广都小学在学校规模形式上具有一定的普遍性。

广都小学探究中华优秀传统文化教育已经有20多年的历史，是全国最早开展中华优秀传统文化教育教学的学校之一。2007年，该校总结长期开展的中华优秀传统文化教育实践的经验，进一步凝练提升中华优秀传统文化教育方针，归纳出“德、忠、孝、礼、义、信、仁、智、学”九字办学要义，以篆书浮雕刻于校门的两侧，彰显社会主义核心价值观与传统文化精神的共融性，力求实现中华优秀传统文化“进校园、进课堂、进教材、进活动、进家庭”的目标。2009年，成都市政府提出，所有的中小学和幼儿园都要增加一门必修课——国学经典诵读。而此时，广都小学已经有9年的开展经典诵读的教学实践经验。基于多年的“经典诵读”经验，广都小学成为成都市首批“国学基地学校”，并成为广都区“国学龙头学校”，带动全区十多所中小学进行国学研究。同时，也取得了多项荣誉和成就。② 2017年，广都小学被认定为第二批“全国中小学中华优秀文化艺术传承学校”。

广都小学在“大爱向阳，温暖如初”办学理念的指引下，以校本课程开发为突破口，在长期的课程整合中形成了体现民族情怀的“国之魂”、整合地方文化的“蜀之韵”（如川剧、蜀绣、瓷胎竹编等）、彰显核心价值的“人之行”三大精品课程，旨在培育学生的民族情怀，传承乡土文化，塑造学生的优良品格。广都小学把中华优秀传统文化教育看作小学的通识教育，作为中华儿女、作为中国少年儿童，需要对哺育自己的文化有所了解，有所认知。

“国之魂”课程是广都小学进行中华优秀传统文化教育的核心特色课程，主要包括六方面的内容，其一，在校园文化的建设上融入诸多具有传统文化韵味的元素，营造浓厚的传统文化环境氛围，如把学生创作的“诗歌、书法、画作、陶艺”等作品装裱展示，在每层楼道建设“转角书吧”以及在每层阳台上种植多种农作物和花卉。其二，将传统文化课程正式列入学校课表，规定全校所有班级每周开设一节“传统文化”课和一节“书法”课，每天早晨进行15分钟国学经典诵读，每天中午校园电视台播放15分钟传统文化展播，每节语文课前三

---

① 杨涵深，游振磊．义务教育“大班额”：现状、问题与消减对策［J］．教育学术月刊，2019（12）：57-64.

② 自2008年以来，广都小学的“国学诵读”团队和“三字经”川剧团到多个省市参加各种比赛和表演，多次获得特等奖、一等奖等荣誉。

分钟“诵经典”。其三，开发校本教材《小学生经典诵读》《小学生优秀传统文化每周一课》等。其四，提升教师的传统文化素养，追求传统文化教育的精耕细作。其五，将传统文化教育融入实践活动，例如，每周进行一次全校国学大讲堂①，周一全校师生国旗下千人诵读，每学期举办一次国学周综合展示。同时，成立了诗文社、楹联社、书法社、诵读社、国画社、剪纸社、陶艺社等数十个传统文化社团。其六，积极探索传统文化教育的评价方式，注重学习过程评价，强调学生品格评价。在此基础上，广都小学总结了开展中华优秀传统文化教育的九字教学法，即“研、教、诵、写、听、看、演、悟、行”②。遗憾的是，该校“国之魂”系列课程活动中的部分活动由于受新冠病毒的影响，自2020年起全校国学大讲堂、千人诵读、国学周综合展示等活动暂时停止，中华优秀传统文化教育的形式和内容都有所减少。

该校教师团队主编的国学校本读物《小学生经典诵读》《小学生优秀传统文

---

① 广都小学每周三下午设立了“国学大讲堂”，国学大讲堂的授课老师大多为外聘专家，有时候是校内的优秀教师分享优秀传统文化教育成果和经验，这对全校师生来说是一场国学盛宴，不同的教师为广都小学带来各具特色的国学授课内容，例如，陶艺教师讲解陶艺的起源及其技艺的发展，古筝教师在即兴表演后阐述音乐背后的文化故事，国画教师在挥洒笔墨后讲述一点一滴的曼妙，可谓是百花争艳，百花齐放。（资料来自广都小学校刊第十九期）

② 九字教学法旨在保证课堂教学质量，激发学生学习兴趣，真正让传统文化教育进校园、进课堂、进教材、进活动、进家庭。具体来说，“研”，即成立了特色教研小组，国学研究小组是其中一个。“教”，即为了保证国学课程的有效开展，学校设置了专门的国学课教学时间。例如，每周三下午第一节课为全校统一的国学课，周一在国旗下师生千人诵读，每学期一次国学周综合展示。学校还成立诗文社、楹联社、书法社、诵读社、国画社、剪纸社、陶艺社、川剧社、武术社团、课堂研究小组等十多个师生国学社团。书法特长班、经典诵读特色、诗意童年、故事大王。“诵”，每天早上8：20—8：40是全校统一的国学晨诵时间，让学生熟读、背诵诗文，让校园响起琅琅书声。同时，坚持课前诵读。学校提倡老师们利用课前准备的两三分钟组织孩子们进行国学诵读，请孩子们轮流上台领诵，使更多的孩子得到锻炼。“写”，即每周三下午第一节课是全校统一的写字时间，一、二年级写铅笔字，三、四年级写钢笔字，五、六年级写毛笔字，写经典诗文，练习书法，让全校都沉浸在浓浓书香之中。“听”，即每周一、三、五13：30—14：00，是校园电视广播时间，收看播放的经典诗文故事，收听悠扬古乐。“看”，即利用教学楼走廊、教室、宣传栏，营造诗书氛围，让学生随时能置身于传统经典之中。“演”，即学校每个年级都成立了国学社团，每周两次排练，诵、唱、演、舞，各种形式对各种国学经典进行排演，每年的六一儿童节、元旦都会在全校进行汇报演出。“悟”，指厚积而薄发，在大量积累的基础上，让学生感悟古人的智慧、情操和思想，提升自我的境界。“行”，指所有的积累和感悟都是为了让孩子们将自己的所学所悟融入自己的言行中，做一个博学睿智、文明礼貌的现代小公民。同时，学校结合实际，不定期邀请优秀传统文化研究专家、民间艺人、技艺大师、非物质文化遗产传承人开设优秀传统文化传承传习专题讲座及交流学习活动。（资料来自广都小学校刊第十九期）

化每周一课》《中学生优秀传统文化每周一课》和《中华优秀传统文化国际版》，是国内多所学校实施中华优秀传统文化教育的辅助教本。2020 年，四川省组织专家在省内数百部传统文化读本中遴选出 27 本评为四川省中华文化优秀校本课程读本，有 9 套读本来自成都市的中小学教师团队的创作，获得全省第一名的正是广都小学教师团队编写的《中华优秀传统文化每周一课》。

该校语文教师团队①多年来坚持中华优秀传统文化教育探索，不仅探索小学阶段的传统文化教育，还探索初中、高中阶段的传统文化教育，编写了初中、高中的传统文化教材。同时，着力于将传统文化教育推向其他亚洲国家，编写了专门适用于海外学生学习的中华优秀传统文化教材。其开展中华优秀传统文化教育的视野和格局都较为开阔。在探究中华优秀传统文化教育的道路上，广都小学先后获得全国百家“书香校园”“中华文化经典教育先进单位”等②多项与中华优秀传统文化教育相关的荣誉，其所取得的成就得到了社会和家长的共同认可。

由此可以认为，本书所选择的田野调查学校——广都小学，开展和实践的中华优秀传统文化教育扎实深厚，在成都市、四川省乃至全国的中华优秀传统文化教育中都具有一定的典型意义。此外，在初次接触中，该校中华优秀传统文化教育的几位负责人表示非常支持笔者的研究，为笔者提供了一个相对宽松自由的研究环境。综合考虑后，笔者认为将广都小学作为研究中华优秀传统文化教育的田野学校更为适切，也更有益于本书调查研究的顺利开展。

---

① 广都小学的语文教师团队成员多次参加全国国学赛课，都获得最高奖项。例如，2009 年秦老师以一节古文课获全国语文课堂大赛一等奖。2010 年，李老师参加全国首届古诗文教学大赛，获得一等奖。2011 年，漆老师在“第二届全国古诗文大赛”获得一等奖。2013 年 11 月，文老师代表四川地区赴山东济南参加了中国小语会学术年会，献课“联海拾取”，获得特等奖。部分教师在清华大学举办的“名校长”教育沙龙活动中做讲座。积极与台湾师范大学开展学术交流活动，汲取台湾在“经典诵读”教育中的发展理念。同时，团队教师赴新加坡、马来西亚、韩国、中国台湾、澳门、北京、海南、广州、浙江、宁夏、重庆等 20 多个国家和地区献课，开展讲座上百场，推广学校的中华优秀传统文化教育“进校园”经验，受众达几万人次，为中华优秀传统文化传承传播贡献自己的力量，切实起到了传习基地的引领示范作用。从这个层面来看，广都小学在中华优秀传统文化教育方面确实取得了一定的成就。

② 广都小学同时获得了“国家级课题非物质文化校园传承研究骨干校”“全国中小学中华优秀文化艺术传承学校”“国家级非物质文化遗产川剧中小学传习普及基地”、首批“成都市国学经典诵读试点学校”“四川省首批青少年优秀传统文化传习基地”等称号。(资料来自广都小学校刊第十五期；笔者拍摄的相关照片材料)

（三）入场方式

田野关系是一种从关系资源转化而来的学术资源。① 笔者是通过熟人介绍进入田野点，同门的刘老师是四川某高校教师，多年的工作经验积累了较多的人脉资源。经过刘老师的介绍，笔者顺利与广都小学教务处的负责人章主任取得联系。在向章主任表明调研意愿后，章主任表示同意笔者在学校进行长期的田野考察。笔者对广都小学的田野调研主要分为三个阶段进行：第一阶段是2021年6月3日至2021年7月1日，主要目的是考察田野点的适宜性，确定田野点；第二阶段是2021年8月26日至2022年4月29日，开展田野调查活动，融入该校日常生活；第三阶段是2022年8月1日至12月1日，主要是在材料整理和分析过程中对收集的材料有疑问的地方进行回访，由于新冠疫情防控等因素，主要采用的是线上回访和校外访谈的方式。

第一次去广都小学，由于学校传统文化教育的主要负责人文老师出差，章主任让该校传统文化教育负责人之一的王老师详细地向笔者介绍了该校中华优秀传统文化教育的发展历程，并表示待文老师返校后，让文老师再为笔者做进一步的补充介绍，这次交流长达两小时。访谈结束后，章主任带领笔者参观校园、校史馆、活动室等，着重介绍了校园中有关中华传统文化的设计，诸如国学墙、国学小广场、“校树”、学生的陶艺、书画作品，川剧脸谱，篆刻的孔子、孟子、老子等的壁画肖像。第二次去广都小学，与文老师的深入交流让笔者决定将广都小学确定为本书的田野点。与文老师的初次访谈交流持续了4个多小时，文老师详细介绍了该校传统文化教育的起源和历程，叙述了校本教材编写的历程，带领笔者参观了她和学生一起种植的农作物，有“二荆条、茄子、豆角、圣女果等”，文老师随手摘了几颗圣女果给笔者品尝，并向笔者介绍了他们的“神农课程”，让学生通过亲自种植农作物学习传统种植知识。交流的最后，文老师送给笔者一套他们最新编写的《小学生优秀传统文化每周一课》校本教材以及广都小学的校刊等相关材料，让笔者进一步了解广都小学在传统文化教育方面取得的成就。

2021年8月26日正式进入田野点后，章主任在他们教务处的办公室为笔者腾出了一张办公桌，方便笔者在学校开展研究、整理资料，让笔者在广都小学拥有了一方属于自己的小空间。教务处办公室共有5位教师办公，办公室旁边是校长、副校长的办公室和党团会议室，在这里能获得学校最核心、最关键的信息。在日常生活上，章主任让笔者在学校的教职工餐厅用餐，使笔者能够快

---

① 董晓萍．田野民俗志［M］．北京：北京师范大学出版社，2020：185.

速地与其他教师熟络起来，融入教师群体的生活圈，观察听取他们日常的交流话语。

如何向对方介绍自己，是自我与他者签订的心灵契约，是田野作业者建立民俗志资料系统的基本步骤，是自我能够连续地、反复地接触他者文化的保护措施。① 进入广都小学的那一刻起，笔者便表明自己的学生身份，告诉章主任笔者是来实践学习的，学习学校开展中华优秀传统文化教育的方法和经验。新学期开始，章主任带笔者了解了学校的大概面貌后，就让该校中华优秀传统文化教育研究室的主要负责人文老师带着笔者，文老师是推动广都小学中华优秀传统文化教育的关键人物，目前学校的传统文化教育主要由文老师所领导的工作室开展。在日常教学中，笔者扮演着文老师助教和实习生的身份（但学生都知道笔者是一名博士生，认为笔者是来研究他们的②），认真聆听文老师的每一节课，参与文老师工作室开展的“传统文化”教育研讨活动，协助文老师开展日常教学活动，这种相互帮助的关系让笔者获得了文老师的信赖与喜爱，从而也能更轻松地获得更多一手的材料。

（四）关键据点与对象选取

本书的目的是探寻个案学校中华优秀传统文化教育发展历程及其内涵的“成人”教育思想，希望通过与不同教师的交流与讨论，反映不同教师对中华优秀传统文化教育的认识维度、实施方式及其教育风格，进而了解中华优秀传统文化教育在学校实施过程中展现的不同样貌及其存在的阻碍因素。但限于个人精力和时间，不能去听所有班级的课程，也无法对所有的教师进行访谈。因此，秉着系统性和可操作性的原则，笔者根据广都小学负责人的推荐，在二年级、四年级、六年级各选择了一个班级进行长期观察，广都小学每个年级都有9~11个班级，这里将笔者观察涉及的班级都称作一班。在这三个班级中，又以四年级一班为主要观察点，一方面，源于四年级一班的语文教师——文老师是该校传统文化教育的发起者和推动者，可以为笔者收集与研究问题密切相关的信息

---

① 董晓萍．田野民俗志［M］．北京：北京师范大学出版社，2020：212.

② 第一次跟文老师进入班级，文老师在笔者不在场时，悄悄地告诉学生，坐在你们后面的“拓老师”（广都小学的老师都这么称呼笔者）是一名博士研究生，她以后每天都要来观察你们，把你们的学习状况写进她的论文里，你们都要好好表现。这让学生在课堂中多了几分表演性，也让他们对笔者的研究产生了好奇。他们的表演性随着与笔者的熟悉慢慢消退，在日常交往中与笔者做起了朋友，课间的时候他们总是问笔者：“老师，你上课都记什么了啊，你有没有写我啊？”开始做学生访谈后，笔者常常固定某一天都找某个学生聊天交流，其他学生就凑过来说：“老师，你什么时候访谈我啊？”学生对笔者并没有防备之心，他们希望自己出现在笔者的研究中。

提供便利条件；另一方面，小学中段的学生不似低段的学生年幼懵懂，相对有更多自己的想法，也不像高段的学生面临更多的学习任务，在时间上相对闲适，且四年级的学生已接受了三年的传统文化教育，在日常观察中易于捕捉他们与传统文化理念相关的交往与游戏活动。对笔者而言，找到这样一个能为研究问题的解决提供更多、更有效信息的地方、人、事物是很重要的。

本书所选取的主要资料提供者——文老师是坚定的中华优秀传统文化教育的探索者、实施者。文老师出生于1975年，毕业于成都某本科学校，专业是小学教育。于1998年参加工作，2000年作为优秀教师被调到广都小学任教。文老师从小就喜欢唐诗宋词、古代名著，很小的时候就会背诵很多古诗，经常被身边的大人夸为“神童”。大学毕业之后，成为一名教师，文老师便引导学生学习起了传统文化。在课余时间，文老师热爱翻阅古代典籍，专注编写适合小学教育的传统文化教材。在家庭生活中，文老师喜欢养花弄草、围炉煮茶，她总是要留一些闲适给自己的生活与心灵，让自己处于一种无事的放空状态。日常生活中，文老师总是能把生活、工作、休闲都与自己喜爱的传统文化教育联系起来。在一次与文老师的访谈中，我们来到一家茶馆，同行的还有一位实习老师，我们坐下来闲聊着，慢慢等水开，缓缓泡上茶，文老师神采飞扬地向我们介绍喝茶的传统风俗和敬茶的礼节讲究以及古人的喝茶方式等，一谈到这些东西文老师就能滔滔不绝地讲很久。在田野调研中，找到一位深谙当地生活方式又善于与他人交流的信息提供者，能为研究的开展提供巨大的帮助，“一个能言善道又知识丰富的人能够提供诸多有价值的信息”①。对笔者而言，开展研究需要这样的引路人，她是一个实实在在与笔者日常接触的人，日常能看到的人，是与笔者产生日常交往的人，她对研究的开展所产生的影响是真实的。还有很多人不论是传统文化教育方面还是个人修养层次上都有做得更好的，但这些人不是身边的人，不是随时可见的人，不是在交往中的人，不是出现在笔者日常生活场景里的实实在在的人。虽然文老师在某些方面可能做得不够完美，但她一直倾尽全力去推动广都小学中华优秀传统文化教育的发展，尽自己的全力去影响周围的人。在文老师看来，每个人都有一定的影响力，每一个教师所接触的学生、家长，一年一年、一届一届积累下来也是数量可观的。这种影响力是不断扩大的，当越来越多的人被吸纳进去之后，编织起来的意义之网就能笼罩更多的人。

由以上可知，文老师在广都小学有近23年的教学经历，全程参与了广都小

① 费特曼. 民族志：步步深入［M］. 龚建华，译. 重庆：重庆大学出版社，2013：8.

学传统文化教育的发展过程；其个人热爱传统文化教育，喜欢谈论与传统文化相关的事物，能够为笔者提供较为详细的资料。所以，将文老师作为本书的关键研究对象是适宜的。

四、研究内容及框架分析

（一）研究内容

本书的研究内容是学校生活中的中华优秀传统文化教育，主要包含课堂生活中的中华优秀传统文化教育和日常生活中的中华优秀传统文化教育。学校作为一个整体场域，在其内部可以分为有计划的、规范的教育生活和具有自然性、偶然性特征的日常生活。① 课堂教学主要是进行文化知识和技艺技能的传授，与人类的存在相关。因此，笔者认为课堂教学不属于学校日常生活的范畴，而除课堂教学以外的学校生活称为学校之中的日常生活。格尔茨认为："如果你想理解一门学科是什么，你首先应该观察的，不是这门学科的理论或发现，当然更不是它的辩护士们说了些什么；你应该观察这门学科的实践者们在做些什么。"② 作为一项对学校场域里中华优秀传统文化教育的研究，就应该深入学校生活中，考察教师在日常教学活动中的基本表征，观看教师课余日常生活的主要活动。

研究的主要着眼点是田野学校课堂教学中呈现的中华优秀传统文化教育以及课堂之外师生日常生活中的中华优秀传统文化教育。首先，对广都小学中华优秀传统文化教育的概貌进行论述分析。通过对广都小学课堂教学的观察研究，论述广都小学专门的"传统文化"课堂教学中蕴含的道德培育、礼乐教化和艺术追求。同时，概括广都小学其他相关课程中显现的中华优秀传统文化教育，阐明中华优秀传统文化教育对"个体成人"的引导作用。

其次，将目光转向课堂教学以外的师生日常生活，阐述学校生活环境蕴含的自然理念及其对学生内在情感和精神世界的丰富，捕捉师生日常交往中引导个体"成人"的教育导向，发现师生日常游戏中蕴含的道德准则和游戏精神。同时，关注学校的各项仪式活动，阐明礼仪规范对个体外在行为和内在情感的调节作用。

再次，基于对学校中华优秀传统文化教育实践的分析与阐释，从"教以成

① 杨朝晖．学校日常生活育人的意义与路径［J］．宁波大学学报（教育科学版），2021，43（3）：10-18.

② 格尔茨．文化的解释［M］．韩莉，译．南京：译林出版社，1999：6.

人”“志于道，据于德，依于仁，游于艺”“兴于诗，立于礼，成于乐”等传统教育思想理念出发，审思学校中华优秀传统文化教育“教以成人”的学理基础、制度规范和育人观念。

最后，探究如何提升中华优秀传统文化教育“教以成人”的实践路向，提出应进一步加强学校教育和家庭教育的联系，发挥家庭教育对个体成人的作用。同时，提升教师的中华优秀传统文化素养及其开展中华优秀传统文化教育的能力，激活中华优秀传统文化教育对学生生命整体的关怀，促进学生生命的完美发展。

（二）研究框架分析

本书以田野学校广都小学的中华优秀传统文化教育实践为核心展开探究，重心不是研究中华优秀传统文化教育的某一方面，而是全面地研究中华优秀传统文化教育的实践，涉及中华优秀传统文化教育内容、教育方式、教育环境、教育制度、教育主体以及不同因素之间的关联和影响，是把中华优秀传统文化教育作为一项整体的育人事业，分层次地进行深入剖析和多维度阐述。本书主要由六个章节组成。

第一章，绪论。通过对以往“中华优秀传统文化教育”研究的梳理，厘清当前有关中华优秀传统文化教育价值、内容、途径等相关研究的观念和贡献，聚焦本书具体的研究问题。同时，阐明本书田野点选择的合理性与适切性，以及研究所要探讨的具体问题。

第二章，广都小学中华优秀传统文化教育概况。从宏观的历史发展视角，概述广都小学20多年的中华优秀传统文化教育发展史，梳理其发展历程，提炼其发展经验，涉及校本教材编写、教学方法探索、教学评价设计等，从整体上概括广都小学中华优秀传统文化教育的发展状况。一所学校，即使已经有20多年的探索经验，但仍然不能说它已经将中华优秀传统文化教育全面融入学校教育，广都小学有诸多可借鉴的成功经验，但也存在一些无法避免的现实问题。一方面，广都小学具有敏锐的文化嗅觉，在“国学”研究进行得如火如荼时顺应中华优秀传统文化教育的发展需求，开展经典诵读，彰显古典传统精神在现代世界中的思想光辉。另一方面，其早期开展的经典诵读对原文内容不加筛选，全篇诵读，良莠全收，缺少辩证认识传统文化的批判性思维。另外，随着校长的轮换，学校发展理念和课程构建以及管理方式的变化，广都小学中华优秀传统文化教育的发展出现道路分岔、道路中断的现象。但这种分叉和中断同时也催生广都小学中华优秀传统文化教育发展新的道路。

第三章，植根课堂的中华优秀传统文化教育的“成人”之教。从微观视角切入，通过对师生课堂生活的观察，考察课堂教育内容与中国传统“成人”教育内容之间的联系。在中国传统教育思想中，“成人”意味着具有“臧武仲之知、公绰之不欲、卞庄子之勇、冉求之艺、文之以礼乐”，意味着“志于道，据于德，依于仁，游于艺”，也表现为“兴于诗，立于礼，成于乐”，只有这诸多方面均衡发展，才能“成人”。通过对广都小学开设的“经典诵读”“传统文化、书法”三门课程的日常观察，考察其中蕴含的“成人”之教的教育内容。在不同的课堂情景下，展现的教育主题和教育形式及其背后蕴含的文化心理和文化情感有所不同。另外，相同的内容在古今时代变迁中的表达形式和内涵意蕴已相去甚远，但不论形式如何变迁，传统的意蕴总是蛰伏在人们的内心深处，人们在潜意识中传承中华优秀传统文化。除了专门的经典诵读、传统文化、书法三门课程，语文、道德与法治、音乐等其他国家课程中都涉及中华优秀传统文化“成人之教”的相关内容，诸如诗词歌赋、家国情怀、个人修养教育等。课堂是学校生活的核心，中华优秀传统文化教育以课堂为中心展开，课堂上展现的中华优秀传统文化知识内容是最为丰富多样的。存在的问题是，由于教师中华优秀传统文化知识的缺乏，难以对中华优秀传统文化进行创造性转换，在课堂教学中更多关注学生的阅读、识记、写作等具体能力的提升，而对学生内在道德品格和精神修养的关注不足。作为教育主体的教师和学生不可避免地与传统文化存在时代的隔阂。教师和学生作为现代社会群体中的一员，其思维方式和认知系统都受现代技术的影响，传统与人们之间的距离越来越远。开展中华优秀传统文化教育要从心理上跨越这条鸿沟，让中华优秀传统文化直面现代人的文化需求和价值理念。

第四章，融入学校日常生活的中华优秀传统文化教育的“成人”之教。从课堂到日常，随着教育形式的变化转换考察视角。日常生活中的生活环境、交往活动、礼仪活动和游戏实践的结构和图式本身折射着广都小学中华优秀传统文化教育的表达形式，日常发生的一切也在无形中进入学生的认知和想象。日常生活总在我们的身边，浸润在日常中的文化理念和思想智慧形塑个人的生命状态，塑造人们的生活世界，在潜移默化中影响着每个人的价值观念和人生境界，悄无声息地影响个体思维方式和行为习惯。需要反思的是，在日常活动中，为了维持活动的秩序，教师经常会对学生发出各种口令，学生的身体连带思维意识被规训、被教化，属于身体的文化记忆也被封存起来。

本书的第三章和第四章展现的是中华优秀传统文化教育从课堂到日常观察视角的转变，笔者尽可能地概括发生在学校里的中华优秀传统文化教育活动，其中既有关于中华优秀传统文化教育现象的描述，也有对现象的理性反思；既有对古代文化知识的扼要梳理，也尝试将古今文化联系起来。从中可以发现，课堂教学生活、师生日常生活相辅相成、相得益彰，共同构成了广都小学中华优秀传统文化教育的主渠道。

第五章，中华优秀传统文化教育“教以成人”的理论审思。综合全书的阐述分析，探寻优化中华优秀传统文化教育“教以成人”的学理基础、制度规范和教育观念。事实上，“只要按照事物的真实面目及其产生情况来理解事物，任何深奥的哲学问题……都可以十分简单归结为某种经验的事实”①。落实中华优秀传统文化教育，需要突出中华优秀传统文化“以文化人”“教以成人”的核心价值理念，注重对人文精神的传承。人文精神集中表现为对人的尊重以及对人生命价值和命运的关切，这是一种“以人为本”、把人当作目的，关注人、理解人、把人当成人的思想情怀。② 学校的教育制度、教育理念、教育主体的价值取向都应当以“人的全面发展”为中心展开。中国的“成人之教”是面向所有人的，是所谓的“有教无类”“人皆可以为尧舜”的传统理念。中华优秀传统文化教育是从精神文化危机中自我拯救的手段，通过对人的道德智慧的启迪、文化精神的唤醒和内在心性品格的陶冶，人成长为具有丰富精神价值的、真正意义上的人。

第六章，中华优秀传统文化教育“教以成人”的实践路向。教育实践是复杂多变的，实践教学中的真实行动是践行中华优秀传统文化教育“教以成人”之“道”的关键要素。人类社会中有一种先天的、普遍性的情感存在，它是把“仁”作为人与人之间最基本、最合理的关系，其根源则是由家族社会所孕育出来的亲情之爱和亲情精神。因此，我们需要注重家庭教育对个体成人的奠基作用，“仁”是为人之本，以血缘关系建立来的亲情之爱是“仁”的根源和出发点。仁字所涵摄的人与人之间的适当关系是爱，这种爱一方面是由人类社会中先天而普遍的亲情发展出来，另一方面也成为人之所以为人的基本条件。提倡推动家校共育，就是要扩大家庭教育和学校教育产生合力，对学生内在生命根源的扩充及其健全人格养成的影响作用。教师作为中华优秀传统文化教育的实践者和行动者，应形成“学如不及，犹恐失之”的好学精神，学习并提升自身中华优秀传统文化知识，在教学中积极运用新技术、新方式丰富课堂教学，讲好中国思想和中华传统价值理念，激活中华优秀传统文化对学生的吸引力，关

① 中共中央马克思恩格斯列宁斯大林著作编译局．马克思恩格斯选集：第 1 卷［M］．北京：人民出版社，2012：156.

② 邹广文．弘扬传统文化应注重人文精神的承传［J］．人民论坛，2017（7）：32-34.

切中华优秀传统文化教育对学生内在精神的陶冶，注重对学生中华优秀传统文化基础涵养与优良德行的培育。

教育遵循个体发展的自然天性，教育者与学生的关系是“长而不宰”，教育者虽然引导学生、帮助学生，但并不主宰、掌控学生。贯彻实施中华优秀传统文化教育需要在学校开展一场思想领域的变革，让每个人都认识到中华优秀传统文化教育对个人、社会乃至国家的重要作用，真正从心底敬畏中华优秀传统文化所具有的深厚价值。

第二章

广都小学中华优秀传统文化教育概况

广都小学中华优秀传统文化教育缘起于“国学”复兴的时代背景，发端于广都小学语文教师“文老师”的中华优秀传统文化教学实践，形成于学校管理者的支持与认同。随着学校中华优秀传统文化教育实践的不断深入，广都小学编写了 4 版传统文化教育校本教材，形成了传统文化教育教师共同体、家校共同体、区域学校共同体，同时逐渐完善传统文化教育教学机制，推动中华传统文化教育从学校的特色发展项目走向学校日常课程实践。

第一节　广都小学中华优秀传统文化教育发展历程

在根本上，一所学校的发展方向与学校的领导者息息相关，领导的支持和关怀是一项教育活动长久坚持下去的重要保障。广都小学自 2000 年开始探索中华优秀传统文化教育“进学校、进课堂”活动，共经历了 4 位校长，同时也编写了 4 版传统文化校本教材。总体而言，广都小学的中华优秀传统文化教育表现出发展的连续性和上升性，单从校本教材编写的形式看，由最初的《三字经》独本到第一套成体系的“诵读教材”，再从《小学生经典诵读》到《小学生优秀传统文化每周一课》，教材的内容体系不断完善，教材的表现形式也趋向“易教利学”。但不同校长对如何推动中华优秀传统文化教育“进校园，进课堂”有不同的认知，所以广都小学中华优秀传统文化教育的表现形式在不同时期呈现的侧重点有所差异。

一、广都小学传统文化教育的兴起（2000—2003）

随着改革开放的春风，国家整体实力增强，人们开始重新思考中华传统文化的价值与意义。1992 年，北京大学成立了中国传统文化研究中心，并创办《国学研究》集刊。1993 年，《人民日报》在头版中发表《久违了，“国学”》，赞扬北大开展国学研究的见地和气魄。① 随后各大报纸、期刊陆续展开了关于中华优秀传统文化的报道和讨论，中央电视台拍摄了 150 集《中国传统文化系列讲座》，增强大众对传统文化知识的认知与学习，提升国人的民族自信心和文化自豪感，整个社会掀起了一股弘扬中华优秀传统文化的风潮。陈来教授评论这种现象是以市场经济非理性的活跃和商业化冲击下的文化失范为背景产生出来的一种加强舆论导向的文化行为。② 其本质是为了保护与振兴中华传统文化，推进社会、学校、笔者阐扬传统文化中的积极成分，使中华优秀传统文化重返人们的精神家园，以中华优秀传统文化构建人们日常生活中的道德准则。时代点燃了中国文化复兴的火苗，目标的实现还需要整个民族共同努力，需要依托学校教育来完成。21 世纪以来，我们国家开始在世界各国各地区广泛开办"孔子学院"，通过这种方式向世界推广普通话教育，展示卓越的中华文化，彰显中华文化的魅力。在国内，各级各类学校开始进行经典诵读，开展各项彰显中华文化的礼仪展演、书法比赛、国宝探寻等活动。

此时，文老师带着对语文教育和中华优秀传统文化的热爱来到广都小学任教，基于浓厚的兴趣和初来乍到的激情，她首先在自己所带的班级开展与中华优秀传统文化相关的教育活动，如引导学生进行与中华优秀传统文化相关的课外阅读，了解成语典故、名词来源，带领学生进行诗词诵读。经过半个学期的实践，文老师发现班级里的一些细节发生了明显的变化，例如，教室地上总是干净整洁，学生的桌椅经常摆放得整整齐齐，同伴之间无论是学习上还是生活中都互帮互助，学生整体表现出积极向上的精神风貌和得体的行为规范。③ 这些直观可见的进步引起了学校领导的关注与支持，使这项活动得以在全校开展。

仲校长曾对文老师说：

> 我发现你们班的小朋友跟其他班的小朋友不一样，每次大活动的时候，你们班的学生都很守纪律，你们班的那个区域活动结束后地上没有垃圾……你们班开展的经典诵读活动可以在全校推广一下。现在正是传统文化的复兴高潮，我们也要行动起来。（T-F-3：2021-06-07）

仲校长可以说是广都小学中华优秀传统文化教育的发起人和推动者。仲校

---

① 陈来．"国学热"与传统文化研究的问题［J］．孔子研究，1995（2）：4-6.
② 陈来．"国学热"与传统文化研究的问题［J］．孔子研究，1995（2）：4-6.
③ 资料来自访谈记录 T-M-1：2021-06-04；T-F-3：2021-06-07；T-M-2：2021-12-21。

长给大家的印象是有些古板、固守传统，但他对传统文化有一种发自内心的敬畏感，对经久传诵的古诗词具有一种深厚的情感和向往，他非常认同传统典籍对学生德行和品格的教育作用。因此他特别支持文老师的工作，让文老师牵头组织人员，专门探索如何在学校全面开展中华优秀传统文化教育，让所有的学生都学习中国传统文化，通过传统文化的学习改变学生的行为与气质。① 可以说，仲校长的认同和支持为广都小学开展中华优秀传统文化教育提供了重要保障。

这一时期全国中小学开展中华优秀传统文化教育的普遍做法是“诵读经典”，这种学习形式在一些社会教育机构已有开展。1990 年，联合国教科文组织把中国的儿童启蒙经典《三字经》选编入“儿童道德丛书”，把它推荐给世界各地的儿童，《三字经》成为联合国指定的儿童启蒙读物。所以，广都小学决定全校共读《三字经》，他们朴素地认为诵读经学就是弘扬传统文化。最初没有教材，只能让教师写在黑板上，再让学生抄录。② 虽说眼过千遍不如手过一遍，但这种教学方式无疑增加了教师的教学负担。于是，2002 年春季，学校编写了第一本“国学”校本教材《三字经》，这本教材全文摘录了《三字经》，按照原文的顺序分为 28 个章节，为了便于教学和学生学习，每章分为五部分，分别是原文（带拼音）、译文、故事链接、“我真棒”（背诵）、知识宝库，教学目标是让学生会背，掌握文本意思及其中蕴含的道理。学校给每个学生都配置了一本《三字经》校本教材，每天晨读时间由语文教师带领学生诵读，学校里时常回荡着诵读传统经典的童音。读经活动在广都小学的全面展开，给教师和学生的日常生活带来某种微妙的变化，这一共同的课程给师生带来诸多可供交流的教学经验和日常闲话。例如，怎么背诵学生能记得更持久，如何引导学生运用“典故”写作等。传统文化本身就是追求实践的。在教学过程中，教师最终关注的仍旧是学生能否运用所学的知识。教师也会在日常交流中比较分析哪个班的学生背得快，哪个班发生了某种变化，哪些学生在浑水摸鱼……③这种不分学段、不分内容的学习形式在现在看来显然是不适宜的，但在当时的国学热潮下是可以被接纳甚至是被推崇的。人们普遍认为诵读经典就是学习和传承传统文化的主要方式。

---

① 资料来自访谈记录 T-F-3：2022-04-16；T-M-2：2022-03-15。

② 资料来自访谈记录 T-M-1：2021-06-04；T-F-3：2021-06-07。

③ 资料来自访谈记录 T-F-3：2021-06-07；T-F-9：2021-11-30。

图 2-1 《三字经》校本教材

在仲校长的带领下，全校共读《三字经》的活动进行了 1 个学年，一整年的诵读让教师和学生产生了厌倦心理。与此同时，广都小学的教师意识到一个非常重要的问题，即中华优秀传统文化教育的连续性问题。《三字经》读完了、背会了，接下来让学生学什么，循环往复显然是不合适的，除了《三字经》还有哪些适合小学生学习的传统文化知识，教师开始探究如何推进中华优秀传统文化教育在小学阶段的连续性。① 显然，一项教学活动要持续不断地做下去，需要不断呈现在内容体系上与之相连的新知识和新技艺，若只是重复相同的东西很快就会失去吸引力，教师的教学热情和学生的学习积极性都会在单调的重复中消磨殆尽。

广都小学这一时期的“传统文化”教育，尚未涉及传统文化知识体系内在的逻辑性，缺乏总体的发展规划和完整的教学计划，从学校管理层的角度来说，这只是一种跟风之举。《三字经》中虽然不乏立身处世、修身养性的有益格言，却也蕴含着一种封建残余思想中的功利观念和迂腐气息②，如“扬名声，显父母。光于前，裕于后”等，学校在编写校本教材时奉行简单的拿来主义，缺少对选编内容的理性批判与选择。教材的选编应辩证地选择先进的、符合现代社会发展的经典内容，若全文选用，应引导学生正确地认识传统经典。

二、广都小学传统文化教育初成体系（2003—2008）

在新任校长艾校长的带领下，广都小学的中华优秀传统文化教育迎来了新

① 资料来自访谈记录 T-M-1：2021-06-04；T-F-3：2021-06-07。

② 潘涌．祛蔽当前“读经热”：表达为本——由“读经热”引发的对古今母语教育的建设性反思［J］．教育研究，2015，36（1）：136-142.

的发展契机。艾校长原来是本市实验小学的校长，相比广都小学，实验小学的地理位置优越，属于城区小学，师资力量雄厚，教学资源、设备齐全丰富。艾校长上任广都小学，便决心要从整体上改善广都小学的面貌，具体体现在师资引进、楼宇建设、校园文化改建以及传统文化课程建设等诸方面。艾校长出生在一个高干知识分子家庭，从小受传统文化家教礼仪熏陶，自身也是传统文化的爱好者。① 所以，她非常支持开展中华优秀传统文化教育，亲自组织教师编写传统文化校本教材，计划在全校分学段、分年级有序推广传统文化教育。

艾校长任职的5年，为广都小学招聘骨干教师近80名，把原本60多人的教师队伍扩大至140多人，同时，进行教学楼建设，“求索楼就是在艾校长的推动下建起来的，她把学校的大框架构建起来了”②。在课程设置方面，艾校长组织教师对传统文化进行系统的开发，全面推进中华优秀传统文化教育“进校园”，正式将“传统文化”列入课表。

> 当时的艾校长很强势，要求每个班级都要做，都要读经典，没有老师敢懈怠。校长每天很早就来学校，她挨个巡查班级，看老师们有没有带学生诵读，所以就推行得非常好。我们学校当时不管师资也好，生源也好，都不算非常好的，但是我们可以和另外两所学校齐头并进，也是这个原因，就是我们有特色。③

> 艾校长对广都小学的贡献是非常大的，广都小学最早是个农村学校，那时候的管理模式和教育理念都是很落后的，艾校长当时来的时候很年轻，很有干劲，从她上任开始，学校的管理模式和教育理念各方面都有比较大的变化。尤其是在新任教师的选拔上，基本都是其他各校的骨干教师，都是有水平的。就是在这些教师的共同努力下，我们出版了第一套系列的“国学”校本教材，并在学校开始使用，其后学校正式举办了中华优秀传统文化教育启动仪式，并请了县教育局的领导来参加，他们对我们的工作非常认可，也很支持。④

在艾校长的带领下，广都小学编写了第一套初具体系的传统文化教材。这一时期，受大众媒体的影响和自身认知的局限，广都小学的教师直观地认为，中华优秀传统文化教育就是让学生背诵古诗词，所以教材编写选择的内容主要

---

① 资料来自访谈记录 T-F-3：2021-06-07；T-M-2：2022-04-16。
② 资料来自访谈记录 T-F-3：2022-04-27。
③ 资料来自访谈记录 T-F-3：2022-04-27。
④ 资料来自访谈记录 T-M-4：2022-04-26。

聚焦于诵读的古典知识，认为中华优秀传统文化教育就是让学生“诵读经典”，背得越多，越能展现学生的传统文化素养。这一时期的校本教材编写与上一阶段全文摘录《三字经》的状况相比，显现出一种明确的教育意识。教师在编教材时有意识地考虑学生学习的阶段性、差异性以及中华优秀传统文化本身的多样性，开始有针对性地选择教材内容，哪些是学生需要学习的，哪些是适合学生学习的，诵读哪些内容有益于启发学生智慧、陶冶学生品格，教师开始深入思考中华优秀传统文化教育到底应该教给学生什么内容。①

那个时候我们有一个认知的狭隘，觉得传统文化就是诗词歌赋，现在还有好多学校认为传统文化就是诗词歌赋。比如，中央电视台播出的弘扬传统文化的节目，《经典咏流传》和《中国诗词大会》，都是偏向于诗词，所以当时我们也选择让学生诵读诗词。②

图 2-2 “国学”系列校本教材

编一套教材对当时的广都小学教师来说相当具有挑战性，一方面，可直接借鉴的教材有限，有教师称：“那时候没有网络，我们就到成都大大小小的书店去找，很遗憾的是，当时并没有找到一套适合小学生使用的诵读教材。所以我们只能自己翻阅典籍、查找材料。”③ 另一方面，教师对自身编写教材的能力和精力也不甚乐观，教师称：“我们都没有传统文化的知识基础，可以说是从零学起。”④ 本着对传统文化的热爱与坚持，广都小学的教师在摸索中展开了“经典诵读”系列教材的编写实践。在这一过程中，教师充分考虑了不同年级学生的差异性和教学连续性问题，尝试编写一套适应不同阶段学生学习需求的教材，

① 资料来自访谈记录 T-F-3：2021-06-07。
② 资料来自访谈记录 T-F-3：2021-09-15。
③ 资料来自访谈记录 T-F-9：2021-11-30。
④ 资料来自访谈记录 T-F-15：2021-11-08。

同时考虑到教材实施所需要占用的教学时间，他们编成了 6 本诵读教材。从一年级到六年级由浅入深、循序渐进地推进。

表 2-1 第一套校本教材基本内容的构成

年级和教材	涉及的传统文化知识内容
一年级《三字经》	《三字经》全文，共分为 27 章的内容
二年级《对韵歌》	共 20 章，涉及天文、地理、季节、宫室、鸟兽、色彩、数目、情怀、方位、人伦、姓名、身体、衣钵、食物、果品、蔬菜、草木、器皿等知识
三年级《增广贤文》	分为 5 篇 26 章，其中为人处世篇 6 章、读书学习篇 3 章、人生哲理篇 9 章、家庭教育篇 3 章、良师益友篇 5 章
四年级《诗韵》	共 10 章，分别是咏春诗、颂夏诗、咏月诗、友情送别诗、咏梅诗、山水诗、田园诗、边塞诗、咏物诗、咏史怀古诗
五年级《美词》	共分为 15 章，选取 15 位诗人的词作为教材内容。具体包括白居易、李煜、柳永、范仲淹、晏殊、欧阳修、苏轼、李之仪、秦观、李清照、岳飞、陆游、辛弃疾、纳兰性德、毛泽东等
六年级《古文》	共 20 章，选取了《论语》《孟子》《大学》《道德经》等文章中的经典篇目

这套教材由季羡林先生担任顾问，广都小学的教师在访谈中提道："当时我们去找季羡林先生的时候，他连着说了三遍，你们是在做一件功德无量的事情。"① 2007 年秋季，这套"国学"校本教材正式进入广都小学的课堂，教师在课程实施的过程中，根据自身教学体验和学生的学习反馈，考察教材的难易程度，探究教材的使用方式，通过教学实践探究教材在具体使用中需要进一步完善的地方。例如，广都小学的管理者说："我们的老师不仅在教课，也在实现文化与价值的提升。"② 其间，语文名师于永正曾到访广都小学，对广都小学的中华优秀传统文化教育探索做出了肯定的评价，并为广都小学题了一幅"经典诵读，让生命有根"的牌匾。经过前期的试用和修订完善，这套"经典诵读"校本教材于 2008 年 11 月由山东教育出版社正式出版。该套"国学"教材在版面设计和内容形式上具有鲜明的传统文化韵味，整体上明晰地呈现了编写者的审美追求与价值指向——"弘扬中华优秀传统文化"。在当时，这套教材可以说是国内最早出版的内容相对较为完善的传统文化教育校本教材之一。但是，教师在教材编写中更多注重的是对中华优秀传统文化教育内容和形式的探究，在某

① 资料来自访谈记录 T-F-3：2021-06-07。

② 资料来自访谈记录 T-M-1：2021-06-04。

种程度上忽略了中华优秀传统文化教育的育人本质。在教材内容的选用上偏重古诗词，对中华优秀传统文化蕴含的丰富内容把握得不够全面，同时，在内容的选用上缺少批判的眼光和辩证的思维。在教学过程中也缺少对学生反思性思维的启发，不利于学生对传统文化知识的批判性认知。

这套校本教材最大的贡献在于解决了中华优秀传统文化教育在小学阶段教学连续性和系统性问题，使中华优秀传统文化教育在广都小学形成了小学六年一贯的完整体系。经过一段时间的教学实践运用，广都小学的教师发现这套教材对教学实践的指导性不足。文老师称：

> 这套书主要是将诗词诵读内容根据年段进行简单的划分，具体的内容编排还是让教师摸不着头脑，在教学实践中不知道究竟该怎么教学，它没有教学的流程。我们一线的老师最关心的就是怎么展开教学的问题。①

这套教材在形式上已成体系，按照小学的六个年段进行了划分，按照最初的想法解决了教学连续性的问题，让学生在学完《三字经》后继续进行其他中华优秀传统文化知识内容的学习。但这套教材在内容编排上缺少具体可参考的教学模式，也缺乏明确的教学目标和教学要求，内容编排的结构性和逻辑性不足，教师应该怎么教，学生要怎么学？这是有待解决的实践性问题。对一线教师来说，拿着一本教材，如何去教是他们最关心的根本问题。由此，广都小学教师根据教学实践中存在的具体问题继续探索如何编写一套更加适宜“教”的传统文化校本教材。

总的来说，在艾校长任职的这5年多，广都小学的发展在整体上处于快速前进时期，虽然中华优秀传统文化教育只是多项发展任务中的一项，但是奠定了中华优秀传统文化教育在广都小学的发展根基。这一时期，校长支持开展中华优秀传统文化教育，一方面是基于中华优秀文化传承的使命，增强学生的中华优秀传统文化素养；另一方面是为了打造学校发展特色，使学校在某一方面突出。艾校长可以说是广都小学中华优秀传统文化教育的奠基者。

三、广都小学传统文化教育快速发展（2008—2017）

2008年春，艾校长被调走，田校长任职广都小学校长。田校长任职期间，广都小学中华优秀传统文化教育发展走向成熟阶段，学校的中华优秀传统文化教育形式更加丰富多彩，校本教材内容得以更新，学校打造的《三字经》唱诵

---

① 资料来自访谈记录T-F-3：2021-10-13。

和“川剧”① 节目多次在各大舞台上向全国展示，部分学生还参加国际比赛，为学校争得诸多荣誉。

图 2-3　《三字经》表演

图 2-4　《滚灯》表演

新任校长对前任校长工作的认可与继承是推进学校教学活动发展的重要因素，田校长延续了前任校长对中华优秀传统文化教育的规划路径，并在原有的基础上将地方传统文化吸纳进来，增加了一些特色课程，比如，川剧、陶艺、古琴、国画等，极大丰富了广都小学中华优秀传统文化教育的形式和内容。这一时期学校的发展重点向中华优秀传统文化教育倾斜，一方面，校长有意把中华优秀传统文化教育打造成学校的特色，增加学校的名气，提升学校的影响力。广都小学积极与成都市川剧院和教科院的教师建立合作关系，通过专业教师的支持与引领共同发展学校的中华优秀传统文化教育。另一方面，田校长认为开展中华优秀传统文化教育能陶冶学生心灵，形塑学生品格，提升学生的民族自豪感、荣誉感和责任感，培养学生对祖国文化的热爱之情。②

田校长也很喜欢传统文化知识，前任校长的很多理念她都继承下来了，非常尊重前任校长取得的成就……她觉得每个孩子都应该学习传统文化……艾校长在任时学校召开的传统文化教育启动仪式在当时还是很有影响力的，田校长也是有所耳闻的，她是坚定地要把传统文化教育做成我们学校的一个亮点，让传统文化教育在原来的基础上更上一层楼。③

---

① 2009 年，广都小学成为四川省第一所川剧进校园试点学校，随后学校成立了“少儿川剧社团”，正式将少儿川剧作为学校的传统文化特色发展项目，学校培养了一大批新时代川剧迷，更培养了一批掌握了滚灯、变脸、水袖等川剧绝活的川剧小明星。广都小学对《三字经》《千字文》等传统经典进行编创，将传统经典融入川剧表演形式，开创性地进行了地方传统文化的发扬与传承。其改编的川剧《滚灯》，曾在央视“过把瘾”少儿戏曲欢乐季获得“五星宝贝奖”，并多次在其他比赛中获得奖项。

② 资料来自访谈记录 T-M-2：2021-12-21；T-M-17：2022-04-26。

③ 资料来自访谈记录 T-F-3：2022-04-27。

田校长的性格是比较温和的类型，属于传统文化概念里面比较中庸的人，田校长在办学方面有她的策略，有她的智慧。她在的时候是我们学校川剧发展的巅峰时期，我们学校的川剧节目三进央视，并去国外演出，把川剧推向世界。学校的很多奖牌都是她那个时期获得的……她关注学生行为的变化，让学生积累品行币，学生积累到一定数量就能找她去领一个奖品……她还会跟学生谈心，给学生写成长寄语。①

从上述笔者收集的田野材料可以看出，田校长关切和重视广都小学的中华优秀传统文化教育，并在此基础上继续探索新的发展路径，开设具有个性特点，符合广都小学实际的校本课程，对弘扬中华优秀传统文化具有特殊意义，为师生的校园生活开启了一扇丰富多彩的中华优秀传统文化之门。

田校长之所以能在短时期内快速建立起丰富多样的中华优秀传统文化教育内容体系，与其个人所拥有的社会资源密切相关，田校长把个人所有的人脉资源和可调动的所有力量都运用到学校中华优秀传统文化建设上，一方面，聘请优秀的川剧教师、古琴教师、陶艺大家，定期把他们邀请到学校来授课，为中华优秀传统文化教育活动的开展提供充分的保障。另一方面，调动学校教师的积极性，与教师建立良好的合作关系，让每位教师都在自己的岗位上做出贡献。“田校长经常跟年轻的教师在一起交谈，与教师的人际关系都很好，大多数教师都喜欢和她交往。”② 在中国传统文化里，“关系”对人们的社会生活具有极其重要的影响，诚如胡适先生指出：“儒家的人生哲学，认定个人不能单独存在，一切行为都是人与人交互关系的行为。”③ 从某种意义上说，校长工作的很大一部分是要编织、运营和发展学校内部以及学校外部的各种人际关系网络。④ 这些人际关系是开展各种教育活动的基础，田校长巧妙地将与开展中华优秀传统文化教育相关的内外部人际关系资源调动起来，促进了学校中华优秀传统文化教育的有效开展。

这一时期，田校长组织教师重新编写了传统文化校本教材。在素材内容的选择上更加多样化，内容编排上更加精细化，尝试解决如何运用教材解决教学的问题。致力于让所有教师，不论有没有中华优秀传统文化的基础，只要拿着教材就可以根据教材的编排完成中华优秀传统文化教育的教学目标。在具体内

① 资料来自访谈记录 T-M-17：2022-04-26。
② 资料来自访谈记录 T-M-17：2022-04-26。
③ 胡适．中国哲学史大纲［M］．北京：民主与建设出版社，2016：88.
④ 布朗，木子西．社会资本理论综述［J］．马克思主义与现实，2000（2）：41-46.

容的安排上，这套教材以“每日一诵读”“每周一大家”“每月一名著”的方式指引教师教学。在课程安排上，考虑到学期的长度以及期末的复习周，每学期安排16周的课程，既能减轻学生的学习压力，使学生在循序渐进的陶冶中步入经典，也能让教师在期末专注对考试科目的复习，尽量实现中华优秀传统文化教育与主科教学的平衡。

具体而言，“每日一诵读就是选择周一到周四引导学生诵读诗篇，周五进行一周内容大回放，主要是为了回顾和深化前四天学习的知识和内容，从而提升学生的学习成效”①。当然，这只是在教材编写阶段的设想。如果学生能在小学六年坚持学习，可以积累宋词30篇，古诗232首，成语1200个，名句640句，古文32篇。所谓“每周一大家”，即在每周的学习过程中向学生分享一位具有突出成就和影响力的著名人物。考虑到儿童的学习能力和知识水平，主要介绍某一大家的生平、主要成就以及与之相关的趣味故事。而“每月一名著”，即每月引导学生了解一本中外经典著作，积累相关的知识见闻。这套教材在命名上统称为《小学生经典诵读》，一个年级一本（分为上下两册），一共六本。

表2-2 《小学生经典诵读》系列教材内容

年级＼内容	每日一诵读	每周一大家	每月一名著
一年级上册	总共16章内容，包括诗中日月、诗中菊、诗中秋、诗中山水、诗中梅雪等	老子、孔子、墨子、孟子、庄子、屈原、项羽等	《新编儿歌365》《我爸爸》《小布头奇遇记》
一年级下册	总共16章内容，包括诗中节日、诗中春夏、诗中树木、诗中名山、诗中童趣、诗中心情等	刘向、班固、曹操、曹植、曹丕、谢灵运、王勃、骆宾王等	《伊索寓言》《小辫子丫丫》《安徒生童话》《红鞋子》
二年级上册	总共16章内容，包括含动物、植物名称的成语，含日、月、水、火、天地的成语，描写四季的成语等	王羲之、欧阳询、颜真卿、柳公权、赵孟頫、张若虚、孟浩然、王昌龄、李白等	《格林童话》《中国古代神话故事》《宝葫芦的秘密》

① 资料来自访谈记录T-F-3：2021-06-07。

续表

年级 \ 内容	每日一诵读	每周一大家	每月一名著
二年级下册	总共16章内容，包括神话故事的成语，描写心情、友情、动作，人物品质的成语，成语之最等	唐宋时期的16位诗人	《尼尔斯骑鹅旅行记》《影子人》《洋葱头历险记》
三年级上册	总共16章内容，包括8章歇后语和8章名联	李商隐、李煜、柳永、范仲淹、苏轼、苏辙、苏洵等16位诗人	《窗边的小豆豆》《木偶奇遇记》《草原上的小木屋》
三年级下册	总共16章内容，包括8章谚语和8章《增广贤文》	司马光、岳飞、陆游、杨万里等16位诗人	《绿野仙踪》《柳林风声》《夏洛的网》
四年级上册	共16章内容，主要精选了《论语》中的经典句子，每章4句，一学期可以学习64句圣人之言	关汉卿、马致远、罗贯中、吴承恩、徐霞客等16位诗人、小说家、地理学家	《爱的教育》《草房子》《东周列国志》《假如给我三天光明》
四年级下册	总共16章内容，包括10章《道德经》内容选编、3章《大学》内容选编、3章《中庸》内容选编	蒲松龄、吴敬梓、纳兰性德、冯梦龙等古代名人	《绿山墙的安妮》《青铜葵花》《中华上下五千年》《狼王梦》
五年级上册	总共16章内容，包括各类古诗，包括诗中植物四君子、诗中乐器、诗中酒、诗中战争、诗中喜、诗中愁等	近现代的文学家、小说家、书法家、画家，如鲁迅、金庸、张大千等	《西游记》《天蓝色的彼岸》《趣味地理》《史记》
五年级下册	总共16章内容，选择了10位诗人的古诗，诸如李煜、柳永、苏轼、辛弃疾、李清照、毛泽东等	近现代的文学家、小说家、书法家、画家，如鲁迅、金庸、张大千等	《纳尼亚传奇》《海底两万里》《三国演义》
六年级上册	共15章内容，主要是经典著作选篇，包括《孟子》《墨子》《庄子》《荀子》《左传》《战国策》《礼记》《史记》等	国外的诗人、文学家、哲学家，如荷马、莎士比亚、雪莱、泰戈尔等	《简·爱》《母亲》《小王子》《鲁滨孙漂流记》

续表

年级\内容	每日一诵读	每周一大家	每月一名著
六年级下册	共15章内容，主要是一些名篇选读，诸如《桃花源记》《滕王阁序》《陋室铭》《阿房宫赋》等	国外的诗人、文学家、哲学家，如荷马、莎士比亚、雪莱、泰戈尔等，主要是国外文学家、书画家、音乐家等名人介绍	《骆驼祥子》《三重门》《格列佛游记》《红楼梦》

一年级主要是诗歌的学习，将抒写相同自然风光的诗篇归为一类，让学生感受不同诗人笔下的山、水、日、月；二年级主要是各种形式的成语背诵和学习；三年级主要是歇后语、谚语、《增广贤文》选篇等内容的学习；四年级主要是学习古代经典著作；五年级是各类古诗的学习；六年级“每日一诵读”内容的难度有所上升，考虑到六年级的升学压力，六年级的学习内容相对减少。这一套教材的内容相对前一套丰富很多，在内容上不再单纯偏重古诗词，而是对“诗词歌赋”“经史子集”、成语、对联、古代文学、古代小说、中外名著等都有所涉及。且在教学分段上比上一套教材更加精细化，一本书分为上、下两册对应上、下学期，每册分为16章，每周完成一章的学习内容。在体例的设计和编排上，主要从学生的立场和视角出发，力图增加教材的趣味性、生动性和系统性。

图2-5 《小学生经典诵读》校本教材

这套教材相比上一套由山东教育出版社出版的“校本教材”在内容体系上更明晰，由山东教育出版社出版的“校本教材”主要是对古代经典的诵读，着重让学生背诵和记忆，缺乏引导学生对经典的欣赏与感悟，导致学生对中华优秀传统文化的内涵领悟不足。这一套教材的编写就更专注激发学生的内在感悟，不再求多求快，而是引导学生从精神上深入领悟诗词、大家、名著蕴含的内在思想。

这套教材经过 30 余次修改，2014 年 6 月由北京师范大学出版社出版，并向全国公开发行。目前，国内很多学校都在使用这套教材，这套教材在 3 年内再版了 8 次，让广都小学的中华优秀传统文化教育经验得以在全国推广。①

至此，本该觉得校本教材的编写比较完善了，但在教学实践的过程中总会不断出现之前预想不到的问题，例如，在紧张的学习之外，学生很难有大量的时间去记诵这些“课外”知识；谁来引导学生每天阅读；如何评价学生的学习成效……诸如此类的问题都是一线教师需要考虑的，经过多年的实践探索，广都小学的教师对中华优秀传统文化教育的重要性更加笃定了，这也就坚定了他们对校本教材编写精益求精的意志。

整体来说，这一时期广都小学重点发展和弘扬传统文化中的知识精粹，注重学生对诗词经典、成语谚语的背诵，也注重学生的体验和传统技能的获得，培养出一批又一批传统文化的爱好者和熟悉古琴、国画、陶艺、川剧等传统技艺的传承者。这与校长的治学理念及其对中华优秀传统文化教育的重视和投入密切相关。

四、广都小学传统文化教育的调整时期（2017—2023）

广都小学在 2017 年秋季迎来了新任校长甘校长。但甘校长并不像前几位校长一样热衷于传统文化校本课程的开发与实施。他认为国家课程对基础教育而言是最为重要的教学内容，因此，开展中华优秀传统文化教育应该将其融入国家课程体系，是不需要“另起炉灶”的。不同的校长因为个人经验、管理理念、兴趣志向的不同对学校发展考虑的目标和优先事项是有差异的，这就促使广都小学中华优秀传统文化教育方式产生变革。

这一时期广都小学传统文化教育校本教材的更新编写主要由文老师牵头负责。整体而言，广都小学之前编写的校本教材都以“诵读”为中心，他们的潜意识还停留在传统文化教育即诵读经典的层面上，第二阶段的 6 本教材只是形成系列的诵读内容，到第三阶段其具体内容有所改善，但从其书名《小学生经典诵读》就可以看出他们仍然注重的是诵读，缺乏对中华优秀传统文化内涵的深化研究，对诗词意境的想象和审美较为薄弱，对学生内在的感悟与体验也不够重视。在新一期的校本教材编写过程中，广都小学的教师也认识到了前期教材编写的狭隘之处。同时，随着国家对中华优秀传统文化教育越来越重视，教育部连续出台相关指导文件，指明了中华优秀传统文化教育应包括哪些内容，

① 资料来自访谈记录 T-F-3：2021-06-07。

中华优秀传统文化教育如何进课堂等具体建议。经过自身多年的实践，再加上对相关政策文件的研讨学习，广都小学的教师在经历了系统的反思以及对过往经验的梳理分析后，决定以《小学生优秀传统文化每周一课》来命名最新的校本教材，这套教材于 2018 年 9 月由人民出版社出版发行。①

表 2–3 《小学生优秀传统文化每周一课》教材体系内容

<table>
<tr><th>年级\内容</th><th>诗文小积累</th><th>国学小知识</th><th>德育小故事</th><th>通关小检测</th></tr>
<tr><td>一年级上册</td><td>全国各地的童谣</td><td rowspan="11">整套介绍的都是神州大地、九州风俗、中华文艺、华夏名人。根据年级学段的差异在难度上做了一定的区分</td><td rowspan="11">以各种蕴含中华传统美德的叙述故事展开，包括爱国、守时、专注、有序、守纪、友善、诚信、守礼等</td><td rowspan="11">对前三部分内容的学习检验以及课外知识的考察等</td></tr>
<tr><td>一年级下册</td><td>诗歌，类似于上一版教材的诗中花月等</td></tr>
<tr><td>二年级上下</td><td>各类成语</td></tr>
<tr><td>三年级上册</td><td>歇后语、谚语、《增广贤文》</td></tr>
<tr><td>三年级下册</td><td>声律启蒙</td></tr>
<tr><td>四年级上下</td><td>各类诗歌，从诗经到唐宋时期主要诗人的诗词选编</td></tr>
<tr><td>五年级上册</td><td>宋词、明清时期和近现代诗人的词，如纳兰性德、毛泽东等</td></tr>
<tr><td>五年级下册</td><td>古代典籍，包括《论语》《大学》《孟子》《中庸》《诗经》《礼记》等选篇</td></tr>
<tr><td>六年级上册</td><td>寓言故事和成语故事，诸如刻舟求剑、夸父逐日、教学相长、多多益善等</td></tr>
<tr><td>六年级下册</td><td>广为流传的名文，如《陋室铭》《兰亭集序》《滕王阁序》等</td></tr>
</table>

这套教材在构架上和体例上分为 4 个模块，即每一章的内容都由“诗文小

① 这套书是人民出版社出版发行的第一套小学传统文化方面的书籍，该书出版后获得了很大的社会认可，国内有上百所学校在使用这套教材进行传统文化教育。许多媒体如《光明日报》、新华社、四川电视台、成都电视台、《成都日报》、《成都晚报》等对广都小学的传统文化进校园及传统文化校本教材编写成果做专题报道。

积累”“国学小知识”“德育小故事”“通关小检测”4部分组成，每学期分为16个教学周进行。每个年级教学内容的选取依据学生的发展水平进行筛选，内容丰富且具有差异性。关于“国学小知识”和“德育小故事”，这套教材做了较大的综合，“国学小知识”整套介绍的都是神州大地、九州风俗、中华文艺、华夏名人等，根据年级学段的差异在难度上做了一定的区分。神州大地主要是对祖国大好河山、风景名胜的介绍；九州风俗是对我国各地民风民俗的介绍，例如，中秋节、泼水节、火把节等不同民族的节日文化；中华文艺是对我国古代各种技艺的介绍，包括乐器、戏剧、陶艺、剪纸、刺绣、年画等。“德育小故事”则是以各种形式的传统美德为中心展开，包括仁义、爱国、守时、专注、有序、守纪、友善、诚信、守礼等。

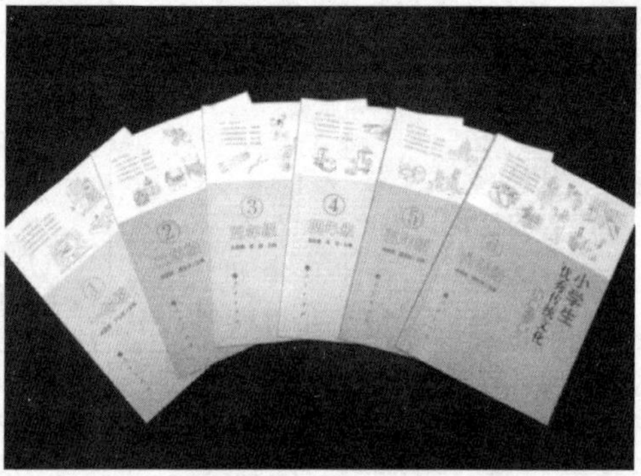

图2-6　《小学生优秀传统文化每周一课》校本教材

关于新版校本教材专门添加对祖国大好河山和名胜古迹的链接知识，源于教师在教学中发现学生相关知识的极度缺乏。文老师谈道：“据我观察和了解，现在很多小学生对我们国家的地域和城市都不了解，我在MS小学去上公开课的时候，那些学生居然连雅安都不知道，这是离他们最近的地方……一个学生如果连自己的祖国和家乡都不了解，谈何热爱？”① 教材编写需要领会课程独特的育人价值，中华优秀传统文化教育内含着爱国主义教育。教材内容增加有关祖国山川地域的文化知识，有助于促进学生了解自己生活的地方，了解脚下的土地，在潜移默化中形成对祖国的依恋情感和对国家的认同。

这套教材除了在继续探索“教什么”的问题，也考虑了“谁来教，怎么教”的现实问题。广都小学的传统文化教育基本是由语文或其他科任课教师兼职，没有专门的传统文化教师。文老师称：“不仅我们学校如此，在成都这么大

① 资料来自访谈记录T-F-3：2022-04-12。

一个城市，专职的传统文化老师不超过十位，据我所知，XS 小学有一个，LJL 小学南区有一个，但是后来 XS 小学的老师被市培训学校聘任了，也没在 XS 小学了。"① 鉴于缺乏专门的中华优秀传统文化教育教师的现状，广都小学期望通过教材的编写来解决"谁来教、怎么教"的问题。他们认为，只要教材编写得足够明晰，教材内容适宜，那么即使没有专门的传统文化教师，也可以解决"谁来教"的问题。这套教材的编排也确实在某种程度上缓解了这个问题，让并不擅长中华优秀传统文化的教师也能运用教材进行教学。但是，用教材的完善来解决教师不会教的问题显然是不合适的，教材只是教学的参照而不是教学的标准，教师是借助教材、通过教材来开展教学，而不是照本宣科。根本上要解决的始终是师资的问题，好的教材对教师开展教学活动具有重要的辅助作用，但并不是决定教学质量的根本因素。

该校教师认为，这套教材在素材组织上充分考虑了学生的年龄特点、学习规律，以及教师的教学能力、知识结构，不再只是注重对古代经典的诵读。关于传统文化的内容更加丰富，在表现形式上更加适宜教师的教学实践。② 基本构建起集诵读经典诗文、了解文化知识、养成传统美德于一身的教育体系。教科书的风格和呈现方式对成功地实施教学非常重要。③ 广都小学根据多年的中华优秀传统文化教育实践经验，充分考虑教材使用者的需求，对教材内容进行编排设计，使教材内容趋向易教利学。编写教材最重要的就是要考虑教材使用者。④ 既要遵循教的逻辑，让教师拿在手上可以用；也要遵循学的逻辑，设计可以让学生互动的环节，激发学生的学习兴趣。虽然广都小学传统文化校本教材在不断更新，但这套教材难以在广都小学普及运用。首先，相关管理者认为教材的编写人员不是由专门机构组织的专业人员，教材的质量及其适用性、科学性有待考察；其次，学校并没有权利让学生购买未经审核的教材，需要通过课外读物的方式向家长推荐；最后，学校缺少专门的经费为每位学生配备教材。调查发现，目前学校只有一年级、二年级、四年级的部分班级使用最新的由该区域教师研发的《小学生优秀传统文化每周一课》校本教材，由于经费有限，其他班级仍旧沿用由北京师范大学出版社出版的《小学生经典诵读》校本教材。

甘校长的治校策略与前几位校长有所不同，他更注重抓常规教学，传

① 资料来自访谈记录 T-F-3：2021-12-01。
② 资料来自访谈记录 T-F-3：2021-12-19。
③ 阿普尔，克丽斯蒂安·史密斯．教科书政治学［M］．侯定凯，译．上海：华东师范大学出版社，2005：305.
④ 石鸥．教科书概论［M］．广州：广东教育出版社，2019：136-137.

统文化这块其实也在做，但是基本上就是转移到我们工作室的这个区域来做了。这个最新的教材也没有在全校范围使用，我们没有这个专项资金来支撑……甘校长对校园的改建也更趋向于现代化，原来的一些传统文化元素也被抹掉了，以前校门那里是一个中式屏风，现在换成LED屏了，川剧广场也没有了……他比较注重对学校建筑的现代化改造。①

由此可以看出，甘校长与前几位校长在学校工作的主要投入点具有一定差异，对广都小学专门的传统文化教育课程的支持力度相对少一些。譬如，作为广都小学传统文化特色发展项目的“川剧”和“陶艺”教育在经历了上一任校长的辉煌后逐渐走向衰落。② 笔者在田野点考察的一年时间里，未曾观察到学校开展相关的教育活动。在田野访谈中，不少老师遗憾地谈道：“像我们这个川剧就真的很可惜，之前别人一说川剧做得好的，马上就会提到我们学校，现在人家川剧只认T小学了。”③ “之前我们做得特别好的还有陶艺，国学小广场上摆放的陶具，都是我们学生自己的作品。现在我们陶艺课也没人上了。”④

不同的校长往往有不同的教育理念，他们各自关注的教学重点也是有差异的。据笔者观察，甘校长的特点是追求平稳发展，不特别强调学校的办学特色，注重为学校教师谋取切实的福利，比如，甘校长上任后，专门建设了教师食堂，让教师能在学校享受早餐和午餐。为全校教师统一购买可拉平的座椅，让教师能在午休时间更舒适地休息。对学校的主要建筑“求索楼”进行翻新改建，为教师和学生提供更加和谐轻松、愉悦舒适的教学环境。

在与甘校长的访谈中发现，甘校长并不是认为中华优秀传统文化教育不重要，而是其认为学校最重要的工作应该是做好常规的教学内容，中华优秀传统文化教育、劳动教育、安全教育等都是常规教学活动之外的一部分，所以并没有格外注重发展中华优秀传统文化教育，而是与其他非常规教学活动一样一视同仁。一方面是由于校长个人教学理念的差异，另一方面甘校长非常谦虚地认为该校教师编写的传统文化教育教材未必能达到国家要求的标准，课程内容选取的合理性、科学性和逻辑性还有待验证。甘校长认为，在目前这种情况下，

① 资料来自访谈记录T-F-9：2021-11-30。

② 川剧和陶艺课程是在田校长的组织下发展起来的，川剧课程的教师都是从成都市川剧院聘请的川剧名家。由于校长的更换，新冠疫情防控等因素，广都小学与这些教师的联系渐少，没有了教师，川剧自然而然地在广都小学没落了。而陶艺课由于原来的教师休长假，学校也没有再聘请具有相关专业技能的教师开展陶艺课程，处于暂时停课状态。

③ 资料来自访谈记录T-F-3：2021-10-26。

④ 资料来自访谈记录T-F-5：2021-12-01。

中华优秀传统文化进校园的最好方式就是通过语文、道德与法治等国家课程融入。但一些教师认为，将中华优秀传统文化融入国家课程是一种不作为的托词，随着川剧、陶艺等课程的没落，教师普遍感到学校传统文化教育的发展危机。在他们看来，中华优秀传统文化教育的特色是必不可少的，专门的课程也是不能取消的。广都小学多年来已形成中华优秀传统文化教育“进课堂、进课表”的传统，所以在课程形式上传统文化教育仍旧占有每周一节的课程内容，而每个班级具体授课的情况甘校长并不会予以特别的监管。在这里，广都小学的中华优秀传统文化教育发展就遭遇了一个转变，自 2022 年 9 月起，广都小学已将“国学”与“书法”合并为“传统文化”，多年推行的每周一节“国学”、一节“书法”合二为一。之后，广都小学传统文化教育“进课表”能持续多久，其存在的价值意义能否得到有效发挥成了一个未知数。

在是否专门设课这个问题上，黄济先生认为：“对中小学生进行国学教育，应是在现有的教学计划中做些补充，除课内进行外，应更多地利用课余时间，或早读等见缝插针地来进行，有条件的学校可以设‘校本课程’”①。总之，是“锦上添花”，而不能“越俎代庖”。也有学者曾明确提出，“将中华传统文化纳入国家统一课程体系，在中小学尤其是义务教育阶段单独设科，每周至少一节课”②。同时，应有国家层面的顶层设计与课程实施标准，组织课程专家开发课程资源，并编写和丰富相关的教材资料。学校到底需不需要开设专门的优秀传统文化教育课程是中小学践行中华优秀传统文化教育的一个困惑。

现在学生已经有 12 门课程要学习，上面现在要求下学期开始要设置劳动课，把劳动课加入课表，现在真的是不堪重负了……课表哪能装得下这么多东西，不能想一出是一出。③

一门课程需不需要进入课表，需要结合现实情况来考虑，就拿中华优秀传统文化教育来说，有的教师认为融入学科中的传统文化细碎杂乱不成体系，且多数教师传统文化功底薄弱，缺乏融入传统文化的能力。若不开设专门的课程，只是在学科中融入，很难使传统文化深入学生心灵，更难以达成弘扬传统文化、增强学生文化自信的目标。如果将来，教师普遍具备了扎实的中华优秀传统文化素养，能够在教学中旁征博引、信手拈来，在日常与学生交往中驾轻就熟地向学生传递中华优秀传统文化的思想理念，那可能就不需要设置专门的传统文

① 黄济．在中小学如何开展国学教育［J］．课程·教材·教法，2015，35（2）：3-16.

② 徐梓．将中华传统文化纳入国家课程的思考［J］．中国教师，2017（16）：12-16.

③ 资料来自访谈记录 T-M-1：2022-04-26。

化课程了。[1] 当下，多数教师本身不具备这样的能力，如果再不加以重视和引导，那么就很可能导致中华优秀传统文化教育在学校不受重视或被忽略，难以实现中华优秀传统文化对学生德行品格的陶冶，也难以有效提升学生的文化自信，更难实现文化强国的目标。

通过一些细节可以发现，甘校长与个别教师对中华优秀传统文化教育“进校园”的方式和路径认知不一，教师希望按照原来的发展模式继续前进，甘校长虽不反对，但也并未给予相应的支持，当下广都小学的中华优秀传统文化教育主要是由文老师主导的工作室进行相关研究和开展相关活动。每个校长都希望一如既往地按照自己的方式开展各项工作，校长变更造成了学校发展规划和办学理念的变化，中华优秀传统文化教育并不是国家规定的课程，校长的变更不可避免地会对学校中华优秀传统文化教育的发展去向产生影响，导致学校的中华优秀传统文化教育发展规划不清晰、不连续，以及造成相关教育活动的不稳定性和间断性的问题。

第二节　构建中华优秀传统文化教育共同体

学校组建中华优秀传统文化教育共同体是为了建构一个支持性的，能够相互学习和不断提高并使每一位共同体成员获得自我更新的学习型组织。广都小学建构的中华优秀传统文化教育教师共同体、家校共同体、区域学校共同体形成了一套基本的运行机制以提升组织成员的中华优秀传统文化教育能力，但在实践运行过程中也面临诸多矛盾与发展悖论。

一、建立教师团队共同体，提升中华优秀传统文化教育质量

（一）形成学习共同体，提升教师中华优秀传统文化素养

建立中华优秀传统文化教育教师共同体的重要意义就是提升教师的中华优秀传统文化素养，教师们就某一首诗、某一个故事如何讲授进行研讨、探究，其目的是集思广益，让传统文化课堂更加丰富多彩。学校是一个社会场所，每个教师的能力、职责、兴趣和生活方式是有差异的，而教师在学校的实践活动有一个共同的大目标——“致力于学生发展”。当一位教师开展某项活动能够较

---

① 资料来自访谈记录T-M-2：2021-12-21；T-M-2：2022-03-15。

好地促进学生的学习活动时，就会引起其他教师的关注和效仿，这种刺激反应把具有共同目标的教师连接起来，中华优秀传统文化教育在广都小学的开展也是这样一个过程。

2009 年，广都小学成立了一批特色教研组，其中就包括“传统文化”教研组①、经典诵读组、书法组等活动组，这些教研组织共同推动广都小学中华优秀传统文化教育的发展。“传统文化”教研组以广都小学中华优秀传统文化教育的发起人文老师为负责人，组内不仅仅有广都小学的教师成员，还有区域内另外两所小学的 3 位教师，文老师是教研组的灵魂人物，凝聚着大家的力量。“传统文化”教研组每周四下午开展一次教研活动，活动以“和谐合作，创新进取”为理念，探讨分析学校使用的传统文化教育校本教材，教师们不吝分享自己的珍贵资料、看家本领，共同寻求有效、形象、生动和富有生命活力的教育教学方法。“传统文化”教研组还制订了学年计划，定期组织全校的中华优秀传统文化教育教研活动，邀请相关专家为教师开展培训讲座，丰富教师的中华优秀传统文化知识，提高教师的中华优秀传统文化教育水平，有效提升了广都小学中华优秀传统文化教育的专业水平和社会影响力。②“传统文化”教研组的教师因共同的教学经验、共同追寻的价值和意义而聚集在一起共同奋斗，他们想要追寻的是真实、朴实的课堂，是一种在课堂上行之有效的教学方法，这种共同的愿景将所有教师紧密地联系在一起，使他们共享彼此的教学困惑与教学秘诀。

团队合作是提升中华优秀传统文化教育质量的重要方式。当人们“在集体中时，比个人单独思考时具有更大的智慧、悟性和洞察力。潜在的团队智商可能比个人智商高出很多”③，因为“团队学习能够培育超越个人视角局限，以看清更大图景的集体技能”④。作为教师，其工作、生活和学习不可能脱离群体而孤立存在，与其他教师和周边的个体有着千丝万缕的联系。团队学习对教师而言有着特殊的意义。在绝大多数学校里，对于学生的教育培养工作通常不是一名教师独立完成的，而是由多名教师协作完成。学生的成长受不同学科教师的影响，不同教师给予学生的影响只有在相互协调的情况下才能对学生产生积极

① 广都小学最初的“传统文化”教研组被称为“国学组”，自 2022 年秋季起调整为“传统文化”教研组。

② 资料来自学校内部文件；广都小学校刊第十九期；访谈记录 T-F-3：2021-09-14。

③ 圣吉．第五项修炼：学习型组织的艺术与实践［M］．张成林，译．北京：中信出版社，2009：233.

④ 圣吉．第五项修炼：学习型组织的艺术与实践［M］．张成林，译．北京：中信出版社，2009：13.

的教育作用。① 在日常的教育教学活动中，为了解决学生教育中的许多问题，教师之间常常需要密切配合，共同思考并共同行动。

另外，学生是教学活动的主动参与者，不是信息的接受者。学生的参与对教师传统文化教学理念的转变具有重要的影响作用。广都小学每一套校本教材都会邀请不同年级的学生进行校稿，教师认为，只要学生可以理解教材的内容，那么他们就可以学会。同时，教师让学生共同参与教学大纲的制作。学生不再只是课程的学习者，同时也是课程的主人和课程的开发者。教师引导学生积极讲述自己的学习感受，让学生提出问题，通过个人经验的分享与交流，让每个人的视角都能展现出来。② 集中每个人的经验和看待问题的视角就能在原来的小世界开拓出新的空间，大家由此开始一起看世界，一起经历，共同成长。通过这种体验，教师才能更好地了解中华优秀传统文化知识与学生经验之间的联结点，从而优化教材内容以及自身的教学方式。

（二）教师共同体存在的发展困境

中华优秀传统文化教师共同体的一个重要作用是为年轻的、缺乏经验的教师提供一个平台，使之能够获得成长。这种发展必须是教师内在的主动追求，而不是外力的强迫拉动或是机械套取他人的思想理念。但在实践过程中，教师共同体不可避免地出现一种思维的僵化和学习的固化。笔者在田野调研期间曾多次参与“传统文化”教研组的研究学习活动，为了追求更高的教学“效率”和对所有学生“公平”的教学方式，教师在探究中致力于形成统一的课堂模式，相同的教学步骤，相似的话语体系，达成相同的教学目标。这种追求效率和统一的形式忽略了教学的生成性，抹杀了课堂教学的多种可能性，导致课程僵化且缺乏活力，抑制学生学习的兴趣和动力。追求效率不应该是狭隘的行动，而是注重活动本身所具有的精神和意义。“传统文化”教研组的存在从形式上来说是提升传统文化教学质量的重要组织，但其在运行的过程中弱化了本来丰富多样的中华优秀传统文化知识，使原本充满活力的知识变成只有一种解释的刻板信息。这种模式化、功利化和操作化特征鲜明的教育模式，很难培养出具有思想性、批判性的新时代人才。

譬如，笔者在一次“传统文化”教学研讨会中所见，教研组共同探究一种“图式”教学法，通过画结构图的方式解构古诗的意蕴，教师们一步一步地探

① 林正范．论生态取向教师学习的校园环境特征［J］．教育研究，2012，33（9）：128-132.

② 资料来自访谈记录 T-F-3：2021-09-14；T-M-2：2021-12-21。

究，每一个框中的文字以及箭头指向的文字和方向都要进行研讨，在多次探究后形成统一的认为最合适的词语和构图形式。通过这样反复循环的探究形式，最终画出一个所有教师共同认可的结构图，所有教师都以这一图式开展课堂教学活动。他们在潜意识中认为，这就是最好的图式结构，是能产生最佳教育效果的结构图。① 但事实是，最终确定的结构图未必就是最佳、最优、最适合所有学生的。个人的思考与探究是需要独立完成的，不能让别人来代替，或由他人提供现成的答案。而教师在讨论的过程中遗忘了这一点，他们恰恰是用别人的思考来代替自己的思考，在精神上忽略自我的智性能力。讨论的过程由工作室的负责人带领大家讨论，负责人的思维方式及其喜好和指向引导着结构图的走向，负责人的意愿和语言表达总是比其他人的话语更有力度，所以最终形成的结构图可能是建立在某个人的认知和喜好上。在这个过程中，其他教师成为缺乏自我理性精神的人，他们顺从负责人的思想意愿，忽略自己的智性能力。而具有教育意义的研讨是培养自由地和充分地参与共同活动的能力，不是一个人的思想风暴。另外，所有教师都使用同一种图式结构教学，不仅掩盖了教师教学的丰富性和多样性，也使教学过程失去了生命力。统一的形式虽然让所有的学生都接受了相同的教育，看似是“公平”的，但忽略了学生本身的差异性和多样性。这种教育形式以“平等的名义”将所有人都拉平，教育出来的只能是同质化的个体，而不是具有个性的人。②

真正的研讨应该是获得有价值的经验而不是有形的外部产品，如果将目的停留在外部产品的获得上，那么这种研讨所产生的就只能是平庸，就是平均标准。③ 这一类型的研讨活动可以称为形式的困局、矛盾和空泛，它只是在“自身之内”去思考思维的方式，而忽略了其思考的方式应用到实际情况之中的可能后果。每个孩子生来就是不同的，教育应该容纳孩子的多样性，而不是想方设法达成统一性。“儿童从一开始接受教育起，就应该体验发现的乐趣。”④ 当教师提前预设好最佳的答案，进入课堂让学生尝试画图解构诗文的时候，就已经失去了对学生创造性的期待，只剩下对自认为最优答案的公布。这时课堂显现的只是表面的活跃和形式化的课程参与，学生内部智力活动的丰富性和可能性地发挥并不是教的目的，学生也就难以在受教育中体验发现的乐趣。

---

① 资料来自 2021-11-04 田野笔记。

② 金生鈜．规训与教化［M］．北京：教育科学出版社，2004：97.

③ 杜威．民主主义与教育［M］．王承绪，译．北京：人民教育出版社，1990：134.

④ 怀特海．教育的目的［M］．徐汝舟，译．北京：生活·读书·新知三联书店，2002：3.

二、建立家校共育共同体，形成中华优秀传统文化教育合力

个体“成人”的起点在于其出生所接触的家庭，广都小学注重家庭教育对学生“成人”的影响作用，通过校刊、线上线下培训、家长进校园、教师家访、家长交流会等形式与家长建立联系，追求中华优秀传统文化家庭教育与学校教育合力的形成，共同推动个体健全人格的发展。

儿童生长的家庭环境，决定了儿童形成什么样的文化认同模式。在访谈中有教师称：“每个学生，当他踏入学校的第一天起，他就已经是一个半完成的人。学校是在家庭教育的基础上进行继续教育，我们要了解学生的家庭才能对学生进行更适宜的教育。”① 布朗芬布伦纳将影响人生存发展的生态环境分为四层，分别是微环境、中环境、外环境和宏观环境。② 微环境是指与个体活动和交往产生最直接互动的环境，人最初生长的微环境就是其直接接触的家庭，随后延展到同辈群体、学校等其他环境中。家庭是儿童最早、最直接接触的环境系统，是儿童接受教育的第一场所，也是儿童接触传统文化理念的第一场所。走向学校后学生的生长环境从家庭这个微环境过渡到中环境，中环境是指两个或两个以上的系统之间的关系和相互作用。也就是说，学生生长的家庭环境及其在学校的生活环境之间是相互影响和相互作用的。研究表明，这两个系统之间的良性互动对个体的发展具有正向影响，家长和教师积极沟通、共同参与对儿童的教育，那么学生在学校生活中会更积极地参与课堂和学校的各项活动，学习成绩有明显的提高，在日常生活中展现出更高的创造性和独立性。③ 显然，学校教育和家庭教育形成的合力对学生成长的影响大于单一环境产生的影响。另外，《中华人民共和国家庭教育促进法》明确要求家庭教育需要学校配合、社会协同，这从政策上规定了家校合作的必要性。也就是说，学校有责任、有义务推动家校合作的形成，为学生生命的全面健康发展形成最大的教育合力。

推进中华优秀传统文化教育的家校合作，需要提升家长对中华优秀传统文化教育的认识，让家长从心理上意识到中华优秀传统文化对孩子人格、品德的

① 资料来自访谈记录 T-M-2：2022-03-15。

② 车广吉，丁艳辉，徐明．论构建学校、家庭、社会教育一体化的德育体系：尤·布朗芬布伦纳发展生态学理论的启示［J］．东北师大学报（哲学社会科学版），2007（4）：155-160.

③ 车广吉，丁艳辉，徐明．论构建学校、家庭、社会教育一体化的德育体系：尤·布朗芬布伦纳发展生态学理论的启示［J］．东北师大学报（哲学社会科学版），2007（4）：155-160.

形成具有重要影响，获得家长的认可和支持。唯有家长和学校的教育观念趋向一致，才能形成合力，促进学生发展，如果家校教育观念不一，形成某种内在的张力或冲突，会导致学生内在心理产生矛盾，不利于学生的健康发展。笔者在田野调查中发现，多数家长与孩子的日常沟通和交往始终以孩子的学习状况为中心，主要通过分数来评价孩子的成就，也通过分数的状况来调节孩子的游乐行为。① 同时，部分家长受自身工作时间和文化水平的限制，在日常生活中与孩子的沟通交流非常有限。为了促进家校共育合力的达成，广都小学主要从以下两方面提升家长的中华优秀传统文化教育意识及家校共育的执行力。

一方面，学校要求家长与学生共读经典，促进家长与学生共同成长。学生与家长共读，不仅能提升亲子感情，还能提升家长的中华优秀传统文化素养。为了保障家校共读的开展，学校定期开家长会，与家长沟通交流，让家长认识到中华优秀传统文化对学生成长的重要作用。据笔者观察，教师一般从三方面说服家长：一是功利性的视角，让家长认识到在近年中考和高考的语文试卷与中华优秀传统文化相关的知识大大增加，尤其是作文的主题，经常是与中华优秀传统文化相关的典故，让家长认识到学好中华优秀传统文化对提升学生的语文成绩具有重要的作用；二是从学生的品德修养方面考虑，中华优秀传统文化倡导的“格物致知、诚意正心、修身齐家治国平天下”等是提升学生德行修养的重要内容，学习中华优秀传统文化能在潜移默化中变化学生气质；三是学习中华优秀传统文化知识有利于家庭和谐，中华优秀传统文化倡导孝亲、仁爱、礼让等传统美德，学生学习这些传统美德会自觉地将所学的知识运用在日常生活中。② 通过引起家长的重视，家长与学生共同参与中华优秀传统文化学习并与学生交流心得经验，以共学的模式代替单向度的监督，不仅能提升家长自身的中华优秀传统文化素养，也能进一步巩固学生的知识。家长与学生共学还有一种模式，文老师称之为“反哺”，即部分家长缺乏相应的学习能力，让学生把学到的知识讲给家长听，由学生出发去提升家庭成员的文化修养，从而营造具有书香气息的家庭文化氛围。除此之外，广都小学的校刊上专门设计了家校共读板块，为家长们交流共读经验提供分享的平台。家委会的负责人会将每期的文章推送给所有家长，组织家长讨论学习。学校通过多方面的努力获得家长的支持，提升家长对中华优秀传统文化教育的重视程度。

---

① 资料来自访谈记录 P-F-1：2021-11-26；P-F-5：2021-12-23。

② 资料来自访谈记录 T-F-3：2021-10-26 和 2022-01-08 田野观察笔记。

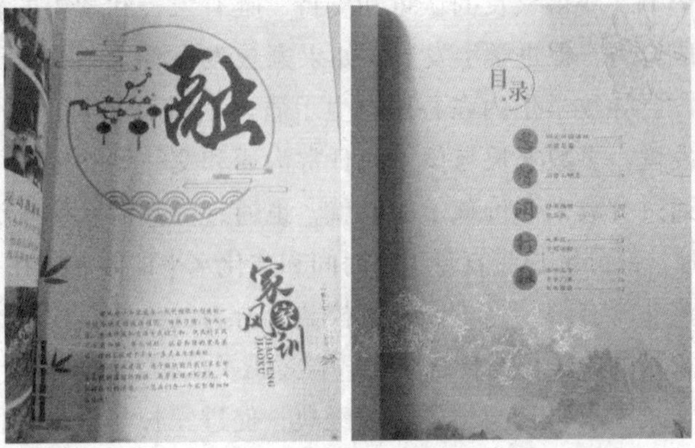

图 2-7　广都小学校刊中的家风家训板块

另一方面，学校通过线上线下相结合的学习活动提升家长的中华优秀传统文化素养，引导家长在日常生活中加强与孩子的互动，在生活细节上注重传统家教、传统美德的浸润，让学生在家庭里感受润物细无声的教育。自 2007 年以来，学校每年都会举行一到两次中华优秀传统文化教育讲座，以提升家长的中华优秀传统文化教育意识，让家长认识到中华优秀传统文化的思想价值和伦理价值，从而成为中华优秀传统文化教育的支持者、拥护者，真正重视为学生营造一个具有传统文化韵味的家庭氛围。同时，学校录制了 1000 多节传统文化“微课程”，与家长实现资源共享，倡导家长与学生共同观看学习，课程涉及的内容非常丰富，有儒家传统、道家哲学、诗词歌赋、传统节日风俗、英雄故事、古代技艺等。在中华优秀传统文化的熏陶下，广都小学家长的认知层次、语言风格、行为习惯及其家教观念等都在潜移默化中发生积极的变化。文老师称：“我们的目标就是让家长成为中华优秀传统文化教育坚定的支持者、积极的参与者，不再只是中华优秀传统文化教育的旁观者。”① 有研究发现，家长陪伴孩子共同学习中华优秀传统文化更容易帮助孩子养成持久学习传统文化的兴趣。② 在强调终身学习的时代背景下，家长需要不断提升自身的知识素养和文化水平，在与孩子共学的过程中体现自身的思想智慧，引发孩子的学习兴趣，培养孩子形成主动学习的习惯和持久的学习兴趣。从而形成家庭和学校相互作用、相互影响，多主体联动的立体式教育环境。

---

① 资料来自访谈记录 T-F-3：2022-04-26。

② 杨淑玲．经典教育身心提升之探究［D］．衡阳：南华大学，2022：78.

图 2-8　广都小学学生家长进校园

为了推动家校合作共育，广都小学也把家长请到学校来，开展家长讲坛、家长沙龙、家长驻校、家长工作日等活动，通过教育交流的方式开阔家长的思维意识。同时，积极引导家长参与学校的中华优秀传统文化教育活动，比如，书法大赛、诗歌朗诵大赛邀请家长做评委，元旦邀请家长与学生共同写对联、赏对联等，邀请家长和学生共同制作川剧脸谱、国风小泥人等手工作品，让家长亲身体验传统文化活动的习俗、情怀和精神。① 通过这种学校带动家长，家长与学生共同学习的模式，将教师与家长和学生的价值追求紧密联系起来。尤其是让家长在与学生共同参与活动和学习中华优秀传统文化知识的过程中，有了共同交流的语言，共同的生活情趣和共同的价值信仰。这种和谐的亲子关系和家庭氛围是形塑学生良好品德的生活基础。

三、建立区域学校共同体，共享中华优秀传统文化教育资源

建立区域学校共同体是为了加强学校之间的联系，以建立合作关系来实现区域学校间中华优秀传统文化教育资源的共享，为学生的全面发展提供资源保障。中华优秀传统文化教育不是一个人、一所学校、一个区域的事业，它是整个国家的事业。随着广都小学中华优秀传统文化教育事业的发展，他们的活动开始由校内走向校外，逐渐聚合成一股力量推动区域内其他学校中华优秀传统文化教育活动的开展与实践。② 学校内部共同体的聚拢相对来说较容易，教师长期共同生活在一个环境中，在彼此的相互影响中产生对中华优秀传统文化教育的热爱与执着，这种共同的教育情怀形成一种强有力的凝聚力，把教师聚集在一起。而走向区域学校共同体，除学校自身的影响力和实践成就之外，还需要

① 资料来自访谈记录 T-F-3：2021-10-26。

② 资料来自访谈记录 T-M-20：2022-03-15。

共同的教育信仰。这就需要一定的媒介作为沟通与交流的桥梁。

广都小学通过不懈坚持与努力，与区域内的5所学校达成了共筑区域中华优秀传统文化教育发展的价值使命。这种区域的联合，最直接地体现在《小学生中华优秀传统文化每周一课》的教材编写中，这套教材由广都小学校长在内的6位校长共同参与编写。同时，6所学校负责中华优秀传统文化教育的教师定期开展交流研讨会，组织教师开展“研课”“磨课”活动，相互吸取教学经验，讨论开展中华优秀传统文化教育活动的方法，提升教师的教学技能和教学效能，增加课堂的趣味和活力，提升学生对课堂的参与度。这项活动由文老师专门负责，自2017年起，文老师每年都会在区域内的学校开展中华优秀传统文化教育公开课，为其他教师传授中华优秀传统文化教育的经验。2019年，6所学校联合开展了“弘扬传统美德，传承中华优秀传统文化”的学习交流活动，为教师搭建学习的平台和进步的阶梯。① 中华优秀传统文化教育是一项长久的事业，教育者们聚集在一起所形成的力量具有超越性的意义。正如玛克辛·格林所说：“共同体不能仅仅凭借合理设计而形成，也不能通过颁布法令而强制产生。”② 中华优秀传统文化教育区域共同体的产生是基于学校开展中华优秀传统文化教育的目的、期望和信念，基于教育者对中华优秀传统文化的共同认可、共同欣赏和共同爱好建构起来的。在这个共同的空间，人们以中华优秀传统文化的保存、传承与弘扬为共同志趣，通过这个共同体来展现自我对中华优秀传统文化教育的认识和期望，通过与他人开展对话与交流提升自我，而共同体存在于人们之间的沟通与交流中。这种区域间的联合不仅有利于学校之间形成相同的情感和理智倾向，还有利于中华优秀传统文化教育实践的推进，更有利于促进学校本身的发展。

区域间学校的联合能够实现优势互补，有效提高各学校中华优秀传统文化教育的教学质量。但由于这种联合缺乏有效的制度保障和有力的领导管理，往往难以长久地维持下去。广都小学教师称，区域学校共同体形成初期，另外5所学校都开展了专门的中华优秀传统文化教育课程。其后，由于其中3所学校校长的调离，而新的共同体尚未建立，区域间原来形成的中华优秀传统文化教育共同体随之化为泡影。目前，除广都小学之外，区域共同体中只有两所学校还有专门的中华优秀传统文化教育课程。③ 共同体得以发挥作用的核心是成员之

---

① 资料来自访谈记录T-F-3：2022-01-09；学校内部文件。

② 格林．释放想象：教育、艺术与社会变革［M］．郭芳，译．北京：北京师范大学出版社，2017：53.

③ 资料来自访谈记录T-F-3：2022-04-26；T-M-2：2021-12-21。

间有共同的目标，相互尊重、相互信任，当学校之间缺乏共同的价值观和愿景时，共同体便失去了存在的意义。

第三节　构建中华优秀传统文化教育运行机制

“无规矩不成方圆。”一门课程开展需要设定必要的常规章程，诸如课程时间安排、课程模式规范、课程评价指标等，制度建设是课程走向内涵化发展的政策性保障。为了促进中华优秀传统文化教育的长效发展及其对学生的培育作用，广都小学开设了专门的传统文化课、书法课，每天晨读时间进行 15 分钟经典诵读，每天中午校园广播播放 15 分钟与传统文化相关的知识，每节语文课前进行 3 分钟经典诵读，同时也对“传统文化”进行相应的评价与考核。但受应试教育的影响，在某些时候课表上的“传统文化”课成为一种仪式性的存在，常常被其他课程教师占用。

一、将传统文化列入课表，规范中华优秀传统文化教育形式

（一）“传统文化”进入课表之于个体成人的意义

中华优秀传统文化教育在中小学并不是一门专门的课程，国家并未统一要求将其列入课表，而是倡导将中华优秀传统文化教育内容融入其他相关学科之中。广都小学在 2007 年将中华优秀传统文化教育正式列入课表，课表上的名称是“国学”①，期望通过课堂教学实现全校中华优秀传统文化教育的开展和实施。课堂是教学的主阵地，将中华优秀传统文化正式纳入课表是广都小学中华优秀传统文化教育进入正轨的标志性事件，它不再是某位教师或某个班级的实验性探究，而是所有科任教师和全校学生都需要进行探究学习的重要内容。进入课表意味着中华优秀传统文化成为学生课堂学习的重要组成部分，也意味着要持续开展中华优秀传统文化教育，系统地呈现中华优秀传统文化知识。为此，

① 广都小学最初开设的传统文化教育课程被称为“国学”，是受早期人们开展“国学”活动的影响，自 2022 年秋季起已调整为“传统文化”，书中提到的“国学”课即指传统文化教育课程。传统文化教育与国学教育并不完全相同。当下政府文件中一般使用“传统文化教育”一词，在民国时期使用“国学教育”一词更多。现在所提及的“国学教育”实际上包含国学和其他传统物质和精神财富在内的，以传统文化为主要内容的教育。在中小学，人们称传统文化为“国学”多是为了称呼的简便性和用词的典雅化，其实际指的就是中华优秀传统文化教育。

广都小学制定了中华优秀传统文化教育进校园的三级模式：

> 第一级，一本教材一节课，解决全员参与的普适教育，让每一个孩子成为中华优秀传统文化的了解者；第二级，用丰富多彩的实践活动让大部分孩子成为中华优秀传统文化的爱好者、支持者，就是所谓的“粉丝”，要他们成为中华优秀传统文化的粉丝；第三级，利用学校精品课程和亮点课程，就是结合我们的师资资源，打造学校的精品课程和亮点课程，让一小部分孩子成为中华优秀传统文化的传承者。①

第一级的要义在于全员参与和全员了解，让所有学生尽可能全面地了解中华优秀传统文化的内容，而不是让学生认为中华优秀传统文化就是《三字经》《千字文》、唐诗宋词、国画书法等，这些只是中华优秀传统文化的一小部分内容。全面了解中华优秀传统文化概貌的重要意义就在于，纷繁多样的中华优秀传统文化，总会有某方面是学生喜爱的，总会有一种能触动学生的心灵、给他们留下深刻印象的传统文化。让学生在回忆的时候，能够用自己的语言表达他们所认识的中华优秀传统文化。到了第二级，就有一些孩子可能会缺席。如文老师所说：“不是谁都喜欢传统文化，还有一些孩子真的就不爱学习传统文化知识，这时候我们也并不会强迫学生一定要去学。”② 教师不可能把所有的学生都培养成中华优秀传统文化的传承者，对部分学生来说，他们只要对自身的文化有所认知，了解自己的文化，具有深刻的中华文化认同心理便足矣。进入第三级，就是在中华优秀传统文化某一方面具有较高修养的学生，或者擅长诗词，或者专于国画，或是川剧的传承者等。这些最后坚持下来的学生，有望培养成中华优秀传统文化的传承者、发扬者。这三个层级必须依次进行，而不能一步跳到第三级，直接培养出中华优秀传统文化的传承者。从这个意义上来说，最后的传承者是经过筛选淬炼出来的，他们是中华优秀传统文化的真正热爱者，为了习得中华优秀传统文化的精髓能够付出不懈的努力。中华优秀传统文化对个人精神世界的滋养和技艺才能的养成具有不言而喻的重要价值，但在现实生活中，并不是每个人都能成为中华优秀传统文化的传承者，中华优秀传统文化进校园的目的也不是要每个学生都成为中华优秀传统文化的专家和学者。

（二）传统文化进入课表背后显露的现实问题

虽然广都小学设置了专门的“传统文化”课程，但学校由于教师结构性缺

① 资料来自访谈记录 T-F-3：2021-09-14。

② 资料来自访谈记录 T-F-9：2021-12-01。

失，致使“传统文化”、书法等相关课程只能指派语文、数学或其他科目的教师授课，教学内容和课程设计难以达到专业教师的水平，削弱了学生在“传统文化”教学活动中的主动性，其教学效果难以得到保障。在实践教学中，学校更关注的是学校的升学率、声誉、影响力，以及学校可获取的资源和利益。不论是教师、家长、学校还是其他社会群体，都在有意识或无意识中以“主科”考试成绩作为评判学生学习能力的重要指标。教师的教学注意力往往集中于需要考试的课程，学校虽然把传统文化教育列入课表，“但若传统文化与其他课程相冲突时，人们会毫不犹豫地让‘传统文化’教育为其他课程让路”。① 在本质上，学校实行的依旧是一种追求效率和实际利益的应试教育体系。

不管是经典诵读、书法，还是“传统文化”课堂，都存在被其他事项或课程占用的情况。例如，每天早晨的经典诵读，常有教师“借”这个时间来收作业、检查作业，有时候直接“借”这个时间来讲试卷或正式上课。（田野观察笔记，2021-09-15 至 2021-12-30）传统文化课一般由语文教师兼任，当语文教学内容在预期的课时内没有完成时，教师会自然而然地以语文教学代替传统文化课。笔者曾有近 4 周的时间在“传统文化”的课堂听教师讲数学课。教师称：“因为我前段时间出差，课程（数学课）进度落下了很多，也是没办法的，所以就用这个时间来给他们补上。”② 这些由主科教师兼任的“副科”，具体在实践中如何执行，很大程度上受教师个人意志的影响，组织管理系统在无形中赋予教师这样的权利。也就是说，当语文教师来到“传统文化”的课堂，他可能会把它上成语文课，当数学教师来到“传统文化”的课堂，他可能把它上成数学课。这种情况的发生并不是偶然的，教师占用“传统文化”等课时来上“语文”和“数学”是有一定的现实“合理性”基础的。

首先，他们不是专职的“传统文化”教师，他们在教学实践中缺乏对这门课的专业性和重要性的认知。同时，教授一门非自身专业的课程难以让教师获得成就感，教师在心理上逃避教授这门课程。有教师称：“传统文化主要就是按教材的顺序教授完毕，有些内容就让学生自己看了，没有什么实质意义，主要给他们讲一讲古诗、文言文。”③ “因为不是专职的老师，也缺少比较专业的培训，所以有时候我们也不知道这个课到底应该怎么上才能够上出传统文化课的学术味儿。”④ 教师并不是不想上好这门课，而是在他们的意识和想象中不知如

① 资料来自访谈记录 T-F-3：2022-04-26。
② 资料来自访谈记录 T-F-5：2021-11-08。
③ 资料来自访谈记录 T-F-15：2021-12-18。
④ 资料来自访谈记录 T-F-5：2021-11-08。

何才能上好这门课。教师称："我们的主要精力一般放在主科教学上，兼任的课程很少有时间去研究专门的教法或者设计活动，一个人同时上好几门课是难以实现的。"①

其次，教师的教学业绩往往和学生的学习成绩相关，迫于这种现实的压力，进一步"合理化"了教师把传统文化等"副科"上成"主科"的现实状况。教师表示："学生成绩对我们的收入有一点影响，但差别很小，这个不重要。主要影响在于晋升，如果你所带的班级学生成绩好，在评职称、推优等方面，可能就会被优先考虑。"② 在这种激励制度的影响下，教师为了实现个人的人生价值、提升自我职业成就感，会不自觉地强化对学生的主科教学而忽略其他学科对于学生心智发展的重要性。

最后，组织机构同样通过学生的考试成绩对学校进行评比考察，教师的这种行为得到学校制度环境的默许支持。据学校教师介绍：

每次考试完，出题的研培中心（区教科院）都要收集各学校的平均分、优生率、合格率等相关指标。教育局会根据各学校抽考（以前是毕业班统考）的成绩，决定学校的绩效奖金等级。所以校长比较看重考试成绩，各年级就会评比班级平均分。③ 我们每年都有一个毕业抽测，毕业班的抽测全区会进行排名。④ 每次期中、期末考试完都要开成绩分析会，成绩较差的班，班主任还要写整改方案，领导之后会经常去这个班听课。⑤

这种自上而下将分数作为考核指标的组织系统，使被卷入其中的人都在不自觉中形成分数至上的观念。而学校作为一个典型的社会组织，受技术环境的影响，技术环境要求组织按利益最大化原则来选择和实施组织行为，以最大限度地争取各种资源。⑥ 按照利益最大化的原则，这种行为利于提升学生的考试成绩，而良好的学业成绩不仅能提升教师工作的效能感，也能提升学校整体的声誉和社会认可度，从而在组织层面上获得某种默认的"合理性"。

应试教育是我们力图转变的教育理念和教育方式，但现实的利益诉求使得组织的约束机制难以在实践中奏效。所以，当教师在既有的制度环境下占用

---

① 资料来自访谈记录 T-F-5：2021-11-08。
② 资料来自访谈记录 T-M-8：2022-04-27。
③ 资料来自访谈记录 T-M-2：2022-04-25。
④ 资料来自访谈记录 T-M-17：2022-04-25。
⑤ 资料来自访谈记录 OT-F-3：2022-09-20。
⑥ 聂永成. 新制度主义社会学视域下的中小学"阴阳课表"现象治理［J］. 教育科学，2019，35（4）：52-58.

“传统文化”等课程时间进行主科教学时，其他人都对这种做法表示理解和支持，并赞赏教师尽职尽责的工作态度。最终的结果为，虽然学校的课表上安排了传统文化、书法等课程，但这些课程在实践中并未受到应有的重视。

（三）是否需要开设专门的传统文化教育课程探析

是否需要在中小学设定专门的“传统文化”课程是一个具有争议性的问题。斯宾塞认为，教育是为了人的完美生活做准备，评判一门教学科目的唯一合理办法，就是看它这一职责尽到什么程度。① 从“完美生活”的意义上来说，缺乏传统经典浸润的生活是有缺憾的，对形塑自身认知观念的中华优秀传统文化缺乏了解也将导致生命的无根感。就此来说，学校有必要开设专门的“传统文化”课程，传统文化是我们的精神之根，是让生活变得有意义和展现生活意义的灵魂所在，只有系统地学习和掌握它，我们才能真正理解自身的生活。同时，中华优秀传统文化内含的思想理念是推动个体完美人格养成的重要教育思想。专门的中华优秀传统文化教育课程能较好地展现传统文化的本土化逻辑，体现中国传统文化的特色和自身的思维方式，有助于释放本土教学思想的生命力。②但从课程体系建构的现状来考虑，学校课程可以说已经达到饱和，就广都小学而言，小学生要学习的课程类型已经有 12 门。我们不能认为什么知识重要就把它单独设为一门课程，造成教育乱象。顾明远先生也认为：“开展中华优秀传统文化教育，要以课堂教学为主，完全没有必要另搞一套。”③ 如语文、历史、音乐、美术、体育等教材中都包含着传统文化内容，只要把这些内容利用好，引导学生多读经典著作，也能达到良好的教育效果。并且，中华优秀传统文化内容之丰富与博大不是一门课程所能承载的，没有一门课程能完整地表现中华优秀传统文化包含的“成人”教育内容，中华优秀传统文化教育不能仅仅通过一门课、一套现成的教材来完成。

在理想意义上，将中华优秀传统文化教育融入现有学科课程体系，才能获得最广阔的发展。但也有学者认为，在现有的课程体系之内，通过日常教学逐渐渗透中华优秀传统文化知识，虽然能够充分利用已有课程体系的分科化和系统化，但这种方式将中国传统文化分割性地塞入既有学科逻辑体系中，破坏了

① 斯宾塞．斯宾塞教育论著选［M］．胡毅，王承绪，译．北京：人民教育出版社，2005：40.

② 刘峻杉．复兴传统文化对教师教育的需求及其应对［J］．教育科学研究，2017（3）：81-85.

③ 顾明远．文化是一个民族的根与魂：谈中华优秀传统文化教育［J］．人民教育，2017（23）：45-49.

传统文化所强调的整体性，中华优秀传统文化中那些无法与既有学科知识对应的部分将被忽视，甚至被淡忘。① 即将中华优秀传统文化知识融入现有教材体系中，破坏了中华优秀传统文化本身的系统和逻辑，若缺乏有目的、有规划、有系统的组织，可能难以有效实现中华优秀传统文化内容承载的教育意义。不论是在理论上还是在现实教育中，是否开设专门的中华优秀传统文化课程都存在一些不可避免的矛盾现象。把中华优秀传统文化教育融入既有教学体制，最主要的是需要提升教育者对中华优秀传统文化教育的重视程度，对融入教材体系中的中华优秀传统文化知识进行深入学习和解读，若教师本身对中华优秀传统文化内容不敏感，在教学过程中忽略这部分内容，那么融入教材的中华优秀传统文化知识无法达成实际的教育意义。

就目前而言，是否开设专门的中华优秀传统文化教育课程，学校应该根据自身的实际状况，综合考虑师资因素、学校各项软硬件环境资源的具体情况来设定，而不是盲目跟风。如果缺乏相应的条件，盲目开设，使之流于形式则会适得其反，给教师和学生造成传统文化教育不重要的错误认知。一所学校，不管有没有专门的中华优秀传统文化教育课程，中华优秀传统文化教育总是存在的，国家课程融入了大量的传统文化知识，每一个学生都会接触到相关的知识，不论有意还是无意，传统总是围绕在我们身边。

中华优秀传统文化的保存、传承与弘扬，并不是一所学校、一个组织或某一机构团体的努力可以达成的，只有通过自上而下的国家体制，全面整合社会资源，尽全力来全面进行推动，中华优秀传统文化教育才能得以持续推进。学校中华优秀传统文化教育的持续开展从根本上来说并不在于是否开设专门课程的问题，而在于是否形成中华优秀传统文化内涵的“成人”教育理念，是否从“教以成人”的立场实践中华优秀传统文化教育。

二、建立评价体系保障中华优秀传统文化教育“成人”目的

（一）进行传统文化教育评价的方式

教育评价旨在通过一系列的指标衡量教育活动开展的有效性，以此提升中华优秀传统文化教育的教学方法和教学形式，提高课堂教学质量。最初开展中华优秀传统文化教育，广都小学并没有意识到需要建立一套相应的评价机制。最初的评价倾向于考查学生的记诵情况，一般认为只要学生背会了便是掌握了

① 杨丽，温恒福．近30年来我国教学理论研究的主要特点分析［J］．教育研究，2011，32（3）：77-82.

相关的知识。随着中华优秀传统文化教育正式被纳入广都小学的课表，成为学校常规的课堂教学活动，广都小学开始探索建立中华优秀传统文化教育评价体系。

首先，在课堂上开展过程性评价。具体表现在最新一版的校本教材编写上，每周的内容都设置了“通关小检测”，教师会在课堂上让学生自主完成习题，同桌对换检查，教师通过这种简单的方式来测评学生的学习效果。同时，对课堂上表现优异的学生赐予小奖章，强调对学习过程和学生品格的评价。①

> 我们不认为中华优秀传统文化教育就是牙牙学语，简单背诵，我们注重中华优秀传统文化对学生德行、行为、习惯产生的影响，我在班级里设立了相应的奖章，只要学生做得好，就奖励一枚小奖章。在这个过程中，学生就像积累奖章一样积累好的德行，积累多了自然就成了习惯。②

“传统文化”教研组将这一评价方式推广到学校，在全校开展“诚信、自信、仁爱、智慧、艺术、健康、环保、法制、书香”等阳光少年称号评选，通过学生海选、自评、家长评、学生评等方式，评选出具备各种优良德行的阳光少年。

其次，教师依旧每周进行一次背诵抽查，检测学生的知识掌握情况。

再次，通过全校的中华优秀传统文化知识竞赛促进学生对传统文化知识的学习。本着“立德树人”的原则，广都小学通过各种比赛活动检验中华优秀传统文化教育的成果。例如，全校的朗诵比赛，比赛的评委不全是学校的教师，同时在每个班级选一名家长代表来为本年级的比赛评分。③ 为了引导学生把汉字写得正确、端正、整洁、美观，全校开展书法展示活动，每个学生都要参加，通过班级筛选的方式再到学校复赛，最后的复赛同样是由教师和家长代表共同评出优胜者。

最后，广都小学还要进行书面的中华优秀传统文化知识测试，由校内教师自主命题，进行统一测试，由“传统文化”教研组进行阅卷，结合学生平时在课堂的表现，分析各班本学期在中华优秀传统文化学习方面存在的问题和不足。④ 虽然与学生的升学考试无关，但这种测试的方式能在一定程度上引起学生和家长对传统文化学习的重视。

---

① 资料来自田野观察记录 2021-09-08；2021-09-15。

② 资料来自访谈记录 T-F-3：2021-12-06。

③ 资料来自访谈记录 T-F-3：2021-12-05；P-F-3：2021-12-14。

④ 资料来自田野笔记，2021-12-05。

从课堂小检测到日常小奖章，从各项活动赛事到期末考查，广都小学基本建立了一套操作性较强的评价方案，这对教师在日常教学中开展中华优秀传统文化教育具有一定的指导意义，同时，也让学生在学习过程中形成更加明确的学习方向和目标。

（二）传统文化教育评价应以个体“成人”为本

从“教以成人”的教育视角来说，中华优秀传统文化教育应注重对学生道德品质、内在情感、行为习惯、思维涵养和传统文化知识获得的评价，旨在提升教师的教学素养，而不是给学生的学习成绩划分等级。但在现实教育中，教师往往关注学生具体知识和技能的获得，知识和技艺是比较容易测量的，且能快速在学生的考试成绩中显现。而中华优秀传统文化教育“成人”的价值追求关注的是那些内在的、不能用肉眼直观看到的变化，例如，思维的启发、情操的陶冶、道德境界的提高、想象力的丰富等，这些变化的发生需要一个缓慢的过程，很难在短时期内对其进行衡量评价。

就笔者主要观察的四年级一班，虽然在理论上，教师认为学好中华优秀传统文化对学生的一生都具有重要的意义，但在教学实践中，教师更多关注的是学生对教材内容的背诵状况，而学生是否领悟了诗文典籍背后蕴含的民族精神和文化结构往往被忽略。从评价形式上来说，素养和行为的变化是较难通过量化的方式考核的，在关于传统文化的社团课程中，如书法和陶艺，教师注重的也是学生的字是否写得规范、工整，其制作的作品能否展现一定的技艺，关于书法和陶艺背后的传统文化知识和育人精神则较难考察。

从学生“成人”的目的来说，学校应以中华优秀传统文化教育培养学生道德品格，沁润学生心灵，注重学生完整人格的养成，而不是将目光聚焦在具体知识的获得上。知识的掌握自然是重要的，但并不是中华优秀传统文化教育的所有目的，过于注重知识的考查会造成中华优秀传统文化教育的僵化，导致中华优秀传统文化成为一种缺乏活力和生命气息的文化。学校的考查应避免功利性的教育取向，功利性的教育取向把人作为实现其他目的和利益的工具，而不是把受教育者作为一个完美而丰富的人来培养。① 中华优秀传统文化教育的核心是通过“以文化人”和“以文育人”的方式达至“教以成人”，它是一个缓慢发生的过程，它注重对学生情感精神的陶冶和审美素养的提升，关切学生完整人格的养成和道德品质的培育，始终坚持让学生在无功利的文化浸润中达至“教以成人”的目的。它的目的在人本身而不是人之外的器物。

① 李廷宪．教育伦理学的体系与案例［M］．芜湖：安徽师范大学出版社，2010：17.

本章小节

中华优秀传统文化教育是培养学生优良品格的重要途径，也是中华文化复兴的必要基础。自20世纪80年代兴起传统文化研究以来，相关社会教育机构和各级各类学校陆续开展中华优秀传统文化教育。广都小学紧跟时代潮流，顺势推动中华优秀传统文化教育“进学校，进课堂”，以中华优秀传统文化教育培养学生完美的人格。

通过对广都小学4任校长和4版校本教材编写的概述，笔者梳理了广都小学20多年探究中华优秀传统文化教育的历程、成就及存在的现实问题。从形式上来说，广都小学将提升中华优秀传统文化教育的方式集中于传统文化校本教材的编写，期望通过校本教材的完善来解决教学实践中面临的问题，这种思维的出发点从教学实践和教师操作的需求来说并没有错，但忽略了教师的主动性、课堂的生成性和学生能动性，怀特海认为：“容易教的教材不可能有教育的价值，一本真正具有教育价值的教科书是很难用的。”① 当教师将编写教材的目的聚焦于具体的“用”，在教学过程中就可能被自己创造的“物”限制。教师不能被教材牵着鼻子走，好的教材是助推中华优秀传统文化教育开展的重要因素，但不是决定因素。开展中华优秀传统文化教育，最重要的是领悟中华优秀传统文化内含的精神理念，让学生有所收获、有所成长，引导学生“成人”，促进学生各方面品格的均衡发展，而不是外在“物”的开发，物只是承载精神的形式，而不是目的。随着校长的变更和中华优秀传统文化教育实践的深入，广都小学的中华优秀传统文化教育在表现形式上经历了经典诵读—校本课程—全面融入日常教学的推进过程，在发展理念上经历传承中华优秀传统文化到构建学校文化特色再到回归学生发展的变迁，虽然过程中存在一些曲折和现实的矛盾，也面临中华优秀传统文化教育与功利性的应试教育之间的冲突，但在整体上，广都小学的中华优秀传统文化教育是向前发展的。

广都小学通过建构中华优秀传统文化教育共同体，将更多的教师、学生家长和区域内的其他学校共同编织进中华优秀传统文化教育的意义之网，共同推动中华优秀传统文化的传承与发展，为学生创建良好的发展空间。虽然在过程中存在个别教师自我思维被遮蔽的现象，也存在区域学校间由于管理者变更而

---

① 怀特海. 教育的目的［M］. 徐汝舟，译. 北京：生活·读书·新知三联书店，2002：8.

导致学校共同体难以有效实现资源共享的问题，但这种尝试本身就是对中华优秀传统文化教育实践的推动。

在教学机制方面，广都小学开设了专门的“传统文化”课程，也通过各种活动丰富中华优秀传统文化教育的形式，构建中华优秀传统文化教育评价体系，保障中华优秀传统文化教育有效开展。但受应试教育环境的影响，专门设置的“传统文化”课堂存在被挤占的现象，导致“传统文化”教育的重要意义被弱化。而关于中华优秀传统文化教育的评价方式，学校更多关注学生具体知识的获得，知识的掌握当然是非常重要的，但中华优秀传统文化教育需要更高的立意，需要着眼于学生生命的发展，为学生的人生意义和人生价值奠基，使之通过中华优秀传统文化教育而立志、悟道，趋向自我生命的健全发展，奠定其“成人”的思想意蕴和道德基础。中华优秀传统文化教育的本质是促进学生健全人格的发展，“成人”教育的追求是难以量化评价的。

第三章

植根课堂的中华优秀传统文化教育的“成人”之教

课堂是积淀个人文化心理和思想行为的日常表达，是学校教育活动的核心。① 中华优秀传统文化教育的稳步扎实推进需借助课堂，通过课堂来进行，课堂教学是实现学生生命发展、教育学生“成人”的主渠道。广都小学通过专门的中华优秀传统文化课程“经典诵读”“传统文化”和“书法”培养学生道德品格，浸润学生内在情感，提升学生审美素质，这是一个从道德、认知、情感上升到审美境界的人格修养过程。“经典诵读”和“传统文化”课程彰显中华优秀传统文化的深层结构以及中华民族的核心价值观和思维方式，在潜移默化中陶冶学生的内在德行涵养，而书法艺术让学生体悟美的创造、传统的闲趣以及文字背后蕴含的文化传统和历史变迁，这是一个由技艺训练趋向精神陶冶的过程。此外，国家课程中也融入了诸多中华优秀传统文化教育的育人理念，例如，让学生在诗词歌赋的滋养中兴发情感、体道悟道，在传统典籍、名人故事的学习中培育学生的家国情怀和社会关爱意识，在传统技艺的欣赏与模仿练习中怡情养性，由此促进学生健全人格的发展，培养“完整的人”。但实践教学并不是一蹴而就的，作为一个大规模的城区学校，广都小学面临教师队伍结构性失衡的问题。教师群体中不乏深谙中华优秀传统文化“育人之道”的教师，也有不少注重追求功利性教育目标的教师，这里只展现具有“成人”教育意义的课堂观察记录或是能够促进人们对“教以成人”理念反思的课堂实录。

---

① 裴娣娜．教育创新与学校课堂教学改革论纲［J］．课程·教材·教法，2012，32（2）：3-9.

第一节　经典诵读中的道德培育

“经典诵读”由台中师范大学王财贵教授于 1994 年在台湾率先推出,① 其最初的目的是改善社会中的不良风气，净化人的心灵，随后发展为一种复兴“国学”的教育运动。国学大师南怀瑾在 1998 年将“经典诵读”引进大陆，同年“中华古诗文经典诵读工程”活动积极开展，在全国的中小学掀起了一股“读经典、诵经典”之风，让儿童自开始学习起就接触最具价值的经典书籍。这里所说的“经典诵读”是指学生在学校晨读期间，在教师或同伴的带领下，通过一定的方式，反复朗读、吟咏诗词古文、儒家经典、诸子百家等传统典籍，以达到熟读成诵的程度。以此丰富和增强对学生的品德教育，培养和提升学生的中华优秀传统文化水平，进而赓续和传承中华优秀传统文化。

一、涵泳品格：开展经典诵读的意蕴

经典诵读是学生深入体悟中华优秀传统文化、认识传统文化精髓的基本方式。经典是永垂不朽的典籍，儿童诵读的经典内容往往包含着如何做人、如何做事的价值引导，对于学生性情的陶冶、潜能的开发、见识的开阔具有潜移默化之功。广都小学的诵读体现为一项班集体的事业，往往是全班共读，着重于让学生形成“读经典、悟经典、爱经典”的心理意识，它展现的不仅是一种读书的精神和风采，还是一种体验生命情怀和人生境界的方式。在全班共读经典的学习空间里，学生的认知和情感都在不自觉中投入经典的世界，展开对经典知识的思索与联想。具体而言，经典诵读的意义主要体现在以下四方面。

第一，经典诵读把传统典籍蕴含的文化精神植根于学生心中，是学生认知、理解传统文化的重要方式，有助于传统文化的延续与更新。学生通过对传统典籍的诵读，沉浸在中华传统典籍的熏陶中，认识经典中的人、事、物，涵泳古人的思想智慧，将经典中蕴含的文化精髓内化到自我生命中，在学生的心灵深处留下深刻的传统文化印记。第二，经典诵读对学生性情及品格的培养具有重

① 张良驯，周雄，刘胡权．当代青少年中华优秀传统文化教育研究［M］．北京：北京理工大学出版社，2015：95.

要的形塑作用，是有效的品格教育方式。“品德的养成需要丰富的营养、肥沃的土壤。”① 传统典籍蕴含着丰富的人生哲理和为人处世的道德理念，它陶冶学生的性情，教导学生如何为人处世，如何认识自我生命。同时，让学生习得尊老爱幼、兄友弟恭的道德伦理，形成辨别是非善恶和美丑的能力，从而领悟生活的智慧、生命的本真，是滋养学生成长的精神源泉。第三，经典诵读可以开阔学生的胸襟和眼界，经典蕴含着深刻的人生智慧、高远的人生理想、崇高的道德准则和伦理思想，学生在日积月累的经典诵读中涵养自我性情、增长智慧，心灵境界得到提升。第四，经典诵读能有效提升学生的语文阅读能力和写作能力。如有教师谈道：“我们通过比较发现，背诵过国学经典的孩子，与没背诵过国学经典的孩子有着明显的不同，且不说那些背诵过国学经典的孩子，他们知书达礼，待人礼貌，说话文明；就是在学习中，那些有一定的传统文化底蕴的孩子在写作文的时候，常常会引用一些诗句或典故，给文章增加了浓郁的文化意味，很好地提升了文章的档次。”② 阅读和写作是评估学生语文素养的重要指标，学生在经典诵读中积累知识、增长经验，通过作文写作运用经典、内化经典，深化文章的思想和主旨，达成对“经典”的学以致用。

经典诵读是对古人读书、思考、生活方式的理解与感受，诵读不同的内容，唤起的是不同的文化记忆和心理情感。小学阶段是学生世界观、人生观、价值观形成的关键发展阶段，在这一时期吟咏、诵读经典，让学生浸润在经典作品中，享受中华优秀传统文化的浇灌与洗礼，能很好地融通学生的心理、精神、情感与中华优秀传统文化之间的内在关联。同时，在潜移默化中感染学生的心灵，唤起植根于学生内心深处的文化记忆，有利于加深学生对自身文化的认知与记忆，提升学生的民族认同感及文化自信。

二、文化熏陶：经典诵读现状描绘

诵读经典是广都小学开展中华优秀传统文化教育的最基本方式，从学校编写的校本教材《三字经》到《中华优秀传统文化每周一课》，历时 20 年，不论哪一个时期，学校都非常注重学生对知识的记诵。最开始进行《三字经》诵读活动，教师一般不进行具体内涵的讲解，只是引领学生大声朗诵。这种方式是最简单、最直接的记诵方式。单纯注重记诵的教学方式主要显现在广都小学探

① 习近平寄语全国各族少年儿童：“美好的生活属于你们，美丽的中国梦属于你们”[J]. 上海少先队研究，2015（3）：4-6.

② 资料来自访谈记录 T-M-2：2021-10-13。

究中华优秀传统文化教育的开始阶段，其后随着系列校本辅助教材的出版，教师引导学生学习的方式也在逐步发生变化。到广都小学形成第一套成体系的传统文化校本教材阶段，教师通过实践探索“有意义”的记诵方式，引导学生在诵读中理解经典的内涵及其文化理念，通过“意义理解—心灵内化”的方式，加深学生对经典的记忆。在语文教学中，教师也尝试运用多种方式帮助学生记诵故事，例如，展示与诗篇相关的画作，让学生模仿描绘画作，或将古诗以符合音乐节律的形式唱出来，让学生在一种艺术与美的享受中品味中华优秀传统文化的韵味。

识记是学习的基本方式。最初，不论是社会组织、教育机构还是学校，其进行中华优秀传统文化教育的主要方式都是让学生反复诵读经典，具体如《百家姓》《声律启蒙》《千字文》等这类短小整齐的韵语，读起来朗朗上口，学生容易熟读成诵。在广都小学，每天早晨重复上演的经典诵读是学生一日在校生活的开端。在田野考察过程中，笔者分别观察了二年级、四年级、六年级学生晨读期间的经典诵读状况。在组织形式上，中高年级的晨间诵读一般由英语教师和语文教师交替“照看”，教师承担的基本是监管的职责，较少带领学生进行经典诵读；低年级的学生在初学阶段会由教师带领诵读，教师读一句，学生跟读一句。除了晨间的20分钟诵读，学生还会在每节语文课前进行3分钟的课前诵读，达到“温故而知新”的学习效果。这些融合在日常教学实践中的经典诵读，构筑起了广都小学开展中华优秀传统文化教育的基础。

从日常观察的基本情况来看，低年级的学生明显比中高年级的学生对经典诵读的态度更认真、更严肃、更具仪式感。二年级的学生在晨间诵读时，桌上仅摆放一本正在诵读的课本，左手放在桌子下面，右手放在桌子上按着书角，身体与座椅靠背紧紧贴在一起，读书声音铿锵有力，节奏、腔调基本一致，班级52位学生配合协调，可谓读者振奋、听者震撼。该班诵读的主要内容是《三字经》和《对韵歌》。这些作品中包含诸多彰显民族气节和中华传统美德的名言名句，学生诵读经典的过程也是其内化经典的精神陶冶历程，久而久之，这些经典名句蕴含的文化智慧会融进学生的血液中、思想中、行为中，在无形中塑造学生的人格和品德。相较而言，四年级的学生对待经典诵读的态度较为散漫随意，缺少读书的仪式感。每次晨读开始，部分学生才慢慢将书本拿出来放在桌子上，并不打开，教师会指定一名学生领读，另一名学生监督，监督的主要职责是找出那些交头接耳、东张西望不认真读书的学生，记下他们的名字并扣分。学生在学校里每天的行为和表现都会被记分，每周五的“班会”将汇总每个人的分数，分数高的学生可以获得荣誉奖章。即使有这些惩罚和激励措施，学生参与经典诵读的态度和行为也没有得到明显的改善。在班级整体诵读时，学生的坐姿和状况各不相同，有的低头写作业，有的静静坐着默不出声。较为明显的表现是女生的声音比较突出，男生的声音基本被淹没。① 多数学生在重复诵读几遍之后，参与感就大大减弱，表现出一种枯燥、乏味的消极情绪。在纪律方面，部分学生表现出一种投机取巧行为，趁教师不注意时随意走动，有的还会趴在桌子下面吃零食，完全游离在经典诵读之外。在诵读内容上，该班诵读的并不是古代典籍，而是校本教材《小学生优秀传统文化每周一课》中的古诗词以及本学期语文教材中的古诗，由此可见诵读的实用性价值取向。六年级更是如此，六年级学生在晨读期间诵读的内容是一至六年级期间语文课学习过的所有古诗，他们很少再进行全班共读的活动，更多是个人默读或轻声读。对六年级的学生来说，已经不存在真正意义上的经典诵读了。不论教师还是学生，都把小学的最后一年当作冲刺的阶段，极大忽略学习过程的体验与享受，更多注重学习的功利结果和显而易见的成效。

通过三个年级诵读现状的比较可以发现，年纪越小的学生往往更专注、更积极。幼年时期形成的对待经典的态度和学习习惯，是构筑学生文化情感的底色和基础。正如文艺理论家敏泽曾说："在面向世界，大力学习西方的思潮中，在我们的骨子里和血液中却很难找到任何对外来文化的媚态和对自己民族传统的亵渎的。""因为早年的启蒙教育已经早早地将传统埋藏在我们这代人的心灵和血液之中了。"② 诵读虽然是口部的运动，但它锻炼和培养的不仅是学生的语言水平和口语表达能力，学生在不断反复诵读中，自然而然地去想象经典字词背后蕴含的文化意义和道德指向，不知不觉中在内心深处形成一种深刻的文化依恋之情，这也是经典诵读的根本意义。广都小学的教师也在教学实践中发现："进行经典诵读对学生的影响很大，尤其表现在作文里，学生更会遣词造句了，这些平时积累的经典名句、成语对学生整体文学素养的提升有非常明显的作用。"③ 教师往往更关注经典诵读的实际用处，即学生通过经典诵读写作水平得到提升，获得更多的知识，而较少关注学生在诵读过程中的体验与感受。

根据笔者的田野观察，广都小学虽然在形式上坚持进行经典诵读，但教师有关经典诵读的教学方式存在较为单一枯燥的情况，在诵读过程中较少注重儿童生命体验的过程，更多关心学生是否背会、是否掌握具体的知识，对学生的

① 该班共有 58 位学生，包括 28 位女生，30 位男生。
② 王丽．名家谈语文学习［M］．上海：华东师范大学出版社，2007：43.
③ 资料来自访谈记录 T-F-15：2022-04-12。

道德熏陶和品格陶冶方面关注不足。刚开始进行经典诵读，广都小学的经典诵读采用的是“素读法”，从《三字经》到系列读本的形成，基本是让学生去朗读和背诵，教师并不去讲解其中的含义。随着中华优秀传统文化教育进入课堂，全校诵读的开展，教师教学的方式也随之改变。例如，笔者观察的二年级，一般情况下是先由教师范读，接着学生跟读；教师解释作品的含义；其后，学生齐读和自由诵读。教师只是将诗词的节奏韵律读出来，有时候教师会借助多媒体，播放名家录音让学生跟读，其后自由读诵。也有教师通过吟诵的方式引导学生进行经典诵读。如Q老师，她凭借文学的专业背景和自身对音乐的爱好，自学了诸多古诗吟诵，将经典以“唱”的方式表达出来，教学中遇到可以吟咏的诗词，便引导学生“唱经典”。通过声音的平仄和韵律的变化，Q老师以一种有感情、有起伏、有节奏的优美的腔调读诗。这种轻快曼妙的方式非常形象地表达了古诗文所蕴含的内容与情感，很受学生喜爱。① 鉴于田野调研班级的选择和调研学校的安排，笔者并未跟踪观察Q老师所在的班级，仅在调开时间的情况下，在该班进行了短期的课堂观察，其中一节讲授纳兰性德《长相思》的课程让笔者印象深刻。Q老师通过在哔哩哔哩APP上的学习，引导学生吟唱《长相思》，颇具怀古殇咏之情。课后笔者找学生访谈，有学生这样说：“Q老师沉醉的状态很感染我，这种缓缓的节奏，带点哀伤的腔调，悠长的韵味让我好像看到了辗转难眠思乡的纳兰性德。”② 由此可见，这种余音绕梁、不绝如缕的怀古吟唱方式能将学生更好地带入诗歌所表达的意境。

教师教学的主要意义在于引导，引导学生进入学习的状态，引导学生开展自我心灵的旅程，从范读到跟读再到自由诵读，学生正是要经历一场经典的熏陶和陶冶。实践表明，并不是所有的学生都能跟随教师的步伐进入经典的品读中，尤其是在自由诵读时，一些学生身体虽在教室，思想却游离在课堂之外。学生诵读经典是由于学校的规定和安排，他们自身没有察觉到诵读对自我生命的意义。根据笔者对23位学生的随机询问，有9位学生表示对诵读经典感到枯燥乏味。学生的兴趣是学习发生的关键，当一项活动对学生失去吸引力就很难取得良好的教学效果。据笔者查阅“部编版”的语文教材，小学一至六年级大概要学习112首古诗，按照语文课程标准要求，学生到六年级的时候应背会75篇，这是最基本的达标要求，但现实情况是不容乐观的，据一位六年级教师所

---

① 杨锋．中国传统吟诵研究：从节奏、嗓音和呼吸角度［D］．北京：北京大学，2012：35.

② 资料来自访谈记录S-M-8：2021-12-08。

言，班上有将近一半的学生可能是达不到这个要求的，很多古诗他们当时背会了，但可能印象不深刻，后来如果缺少复习，慢慢就忘记了。这种记忆是瞬时性的，并不能保持很久，由此可见，经典诵读的意义并不是让学生牢记所有的具体内容，而是让学生形成关于传统文化的记忆，丰富学生的情感体验，感受中华优秀传统文化内涵的精神理念与道德思想。

经典是古代圣贤自我生命的体验和智慧的结晶，蕴藏着恒常的价值观。诵读经典的目的是以经典熏陶儿童的生命，以圣人的智慧陶冶品格，把中华优秀传统文化的精髓内化到儿童的生命之中。在诵读过程中，应持有一种闲暇的享受态度，调动儿童的兴趣和情趣，让儿童自愿参与、热情参与，全身心地投入经典之中。

三、文化反思：诵读之古今差异

在中国古代，诵读是古人最主要的读书修身的方式。《说文解字》：“诵，讽也。”段玉裁注：“以声节之曰诵……诵则非直背文，又为吟咏，以声节之为异。”也就是说，诵的主要特点是有节奏地读，其意在体悟。而在当下，学校进行诵读主要是为了积累知识，提升考试成绩，对于古人读书的方式、读书的要义人们已渐趋遗忘。如何引导生活在21世纪的学生进行诵读，对教师和学生都具有一定的挑战。古人读书的主要方式是背书，背四书、背古文，背熟之后日日揣摩钻研，由此，古人也悟出诸多读书方法。荀子曰，读书要“诵数以贯之，思索以通之。”朱熹认为，读书应遵循六项原则“循序渐进、熟读精思、虚心涵泳、切己体察、着紧用力、居敬持志”。后世将朱熹的读书法称为“朱子读书法”。白居易道：“昼课赋，夜课书，间又课诗，不遑寝息矣”①。古人读书是把读书当作一项恒久的事业，其意在理解、钻研，而当下读书功利之心太甚。所谓好读书，不求甚解，经典诵读是让学生浸润在中华优秀传统文化的氛围中体悟传统文化的精华，通过经典中的内容熏陶学生的心性和品格，提升学生的气质，而不是把学生淹没在背诵的深渊和考试的泥潭里。让学生诵读经典本身并不是目的，这只是达成教育目的的手段。在诵读中需要把握训练的方式和力度，引导学生而不强迫学生，让学生在恣意畅快中诵读，强迫的方式不仅让学生反感，也使知识失去活力，成为一种刻板的文字。只有学生主动打开自我，自主吸纳新知识，为自身的目的而投入学习活动之中，才能获得有意义的知识。

小学阶段的儿童尚未涉事，思想单纯，这一时期的学习记忆对学生心灵的

---

① 程章灿，许勇．书史纵横：中国文化中的典籍［M］．南京：江苏人民出版社，2017：69.

影响具有持久性和延续性。颜之推在《颜氏家训》中说道："人生小幼，精神专利，长成已后，思虑散逸，固须早教，勿失机也。"清代张英在《聪训斋语》有言："幼年知识未开，天真纯固，所读者虽久不温习，偶尔提起，尚可数行成诵。若壮年所读，经月则忘，必不能持久。"① 陆世仪的《论小学》一书中指出："凡人有记性，有悟性。自十五以前，物欲未染，知识未开，由多记性，少悟性。"所以，必须抓住小学这个关键阶段，让学生由浅入深，反复记诵，时常徜徉在传统经典中，如此才能加深经典对学生的心灵滋润和精神品格陶冶。当然，现下的教育远不同于古代的教育，让今天的学生完全如古人那般投入地背诵经典是不可能也是不可取的。当下，学生要学习的知识远比古人多元，可谓"乱花渐欲迷人眼"，我们不能偏于一隅，要兼顾对其他重要知识学习掌握的同时，保持学生对中华优秀传统文化的传习。如果在小学阶段不重视中华优秀传统文化教育，忽视学生对经典的诵读和学习，即使在成年之后补充教育，也会大大降低经典对学生心灵的影响和德行品格的塑造。对经典的诵读和品味是感悟中华优秀传统文化内在价值、弘扬中华优秀传统文化魅力的重要方式。实践证明，如果学生浸润在经典典籍的世界里，他的心灵也会趋向优雅绚丽。在笔者日常观察的班级里，有位学生经常穿着颇具中国风的裙子，课上、课间总是举止优雅，她的作文也显现出不同于一般人的思维能力和想象力。笔者特地找这位学生进行了访谈，她说道："我妈妈非常喜欢唐诗宋词，每天来学校的路上妈妈都会跟我一起背诗，我们在家经常看"诗词大会"，妈妈也会陪我一起读诗，和妈妈一起读诗是一种享受。"② 这种读诗的习惯让学生在举手投足间都散发出一种优雅的气质，在众人中脱颖而出。有教师称："我们班的孩子到一年级下期，已经熟背了《弟子规》《小学生古诗必背70首》《三字经》《千字文》等优秀传统文化精髓，她不仅能在课堂上轻松运用所积累的知识，而且还渗透到学习和生活的每一个角落。"③ 经典诵读的目的不是背诵，而是在读经典的过程中陶冶情操，形成一种浸透在骨子里的美好品格。

目前，学校的经典诵读主要注重的是学生的背诵、识记等方面的训练，训练的方法往往容易造成"使人成为纯粹的客体"④ 的后果。为了达成训练的目

① 张英．聪训斋语［M］//张英，张廷玉．父子宰相家训．江筱角，陈玉莲，点校．合肥：安徽大学出版社，1999：53.

② 资料来自访谈记录 S-F-2：2021-09-27。

③ 资料来自访谈记录 T-F-16：2022-01-04。

④ 雅斯贝尔斯．什么是教育［M］．邹进，译．北京：生活·读书·新知三联书店出版社，1991：2.

的，训练本身会变成一种没有道德性的“教”，成为一种强制的灌输。在经典诵读中，需要注意训练和记忆的方式，对经典著作进行主题化、生活化与游戏化的探索和转化。孩子只有生活在充满游戏趣味、童话幻想和独特创作的世界中，他们的精神生活才能充满活力与想象力。否则，他就是一朵枯萎凋零的花朵。① 学校应在吟诵过程中引导学生形成一种“游于艺”的自然状态，有如鸢飞于天，鱼跃于渊，让学生凭借自觉自愿地探索、思考和对话，对自己诵读的知识有积极的认识。在熟读过程中将经典烂熟于心，然后取而应用，只有当经典表达的知识内容影响、改变学生的行为方式时，才真正实现经典的实用价值。背诵虽然是必要的读书手段，但反复的记诵训练是对学生思维能力的危害，因为它的目的和结果都不在于思维的习惯，而在于外部动作模式的一致性。② 再者，死记硬背只能获得支离破碎的信息，并不能习得文化，文化是思想的活动，是对美和高尚情感的接受，经典诵读应趋向对知识的领悟和思想的陶冶。③ 对此，广都小学也做了诸多尝试，例如，在班级内、全校范围内进行朗诵表演、朗诵比赛，进行诗词比赛活动等，让学生注重对经典的品读，较好地调剂了日常诵读的枯燥与乏味，引导学生形成长期诵读经典的兴趣。

在今天，经典不是全部的学习内容，诵读也不是唯一的读书方式，经典诵读在整个学校的教育里仅是很小的一部分内容。且诵读只是学习经典的方式并不是目的，重要的是学生通过对诵读内容的涵化，将知识与自我日常生活联系起来，以经典中的道德律令要求自己，规范自己的行为。小学生的经典诵读不必刻意追求深刻，它更重要的意义是让学生形成对文字、诗词的文化记忆，丰富学生的传统文化知识，让学生感悟读书带来的生活乐趣和精神体验，同时也能让学生初步感受中华优秀传统文化的精妙绝伦和博大精深，并由此进一步培养学生的文化自信、民族认同感和家国情怀。

第二节 传统文化课堂中的精神熏陶

广都小学每周一节的“传统文化”课是进行中华优秀传统文化教育的主要手段。课堂教学的目的在于对学生心灵的充实与精神的提升，激发学生对中华

---

① 苏霍姆林斯基．育人三部曲［M］．毕淑芝，等译．北京：人民教育出版社，1998：71.

② 杜威．我们怎样思维·经验与教育［M］．姜文闵，译．北京：人民教育出版社，2005：77-78.

③ 怀特海．教育的目的［M］．徐汝舟，译．北京：生活·读书·新知三联书店，2002：1.

优秀传统文化的兴趣，触动学生的心灵，引发学生的思考，使教学内容与学生的内在生命发生碰撞，而不单纯是知识的积累和技能的增进。以下通过阐述中华优秀传统文化教育的意义、传统文化课堂的陶冶以及对传统文化课堂的反思，彰显中华优秀传统文化教育实践与师生心灵碰撞的过程。

一、人的成长：开展传统文化教育的根本目的

中华优秀传统文化教育的根本追求是“人”的成长与发展，它不拘泥于书本知识，而是追求一种情趣体验、兴趣盎然的过程，让学生能够乐在其中。小学生本性是天真活泼、崇尚自由的，处于这一发展阶段的学生特别需要在教育中感受舒适惬意的体验，[①] 唯有真实地、自然地接近学生生活的教育才能够引起学生积极的情感体验。中华优秀传统文化知识中丰富的内容及真实的现实生活描述对学生理解生命的意义、提升生活的品质具有重要的影响作用。以下结合笔者的田野考察对中华优秀传统文化教育的成人意义进行阐述。

首先，通过中华优秀传统文化教育，追求知识、文化与学生情感的融合，丰富学生生命内涵。在田野观察中可以感知到，广都小学的中华优秀传统文化教育实践追求对学生生活和心灵的内在影响，期望以中华优秀传统文化知识激发学生对崇高品格和雅致生活的追求，让学生在精神上、心理上、情感上和审美意识上感受中华优秀传统文化的特征。例如，文老师在“传统文化”课堂上，详尽地向学生讲述“茶”的文化韵味及其内含的生活追求。[②]“茶文化”在漫长的发展中形成了独特的“茶道精神”，中国的“茶文化”具有深厚的思想内涵和精神核心。茶的类型区分、不同季节饮不同的茶是“茶文化”对古人生产劳作所产生的影响而流传下来的传统，其中蕴含着古人认识自然、与自然和谐相处的“天人合一”观。“和是茶之魂，静是茶之性，雅是茶之韵。”[③]“和、静、雅”体现的是生活的智慧和人生的情趣，教师在教学中借用“茶”的内在文化精神，启发学生领悟“茶文化”蕴含的自然之道和意境追求，引导学生过一种与现代“快生活”相对应的“慢生活”“静生活”。教师并不认为中华优秀传统文化教育是向学生灌输呆板的知识，而是让学生了解一种生活方式，一种文化情趣，使其能够进入古人的生活世界，感受一种雅致有趣的生活意蕴和精神追

① 朱小蔓，钟晓琳．情趣教育：一种有意义的情感教育探索［J］．中国教育学刊，2014（4）：1-5.

② 资料来自 2022-04-13 田野观察记录。

③ 陈文华．长江流域茶文化［M］．武汉：湖北教育出版社，2004：293.

求，让学生在学习中华优秀传统文化知识的基础上，体验它背后的文化意义和更深层次的生命趣味。"凡人必常常生活于趣味之中，生活才有价值。"① "喝茶"是成都人日常生活必不可少的一部分，在成都的大街小巷分布着各式各样的茶馆，这是成都作为"休闲之都""生活之都"的重要标志。学生生活于其中，受其濡染，即使不饮茶也应知晓"茶文化"的精神和内涵，学习"茶文化"中蕴含的个人修养之道、礼仪之道，而不仅仅是将"喝茶"当作无意义的休闲聊天。文老师说道："我们不仅仅是要教给学生中华优秀传统文化的知识，还要让他能够品味古人的生活情趣和诗情画意。"② 当教师把中华优秀传统文化教育的价值追求上升至学生的生活态度及其内在心理构成时，中华优秀传统文化教育关注的就是个人内在生命的养成。

其次，借助中华优秀传统文化教育培养学生"共情"能力，引导学生以一颗仁爱之心、善良之心理解和尊重他人。哲学意义上的共情是指："人们把自己真实的心灵感受主动地投射到自己所看到的事物上的一种现象。"③ 广都小学教师理解的共情类似于学生的同情心、同理心或者是人们日常所说的情商，让学生能够更好地理解他人的感受，倾向于一种心理学意义上的理解。共情是人与人之间建立良好关系的前提，它让人们关照他人的经验，尊重他人的状况，并通过一定的心理想象理解他人的世界。④ 在践行中华优秀传统文化教育的过程中，教师会有意识地引导学生善于倾听，学会理解，积极地、设身处地想象他人的情感体验，由此形成一种良好的沟通能力，提升社交技能，与他人建立友好关系。在课堂观察中可以深刻地感知到，教师将中华优秀传统文化知识与人类情感和人们的日常交往活动联系起来，让学生除了感受中华优秀传统文化知识的启迪外，对自我内部产生理性的陶冶，与他人实现情感的共鸣。中华优秀传统文化教育在这个意义上融合了社会和情感因素，包括让学生共同参与人际交往、有效沟通、情感共鸣、相互尊重、彼此理解等。这是一种富有生活情趣和文化意义的教学方式。在中华优秀传统文化教育中，不仅仅是让学生去学习一种知识，而是将中华优秀传统文化教育与提升学生的实际生活能力联系起来，让学生能够以知识为媒介去理解他人的想法，分享别人的情感与态度。对学生

---

① 夏晓虹．梁启超文选：下集［M］．北京：中国广播电视出版社，1992：393.

② 资料来自访谈记录 T-F-3：2022-04-15。

③ HOFFMAN M L. Empathy and Moral Development：Implications for Caring and Justice［M］. New York：Cambridge University Press，2000：29-62.

④ WISPÉ L. History of the Concept of Empathy［M］//Eisenberg N，STRAYER J，Empathy and its Development. NewYork：Cambridge University Press，1987：17-37.

来说，这是一个循序渐进的成长过程，学习更多的知识，助益学生更好地理解周遭的人与环境，与他人和外界产生共鸣，能帮助学生更好地理解这个世界。在某种意义上，学习即帮助学生更好地理解和认识自己、他者以及外部世界。在这种理解和认识的过程中，也逐步提高了学生对社会、对世界的认知水平。

再次，借助中华优秀传统文化教育，融通中华优秀传统文化与社会主义核心价值观，提升学生品格修养。在践行中华优秀传统文化教育的过程中，广都小学以“讲故事”的形式将中华优秀传统文化知识和社会主义核心价值观连接起来，如“涸辙之鱼”“孔子困于陈蔡”“孔融让梨”等。① 讲故事是中小学生喜爱的教学形式，故事往往包含丰富生动的情节、耐人寻味的结果，对学生来说既有趣又有吸引力，也更易被学生理解。教师通过声情并茂地讲解中华传统文化故事让学生体验故事中人物的情感、心理活动，站在故事中人物的立场上思考问题，实现经验的迁移、领悟道理，从而习得关于美德的知识，符合小学生的心理发展特点。为了检验学生的学习成效及其对传统美德精神的领悟，文老师在周末的实践活动中带领学生去敬老院，让学生帮助孤寡老人做一些力所能及的善事，引导学生将“知”与“行”结合起来，让学生切身体验关怀、友爱、敬老之于“做人”的道德意义。在关爱他人中感受自我生命存在的价值与意义，在日积月累的善行中养成高尚的人格和品性。② 笔者在田野资料分析中发现，广都小学的传统文化校本教材中包含了大量阐述古人高尚德行、忠勇爱国的内容和故事，其中蕴含着“敬业乐群、诚者天道、言信行果、仁者爱人”等传统思想精髓，是社会主义核心价值观仁爱、诚信、敬业等内容的思想源泉。教师依托传统文化故事、名人名言、成语故事等中华优秀传统文化知识，在潜移默化中引导学生理解和认识社会主义核心价值观，与文化本身的发展规律和内在要求相契合，既能让学生深度理解中华优秀传统文化知识，也能让社会主义核心价值观更加深入地浸润学生的内在生命。同时，社会主义核心价值观能够为中华优秀传统文化在当下的发展提供动力和价值支撑。③ 这是一种双向生成的关系，通过中华优秀传统文化知识来阐释社会主义核心价值观，学生从文化源头上领悟社会主义核心价值观的内在精神；以社会主义核心价值观为中华优秀传统文化教育的落脚点，让学生能够以实际行动践行中华优秀传统文化教育传达的内涵知识，使社会主义核心价值观内容与中华优秀传统文化知识相互映

---

① 资料来自广都小学校本教材《小学生中华优秀传统文化每周一课》。

② 资料来自广都小学校刊第十五期；访谈记录 T-F-3：2021-10-26。

③ 王泽应．论承继中华优秀传统文化与践行社会主义核心价值观［J］．伦理学研究，2015（1）：6-10.

照，增加学生对中华优秀传统文化知识理解的深度。同时也有助于学生全面而深入地掌握社会主义核心价值观的内容，将社会主义核心价值观的内容一点一滴地融入自我日常生活的行为中。

最后，通过系统的中华优秀传统文化教育，实现中华优秀传统文化的延续与更新，培养中华优秀传统文化的传承者。现代世界是多元价值、多元文化并存共生的世界，传统的生活世界和生活方式在现代性的冲击下不断变迁，传统文化让人们精神世界塑造的稳固地位受到挑战，传统文化作为一种隐性的社会规范和维持人们生活秩序的功能逐渐衰退。传统与现代之间具有一种张力，这种张力一方面使传统得以传承，另一方面使现代元素能融入传统文化体系。从社会生活的角度来说，中华优秀传统文化教育的意义就是要平衡这组张力，既要进行中华优秀传统文化的保存与传承，也要回应现代世界发展的潮流，在传统的基础上融入新生代的知识创造，促进传统与现代的连接。广都小学开设专门的“传统文化”课程，构建小学六年一贯的“传统文化”课程体系，以恰切的逻辑关系和有规律的教学，系统地向学生展现中华优秀传统文化的深层结构，使学生对中华优秀传统文化的认知，从表面的符号系统、知识信息等感性认知层面走向理性认知层面，从而形成文化辨别、文化判断的能力。

在文老师的一堂以“我们的名字”为主题的中华优秀传统文化教育公开课中，① 文老师从一个简单的问题“你叫什么名字”开始，引出中华民族姓氏的来源，引导学生理解古人姓、氏、名、字与号的区别和联系，以一种探究性的方式展开对名字里蕴含的传统文化的探讨和分析。让学生了解当下人们取名的依据，在此基础上引导学生重新从文化的角度来分析自己或其他同学的姓名由来及其含义，通过名字认识自己，认识他人。在教学过程中，文老师引导学生

---

① 资料来自 2021-12-19 上午 YT 小学传统文化观摩课田野观察笔记。文老师通过“姓”的字形“女+生”解释其含义，阐述“姓”的本义即是“生”，形成于母系社会，姓代表同一母系的血缘关系。同时列出古代的八大姓“姬、姜、姒、姚、妘、嬴、妫、姑”，引导学生寻找班级里有没有属于这八大姓的同学，学生的积极性被调动起来。其后，归纳现代人取名的五种类型：①时代性：男（军、党、国）女（英、霞、琼）；②五行中缺什么取什么：鑫、淼、森、焱；③奇葩型：王者荣耀、李部尚书、许多金子；④不约而同型：女（菡、萱、霏、姗）男（浩、祥、涵、宇）；⑤标新立异型：生僻字、复杂的字。最后，文老师给大家布置了一份要求学生进行连线的作业，如下：

开国少将：廖成美	见贤思齐焉，见不贤而内自省也。
歌手：任贤齐	君子成人之美，不成人之恶。
几何学家：陈省身	讷于言而敏于行。
毛主席女儿：李敏、李讷	过而能改，善莫大焉。
神雕大侠：杨过	吾日三省吾身。

积极思考，让学生在掌握有关姓名的基础知识的同时，通过姓氏、名字的变迁来了解传统文化的发展与变迁，为什么一开始“姓”从母，后来为什么又会从父，以及古人为什么会有字、号等不同名称。教师基于中华优秀传统文化教育实践，从中探索“文化脉络—教育方法—内涵深化—人的发展”之间的内在关联，对学生深入理解和掌握中华优秀传统文化具有积极价值和重要意义。在某种意义上，这是一场对中华优秀传统文化的寻根之旅。学生通过系统的学习，从整体上认识中华优秀传统文化，知晓自身文化的来源，了解自身文化的特征，从而借助人们沿袭的中华优秀传统文化建构自我日常生活的意义，在不自觉中遵循传统的文化习俗，最终成为中华优秀传统文化的守卫者、践行者。

二、文化陶冶：课堂现状描绘

课堂观察是本书的主要研究方法。一般而言，教师进行课堂观察是为了学习借鉴教学技能，提升教学质量，而笔者观察课堂的主要目的是让自己进入中华优秀传统文化教育的课堂，在真实的教学情景中与学生一同感受中华优秀传统文化对个人心灵和精神世界的陶冶。在课堂观察过程中，笔者制定了观察表，主要分为两个栏目，左边是对观察到的真实事件的记录、描述，右边是关于事件的感受和分析，在此基础上分析课堂教学的效果。一个陌生人进入班级开展课堂观察需要一个“脱敏”过程，常态化下观察的课堂才是真实的课堂，最初进入课堂，当笔者观望着教师和学生时，笔者明显地感觉到他们也以同样的目光回望笔者，这种互相观望可能导致教育主体的伪装和课堂教学的表演性。随着时间的推移，教师和学生慢慢习惯了坐在角落里的笔者，这时候便进入一个接近真实状态的观察环境。一堂课展现的内容和元素是非常多的，诸如课堂的情景设置、教学设计、教师权威、师生关系、学生表现以及师生之间的合作等。下面摘录一段课堂观察笔记来具体展开分析中华优秀传统文化在日常的课程教学中的实践情况。

2021 年 9 月 15 日星期三，四年级一班“传统文化”课

四年级一班，任课教师是该班的语文教师，使用的教材是《小学生优秀传统文化每周一课》，上课的内容分为四部分。第一部分是《诗经》选读，是课程的主要内容。语文老师在讲解正文前，先对《诗经》的地位、篇章和分类做了简单介绍。部分学生似乎尚未进入学习状态，还慢悠悠地把头埋在课桌里找课本，大多数学生脸上的表情有些疲倦，或者是因为到了下午的第二节课，学生都比较累了。总之，课堂整体的氛围死气沉沉、

缺乏活力。介绍完《诗经》的基本内容，语文老师开始讲解具体的内容《关雎》和《采薇》，语文老师简单介绍了诗歌的创作背景及其表达的核心思想，并没有细讲诗歌的意思，只是引导学生去感受诗歌的韵律美。然后语文老师开始一字一句地引读，引读两遍后，让学生齐读三遍。讲解完这两首诗歌，语文老师继续讲第二部分"神州大地"中的内容，这部分讲的是中国园林，拙政园和留园。开始前，语文老师问有没有学生去过这两个园林，学生都表示没有去过。接下来，语文老师让学生自己默读内容，其后让学生来介绍他获取的信息。教材上介绍拙政园的文字总共有三个自然段，语文老师随机找了三位学生，让学生来讲他们在这一段文字中获取到了什么知识信息，其中一位学生不假思索地把书上的内容一字不漏地读了一遍。语文老师让他用自己的语言重新组织一下，他站在座位上，把头低得很低，不再说话，过了几分钟，语文老师讲完了这段内容，并示意这位学生坐下。教材上留园的内容有两个自然段，语文老师同样找了两名学生来讲解。接下来，是"德育小故事"，主题是"向善"，讲的是庄周借粮的故事，课文内容是白话文形式，语文老师让学生自己快速读完故事，并讲一讲自己从这个故事中悟出了什么。站起来讲的几位学生都表达了基本相同的感悟，就是"我们应该在别人需要的时候及时去帮助他"。最后距离下课还剩下两分钟的时间，还有一个教学任务是"通关小检测"，教师让学生自己先做，然后公布答案，让学生自己更正错误。教师基本就是根据教材的顺序安排开展教学活动，一堂40分钟的课程，满满当当，没有空隙。

课堂是学生获取文化精髓的重要通道，学生对中华优秀传统文化的学习兴趣和学习动力很大程度上来源于其在课堂上受到的刺激和引导。教师对课程内容的选择运用及其授课方式都体现着一种文化符号和文化表达，凝结着教师对学生的文化期待和文化追求。从上述的田野观察笔记能看出，这堂课的教学是以完成教材上既定的任务为目标，按照先后次序的安排依次开展教学活动。学习活动最重要的就是要让学生产生内在的兴趣，教师进入课堂需积极启发学生内在的学习动机，让学生从精神上活跃起来。当学生缺乏学习的兴趣时就会表现出疲劳和无聊的精神状态，这种状态下发生的教学活动是低效的，甚至可能是无效的或起负面作用的。疲倦状态下的教学会让学生在内心深处生出一种对学习的厌恶感，从而导致学生在潜意识中抵触相关的学习活动。作为一个精神的陶冶过程，我们首先需要让学生完全参与进来。

从课堂的时间分配来说，《关雎》《采薇》是教学的重点，通过诗意讲解、诗歌引读、学生自读，引导学生在诵读中积累诗文知识，多数学生基本可以当堂背会，但这种记忆往往是瞬时的，不具有延续性。背诵是中华优秀传统文化教育日常教学的常态，也是学生在校生活的常态，习得某种知识，运用大脑储存它。储存知识并不是教育的目的，掌握中华优秀传统文化知识是一件事，而热爱中华优秀传统文化是另一件事，二者之间有联系，但是有本质的差别。教育是以知识为媒介与学生发生心灵的交流与对话，通过蕴含真善美的知识唤醒学生的生命潜能，陶冶学生的精神与品格，使之感受到源自精神世界的快意与舒畅。当学生在学习《诗经》的过程中感受到美的享受和精神的陶冶，他才可能从内心深处爱上中华优秀传统文化。如果课堂上的背诵是一种强制，这无疑抹杀了学生热爱中华优秀传统文化的可能性。校本教材上“神州大地”的部分旨在借助具有中国特色的传统建筑文本，让学生在了解中国传统建筑的基础上培养学生的阅读素养和理解能力。从根本上，教师注重的是对学生实用能力的培养，关注的是学生在语文考试中的应试能力。建筑是有生命意义和文化内涵的存在，是人类以外在可观的形式表达内在的文化情感及某一社会群体的生活习惯。中国的园林建筑内含着古代人们的精神追求和文化表达，其表现出来的用材、造型、色彩和质地都具有独特的意象和韵味，作为一门以“传统文化”为名称的课堂，需关注建筑蕴含的文化意义和人文思想，而不是借助描述建筑的文本训练学生的阅读能力和理解能力。有效的教学是，学生在课堂上学习了有关建筑的文化知识，当他回到现实的日常生活后，对身边的建筑产生了浓厚的探究兴趣，尝试思考不同建筑之间的区别及其不同材质蕴含的象征意义。唯有学生将所学知识运用于日常所见所闻的思考中时，教学的意义才真正达成。“德育小故事”部分，通过“庄周”的故事体悟中华传统美德，让学生领悟做人的道理和与人交往的智慧，在日常生活中形成关爱他人、及时行善的良好品格。最后的“通关小检测”的内容是课外知识的延伸，增长了学生的见识。整堂课被既定的教学任务推着前进，教师以达成教学目标为核心展开活动，把课堂的每一分钟的安排都预先在脑海里定格。教师虽然完成了所有的教学任务，但缺乏一种生命的活力和乐趣，教师和学生都被教材牵着鼻子走，使认识活动趋向机械化、程式化。学生虽然获得了有关“诗经”“祖国建筑”“庄周故事”等的传统文化知识，却缺乏深度的思考和理解，是一种固化的、死板的知识。学生成了学习的被动接受者，只是接受书上的内容和教师讲授的知识，成为不会思考、缺乏思考能力的人。

中华优秀传统文化教育是一个陶冶的历程，学生通过认识、理解、经验将中华优秀传统文化知识吸纳于自身，并通过这种知识的积累养成一种具有传统意蕴的思维方式和行为方式。从这个意义上来说，这堂课的陶冶性显得不足。中华优秀传统文化教育不仅是为了让学生了解和掌握既有的知识，还是让学生通过知识的学习丰富精神、训练思维，体悟传统文化的内在价值。

三、文化碰撞：课堂教学的精神追求

文化的延续须通过课堂来实现。课堂是进行研究的田野场所，因此，对课堂展开分析，是开展研究的重要基点。在一定程度上，课堂观察不可避免地带有个人经验和个体认知，在与师生共同参与教学活动的过程中，笔者应尽可能地站在他们的角度去观察思考，以一种理性的、客观的方式分析现象背后的文化内涵和教育意义。但田野研究中的课堂观察具有一定的局限性，每个笔者的个人经验具有差异性，研究方向、关注的问题亦不同，在同一场景里观看到的事物也是不同的，所以笔者未提及的事件并不代表不存在，只是依据研究的主题呈现与本书相关的问题。

按照现在部编版的语文教材，《关雎》和《采薇》是八年级学生的学习内容，在课后与文老师谈及此问题时，文老师认为：“这两篇文章是《诗经》中最经典的内容，语言也比较简单，对四年级的学生来说也不算难，他们现在提前学习了，将来他们再次学习的时候就会有记忆，学起来会更加容易。”① 学生在诗中学习的是诗歌的情感、意境、思想。诗可以启发各种思想，子曰：“诗三百，一言以蔽之，思无邪。”② “关雎，乐而不淫，哀而不伤。”③ 无邪便是诗的心灵净化作用，即把不纯真的欲念归于纯真；乐而不淫，哀而不伤便是情感得到适当宣泄与节制，达到《中庸》所谓“发而皆中节，谓之和”的境界。“诗，可以兴，可以观，可以群，可以怨。”④ 学生在诗的浸润中，心灵受到启发、陶冶，这种陶冶是不分年龄的，学生在任何时候都可以从中有所收获。

课堂呈现的是真实的文化样态，并具有浓厚的生活气息，它建立在具体的课堂情景和教学事件上，是师生展开日常教学活动的历程。就学生在课堂上的参与状态来说，可以分为三种：第一种是教师心目中的好学生，他们全程积极参与，配合教师，跟随教师的教学过程；第二种是教师讲到他感兴趣的部分内容，他会呈现出一定的参与度，或是当教师讲到让学生回答问题时，他会条件

① 资料来自访谈记录 T-F-3：2021-09-15。
② 李泽厚．论语今读［M］．北京：中华书局，2015：23.
③ 李泽厚．论语今读［M］．北京：中华书局，2015：61.
④ 李泽厚．论语今读［M］．北京：中华书局，2015：329.

反射般地警觉起来，由此而进入课堂学习的紧张状态；第三种学生是从头到尾完全心不在焉，似乎课堂上发生的一切与坐在教室里的他没有任何关系。积极参与课堂教学的学生，能跟得上教师的思维，也能根据自身的认知经验提出一些相关的问题，这部分学生具有较强的课堂参与感，除了获得知识外，还能与教师对话交流，在与教师的交互活动中提升自我。而其他的学生，相对来说他们的获得感就低一些，沦为参与课堂的观众。

文老师是具有20多年教龄的老教师，在课堂管理、组织教学活动的过程中游刃有余，也形成一些固有的习惯，对那些不听课的学生见怪不怪，只要他们不干扰正常的教学活动，一般不会为了某个不专注的学生而停止授课整顿纪律。文老师的主要注意力集中在那些“好学生”身上，他们是课堂互动的主要参与者。教师的文化交往和文化浸润在某种程度上固着于一部分学生，对广都小学的教师来说，让教师关注到每一个学生是非常有难度的。广都小学是位于城乡边的大校，每个班级的平均人数约55人，每节课只有40分钟，教师承担着繁重的教学任务，需要在既定的时间内完成相应的教学进度，教师的教学行为有其固定的程序，而关注每一个学生往往成为一个被忽略的重要事项。然而，问题在于，在长达六年的小学生涯中，有些学生可能从未被教师真正关注过，虽然每节课是有限的，但教师若能在这持续教学的过程中，不断地去关注每一位同学，那么至少在每个学期每个学生都应被教师特殊地关注过。子曰：“力行近乎仁”，只要教师不遗余力地去做，就可以与每个学生进行思想的交流与对话。每个学生都应有机会与教师发生一场有意义的教学对话。

教育是一个撼动个体内在心灵、不断走进学生内心并激活学生内在力量的过程，课堂教学最重要的就是引发学生学习的兴趣，激发学生持续学习的热情，使个体的生命由内而外散发出巨大的生命能量，促进个体道德和理性的生长。中华优秀传统文化教育是以传统文化知识为媒介，与学生展开心灵的交流与互动，开启一场思想的碰撞与文化的交锋，学生获得的不仅仅是中华优秀传统文化知识，还能通过知识建立自我与生活的联系，通过知识思考生活的意义。

根据笔者的课堂观察，与四年级的课堂教学现状相比，二年级学生的学习积极性和精神状态优于四年级学生，二年级的学生会自觉在语文课前进行三分钟诵读，虽然教师还没有进入课堂，他们依然坐姿端正，声音洪亮地背诵或朗诵着《声律启蒙》。在教师讲课时，二年级的学生总是静悄悄的，眼神里透露着对知识的渴望，聚精会神地听着，在他们身上，笔者切实地看到了人的可教性及其对知识的敬畏与渴求。从这些田野调查的细微之处能看出，小学低年级的学生对中华优秀传统文化的学习表现得更为主动和认真，他们更愿意花时间和精力来遵循教师的要求展开学习活动。从学生学习的状态和兴趣来说，一方面，教师的教学方式及其感染力是一个重要影响因素；另一方面，学生自身对学习知识的态度也是一个重要影响因素。对大多数人来说，学习的过程并不是一种轻松畅快的心灵体验，而是劳其心力的精神磨炼。积累知识在学习生涯中是一个漫长的过程，枯燥是不可避免的，每个学习者都需要学会接纳这种日常的单调，并在日复一日的学习过程中进入知识殿堂，求索人生的意义。

教学是一个生成与创新的过程，如果只是在固定的时间讲一本关于中华优秀传统文化知识的教科书，认为这就是开展中华优秀传统文化教育，显然是偏颇的。广都小学校本教材上的诸多知识内容与语文教科书上有所重复，且教学的核心依然是按照常规式的“宣讲古诗”“阅读故事”，并没有把“语文”教学和“传统文化”教育区分开来，而是将二者混为一谈。每门课程都有其自身的方法和风格，专门的传统文化课程与“语文”和“道德与法治”等课程应该是有区别的、有差异的，或者说它应该是对国家规定的课程之外，关于中华优秀传统文化教育的补充，与既有课程体系形成互补关系，而不是重复。

第三节 书法艺术中的人格陶冶

“闲适”与“惬意”是在书法学习过程中体验到的独特心灵状态，书法艺术的一个重要目标是重建教育的“闲适性”。当自然而缓慢的“教育闲适”被快速膨胀的竞争社会打破，急功近利、揠苗助长等社会弊病便会侵蚀教育的本质，使教育变得短视和浮躁。教育若失去了“闲适”，也就失去了其应有的“序”与耐性，剩下的只有经济学意义上的效率标准、结果取向和互相竞争。因此，在智能化时代逐步建立完善新秩序的路上，重建和彰显教育“闲适”和“游于艺”的特性，理应成为一种具有基础意义和根基价值的追求。但在田野调研中，笔者看到的更多是教育中的急躁情绪和功利之心，唯独缺少教育中原本应具有的自然而惬意的“慢步调”。

一、怡情养性：汉字及其书写的文化价值

从汉字的起源来看，它是替代“结绳记事”的产物，最初的主要意义在于“记事”，记录部落发生的重大事件、经验、发现和发明等，这些事件关系着当时人们的生存秩序和生活规范，汉字的背后蕴藏着古人理解事物的方式。李泽厚认为：“汉字，并非口头语言的记录”“汉字的‘指事’，不仅记录着群体的

记忆、经验，成为历史的载体；而且更代表着神灵，告诫和统领人们的生活和行为”①。汉字作为一种工具，逐渐成为一种指导、规范人们生活的权威凝结物，它的主要作用体现为规范人们的行为活动并为活动提供指导，同时也是人类信息沟通、观念表达和思想交流的基本载体。

最初的文字是神秘的、神圣的和宝贵的，只有极少数人能接触到文字。从甲骨文、金文、小篆到行书，汉字书写形式不断发生变化，字体形态演变的背后蕴藏着中华文化的发展历程以及中华民族思维方式的变迁。从甲骨文开始，汉字便是一笔一画书写的，这时的文字虽然大小不一，但注重空间占位的整齐排列，那些偏移、摆动的单字遵循着有序的、方正的内在规则。汉字的构造和使用凝聚着中华民族智慧的结晶，其表意的背后传达的是古代先民的思维方式、审美意识与文化心理。汉字书写不仅是一种技能，其更深层的意蕴是传递中华民族的文化构造与思维方式。

随着社会的发展，人们对书面文字的需求与日俱增，文字的数量也逐渐增多，不同的朝代、不同的地域对文字的书写形式各不相同。汉字及其书写艺术是中华民族文化的象征。书法诞生于日常生活，以中华文化的典型符号“汉字”为载体，通过线的结构变化展现一种艺术的、情感的节奏，是跳动在纸张上的音符。在一定意义上，书法是一种悠闲、惬意生活的自然展露，它连接的是个人的生命形式，是一种人文文化的选择，是语言在视觉意义上的表达与呈现。古代文人试图运用书法来表达宇宙的规则、民族的思维方式和自我人生的意境，以一种艺术的方式表达对文字的敬意与崇拜。对古人而言，书法是一种生活状态的修炼，是古人展现其生活形式的真实写照，它与个人的精神气质相贯通，是一种抒情的方式。文字书写的外观与人们书写时的精神状态、精神生活具有某种内在的联系，日常书写是在无意识中进行的，它随时发生，永不重复，这种无穷无尽的形态变化展现书写者内在的精神生活。人的内在世界是极端复杂的，在形式上永不重复，细微的差异永远存在。永不重复的书写和永不重复的内在生活恰好汇合，书写者将精微的形式、无穷变化的形态与复杂的内心生活通过笔触表达出来，将书法推向人的精神生活深处。也就是说，文字书写形式的发展和人们内在的精神生活世界是一个不断相互作用的过程。

书写汉字的过程，不仅是一种展现的技艺，更是一种表达个性和交流情感的形式，搭建起个人与民族文化沟通的桥梁，是文化传承的一种重要方式。在一笔一画地书写过程中，字的形态、构造、表达的含义渐渐呈现，学生对汉字

---

① 李泽厚．说文化心理［M］．上海：上海译文出版社，2012：117.

构造的理解在不知不觉中得到深化，在日复一日的书写中建立起对汉字的深厚情感。在今天，我们进行书法教育的一个重要作用就是以书法的怡情养性功能净化社会风气、美化人生目标，提升人们对书写的渴望与想象，在全社会构建书写的风尚。

二、文化体验：书法课堂现状描绘

汉字是民族文化的标志，是承载中国文化的根本载体，对汉字的识读书写是每个中国人都应具备的基本技能。教育部在 2017 年出台相关文件《关于进一步加强学校语言文字工作的意见》中明确要求："懂书法""会朗诵"要成为学生的"基本功"。① 书法课程开设的基本目标在于提高全民汉字书写能力与水平，这关系到学生的人文修养，关系着民族文化情感的培养。"书法教育"不能简单地被理解为教学生练字和写字，本质上书法是一种艺术表达和艺术修养，学生在书写的过程中感受心境的变化，在一笔一画的练习中品味汉字、感悟人生，想象汉字内涵的文化渊源和书法表现的不同情感和气势。书写顺序和规范的要求，蕴含了有序和端正的品质与训练，这不仅是写字的要求，也是做人的标准——方方正正。如此，让学生在书写过程中不仅感受汉字形象之美，也能悟出为人处世的道理，引导学生形成端正、正直的品格。

以下将一堂书法课的观察记录作为研究材料，进一步具体分析和阐释书法教育在广都小学的教学实践。广都小学每周都有一节书法课，但学校没有专职的书法教师。书法教师基本由班主任或语文教师兼任。

2021 年 10 月 13 日星期三，四年级一班 书法课

该班的书法课由文老师兼任。这堂书法课跟大家一般认为的书法课不同，或许可以称为"写字课"。课上，文老师叫学生拿出与语文课本相配套的"词语手册"，翻到早晨上语文课的那一页，书法课要上的就是练习写语文课上的生字。文老师在黑板上画了四线方格，工工整整地示范了两个字，并向学生讲解写字时注意字的笔画、结构，在下笔之前做好字的布局。接下来就让学生自行练习，为了避免出错，文老师让学生先拿出一个练习本，在练习本上先把每个字写三遍，并组两个词，在练习本上写完后，再写书上的。学生陆续拿出练习本，这时候李嘉昊举手说："老师，我没带笔。"文老师语气严厉地说："那你别写了"，并把该学生的练习本随手扔到讲台

① 教育部国家语委关于进一步加强学校语言文字工作的意见［EB/OL］. 中华人民共和国教育部政府门户网，2017-01-18.

上，学生不知所措。坐在李嘉昊后面的张晓美，主动借了一个墨囊给他，李嘉昊小心翼翼地从讲桌上取下自己的练习本，开始写字。其他同学并未被这个小插曲影响。文老师开始在教室里循着课桌往返走动，查看学生的书写情况。静默了大概20分钟以后，有学生陆续写完，拿到讲台上让文老师批改，文老师快速地检查学生的书写状况，用红色笔圈画出写得不规范的字，并在旁边更正示范，最后再打一个ABC的符号等级。到下课，还有6位同学未完成任务，文老师罚他们在练习本上再抄一遍，抄完了才能回家。

课上，文老师向学生做了正确的示范，教导学生握笔的手势，书写坐姿、书写规范等。让学生当堂实践，使每个学生都参与进来，并及时给予反馈，对书写工整的学生给予肯定和鼓励，对消极倦怠的学生进行相应的惩罚。但存在几个问题，首先，缺乏一个兴趣点的引入，课堂教学的一个重要作用是刺激学生的热情，在情绪上唤醒学生学习的兴趣和愿望。学习最基本的动力来自人的内部，只有具备了相应的兴趣和感情，学生才能产生积极的学习欲望。首先，当教师以一种任务完成式的方式展开教学，难以引发学生内在的学习动机，而只是让学生与教师一同完成课堂任务。其次，书法本身讲究一种艺术的美感和雅致的格调。教师对学生学习情境的处理方式会影响学生对这门课程的态度，甚至会影响学生对教师、学校及自我性情的认知和态度。教师以积极的态度去帮助有需求的学生，可以有效提升学生的学习效果和课堂适应能力，教师在课堂上处理事件的方式和态度是影响学生是否真正热爱课堂的关键要素。教师漠然的态度和消极的情绪，都会影响学生在课堂上的获得感。最后，教师对没有达成课堂任务的学生进行惩罚式书写，缺少与学生的沟通交流，缺乏对自身教学方式的反思，在教学形式上形成一种固化的思维和习惯。

上述田野调研的“书法课”不能称为一堂严格意义上的“书法”课，视为一堂写字课、练字课更为适切。教师引导学生在书法课堂上练习语文课中的生字，这种看似一举两得的行动实则掩盖了书法教学的本质。这种形式窄化了书法教育的意义，忽视了对书法素养、技法理论和学生思考能力的培养，对学生而言缺少实质性的文化精神滋养。书法是民族文化的精髓，书法教育是引导学生通过点、线和笔画重新认识字的结构，从字的音、形、义的变迁认识字义背后蕴含的民族文化传统和文化心理，探源汉字中蕴含的中华民族对世界的认识论和实践论。广都小学的课堂实践更多的是对汉字书写的规范和美化，是以视觉为中心的外在规训方式，在一定程度上能提升学生的专注度及其对汉字的审美意识，有助于学生在书写中对点画形状和字形结构的把握。但对汉字文化品格的阐释不足，缺少对汉字音、形、义的历史溯源，没有将汉字与中华民族的文化发展和心理构造连接起来，使学生缺乏对汉字文化意义的本源认知，难以通过课堂获得有价值的思考以及对自我生活意义的启发。虽然如此，但作为一门正式的课程在全校普及，让学生认识到书法是一门艺术，对书法的普及和推广具有重要作用。此外，由语文教师任教，将书写和语文课程联系起来，融通书法和语文识字教学，提升学生汉字书写的规范，从审美的角度认识汉字，在现实层面上缓解了专业书法教师欠缺的紧迫问题。

让每个孩子都写好汉字是一种美好的教育理想，基础教育阶段是一个人书写定势的关键时期，这一时期的书写引导至关重要。写好汉字，不是一节书法课就能解决的，而要让学生把写好汉字当作一种价值引领，在日常的书写中注重书写规范，每一次执笔，都心存对汉字的敬意。因此，文老师非常注重学生的日常书写，学生每次交上来的语文作业和作文，文老师都会把字迹工整漂亮的文本拍下来，发在学生家长群或者微信朋友圈，以此对学生形成一种精神上的激励和鼓舞。

当然，基础教育阶段书法教育的目的并不是培养书法家，但需要通过书法教育引导学生养成良好的习惯，意识到书写工整的重要性，将书写与做人、做事和自我生活联系起来。书写需要认真、静心、凝神，做人同样需要这样的精神品质，我们要引导学生认真对待每一次提笔，也要引导学生仔细思考自我日常生活中的每一个细小的行为，让学生通过书法精神来认识自我和感悟人生。同时，我们需要引领学生领略汉字的形体美，引导学生领悟汉字与中华文化的内在联系，了解以汉字为根基的中华文化的发展、变迁和形成历程，提升学生对中华民族传统文化的认知、理解和认同，进而在学生的内心深处种下认同、热爱中华文化的种子。

三、现状反思：文字的消退与“表情包”的盛行

随着教育的普及，文字的下沉，汉字的神圣光辉逐渐黯淡，汉字成为一种语言符号，“敬惜字纸”的神圣感在当下不复存在。书法一般而言应是软笔字的训练，但目前很多学校的书法课都是硬笔教学，只有在书法社团中才会有专门的软笔字训练。硬笔书写相对于软笔书写少了几分艺术性，软笔的自由性、创造性更强，而硬笔书写的效率更高，不必时时磨墨蘸笔，短时间内可以写更多的字，更符合现代人高效快捷的追求。从软笔到硬笔虽丢失了书法的丰富性，却也保留了书写的过程。而随着信息技术的兴起，书写堕入深渊。现代技术在

一定程度上消解了人们的书写意愿并弱化了人们的书写能力，信息化时代电子科技产品的发展让人们越来越少地接触到手写的文字，电脑、手机、iPad 各种智能设备替代了笔的功能，手不再是挥毫泼墨的艺术创造来源，只是在手指的触动间敲打出文字，真正书写的时候却感慨提笔忘字。

2020 年以来，由于新冠病毒防控线上教学、线上交往更是加快了学生书写汉字和运用文字能力的消退，手指触摸的不再是笔，打出来的也不是文字，而是运用一些表情包来进行意象交流，汉字作为交往语言的权威性受到挑战。例如，广都小学在线上授课期间，学生与教师的互动基本都是用表情符号、动态图片等代替文字，学生基本不会自己展开思考组织语言、也不用自己动手敲打文字，只要找一个系统给定的可以表达自己想法的表情符号就可以代替文字语言进行课堂交流与互动。① 文老师将学生的这种表现称为“中国文化和中国文字文学的巨大倒退”，学生使用这些图片和表情符号，“不仅仅是因为符号和图片用起来方便，而是源于他们精神的匮乏和思维的麻木，他们不懂得如何表达自己的观点和想法，只能借助符号来掩盖他们的无知”。② 汉字是中华民族文化的根基，书写和文字交流是一种文化生活。表情包和图像的兴起展现出一种别样的符号文化追求和交往趣味，但不可避免地面临着文字的消退。这不仅造成书写的弱化，还威胁到汉字本身的传承，这种潜移默化中的变化已经深入影响了每一个人的日常生活，人们正在一种“集体无意识”中失去最宝贵的文化财富。

对此，我们需要警惕技术时代对文字的消解，同时，充分利用技术构建的新平台和新媒体，探索书法教育发展的新方向和新契机。当下，学校普遍缺乏专业的书法教师和专门的教材，导致书法教育的开展往往流于形式。而网络上有大量的书法教学精品课程，教师可以筛选丰富、形象、生动，适合小学生的视频资料来进行书法教育，借助网络教学资源和学生共同探讨书法、学习书法。将书法教育与信息技术融合起来，更容易获得生长在数字环境下的学生的青睐。当然，这只是丰富了教的形式，学生还是需要一笔一画地练习，在书写实践中感受汉字的美感与张力，在日复一日的日常书写中陶冶性情，表达自我，通过静态的书写体现自我内在精神的动态变化和生长。

事实上，在每周一节书法课这样一个相对较短的学习时间里，是不太可能实现“书写技能”“书法审美”“文化传承”与“品格陶冶”等多层教学目标

---

① 资料来自 2021-11-03 田野笔记。

② 资料来自访谈记录 T-F-3：2021-10-20。

的。所以，广都小学在社团活动中开展了书法活动，让有兴趣且学有余力的学生选择参加，该校教师介绍，每次选书法的学生都很多，一般书法要开三个班。同时，学校也会定期开展书法展览、书法比赛、艺术节等活动提升学生对书法的认知和学习。①

第四节 蕴含于其他课程中的“成人”之教

单一的中华优秀传统文化教育在一定意义上就是学校教育中的一滴水，这滴水唯有融进其他课堂教学活动才能保持生命力。教育部印发的关于《完善中华优秀传统文化教育指导纲要》明确指出，要在中小学语文、历史、艺术以及德育等课程标准修订中，着力增加中华优秀传统文化内容的占比。同时，教育者要结合教学环节渗透中华优秀传统文化相关内容，把中华优秀传统文化教育全面系统地融入课程结构和教材体系之中。小学各科教科书或多或少都有关于中华优秀传统文化的知识，语文教科书蕴含的诗词歌赋、成语、谚语、歇后语、传统人文知识、文学思想、经典作品是最多的，道德与法治教材中包含了传统美德、家国情怀、传统节日、古代科技等诸多相关内容。数学、科学等教材中也增加了一些古代的名人故事和科学创举的内容，音乐和美术中包含了古代传统技艺，诸如古筝、古琴、篆刻、国画等。下面以笔者在田野调研中亲历的见闻为研究材料，来具体分析广都小学其他课程中蕴含的中华优秀传统文化教育对学生的德性修养和品格陶冶。

一、以诗词歌赋引导学生悟道怡情

关于“诗词歌赋”的学习，主要体现在语文教学中。语文是关涉中华优秀传统文化教育内容较多的教学科目，诗词朗诵、汉字书写、历史山河、文化名人都有所涉及。有研究显示，小学语文教材中关于传统文化的经典篇目有124篇，人文典故有114篇，关于传统文化的基本常识和特色技艺分别有300篇和149篇。② 但一些教师对中华优秀传统文化的内容了解不足，认为“语文课与中华优秀传统文化教育的关系并不大，一般社团课程里会有一些相关的，如川剧、

① 资料来自访谈记录T-M-17：2022-04-25。

② 田慧生，张广斌，蒋亚龄．中华优秀传统文化融入课程教材体系的理论图谱与实践路径[J]．教育研究，2022，43（4）：52-60.

国画”。①事实上，中华优秀传统文化内容包罗万象，不仅仅是那些具有明显标志性的特色内容，语文课中蕴含的中华优秀传统文化正是在润物细无声的教育中长期进行的。以下是笔者在田野学校听的一堂语文课，以此为例阐释如何引导学生在诗词歌赋的学习中悟道怡情，彰显诗词歌赋对个体成人的教育意义。

2021 年 10 月 12 日星期二，二年级一班“语文”课

早上第二节课即将开始前笔者进入二年级一班的教室，预备铃响了后，教师尚未到达，学生自觉地开始背诵或朗诵着《声律启蒙》（主编刘青文），这是广都小学的传统，课前三分钟诵读经典。洪亮而有力的诵读使人精神一振，学生们高昂着头，桌面收拾得很干净，眼神清澈。正式上课铃响后，教师慢慢走进教室，学生还未背诵完，也许是因为多了笔者这个“观看者”，孩子们并没有停下来的趋势，在背完一段后又开始下一段。教师用“停”的手势示意孩子们停下来。

本节课要学习的内容是唐代诗人王之涣的作品——《登鹳雀楼》，在学习诗句之前，教师首先考查了学生对生字的掌握情况，让学生拿出生字本，默写这首诗中的 6 个生字并组词，学生很快就写完了，教师让学生打开书本自己对照正误，并询问学生有没有写错的，所有的学生都表示自己写对了。接下来开始正式的古诗教学，教师用 PPT 展示了诗文内容，对文中的生字标红加粗。PPT 整体的风格清新脱俗，展现的图片颇具传统文化的意蕴。

图 3-1　二年级一班语文课

教师以三组图片“诗意的星空、湖面上的鹅、荷花图”为引子让学生回忆此前学过的“静夜思、咏鹅、小池”等诗句，然后以“鹳雀楼”的图片引出课堂内容。教师详细地介绍了诗歌创作的背景，引导学生对诗歌中

---

① 资料来自访谈记录 T-F-11：2021-10-20。

的生字进行组词造句，加深学生的记忆。其后，教师引导学生进行自由读诗，让学生把作者描述的景物用自己的笔画出来，部分学生展示了自己的画作。接着，教师让学生以不同的节奏和情感方式诵读古诗，学生都积极踊跃地参与，教师邀请五位同学单独诵读后再让全班共读。接下来，教师继续以形象的图片引导学生理解诗的意涵，引导学生认识落日的景象和自然的规律，让学生分享他们看到的落日景象，引导学生注意在日常生活中发现美的景象。在逐句讲解诗意的过程中，教师同时让学生参与对“楼、依、欲、穷”等生字的偏旁部首和结构进行解读，同时穿插讲解同音不同字之间内涵的区别。诗文讲解完毕，课堂即将结束，教师让学生回到家后把这首诗分享给自己的父母。

小学阶段是学生识字的起始和奠基阶段，这一任务主要通过语文教学完成，几乎每一节的语文课都会涉及生字、词组。一方面，汉字是中华文化的根基和标志，认识汉字、学习组词，是学生进行更深层学习的基本前提。另一方面，古诗词中往往蕴含着深刻的人生道理和自然界的运行法则，很多诗歌流传千年，成为世人无法超越的经典。正如这堂课的教学内容《登鹳雀楼》，其诗句“白日依山尽，黄河入海流。欲穷千里目，更上一层楼。”语句工整、用词精练，是五言绝句的典范之作。其内含着自然运行的规律，彰显了一种气势磅礴的力量。在学生学习经典诗句的过程中，这些作品本身所蕴含的潜力得到了充分的发展或者实现，① 学生在其中感悟自然景观的曼妙，借助诗作昂扬向上的情感想象生命的意义和自我生活的目的，从而在现实生活中进行积极的、无止境的探索。还有《爱莲说》《愚公移山》《山居秋暝》《长相思·山一程》等，这些经典文本蕴含着高尚的品质、矢志不渝的精神和民族文化情感，是古人思想情感、理性精神的高度凝结。学习经典的过程是一个跟随古人“悟道”的过程，也是引导学生“志于道”的过程，人的生活在根本上是志于道的生活。志于道是向着远方的企望，是对生命意义的打开。② 通过经典诗词的浸润和滋养，引导学生认识“人道”“天道”，在经典的引导中遵循生命成长的自然之道，提升自我道德的境界，习得与他人相处交往的伦理准则，领略人生的真谛。同时，学生作为一个群体，在共同对中华历代典籍文化的学习中，言说相同的故事，形成共同

① 阿斯曼．文化记忆：早期高级文化中的文字、回忆和政治身份［M］．金寿福，黄晓晨，译．北京：北京大学出版社，2015：100.

② 柯小刚．志于道、据于德、依于仁、游于艺［J］．贵州文史丛刊，2016，156（1）：1-8.

的文化记忆、文化情感和文化认同。这种共同的记忆和情感是凝聚人心的力量，让我们为同一个中国而奋进努力。

二、以传统节日形塑学生传统美德

节日凝结着人类在群体社会生活中形成的内在情感，它承载着一个民族在社会历史变迁中形成的习俗习惯、文化心理和精神思想，深刻地反映不同群体对自然、社会和历史的感悟和认识。① 每个节日的背后都蕴含着厚重的文化元素和丰富的文化资源，凝练着古人的生命体验和价值期望。近年来，中国传统节日逐渐作为一种育人资源融入中小学的中华优秀传统文化教育教学活动中，例如，二十四节气、端午节、中秋节等，作为一种文化符号，它们象征着我国古代人民对自然界的敬畏和对美好生活的向往。在广都小学，学校会围绕中秋节、重阳节、端午节等中华传统节日组织文艺活动、板报书写、班级比赛等活动，以此加深学生对中华优秀传统文化的感知和理解，引导学生将圣人的品格和智慧落实于日常生活中。

传统节日的民俗往往是以润物细无声的方式安插在不同学科的教学内容中。语文和道德与法治教科书中都有关于中华民族传统节日的教学内容，语文中有诸多关于传统节日的故事、民俗和传说，比如，关于中国农历新年的民俗，与端午节相关的屈原的故事，与中秋节相关的嫦娥奔月的神话故事等。道德与法治中有“团团圆圆过中秋”的内容，讲述重阳节和中秋节的节日文化，介绍这两个节日的风俗和起源。通过学习与传统节日相关的知识，传统节日蕴含的文化意义和传统美德在学生心中扎根、立魂。

在教学过程中，教师会根据节日的内涵组织和举办相关活动，比如，四年级一班为了让学生深刻理解重阳节的文化内涵，举办以“感恩敬老，爱满家园”为主题的文艺表演活动，学生用角色扮演的形式深情演绎重阳节的文化习俗，笔者对其中两个节目印象非常深刻。一个节目是《穿越时光——重阳节真相探秘》，6 个学生以王维的诗《九月九日忆山东兄弟》为创作背景，让王维穿越到好友登高赏菊祈福的地方，目睹亲友对他不在场的思念和感伤。学生通过惟妙惟肖的表演，把重阳节登高、赏菊的情形演绎得活灵活现，在最后的“插茱萸”时刻，感叹、担忧远在他乡的亲人王维。通过这种形式，生动呈现了王维的“遥知兄弟登高处，遍插茱萸少一人”的情思，加深了学生对这首诗的理解，活

① 萧放．传统节日：一宗重大的民族文化遗产［J］．北京师范大学学报（社会科学版），2005（5）：50-56.

化了人物形象，让学生真正感受到王维及其亲人之间彼此思念的深厚情谊。另一个是，《尊老敬老，从我做起》，节目由3个女生共同表演，一个扮演年轻人，一个扮演老年人，另一个是旁白，她们以现实生活为参考材料，揭露日常生活中“不尊老，不敬老，不爱老”的社会现象。例如，在家里对生病的奶奶呼来喝去，在公交车上不主动让座，嘲笑老年人不会用智能手机等。这两个节目揭示了重阳节的两个主题“辟邪消灾之登高”和“敬老爱老”。所有表演结束后，文老师向学生讲述了重阳节的文化内涵，并让学生背诵了有关重阳节的诗句，例如，孟浩然的《过故人庄》，“待到重阳日，还来就菊花”。杜牧的《九日齐山登高》，“江涵秋影雁初飞，与客携壶上翠微。尘世难逢开口笑，菊花须插满头归”。[①] 每逢节日，四年级一班都会举办相关的仪式活动，中秋节有文艺表演，全班共享月饼，冬至全班一起包饺子，元旦春节写对联、对对联，端午节包粽子，对这些特殊的节日进行情感的深化。学生在其中不仅获得关于传统节日的文化知识，也从中感悟节日倡导的尽孝、尊老、爱国等中华传统美德。

图 3-2　中秋节活动

图 3-3　元旦活动

图 3-4　学生写对联

再如，每年元旦将至的时候，广都小学都会组织学生开展“写对联”活动，在校园里展示学生的作品，邀请家长进校参观。偶然间有家长提出想要购买学生的作品，这便给了那些书法技艺娴熟的学生一个大显身手的机会。[②] 文老师讲道：“其实在这件事情上我们会借机给孩子讲一个财商的问题。让他们领悟到，只要你习得一手娴熟精湛的传统文化技能，也是可以用来支撑生活的。”[③] 学生在写对联的过程中感受、体验文化输出带来的美好和快乐，通过展示自我技艺获得他人的认可与欣赏，对学生来说是非常有意义的生命体验，既能让学生获得愉快的实践经验，也能提升学生对中华优秀传统文化蕴含的“实际”价值的认识。同时，也提升了学生学习书法的积极性和自信心。此外，英语教师也会

① 资料来自 2021-09-17 田野观察记录。
② 资料来自广都小学校刊第十五期。
③ 资料来自访谈记录 T-F-3：2022-03-16。

借助节日开展相关教学活动，深化学生对中华传统节日的认识。例如，四年级一班的英语教师让学生用英语绘制“中秋节”板报，并在班级里开展英语话剧比赛，让学生用英语表演与传统节日相关的情景剧，强化学生的情感体验，让学生学会用英语表达传统节日习俗，向他人介绍自己的文化。这些活动扩展和充盈学生的现实生活，让学生在学校的生活更加丰富、鲜活，使其自由充分地成长。

三、以传统典籍培育学生家国情怀

经典蕴含着文化精粹与人文思想，对个人心性的养成具有极其重要的教化与启迪功能，从古人所谈论的“天理”“自然”“人事”之中，我们可以体悟并汲取古人所创造和积累的智慧。语文和道德与法治教材中包含了大量的古代历史人文知识、经史典籍选篇、神话传说、成语和寓言故事等，这些内容从不同层面展现中华文化蕴含的思想精髓。例如，语文教材中的“大禹治水”“晏子使楚”等，“道德与法治”中的“骄人祖先，灿烂文化”“美丽文字，民族瑰宝”“弘扬优秀家风”等。教科书在本质上负载的是静态文本知识，这些静态的课本知识要转化成对学生成长有积极影响的育人资源，需要教师的深入解读以及在此基础上的二度创造，教师在教育教学过程中对文本的动态生成，让知识对学生内在心灵产生的影响具体、丰富而深刻。① 教师以自我所拥有的内在文化思想为尺度，在教学准备过程中衡量、评价、解读教材，通过自我思想情感的融入调动学生的积极情感和态度，深化知识内容在学生心灵中的印象，启发学生的思维。

在“道德与法治”课程中，以“爱家乡，爱祖国”的主题教育贯穿小学一到六年级，如教材中有“我们生活的地方”“我爱家乡山和水”“感受家乡文化，关心家乡发展”等。为了深化学生对家乡文化的认识与理解，广都小学开展了形式多样的大型文化活动教学。例如，“童心赞歌颂家乡，阳光课程暖回忆”“颂家乡，爱校园”“扬传统文化，展艺术风采”等主题教育。在“颂家乡，爱校园”活动中，每个年级的学生围绕不同主题对广都的人文风貌和民间传统艺术进行展示，通过图文介绍、实物展示、学生解说等形式介绍自己生活的地方，把广都特产、美食美景、民风民俗等呈现给在现场参观的每一位学生和家长面前。学校操场变身“民俗一条街”，全校师生分批次“赶集”，感受家

① 袁德润．当代中国基础教育与文化传统关系再认识［D］．上海：华东师范大学，2009：46.

乡的民间艺术文化。通过此类具有“仪式感”的文化节活动，增加学生的生活经验，让学生体验和感悟家乡承载的传统文化元素，促进学生更加全面地认识广都的历史、人文，激发学生探知地方传统文化的兴趣和积极性，增加学生对家乡文化的自信和认同，进而激发学生的文化自信心和爱国情怀。

图 3-5 “颂家乡，爱校园”主题展

以下通过一堂“道德与法治”课的观察实录展现“道德与法治”课程中蕴含的中华优秀传统文化知识及其对学生的教育作用。

2021 年 11 月 15 日星期一，五年级一班“道德与法治”课

该班的“道德与法治”课程由语文老师徐老师兼任。这节课的主题是“古代科技，耀我中华”，徐老师以一张深邃的星空图引入教学内容，告诉学生在这点点的繁星中，有很多星星是以我国古代科学家的名字命名的，随后在图片中标出“张恒星”“华佗星”“祖冲之星”等。徐老师问学生，什么样的人的名字会用来命名星星呢？学生不约而同地回答：“伟大的人”。徐老师通过星星引发学生对古人成就的好奇心，让学生通过阅读课本来了解这些伟大的人有什么成就。大概 6 分钟后，学生陆续读完。徐老师随机点名，让一位同学介绍张衡、祖冲之、李时珍的主要成就和贡献，被点到名的学生基本就是把书上的内容一字不变地读一遍。接下来，徐老师告诉大家，科技节即将到来，班级要举办一个“古代科技馆”，让学生来推荐他所知道的在古代有辉煌成就的科学技术人员。有一个学生连续推荐了 3 位具有杰出贡献的古代名人，分别是春秋战国时期的扁鹊，扁鹊创先运用“望闻问切”的诊断法；东汉时期的张仲景，他著有医书《伤寒杂病论》；还有孙思邈，著有《千金要方》，对推动后世医学发展具有重要的作用。课后，笔者了解到这位同学的爷爷是位老中医，家里有很多与中医相关的书籍，这些都是他平时耳濡目染接收到的信息。还有学生推荐蔡伦、贾思勰、徐霞客等。等学生推荐完，徐老师紧扣教材，从历史价值的角度向学生深

入讲解了张衡、李时珍、祖冲之的成就对当时人们生活的贡献，并让学生讨论这些伟大的人有什么共同的品质特征，他们为什么能取得卓越的成就，引导学生理解古人、学习古人高尚的品质。最后，徐老师让每个学生制作一张卡片，介绍自己心中“最亮的星星”，写得好的将作为班级“古代科技馆”的展品。

这堂“道德与法治”课包含了诸多具有杰出贡献的古代名人，学生从中可以了解古代科学技术的发展，感悟古人献身科学、坚持追求真理的坚毅精神。以此引导学生学习古人高尚的品格，刻苦钻研，追求科学知识，延续古代文化精髓，提升学生对中华文化的认同感、自豪感、敬畏感，敢于追求真理，勇于奉献，努力成为有志向、有思想、有理想并能为国家做出贡献的人。

四、以传统技艺提升学生身心修养

艺术是通过直观的艺术语言，将创作者的情感、思想表征为可观可感的艺术形象。对学生来说，艺术最重要的贡献是丰富学生的情感认知和想象能力，让学生获得理解自己、理解他人的能力，缺乏艺术陶冶的学生很难获得这种能力。“所有艺术、科学都可还原成是教化形式，就是类似于一切的实践与道德选择。”① 艺术通过强调知识内在的善与美发挥教化功能，而不是知识形态的概念和理论。

在美术课教学中，有诸多与中华传统艺术相关的内容，也有弘扬爱家、爱国的教学内容，常见的有让学生“画我的家”“画我的国家”“画我们的节日”。教师通过精心的课程设计，向学生讲授“家”“国家”对个人生存与生活的意义，引发学生对“家国”文化的想象，让学生以自我独特的方式，通过画笔表达他心中的家与国。在美术教学中，还通过鉴赏古代传统美术经典作品引导学生学习中华优秀传统文化知识，通过对美的鉴赏熏陶学生美好品格的养成。

2022 年 4 月 12 日星期二，四年级一班 美术课

课堂主题：“认识中国画”。授课教师：季老师（毕业于四川美术学院）。教师首先引导学生认识文房四宝：笔墨纸砚，了解作画的基本工具。接下来教师引导学生欣赏南宋梁楷的名画《泼墨仙人图》，通过对这幅画的赏析，让学生领悟“泼墨法”的微妙之处。接下来是元代王冕的《墨梅图》，在对画作风格进行了简单的介绍后，季老师对图画中所题的古诗《墨

---

① 亚里士多德. 尼各马可伦理学［M］. 北京：中国社会科学出版社，1999：37.

梅》“吾家洗砚池头树，朵朵花开淡墨痕。不要人夸好颜色，只留清气满乾坤”进行了简单的讲解，通过古诗把画作未言的情境高度凝练地表达出来，让学生更好地理解画作所要表达的情感意境，领悟作者托志于梅花高洁品质的价值取向。接下来，教师继续向学生介绍这幅画的另一个特点——“印章”。印章有两种表现方法：刻去文字，保留文字以外的部分叫阴刻，又被称作白文；保留文字，刻去文字以外的部分，叫作阳刻，也就是朱文。中国画不仅讲求墨色变化，更注重诗、书、画印为一体的艺术形式美。此时教师讲得津津有味，而不少学生已经在开小差，他们有的趴在桌子上打瞌睡，有的在做作业，还有几个悄声聊天的，教师不得不停下来整顿课堂纪律，让学生集中注意力听讲。其后，教师继续讲中国画的种类，可以分为山水画、花鸟画、人物画。又将潘天寿的写意画《荷花》和一幅宋朝的工笔画《出水芙蓉》做对比，引导学生认识写意画的特点。让学生了解墨的五色“焦浓重淡清”，以及不同墨色一般所表达的形神和情趣。然后让学生以习得的知识分辨潘天寿的《荷花图》中的五种墨色，老师找了一位同学，让她用不同的符号标出焦色、浓色和重色。学生经过一番尝试后，只用圆圈划出了两处重色。据笔者观察，要清楚地分出五种墨色对初次接触水墨画的学生来说并不容易。最后，教师对本节课所教授的知识进行检测，以选择题和填空题的形式展开。同时给学生留了一个课后作业，让学生选择一幅自己喜欢的作品，用100字左右的文字分析它的笔墨、画法、题材、用色等。

教师所讲的内容本身是非常有意义的，让学生通过欣赏画作感受古朴典雅的意境、空灵悠远的禅意、悠然飘逸的超凡气质，但部分学生提不起兴趣。这与教师授课的方式和教师的教学影响力具有密切的关系。审美教育的目的是要让学生放松身心，通过艺术的、美学的视角观察世界，教师若过多注重具体知识的获得，就会在无形中给学生压力。中国山水画摒弃对外在自然色相的描摹，用看似单一贫乏的浓淡深浅墨色表达最质朴、最内在的永恒之道，展现生命、自然与社会的动态关系，其背后蕴含着中国传统哲学中天人合一、虚实相生、人与自然和谐相处的哲学思想。教师若在教学过程中忽略那些细枝末节的知识，进行深入的思想文化阐发对学生来说更具成长意义，也更容易引发学生的兴趣和注意。

季老师认为：“美术课不是教孩子画画那么简单，美术教育与中华优秀传统文化也是紧密相关的，比如说，我们三年级的时候教学生画最简单的‘太阳’，我就会让学生先鉴赏一些古代的代表作，比如，商末时期的‘太阳神鸟’，让学生通过古人的作品来了解太阳在古代人心中的象征性意义。”①

由此可以看出，季老师会有意识地在日常美术教学中融入对传统美术作品的教学，引导学生从不同角度认识中华优秀传统文化，感悟古代画作中蕴含的中国人特有的思维方式、价值取向与文化传统，培养学生对美的鉴赏能力。在教学过程中，引导学生去赏析画作的用笔、墨法，感受作品展现出的虚实、黑白、明暗、曲直、凹凸、刚柔等表现手法，理解其背后蕴含的“阴阳相生”的传统思想，只有让学生真正理解中国书画蕴含的精神智慧，他们才能对中华优秀传统文化产生稳定的兴趣和持续的学习倾向，专注于笔法技法等外在形式的传授，虽然能在短时期内提升学生的绘画能力，却可能较难获得长久的发展，因为枯燥的技艺训练可能把他们的学习兴趣消磨殆尽，也就难以实现对学生品性的熏陶。

图 3-6　广都小学学生古筝表演

图 3-7　广都小学学生阮咸琵琶表演

子曰：“兴于诗，立于礼，成于乐。”② 人性的定格与完成离不开音乐的浸润。艺术不只是一种技术，更是修身养性体道悟道的方式。中国传统音乐文化源远流长，集言志、言情、审美于一体，提倡“天人合一”“情景交融”以及“心物一体”的体悟与智慧。为了促进传统音乐文化的传承与发展，广都小学根据学生兴趣，组建古琴小班，成立古琴艺术社团，专门聘请校外的古琴教师为学生授课，定期开展古琴演奏活动，提升学生的古琴技艺及其表现力。③ 古琴内含着中国独有的宇宙自然观、生命哲学观。古琴的工尺谱虚实结合，只记音位和奏法，在演奏中，通过左右手吟、猱、绰、注、托、擘、抹、挑等技法，奏出飘逸悠远的泛音，追求“实音”与“虚静”的结合，通过虚实相生的手法，以表达象外之意，弦外之音，通过有限营造无限，以实托虚，从而创造出大象

① 资料来自访谈记录 T-M-14：2021-10-14。

② 李泽厚．论语今读［M］．北京：中华书局，2015：154.

③ 资料来自广都小学校刊第十五期；访谈记录 T-F-3：2021-10-26。

无形、大音希声的审美意境。[①] 学生在学习琴乐中产生的诗意和情感具有滋润学生灵魂的作用，使学生的生命永远焕发青春的活力。“君子之近琴瑟，以仪节也，非以慆心也。”[②] 古琴的音色和音量柔和、温婉，追求和、雅、清、淡的审美境界，能在很大程度上抚平人们紧张的心情与神经，对于当下处于应试竞争环境中的学生具有重要的情绪调节作用。琴乐文化中蕴含的人文精神，讲究个人的操行与品德，脱俗自适，富有正义感，威武不屈。音乐是情感艺术，对音乐的欣赏与练习，可以刺激学生脑细胞的生长，陶冶学生心灵，[③] 促进学生正确理解作品的主题，增强学生的共情能力和表达水平。

中华优秀传统文化教育的主要目的在于“以文化人”“以文育人”“教人成人”，它并不是要学生掌握多么惟妙惟肖的书法、绘画或戏曲演唱的技法，而是注重学生对书法、国画、戏曲等中华优秀传统文化中蕴含的审美境界和绘画技艺所内含的精神的领悟。中国传统的诗书礼乐在根本上是朝向主体内心深处的艺术，它偏重于主体的修养、体悟和抒发，将艺术作为一种怡情养性的途径和生活方式。作为一种个体成长过程的和历练个人生命发展的体验，它将人自身的精神境界与艺术的审美沟通为一体，从而极度重视对艺术主体人格精神的修养，将艺术的美感与主体的生命精神结合在一起，成就完美的人格。

第五节　课堂教学过程中对中华优秀传统文化教育的反思

从“教以成人”的教育视角而言，教师应尽其所能地向学生传递中华优秀传统文化，发挥中华优秀传统文化教育的育人作用，以中华优秀传统文化培养学生道德品格，沁润学生心灵，注重学生完整人格的养成。广都小学的“传统文化”“书法”等课程都是由主科教师兼任，受困于教师自身的传统文化素养和应试教育的裹挟，教师认为中华优秀传统文化是课外知识，是对学生繁重学习生活的一个调节，导致中华优秀传统文化教育“成人”目的迷失。同时，生活于现代社会，受多媒体、互联网等数字文化的影响，学生的精神生活被缺乏思

① 易晓明．当代中国艺术教育的人文目标建构［J］．南京师大学报（社会科学版），2021（1）：24-37.

② 文化部艺术研究院音乐研究所．中国古代乐论选辑［M］．北京：人民音乐出版社，1981：3.

③ 岩青燕．台中市正典“国小”实施儿童读经教育之个案研究［D］．台中：台中教育大学，2012：11.

想价值和人文涵养的信息占据，导致学生缺乏学习中华优秀传统文化的精神基础。

一、教师未真正领悟中华优秀传统文化教育的“成人”之道

教师是推进中华优秀传统文化教育在校园“落地”的关键力量。教师作为开展教育活动的组织者和实施者，其自身的中华优秀传统文化修养直接影响学生对中华优秀传统文化的认知和理解，更会影响学生学习中华优秀传统文化的兴趣和积极性。目前而言，大多数教师没有系统地学习中华优秀传统文化知识的经验，也没有参与过专门的中华优秀传统文化教育教学方法的培训活动，其本身就缺乏中华优秀传统文化的浸润和陶冶，在教学中难以对中华优秀传统文化进行生活化和趣味化的解读。

（一）教师缺乏开展中华优秀传统文化教育的素养

从开展传统文化教育需要的专业基础来说，广都小学大多数教师缺乏有关传统文化知识的学习。广都小学共有59位语文教师，具有汉语言文学学位的教师仅有十多人。从教师的年龄结构看，广都小学的语文教师在40岁以上的占据总人数的2/3，[①] 在他们上学的那个年代，传统文化知识尚未像今天这般被提倡。教师称：“我们那个时代，都不注重这些（传统文化），也没人提（传统文化）。”[②] 人是生活在时代中的，一个时代的印迹会通过日常生活悄无声息地进入个人的认知和经验中。“由于曾经对传统文化不加分析地批判，造成大学生文化知识上的欠缺，特别是中国传统文化知识上的欠缺。”[③] 这是一代人在自身精神文化上的欠缺，中华优秀传统文化远离了他们的精神世界和生活世界，导致他们在潜意识里缺乏对中华优秀传统文化重要性的认知。当教师在学校接受专业教育时，中华优秀传统文化不受重视，导致教师缺乏相应的知识素养；当教师走入职场，面临信息技术带来的大变革，受网络文化和信息媒体的影响，一些教师对中华优秀传统文化无感或存在偏见，在意识层面缺乏坚定的文化认同和文化自信。在“他们的时代”和“当下的时代”的共同影响下，进一步导致传统文化在这些教师群体的精神世界和生活世界中的缺失。

中华优秀传统文化教育实践需要教师在日常的点滴教学中融入课堂，让学

---

① 来自学校内部资料。

② 资料来自访谈记录T-F-15：2021-10-29。

③ 杨叔子，肖海涛．文化素质教育是中国教育理论和实践的创新：杨叔子院士专访［J］．苏州大学学报（教育科学版），2021，9（2）：51-57.

生在不知不觉中浸润在深厚的中华文明教化中，但现实是多数教师缺乏这样的文化素养。这就造成了两个问题。

第一，每位兼任“传统文化”的教师都有自己承担的主要课程，而课程承载的教育任务与中华优秀传统文化教育之间难以形成有效连接。每一门课程都有其独特的话语模式和话语风格，唯有将知识以其自身独有的方式展现出来，才能彰显知识的独特价值。相比于其他学科，“传统文化”教育更讲究一种古风典雅韵味，注重文字的修饰和语言的优美，这对多数教师来说具有较大的挑战性。也就是说，由主科教师兼任的“传统文化”教师并不擅长传统文化教学，甚至部分教师本身对传统文化不感兴趣，上“传统文化”课是源于学校的安排，并未真正领悟中华优秀传统文化知识蕴含的育人之道。这就导致教师在中华优秀传统文化教育展现的是一种僵化的、毫无生气的传统文化知识，课堂缺乏应有的活力以及对学生的吸引力，教师和学生在其中难以获得成长的意义。

第二，在课堂上融入其他教材的相关传统文化知识常常被教师忽略，融入其他课程中的中华优秀传统文化知识失去育人的意义，导致将中华优秀传统文化教育融入国家课程的教育目标难以实现。例如，在二年级上册数学教材中涉及四大发明的知识内容。① 但教师在授课过程中关注的核心是数字，是数学的教学目标，对传统文化知识并不敏感，在课堂教学中并不会专门向学生介绍火药的发明、指南针的使用。同样，五年级的数学教材有关于刘徽的《九章算术注》的部分内容，② 但在现实教学中，这部分内容并没有出现在课堂上。教师表示：“这个一般让学生自己看一下就可以了。”③ 融入教材中的中华优秀传统文化知识需要教师对其进行创造性解读，当教师缺乏相应的解读能力，且未认识到中华优秀传统文化知识的重要育人作用，在教学中自然而然地会忽略教材中有关中华优秀传统文化的知识。

（二）应试教育对教师教学行为的裹挟

学校的评比、家长的诉求、隐秘而公开的升学率裹挟着教师，让教师在教学活动中难以真正开展以“成人”为目标的教学活动，只能将教学的目的固着

---

① 二年级上册数学教材，“写出横线上的数”：①我国唐朝时就出现了火药武器，距今约一千一百年。②我国战国时期就出现了指南针，距今约两千五百年。③我国宋朝年间，毕昇发明了活字印刷，距今约九百七十年。④我国东汉时期蔡伦改进了造纸术，距今约一千九百年。

② 五年级数学教材，刘徽的《九章算术注》，文中写道：“微数无名者以为分子，其一退以十为母，其再退以百为母，退之弥下，其分弥细……”

③ 资料来自访谈记录 T-F-18：2021-12-20。

于浅层次的知识传输。在学校这个相对封闭的组织系统里，教师的人生成就与学生的学习成绩直接相关，只有学生取得较为理想的成绩，教师才能在其所生活的现实环境中获得更多的认可与尊重。

由于组织机构利益最大化的追求和教师自身认知的局限性，教师一般较少自主学习传统文化知识。尤其是高年级的“传统文化”教师，他们基本只接触与考试相关的教科书，缺乏必要的精力去阅读“课外书”。例如，笔者追踪观察的六年级的“传统文化”教师，一人兼任多门课程，其在校的生活基本围绕“上课—批改作业、批改试卷—讲习题、讲试卷”三方面展开，就像西西弗斯一般每日重复同样的劳作，难以在其中发现幸福的意义和美好的享受。

教师称：“我每天都要批改学生的作业和试卷，一个班级五六十个学生，每个都要批改，我自己根本就没有时间看课外书，更不要说学生了，这是没办法的事情，现在考试要求那么高，不多练题怎么考得好，学生本身的学习压力就很大。所以感到中华优秀传统文化教育真的要实行起来还是很难。”① “现在到了高年级了，国学课我们也都是背诵，面临小升初，课外知识的学习越来越少了，基本不讲什么新的东西。毕竟现在六年级了，所有的精力都在主科学习上。”②

从“没时间看课外书”和“课外知识的学习越来越少”中可以发现，中华优秀传统文化教育对教师和学生来说是“课外”添加的内容，不是课内本就应该学习的内容，也不属于考试的内容，与学生的成绩没有直接关联，而教师和学生的在校生活始终追求工具性、利益性价值的获得。学校应试教育的现状，弱化了教师学习中华优秀传统文化知识的积极性和主动性。教师称：“教育局说到底还是注重地方的升学率，所以我们这个传统文化教育，还是在夹缝中求生存，在学校推行起来很难。”③ 教师最终将中华优秀传统文化教育发展之难归咎于组织系统内部分数最大化的追求，人们处在这个利益博弈的社会环境中，在不自觉中形成以工具性价值追求为旨归的教育目的。教师和学生都被编织在既有的规范体系里，每个身处其中的人都难以跳脱出来。

（三）规训式教学方法压制学生身体

在田野考察过程中发现，学校对学生身体的规训体现在方方面面，为了维持课堂的秩序和教学活动按部就班进行，教师经常会对学生发出各种口令，比

① 资料来自访谈记录 T-F-15：2021-10-20。

② 资料来自访谈记录 T-F-10：2021-10-14。

③ 资料来自访谈记录 T-F-3：2022-04-26。

如，教师说“一二”，学生立即回应“坐直”，“一二、坐直”的声音不断地回响在课堂上。有时候，教师也会直接对学生说：“又是谁在说话？闭上你们的嘴巴，不要让我再听到声音。”这种规训式的教学方式压抑学生的身体，让学生成为被牵着线的木偶人，失去了思想和感知能力，只是听从指挥。这种现象不仅存在于笔者所调研的这所学校，在很多中小学，教师都采用同样的方式来维持课堂秩序。

纪律、规范、安静是课堂有序运行的武器，学生的身体在课堂上是被规训、被惩罚、被奖励的对象。当学生扰乱课堂秩序，可能会被扣分或罚站，罚站的身体处于众目睽睽之下，失去自由；① 教师邀请学生上讲台进行示范，身体承载了一种肯定性奖励和精神的鼓舞。还有一种现象是：身体活跃、体格健壮的学生往往会成为教师的得力助手，去帮教师取一份报告、搬一个凳子或帮助弱小同学做体力活。这种系统而精微，看似敞亮实则秘密运行的身体训练，给学生留下不同的经验感知。② 下面以一堂“传统文化”课上的情境具体呈现学生的身体被规训的现状：

> 学生的桌面很干净，只放了一本《小学生经典诵读》和文具盒，每个学生的书都摆放在桌子的右侧，双手齐齐地摆放在桌子表面。听到老师说打开课本，他们同时翻书，翻好后恢复到原来的静默状态，等着教师的下一句口令。在教师的指示下，学生齐声背诵了上节课的内容，声音洪亮，节奏有律。这样的课堂纪律虽说让人感觉很舒适，让课堂进行得很顺利，但让人觉得揪心。他们不过是儿童，但其生活方式充满军事化气息，这种整齐的动作和规范的课堂运行方式注重的是课堂形式的训练，其教学活动的生成性和丰富性被消解得荡然无存。③

这种现象不仅仅体现在“传统文化”课上，几乎所有的课堂都有类似的场景存在，这在教学中也确实是个两难的困境。对学校来说，一个重要的问题就是：如何让学生既服从于强制的法则，又能灵活运用自由的能力。康德认为：“应该让儿童习惯于忍受对其自由所施加的强制，并应同时指导他去良好地运用自由。”④ 在教育实践中，教师若不强调纪律，面对乱糟糟的课堂，教师组织课

---

① 福柯．规训与惩罚［M］．刘北成，杨远婴，译．北京：生活·读书·新知三联书店，2012：123.

② 哈维．后现代的状况：对文化变迁之缘起的探究［M］．阎嘉，译．北京：商务印书馆，2003：65.

③ 资料来自 2021-11-02 田野观察记录。

④ 康德．论教育学［M］．赵鹏，何兆武，译．上海：上海人民出版社，2005：13.

图 3-8　规范的课堂

堂会感到力不从心；过于强调纪律，虽然教学步骤可以在教师的主导下有序完成，提高课堂效率，但教学的规范性和预设性剥离了教学的生命性，使教学活动难以深入学生内心。其他课程或许出于“应试”的需要，不得不采取这样紧张有序的教学方式，尚情有可原，而中华优秀传统文化教育采用这种方式则完全背离了教育的初衷。回想《论语》中的“侍坐章”，子路、曾皙、冉有、公西华侍坐，与孔子畅谈各自的人生理想与抱负，是多么得惬意畅快，没有既定的教学模式，没有规训的枷锁，每个人都可以表达自己真实的想法。而现在学习传统文化管束住学生的官能知觉，使其免于感知与思考，只是跟随教师完成学习知识的任务，背离了教育的本质。

在学校里，学生的身体被分割对待，学生的肢体、嘴巴、眼睛、耳朵被微妙地控制在具体的纪律规定的限度内。“一种精心算计的强制力慢慢通过人体的各个部位，控制着人体，使之变得柔韧敏捷。这种强制不知不觉地变成习惯性动作。”① 我们并不是主张放弃管束学生身体的活动范围，学生的注意力聚焦于学习活动时，他们的大脑神经处于一种紧张兴奋的状态，大幅度的身体活动会破坏学生的专注力。尤其是小学低年级的学生，他们的大脑皮质相对稚嫩，在学习过程中一般只能集中注意力 10 分钟左右，严格的纪律和有效的管理能延长学生的注意力集中时间。② 但是，过于拘束的课堂不仅让学生的身体处在牢笼中，也囚禁了学生的认知力和想象力，反而难以达成教学的预期效果。一方面，身体的规训对个体遵守纪律、公共秩序和约束个人欲望具有积极的作用，应该在一定程度上肯定它、保存它。另一方面，这种传统限制身体，打压身体，使身体承受各种痛苦，成为个人与社会进一步发展的障碍，应该谨慎地运用它。

---

① 福柯．规训与惩罚［M］．刘北成，杨远婴，译．北京：生活·读书·新知三联书店，2012：156.

② 瞿葆奎．教育学文集：教学（上册）［M］．北京：人民教育出版社，2010：156.

中华优秀传统文化教育旨在以高雅厚重的文化浸润学生心灵，升华学生对传统文化的情感，是一项创造性的艺术活动，应从内部去引发学生的学习动机而不是通过外在的管控。

二、厚重的传统文化与现代学生生活疏离

学生是中华优秀传统文化教育的对象，学生的态度、兴趣和倾向是影响中华优秀传统文化教育的重要因素。在长期与学生相处的过程中，笔者发现，现在学生接触的信息特别广泛，除教材以外，他们还通过各种电子产品和网络资源了解外界。但在一些网络平台上，传播的内容水平参差不齐，良莠共存，一些低俗、庸俗、媚俗的信息会不经意间腐蚀学生的心灵和精神世界，导致学生缺乏对高尚的人文精神的追求。

（一）传统文化知识远离学生生活

对于生活于现代世界，在白话文、网络流行语、俚语等环境下长大的一代，古代经典著作与他们的日常生活世界相去甚远。经典著作中的语言与学生生活中的语言断裂与隔离，导致学生无法在自我生活世界里与经典联结，造成学生学习经典的无趣、无聊、无成就感和沮丧感的现状。例如，古诗词里描述的风景、地域及其意境在当下可能已经不复存在，学生单凭想象去理解古诗会觉得空洞乏味，不禁失去认知的兴趣。笔者在田野考察中发现，对一些学生来说，他们认为与传统文化相关的古诗词的学习是沉重的，是一个他们难以理解的远古世界。有学生谈道："古诗文太难了，直接看根本就不知道是什么意思，还是白话文简单。"① "每次背古诗都会卡壳，我本来觉得自己还比较聪明，一背古诗就有点怀疑自己了。"② 现代以来，人们沉溺于轻浮之乐，喜欢一切简单、明了、直接的东西，对于深沉的意境和古典时代的韵味缺乏深入的体悟与感受。

在智能手机、信息互联网等数字文化的影响下，学生的日常生活被那些琐碎的信息充斥，他们沉迷于刷短视频、看直播、玩网络游戏。他们不是主动地寻求自己想要获得的信息，而是遵从大数据的机械推荐，被动地接受信息。这种不健康的生活方式使学生的精神世界被无意义的信息占据，导致他们缺乏开展高尚精神活动的力量，③ 文学、艺术、哲学等高雅的智慧被他们忽视、排斥，

① 资料来自访谈记录 S-M-6：2021-10-20。

② 资料来自访谈记录 S-M-7：2021-10-20。

③ 马尔库塞．单向度的人：发达工业社会意识形态研究［M］．张峰，吕世平，译．重庆：重庆出版社，1988：13.

较难得到他们的青睐。他们的潜意识中认为古代的那种纯粹的学理知识、烦琐的礼仪制度以及等级秩序陈旧迂腐，空有浪漫主义情怀而缺乏对现代人生活变化的关照。这也就导致一些学生对民族传统的淡漠和对民族文化的漠视，在学习有关传统文化的知识时缺乏学习动力，态度消极冷漠。① 为了增加学生的学习兴趣，学校尽力简化内容，使之易于儿童接受，尤其是对于小学低段的学生，通常都是教授最简单的儿歌、童谣，让学生先感受诗的韵律和节奏，形成对古诗的最初印象。

虽然这些内容形式相对简单轻松，但当学习的负担完全缺失，“人就会变得比空气还轻，就会飘起来，远离大地和地上的生命，其生命也会变得自由而没有意义”②。且以“快乐”为诱饵进行的教育难以让学生保持长久的兴趣。小学阶段的学习不再像幼儿园时期只是玩游戏那么简单，而是系统地学习知识。教师不能像智能机器一样给学生输送信息，但教师可以借助生动、感性且具有生活化气息的动态图片和短视频等素材唤起学生的认知倾向，引发学生的关注，使中华优秀传统文化教育符合生活在快节奏时代的儿童的心理状况和生活习惯。同时，教师要在教学中鼓励学生去感受古典的文化气息，感受古典文化的厚重韵味，在一点一滴的浸润中陶冶学生的内在情感，提升学生的审美情趣和文化认知程度，使之透过具体的知识感悟传统文化的厚重之美。

学生是传承中华优秀传统文化的核心力量，教育实践要求人们能够准确认知、清晰理解中华优秀传统文化，凝练中华优秀传统文化，实现中华优秀传统文化的创新性转化。真正富有内涵的中华优秀传统文化教育能够引发学生浓厚的探究兴趣，使其乐于挖掘中华优秀传统文化蕴含的内在价值，并能在这个过程中汲取深厚的力量。在未来可能的发展中，借助现代信息技术手段创新发展中华优秀传统文化教育，把现代的轻与古典的重结合起来，在传统文化与现代技术的融合中建构具有中华文化意蕴的中国学派，创造继承传统、面向未来、光耀时代的中华文明。总之，中华优秀传统文化教育应以引导学生“成人”为出发点，关注学生作为“人”的精神体验和价值追求，尊重学生个人的兴趣、情绪和情感，以适切的方式引导学生，进而为中华优秀传统文化教育在广大中小学扎根奠定基础。

（二）现代科技生活冲击学生精神世界

消费文化日益凸显和张扬，各种光怪陆离的流行文化以及良莠并存的网络

① 丁钢．中国教育文化的阐释［M］．北京：教育科学出版社，2021：146.

② 昆德拉．不能承受的生命之轻［M］．许钧，译．上海：上海译文出版社，2010：5.

文化逐渐盛行，大众文化正以强烈的同质化力量影响、形塑着青少年的价值观，对学生的文化价值观念产生了极大的影响。学生群体消费主义观念恶性蔓延，学生之间存在虚荣攀比的现象，学生价值观趋向世俗化、功利化，缺乏高尚的人文精神价值追求。他们对流行文化以及网络文化很自然地将其当作新生事物而多一份接受和欢迎，对于传统文化则往往容易将其当作“老古董”“过时货”而拒之千里。① 学生在心理上对中华优秀传统文化缺乏认知和学习的兴趣，对“经史子集”中的著述感到陌生，即使曾经接受过中华优秀传统文化教育，但教育成果也在现代科技生活的不断冲击下日渐消解，给中华优秀传统文化的教育带来极大的挑战。笔者在一次“传统文化”课堂观察中发现，学生对自己居住的地方、日常所见的事物知之甚少。教师在授课中特意选取了描述成都的古诗，期待用学生的日常生活经验引发学生的学习兴趣和一种共鸣的感知，却遭遇了经验的滑铁卢。② 人们一般认为学生对自己身边的事物会有更多的关注，比较熟悉日常可接触的事物，但事实可能并非如此。现代的生活体系使学生在层级鲜明的流水线上活动，学生对生活的感知和世界的探索被无限缩小，在程序化的过程体验中学生情感的敏锐度逐渐钝化。③ 真正清晰、精确而有力地感知到自己存在的特殊能力正在一点一点退化。人们经常忽略身边的风景，看不到眼前真实的事物，沉浸在虚拟的网络世界中，对身边鲜活的事物缺乏敏感性。在这样的时代大背景下，增加了开展中华优秀传统文化教育的困难。

随着科技的不断发展和突破，网络世界已进入我们的日常生活中，极大地方便了人类的生活、出行、购物等，提升了人们的生活质量，但对青少年儿童来说，利用不当就会吞噬人的精神世界，使人成为工具化、器物化的存在。面对智能技术的诱惑，“人的大脑几乎 24 小时都被电子设备占据着，有可能变成持续狂热的永动机。”④ 当前，各种网络游戏和花样繁多的娱乐活动逐渐成为学生追捧的生活方式，他们喜欢玩《消消乐》《王者荣耀》《脑洞大师》“剧本杀”等游戏。这些游戏虽然让儿童感到轻松、愉悦、刺激，能缓解学生日常学习的压力。但同时也有诸多消极的影响，它排斥心灵对意义的追寻，消除以思考方

① 李国娟．高校加强中华优秀传统文化教育的理论思考与实践逻辑［J］．思想理论教育，2015（4）：64-69.

② 资料来自文老师在 YS 小学的中华优秀传统文化教育公开示范课，2021-12-03 田野观察笔记。

③ 桑内特．肉体与石头：西方文明中的身体与城市［M］．黄煜文，译，上海：上海译文出版社，2011：3.

④ 施瓦布．第四次工业革命：转型的力量［M］．李菁，译．北京：中信出版社，2016：104.

式进行的精神锻炼。这些游戏占据儿童的身体时间与精神时间，儿童被征用到与精神建构无关的方面，丧失了思想、言说、行动的深刻洞见。① 另外，一些网络游戏含有暴力元素、诱导玩家购买装备等，不利于学生的心智成长以及美好品格的养成。小学生的世界观、人生观尚未成熟，长期受游戏中不良思想的熏染，会造成学生心灵的被遮蔽与异化，使之难以辨别是非善恶、对错美丑，从而在生活中迷失自我人生的方向。教育要抵御智能技术对儿童的愚蠢化，抵制游戏对人的消费化、工具化，带领儿童做有益于丰富心灵、敞开精神的游戏活动。让儿童通过游戏辨明观念、超越传统，反观现实，能够在他者角色扮演中怀疑、分析、检验生活中的各种意见，使人成为完整的人，而不是被机械割裂的人。

笔者在田野调研中发现，一些学生甚至在自习课、体育课上围在一起玩"剧本杀"《狼人杀》等游戏，② 他们热衷于角色扮演，期待在虚拟世界中获得某种心理补偿，体验不同的自我。人的存在由此被二分化，一边是真实的世界，一边是虚拟的世界，二者此消彼长。当现实世界变得平平无奇、死气沉沉的时候，虚拟世界便会凭借其丰富多样的模拟体验充斥人的生活。当学生的精神时空被虚拟的人物游戏占据，他们的心灵就会失去对厚重的文化知识的思考能力，他们在精神上远离了传统文化内涵的精神世界。对此，教师也可以反过来利用学生所喜欢的方式，将中华优秀传统文化教育与解决现实问题结合起来，让学生扮演古人的角色，以古人的形象与教师、同伴展开对话，运用传统智慧解答伦理失范、信仰缺失、精神空虚等现实困境问题。让学生切身感受古人的心理、愿望、抱负及其道德观，启发学生用中华优秀传统文化的思想智慧，思考自我发展中的人生选择及价值判断。当这种象征意义被引入学生的精神之中时，学生的精神就会发生转化，新的独特性将不断生成。学校不能刻意回避或压制学生的生活方式，不能让教育脱离学生的生活，抵触、对抗学生的生活方式和兴趣爱好只会导致低效的教学，最好的方式就是利用它。

本章小节

教育是一个陶冶的过程，遵循个体发展"成人"的自然之"道"。"道"就

---

① 金生鈜，孙圆．人类世中赛博格教育的熵化困境［J］．教育学报，2023，19（1）：3-14.

② 资料来自 2021-06-01：JGY 小学田野观察笔记。

体现在中华优秀传统文化教育的传承与日常的课堂活动中。在这个过程中，“道”是教育者承载的责任义务，“道”是学生立志成才的理想，“道”是师生交往互动所遵循的法则。“道”虽然没有具体的可承载物，使之能被直接看到，但“道”是可以被感知的，“道”是否存在，笔者可以通过对师生课堂生活的观察感知到。

课堂是开展中华优秀传统文化教育的主阵地，课堂将传统文化知识与个人情感、品格和思想的发展联系起来。广都小学专门的传统文化课程有“经典诵读”“传统文化”“书法”。“经典诵读”“传统文化”涵盖的核心内容是“诗”和“文”，所谓“诗言志”，诗总能引起人的情感共鸣，人在思索诗歌意涵的过程中，除了领悟文字描绘的情境外，同时检视自己的内在情感与内心世界。诗意想象空间的吸引力，造就了学生精神自由的条件，也降低了学生对道德教条的抗拒情绪，更易于培养学生美好的品质。“文以载道”，经典诵读和传统文化的浸润让学生领悟“文”和“道”的内涵，引导学生在潜移默化中形成自我人生的理想抱负，在日常生活中立志实践“道德法则”，遵循为人处世的应然行为选择。在书法教育中，书法艺术本身追求的是一种悠闲的、美好的生活情趣，但教学实践过多注重学生“技艺”的获得而忽略对其心灵的陶冶，所谓“君子不器”，书法教学的目的不应局限于技巧与能力的增进，而应关注学生心灵的充实与精神的享受。

其他课程中的“成人”之教，诸如古琴、诗词、典籍故事等礼乐艺术教育让学生的外在行为表现和内在心灵状态趋向和顺，使之在“文之以礼乐”的过程中感悟“游于艺”的生活美学和恣意畅快。“艺”是无所不包的，艺可以指实用技能，“吾不试，故艺”，也指政治、军事、外交之事，例如，“冉秋之艺”，艺的内涵不尽相同。实用技能之艺如绘画的技巧、奏乐的技能等，主要靠练习方法来增进；而在性质上属于文化修养的艺，它是通过博学于文而使人眼光远大、心胸开阔，需要我们靠实际经验磨炼和积累。因此，在中华优秀传统文化教育过程中不能急功近利、计较绩效，而要耳濡目染、慢慢消化。所谓“游于艺”就是要悠游其间，因为它在本质上是一种文化素养，而非做某件事的具体能力。其他课程中的教学内容在不同层面上涵盖了孔子“成人”教育中有关“道德仁艺”的知识内容，积极践行课程的“成人”目标。换言之，在中华优秀传统文化教育过程中，关注学生内在德行的充盈，注重身体修养的礼仪规范，同时，引导学生熟练掌握一门技艺，教育便能使人“成人”。

在课堂教学中不可避免地存在不符合“成人”追求的教育实践。在充斥着竞争观念的当代社会，人被工具理性宰制。追求实效和实用的功利教育现状要求一切都要快，“快点背诵、快点跑步、快点用餐”，我们总是能听见教师不断的催促声“快、快、快，抓紧时间”，学生已然成为旋转的陀螺，每当速度下降时就被抽打使之加速运转。教育者和学生身处其中，教师职业的“育人”价值逐渐被消解，功利性、工具性价值张扬；学生亦不再是单纯的学习者，多元、纷繁、复杂已成为他们存在的真实写照。所谓“绘事后素”①，当学生本身的意识被繁杂的现实占据，传统经典的价值意蕴便难以在学生的意识里凸显。

成人之教的意义在于悠闲、自然，在于过程的享受。传统文化本身是自然经济的产物，具有慢的特性，其孕育于一种悠哉的、休闲的、自在的自然生活场域，开展中华优秀传统文化教育也应是慢的艺术，秉着优哉游哉的思想与态度，在轻松自然的状态下展开。

① 李泽厚. 论语今读［M］. 北京：中华书局，2015：51.

第四章

融入学校日常生活的中华优秀传统文化教育的“成人”之教

中华文化之根深深根植于中华民族绵延几千年的历史长河之中，它已成为一种具有烙印式的身体记忆，影响着人们日常交往中的世界观、人生观、价值观。在学校生活中，师生之间的日常交往和同伴之间的游戏互动往往呈现着一定的伦理价值取向和社会行为规范。人们在日常生活中显现出来的道德法则、美丑观念、是非观念、价值判断与其生长过程所接触的环境密切相关。海德格尔认为，日常生活是“一个单调平庸、乏味无奇的世界，无孔不入地控制着每个人生存的集体无意识状态”①。人们在日常生活中观看到的、接触到的事物在潜移默化中进入每个人的意识状态，每个身处其中的人都受它影响。日常状态是人类生存的永恒命运，人们的日常生活本身体现出一种特有的文化气韵。② 在参与观察师生的日常生活过程中，虽然具有一定的重复性，却也是一个动态变化的过程，笔者标记了每个特殊的日子，比如，少先队日、文化节、书法大赛、电影日、安全教育日等，这些日常在不知不觉中形塑个人的生命状态，塑造人们的生活世界。这是一个可以随时触摸到的世界，只要身处其中就能观察到具有“成人”教育韵味的生活风景线。以下将从师生生活的日常环境、师生日常交往和学校的各项礼仪活动等方面探究融入师生日常生活的中华优秀传统文化教育“成人”之教。

第一节　“崇自然，尚和谐”的日常生活环境浸润

古语有言：“入芝兰之室，久而不闻其香。”“入鲍鱼之肆，久而不闻其

① 李小娟．走向中国的日常生活批判［M］．北京：人民出版社，2005：155.

② 海默尔．日常生活与文化理论导论［M］．王志宏，译．北京：商务印书馆，2008：5.

臭。"① 外在环境的熏陶是培养学生道德情操的重要方式。从文化生态学的角度来说，环境是构造文化面貌的一部分，是"在一个特定场域单位内所有动物与植物彼此互动，并与自然界的诸特质彼此互动所构成的生命之网"②，每个生活其中的人都受其感染。"学校的物质基础及围绕在学生身边的物质环境是对学生精神世界产生影响的重要因素，是培养学生的认知、信念和良好习惯的辅助手段。"③ 物质环境建筑在本质上是非自然的，但其建筑形式和建筑的意图可以循自然之序，追求人与环境的和谐。学校的物理空间和物质环境犹如一所学校的外衣，是学生朝夕相对的物质对象，环境投射出的影像会在潜移默化中影响学生的品德和行为。广都小学在校园环境文化建设中遵从自然的秩序，融入传统文化元素，彰显人与校园环境的和谐与自然。期望通过和谐的物质环境建设及其彰显的遵循自然的文化理念浸润滋养学生的心灵，为学生提供更适宜养心的生活环境，让学生在潜移默化中领悟与自然、与他人和谐相处的行为准则。

一、通过建筑设计激发学生内在精神

学校是一个到处潜藏着文化元素和文化气息的地方，学生在与具有陶冶价值和育人价值的文化元素相接触的过程中，体验文化的历史积淀，感受自我心灵的变化与启迪，逐步实现客观文化价值到个人主观精神生活的转化。文化理想不能通过在书斋里的冥思苦想而实现，文化展现在人类凭借自身智慧而创造的一切具体事物之中，所有的创造物和一切的劳动成果都表达着人类的某种文化关系和期待，都隐藏有一定的价值要素。④"学校建筑创造的是一个生命世界的意象，教育建筑之道因此是生命之道，是生命形成与发展之道。"⑤ 教育环境具有潜移默化的教育功能，为了彰显建筑的文化向度和教育意味，广都小学特别设计了建筑的名称和内部装饰。广都小学共有三座教学楼，分别命名为励志楼、求索楼和薄发楼。"之所以取这三个名字是因为我们把学生的六年小学时光划分成三个历程，就是励志、求索、薄发，所以我们把一、二年级的学生安排

---

① 王国轩，王秀梅，译注．孔子家语［M］．北京：中华书局，2016：141.

② SUTTON M Q，ANDERSON E N. Introduction to Cultural Ecology［M］. Lanham：AltaMira Press，2004：91.

③ 苏霍姆林斯基．帕夫雷什中学［M］．赵玮，王义高，蔡兴文，等译．北京：教育科学出版社，1983：105.

④ 刘旭东．现代课程的价值取向研究［D］．兰州：西北师范大学，2000：96.

⑤ 李政涛．教育生活中的表演：人类行为表演性的教育学考察［D］．上海：华东师范大学，2003：46.

在励志楼，三、四年级安排在求索楼，五、六年级安排在薄发楼。”① 教师认为学生的生命成长具有一定的历程，进入小学的第一阶段首先是励志，激发学生对学习的欲求，使其形成“志于学”的人生目标，同时，引导学生树立崇高的志向和理想信念。求索源自《离骚》中的“路漫漫其修远兮，吾将上下而求索”，寓意着鼓励学生在面临生活中的各种困境时养成百折不挠的精神，在任何时候都要不遗余力地去追求和探索生活的真谛、万物的真理。薄发取自成语“厚积薄发”，寓意学生在通过对自我生命的立志和上下求索后，积累了相应的知识和人生经验，这些知识和经验逐渐影响学生日常的交往行为，成为一种外在可观的行为品质，这是个体成人的一个渐进过程。广都小学将建筑、文字和对生命的期望糅合在一起，通过建筑名称背后蕴藏的文化内涵引发学生对自我成长的思考，从视觉上、思想上和个人生命经历上形成合力回应教育的目标。

图 4-1 薄发楼

亭是中国传统建筑，东方文化的代表。广都小学建有一凉亭，名曰“木樨亭”，取自校园里的一棵属木樨科的老桂树。亭子两边配有对联“两江清桂溢天府，一脉文思汇东升”，表达了学校良好的自然生态环境和广都小学人才聚集及其独有的文化。所谓亭者，停也，是人所聚集的地方。在古代，亭最初是为边防建设的场所，设有“亭吏”，普及之后就成为人们休息歇脚的地方，也是文人墨客聚集的场所。在建筑形式上，“木樨亭”对称的结构塑造呈现出一种节奏之美和韵律之美，与亭子旁的几棵桂树相映，有浑然天成之感，造就一种诗情画意的自然美感。活泼可爱的儿童在这里嬉戏徘徊、赏玩畅谈，为这静谧的角落增添生趣。亭子散发出的美感熏染和陶冶着学生的情操，美的环境使学生变得

① 资料来自访谈记录 T-F-3：2021-06-07。

高尚、文雅，并富有同情心。① 学生是具有主体能动性的人，美的环境熏陶学生的情操和艺术追求，引导学生过一种诗意的生活，在潜移默化中提升学生的生命层次。

图 4-2 木樨亭

图 4-3 校园文化天地

二、通过自然场景陶冶学生心灵品性

文化在人类对环境的适应中生成，包括自然环境和物质环境，环境是影响人类文化生成和发展的基本因素。② 教育者不能直接向学生传输人生的信仰和抱负，也不能进行单向的灌输，需依赖个人生命与环境的相互影响作用。环境无处不在地影响着每一个人性格的生成和日常心理的感受。校园环境的每一个角落都可能成为触发学生对自我生命及其生活世界的联想与感悟的存在。

广都小学追求校园环境建设与自然的和谐、与人的和谐，注重人文、艺术与休闲生活的追求。校园的右侧中心，生长着一棵年逾二十的大榕树，它见证了广都小学 20 多年的风雨征程，被师生们亲切地称为“校树”。围绕在榕树四周的是精致的小花坛，花坛中间隐藏着一条碎石子铺成的小道，进入此间顿觉静谧舒畅，仿佛置身于大自然的怀抱中。围绕着这棵大树，广都小学建成了传统文化广场，取名“乐融融”。“乐融融”巧妙融合了“榕树”的谐音，在榕树的脚下是三个同心圆，阐释着“融”字的三层含义：“互助共享的精神、包容的眼光和胸怀、倍增的机遇和发展”；也象征着人生的三重境界：“圆润、圆通、圆满”。这里关注的是学生作为一个人的感性思维和心灵体验，关心学生内在的心理生活，培养学生对美的感知。

---

① 苏霍姆林斯基．和青年校长的谈话［M］．赵玮，等译．上海：上海教育出版社，1983：102.

② 史徒华．文化变迁的理论［M］．张恭启，译．台北：允晨文化实业公司，1989：42.

“乐融融”广场以自然植物为依托，是孩子们天然的乐园，孩子对树木、花草有一种天然的亲和力，每到课间都有学生在树下奔跑、玩耍、嬉戏，一幅其乐融融的画面，“乐融融”的名字来源是对学生和谐、欢乐的校园生活的真实描写。广场的四周种植的是桂花树，每逢花开时节，四处飘香。植物传达了悠闲、适宜的意象，与人们丰富的情感共融。在自然的环境里，个人所展现出来的一切也趋向生命之本然的情状。在一次课间活动中，笔者遇到一位学生蹲在地上小心翼翼地拾捡飘落的桂花，慢慢地装进一个精致的小盒子里，笔者便上前问她装在盒子里准备做什么，她腼腆一笑，低着头告诉笔者说：“我想拿回家让妈妈教我做桂花糕，老师说用桂花做的糕点特别鲜嫩。”① 在靠近自然、亲近自然中，学生学会了怜爱飘落的花朵，日常的陶冶引导学生把桂花、家庭与自我生活联系起来，将内在的情感力量转化为高尚的行为，在与自然的和谐相处中实现自我行为的价值与意义。

图 4-4 “乐融融”广场

良好的学习生活环境对浸润个人品格具有重要作用。学校作为影响个体成长的特殊环境，应关注学生作为人的存在，为学生创设一个有序的、充满生机的、和谐自然的活动场所。让学生在舒适畅意的生活环境中，通过对自然的观察、体验和深邃的感受，体悟大自然的和谐、生机、秩序和韵律之美，促使自我灵性和感性知觉的提升，丰富自我生命经验。

三、通过生活场景布置丰富学生内在情感

作为文化主体的人本身面临着环境的影响，学校物质环境彰显的文化元素影响个人的文化形成和文化心理构造，同时也对个人的思想、个性、情操甚至爱好具有一定的引导作用。广都小学校门的左侧，赫然雕刻着“德、忠、孝、仁、义、礼、智、信、学”的九字篆书浮雕，这是广都小学中华优秀传统文化教育的标志性景观，也是学校对学生基本的伦理道德和人生信念的价值指向。这些不断重复出现在学生日常生活中的现实场景，能在情感上和思维上触发他们对中华优秀传统文化的回忆和想象。

学校教育只要立足于“人”的成长和发展，其在文化设计方面的用心和细腻便是全然可为、永无止境的。广都小学校园的陈设布置和展览作品的选择运

---

① 资料来自 2021-10-11 田野观察记录。

用，都是经过精心设计选择的，这里不是为了吸引眼球、追赶时尚，而是要用一个心灵去触碰并撼动另一个心灵，力图让师生都可以在多样的文化元素和传统文化的历史脉络中获得个体化的意义连接，展现一种清醒的文化自觉、教育自觉。例如，广都小学每间教室的门口都挂有一个红色大木牌，木牌上有班级课表、镂刻的中华优秀传统文化元素和教师寄语。每个班级的“课表”都有不同的图画主题元素设计，有古韵山水的、川剧的、国画风的、卡通的等，体现了风格多样的文化元素；课表上方镂刻有蕴含中华优秀传统文化元素的词语及相关解释，诸如“和谐”“中庸”“忠义”“仁爱”等，让学生在日常不经意间习得关于伦理道德的知识理念；教师寄语有的是教师自创的，有的是引用教育家名言，每一句话背后都是一种教育理念。这种对细节的设计体现了广都小学以立体全面的形式，在学生日常活动中接触到、观看到的场域融入有关个人修养、社会关爱和家国情怀的知识与文化符号，以多样的形式刺激学生的精神知觉，在学生的日常知觉经验中打上中华优秀传统文化的烙印。

图 4-5　课表

图 4-6　传统文化浮雕

图 4-7　岳母刺字

为了丰富学生对中华优秀传统文化的认识与感知，广都小学尽可能在校园的每个角落都装饰了蕴含中华优秀传统文化元素的物件。譬如，每层教学楼走廊中间设置了转角书吧，放置有古代文学、唐诗宋词、四大名著等书籍，给学生享受自由阅读的空间，在每周的班会上定期让学生分享交流阅读的心得。让儿童在与有关中华优秀传统文化的书籍对话中发现自我、发现他人，与自己对话、与他人对话，通过阅读蕴含中华优秀传统文化的书籍丰富学生对中华优秀传统文化的情感体验和生命经验。同时，学校每层教学楼的走廊上张贴诗书画作展览品，阳台上种植梅兰竹菊、瓜果蔬菜，借以开展神农课程，所有的楼梯通道从下到上展现了不同主题的中华优秀传统文化。① 这些贴在走廊上、楼道内的图案表达着比其自身更为复杂的东西，它内含着深厚的文化、唯美的艺术以

① 资料来自 2021-09-03 田野观察记录。

及对生命的期望。① 约翰·伯格称：“观看先于语言。”② 图片背后承载了思想情感，人们通过观看图片所获得的远远多于图片本身所提供的内容，它调动人们的感知、情绪与思维。广都小学在校园布置形式上尽可能凸显中华优秀传统文化元素，营造润物无声的中华优秀传统文化育人环境，为学生的全方面发展营造优良的校园空间。

如果学校的装饰物都是由教师来设计和安排，那根本上更多表现的是教师的意愿和情感，缺乏儿童世界的童趣，所以让儿童通过自己的智慧和劳动创造物品来装饰教室，可以更好地展现儿童的艺术性和生命力。③ 教室的环境是一面会说话的镜子，它默默地表达着学校认同、鼓励、提倡的内容，以不同的形式引导着学生的理想、期待和希望。④ 以广都小学四年级一班为例，教室后面的墙壁上贴满了学生的照片，这些照片都是学生的生活照，记录了他们第一次旅游、第一次做饭、第一次整理内务等具有纪念意义的时刻。⑤ “装饰是表现性，不是适当的刺激，是荷载情感的基本艺术形式，一如所有创造出来的形式，它们所表现的正是人类感情的本质。”⑥ 用学生的日常生活照片作为教室的装饰品，把学生的真实情感召唤到教室这个理性的场所，使教育趋向学生的生命本源。另外，面对黑板右手边的墙壁一角是许愿墙，里面藏了很多小秘密，学生把自己的愿望写下来，装在自己制作的信封中，有的信封上画着花花绿绿的小草，有的粘贴了各种卡通人物的图像，还有的在上面写了古诗，但是上面不写名字，除了他们自己，其他人很难分得清哪个信封是谁的。面对黑板左手边的墙壁，张贴的是学生制作的海报，每一期的海报都有不同的主题，通常都是根据节日更换，如端午节、教师节、中秋节、国庆节等，每个孩子制作的海报都可能被张贴在教室的墙壁上展览，这对学生来说也是一种荣誉和鼓励，他们都希望自己制作的海报能挂在教室的墙上供大家欣赏。墙上的海报乍一看五颜六色、七

---

① 李政涛．教育生活中的表演：人类行为表演性的教育学考察［D］．上海：华东师范大学，2003：47.

② 伯格．观看之道［M］．戴行钺，译．桂林：广西师范大学出版社，2015：1.

③ 李政涛．教育生活中的表演：人类行为表演性的教育学考察［D］．上海：华东师范大学，2003：47.

④ 袁德润．当代中国基础教育与文化传统关系再认识［D］．上海：华东师范大学，2009：34.

⑤ 资料来自 2021-09-06 田野观察记录。

⑥ 郎格．情感与形式［M］．刘大基，傅志强，周发祥，译．北京：中国社会科学出版社，1986：74.

零八落，各种圈圈框框，看似杂乱的图画彰显着无尽的童趣与真挚。① 在这些细节里，有彰显家风、家庭教育的生活照片，有深化学生理解的节日海报，还有藏在学生心中的五彩梦想，把儿童的生活体验、心理情感和对未来的美好向往融入进来。

第二节 “据于德，依于仁”的日常交往价值引导

师生之间存在一种代际的贯通作用，“其不能被认为具有任何外在的目的或目标：对教师而言，它是作为人的事业的一部分；对学生而言，它是成为人的事业”②。师生的日常交往内含着“成人”的价值引导，这里的日常交往指的是课堂之外的师生交往。教师与学生的日常交往是多样而密切的，例如，学习、交友问题的交流研讨，师生共同开展游戏活动，教师协调处理学生之间的矛盾等。教师在与学生接触、交往的过程中，会有意识地向学生渗透积极的世界观、人生观、价值观，引导学生形成良好的品德和人格。教师与学生的交往具有教育性，教师尝试在任何可能的时机提升学生的认知和道德品格。师生关系在某种程度上说是一种道德关系，③ 教师在与学生共同生活的场域中，向学生传递中华优秀传统美德，以良好的德行引领学生发展。

一、道之以德，师生日常交往中的德行教化

根据皮亚杰的认知发展理论，小学阶段的学生已具有基本逻辑推理能力和理性思维能力。这一时期形成的人生观和价值观是影响学生终身发展的人生底色，习近平讲道：“人生的扣子从一开始就要扣好。”④ 教师在与学生交往的过程中，需要帮助学生辨别是非善恶、义利曲直，引导学生提高自身修养，树立中华传统美德观，使之成为一个在道德上自律的人。德行教化是知情意行等多种品质的综合。如果仅凭学校课堂上的认知教育方式，显然不能很好地解决道德教育所要达成的目标。只有通过综合的人际交往途径，才能形成对道德发展

---

① 资料来自 2021-09-06 田野观察记录。

② 欧克肖特．人文学习之声［M］．孙磊，译．上海：上海译文出版社，2012：75.

③ 袁先全．回归语言之善：论师生交往中教师语言对学生道德发展的影响［D］．武汉：华中师范大学，2010：34.

④ 中共中央宣传部．习近平总书记系列重要讲话读本（2016 年版）［M］．北京：学习出版社，人民出版社，2016：190.

的全面和整体的影响，道德的养成要靠日常行为习惯的养成。① 在与学生的日常交往中，教师经常会扮演“断事官”“人生导师”等角色，帮助学生化解矛盾、调解纠纷，教师的处理方式及其对不同事件的态度传达着一定的价值取向。

“道”发生在人伦日常中。在一次关于学生日常矛盾的调解中，文老师的处理方式和态度就向学生传达了一种包容、互相尊重、友爱的精神品质。其背后蕴含的思维根基源于儒家“成人”教育思想中“据于德，依于仁”的思想理念。

2021 年 11 月 01 日星期一，文老师办公室 学生日常矛盾处理

下午的大课间，小佳被文老师带进办公室，小佳穿着干净整洁的校服，扎着马尾，眼神明亮清澈，脸上没有丝毫的紧张和畏惧。文老师让小佳自己阐述事件发生的过程。据小佳描述，前一天下午，她的好朋友小倩拿了一本杂志在看，她也想看，就跟小倩借了过来，小倩就给她了，第二天她正在看的时候，班里的另一位男同学小阳发现她看的杂志是自己的，便从小佳手上抢过来，说：“这不是我的吗，怎么在你这儿呢?”她不知道这是小阳的，所以又抢了过来，小佳走到小倩跟前，小倩告诉小佳这是她跟小阳借的，然后小佳就把杂志还给小阳了。文老师追问道：“你是怎么还给小阳的?”小佳说：“我不小心扔到了地上。”文老师没再说话，小佳也不说话，空气突然变得安静。过了几秒钟，文老师细声问：“你是不小心的吗?”小佳这时低下了头，轻轻地说：“我当时有些生气。”文老师：“你觉得以这样的方式对待自己的同学是礼貌的行为吗（耐心引导)?”小佳说：“不是，不应该这样。”文老师继续说：“试想一下，如果别人还你东西，直接给你扔在地上，你会是什么样的感受呢（己所不欲，勿施于人)?”

随后文老师请小佳去把小阳也叫到办公室来，小阳的个头没有小佳高，皮肤黑黝黝的，文老师示意小佳给小阳道歉，小阳说：“没关系”，并说自己直接从小佳手里抢书也是不对的，同时也向小佳道了歉（相互理解，相互尊重)。文老师就让小阳先回教室了。随后，文老师与小佳讲了小阳的家境，小阳是跟随打工的父母进城的，他是家里的老三，他还有两个哥哥一个妹妹，而且他的母亲身患疾病不能做重体力劳动，只有他父亲一个人支撑起整个家庭（心存善念，仁者爱人)。小阳同学平时看起来很乐观，也特别喜欢帮助别人，班级里打扫卫生、大扫除，他每次都很积极（乐于奉献，

① 项贤明．泛教育论：广义教育学的初步探索［M］．太原：山西教育出版社，2002：8.

热爱集体)。虽然他性格看起来大大咧咧，但每个人都是有尊严的，我们要尊重身边的每一个同学，尤其要尊重那些家庭经济条件差的学生，并尽可能地去给他们提供帮助（己欲立而立人，己欲达而达人)。

在这个司空见惯的日常事务中包含了两种相互交织的中华优秀传统文化教育内容，分别是个人修养教育和社会关爱教育。看似一件非常简单的日常事件，却内含着无限的教育契机。教师处理学生之间矛盾的方式是一种对学生价值观的引导。文老师在处理这次事件中，充分表现了对学生的尊重、包容，她并没有直接批评学生，而是“据于德”，以“道之以德，齐之以礼”的传统准则协调学生之间的关系，让学生自己复述事件发生的过程，引导学生通过道德的觉醒审视自我，让学生自己发现错误并纠正自己的行为。文老师通过耐心地引导，让学生“反求诸己”，通过自身出发去理解“己所不欲，勿施于人”的做人道理。所谓“法语之言，能无从乎？改之为贵”①。其后，文老师进一步引导小佳改正自己的行为，及时向小阳道歉，既然懂得道理，就应身体力行。知行合一是个人修养的道德实践。此外，文老师引导小佳认识小阳的优点，让她看到小阳在集体中积极帮助他人，乐于奉献的精神，唤醒小佳的恻隐之心、善恶之心、是非之心、仁义之心，让小佳学会明辨是非，学会欣赏他人，为他人着想，上升到“己欲立而立人，己欲达而达人”的精神境界，这是对个体内在精神与心灵的滋润。由此可见，在人与人的日常交往中，任何时候都离不开“仁”，“仁”是人与人相处的安心之道。生活在一个群体当中，我们的心不能只是在自己身上，任何时候心中必须有他人，这是让人能够在生命中安顿、在世上安顿的前提，也是人与人之间建立良好关系的根本前提。人若不懂得爱人，生命就会陷于荒谬、虚无和疏离之中，找不到生命的意义和安身立命的方向。“仁”是个人在世间安顿、安居的前提。

就教育而言，这是一个德性行为的教化过程；就学生个人而言，这是一个德行积累的过程。教师在“据于德”的教育方法下，引导学生达到“依于仁”的状态。具体通过一种包容、爱的方式让学生自我审思，使学生形成一定的道德情感、道德信念和判断是非的标准，而不是直接否定学生的道德品质，最终指引学生自觉以一定的道德规范约束自己的行为。从而帮助学生提升个人修养，学会理解他人、关爱他人，成为一个讲文明、有爱心、愿意帮助他人的具有美好德行的人，通过修己而达至社会和谐与稳定。这里体现的正是儒家倡导的学习典籍以修养德性之身，仁义之身明明德于天下的思想理念，是孔子所说的

① 李泽厚．论语今读［M］．北京：中华书局，2015：179.

“克己复礼为仁”。所谓“为仁由己”，这就要求人的心灵时时刻刻处于一种仁的状态，只有时时刻刻处于这个状态，才能称作“依于仁”。教师通过对话的方式，让学生自己在阐述事件的过程中以自己的智性分析事件发生的缘由及其可能对他人造成的影响，这种不掺杂情绪和偏见的指引让学生通往自我评判的法庭。“真正的教育乃是帮助个人，使其成熟、自由、绽放于爱与善良之中。”① 学校是育人的场所，教师与学生之间的日常交往是有目的、有价值指引的，教师作为学生事务的管理者本身具有一定的权力和威信，权力是一种强制的影响力，而威信建立在教师自身的德行上，教师的个人修养和行为对学生有一种天然的影响力，是影响学生“信其道”的重要因素。

二、寓教于乐，日常游戏中的道德指引

学生在学校的日常游戏是其在校生活的重要组成部分，教师对学生日常游戏的引导是教育学生“成人”的重要方式。学生是活泼好动的群体，他们不会任由平淡无奇、死气沉沉的日常占据他们课间的生活，游戏是儿童的天性。越是低年级的学生，每到课间活动时就越加活跃，他们一下课就从教室飞奔出来，似乎在无目的地奔跑，其实他们是在占领玩耍的场地，这关系着他们课间十分钟的幸福生活。二年级以上的学生的教室都在二楼之上，相对来说他们去操场玩得比较少，他们在走廊上、楼道里，教室内三三两两地打闹玩耍。让笔者感到不可思议的是，在一次课间活动时，我发现李美熙和刘一桐在玩对对联，旁边还有四五个同学在围观，时不时地发出唏嘘之声，笔者凑过去看，发现他们两个轮流在纸上写字，“一个字”的、“两个字”的都有，一个人先写出来，另一个人再写下与之相对的字词。这和其他学生的玩耍是不同的，这是一场有规则、有胜负，关系个人知识素养和智力能力的文字游戏。他们在其中收获的不仅仅是高雅的乐趣，还有智慧的训练。结束后，笔者问李美熙，你们怎么想起来玩对对子呢，她说：“是文老师教我们的，我们很早就开始玩儿了，文老师还教我们玩儿猜谜语，去年班会的时候还教我们玩儿投壶了。”一旁的陈科宇说：“玩儿投壶主要是跟电视剧里学的，就去年上演的《知否知否应是绿肥红瘦》，里面很多投壶的场景。”吴阳子说：“文老师教了我们后，我们还发明出了其他玩法，我们自己制作了一个盒子，然后往里面扔纸团，还有人扔橡皮。”② 学生游戏的类型和数量与学生自身的素养息息相关，游戏越复杂、越多样化，越能

① 克里希那穆提．一生的学习［M］张南星，译．北京：群言出版社，2004：22.
② 资料来自 2021-12-13 田野观察记录。

表现学生的创造力，不同的游戏显现的是不同的生活方式。在这里，一种蕴含传统文化内涵的游戏改变了学生的日常交往行为，使学生日常的游戏活动趋向一种文学智慧的陶冶，让他们的课间生活更加丰富而有意义。

“教他们玩儿这些就是为了以学生喜闻乐见的方式展现传统文化，活化传统文化教育形式，不让他们觉得传统文化就是些死气沉沉的东西。”① 文老师通过益智有趣的传统游戏让学生对“对联、押韵”等文字知识产生兴趣，在玩耍中通过游戏中的规则意识和道德要求来陶冶学生的情操和品格，促进学生知情意行的全面发展。

当时玩儿投壶，我给他们讲了投壶游戏的来源，投壶其实是由射箭演变而来的，主要是在汉代开始流行，古代人们投壶的箭一般是由酸枣木做成的，而壶的形状一般是长脖子大肚子。刚开始，“投壶”主要是古代士大夫、贵族阶层玩儿的游戏，所以一般用的箭和壶都是专门做的。后来逐渐成为寻常百姓玩耍的游戏，就什么器具都可以成为壶了，像我们学生玩儿的时候就直接找几个瓶子……我还给他们讲了投壶的规则，把电视剧《知否知否应是绿肥红瘦》里的情节和我们现实中的情况结合起来，让他们理解投壶的技巧及其蕴含的智慧……还有一个跟投壶有关的小故事，就是汉武帝有个宠臣叫郭舍人，他就很擅长投壶，所以汉武帝就很喜欢他，他之所以投壶厉害，是因为他使用的箭是用竹子制成的，这个竹子有弹性，箭投进去弹出后，他会用手接住继续投，就这样他可以持续投 100 多次。其实只要认真去挖掘，这里面还是有很多智慧的。②

子曰：“志于道，据于德，依于仁，游于艺。”可见作为中华民族的一种传统文化，游艺自古以来就受到圣人的赞誉。司马光曾言：“投壶可以治心，可以修身，可以为国，可以观人。”③ “夫投壶者，不使之过，亦不使之不及，所以为中也；不使之偏颇流散，所以为正也；中正，道之根底也，圣人作礼乐，修刑政，主教化，垂典漠，凡所施为，不啻万端，要在纳民心于中正而已。”④ 投壶这个看似简单的游戏，其中却包含了中正、中道、中庸的文化思想，投壶是个人修身养性的方式，看一个人投壶的方式、姿态、神情就能分辨出君子、小

---

① 资料来自访谈记录 T-F-3：2021-12-15。

② 资料来自访谈记录 T-F-3：2021-12-15。

③ 刘荫柏．中国古代杂技［M］．北京：商务印书馆，1997：65.

④ 刘荫柏．中国古代杂技［M］．北京：商务印书馆，1997：65.

人。赫伊津哈认为：“游戏先于文化，游戏创造了文化、发展了文化。”① 游戏的规则以及开展方式是经过了无数人的共同实践和长期的历史积淀才最终形成的②，游戏规则隐藏着人对生活与世界的解释。学生对投壶游戏的改编，其中潜藏的是一种新的文化嫩芽，还有今日人们玩的标枪、飞镖，从某种意义上说就是“投壶”的延续。

游戏是学生日常生活的重要构成部分，学生游戏的类型和方式与学生自身的素养息息相关，不同的游戏显现的是不同的价值观和生活方式。温尼科特认为：“做游戏会自然地导致文化体验，并且其实就是文化体验的基础。”③ 文老师教学生玩儿的对对联、投壶、猜谜等游戏具有深厚的文化内涵，是具有文化意义的娱乐活动，大家通过参与活动，在身体上与情绪上都能体验到一种轻松、快乐的感觉，并能获得精神上的喜悦和满足。游戏中包含的规则意识和道德律令本身具有文化的烙印，中国古代的游戏成分体现出“礼让”的精神，包括“尊重对手”“礼让三分”“讲究仁道”等，这些观念会在不知不觉间进入学生的精神世界，影响学生在日常生活中的价值选择和道德行为。

三、学道致知，学生的力行与实践

中华优秀传统文化教育“教以成人”的核心目标最终需要通过学生的气质和行为变化来实现。也就是说，“教以成人”指引学生在日常生活中关注自我意识领域，形成高度的道德自觉，以“知”促“行”，追求知行合一，使学生在日常生活中的行为符合道德规范、人伦规范、社会规范。以下通过学生在学校日常生活中的行为实践，彰显中华优秀传统文化教育对个体成人的推动作用。

（一）学生“学以成人”的自觉性

“教以成人”的最终目的就是让学生达到“学以成人”的境界，一个人的“成人”教育在本质上是自我教育。教学不只是让学生获取经验和知识，更重要的是让学生“体道”“悟道”“学道”④，提高学生的精神境界和道德追求，引导学生“立志于道”“学以成人”。

---

① 赫伊津哈．游戏的人：文化中游戏成分的研究［M］．何道宽，译．广州：花城出版社，2007：3.

② 蔡丰明．游戏史［M］．上海：上海文艺出版社，2007：169.

③ 努斯鲍姆．功利教育批判：为什么民主需要人文教育［M］．肖聿，译．北京：新华出版社，2017：121.

④ 张方玉，徐铁光．孔子的成人之道及现代道德教育启迪［J］．当代青年研究，2009（1）：69-72.

日常的实践行为虽然是形而下的表现，但指引人行动的是形而上的意识领域。笔者在学生的日常书写中发现，总有一些学生，他们不论是正式作业、家庭作业还是日常的书写训练，从来不会敷衍了事，也不会为了“赶时间”而潦草书写，总是一笔一画写好每一个字，这种良好的书写习惯背后蕴含着他们对汉字和知识的虔敬。一个人写字的过程和方式蕴含着其做人的方式和做事的态度，在一笔一画、一点一线的练习中，学生的精神、品格和内在心灵趋向美好的境界。学生在日常的作业书写中，秉持“端正”“规范”“整洁”的原则，具有“美感”的书写态度，在潜移默化中形塑学生的精神品格和内在涵养。

图 4-8　学生日常书写模范

“成人”内含着得体的行为和有礼有节的生活方式。为了让学生切身体验中华优秀传统文化，活化中华优秀传统文化的表现形式，广都小学开展“汉服”文化节。让学生通过穿汉服的体验，感受翩翩君子和窈窕淑女的风范，在不自觉中形成对自我日常行为的审美追求和规范得体。汉服作为华夏民族的传统服饰，发展演进的历史源远流长。随着时代的发展，汉服逐步演化成了一种中华传统文化符号，并内含一定的社会价值和教育价值。作为中华民族传统服饰的典型代表，汉服凝结着中华民族的文化心理、民族认同感和归属感。当学生穿上汉服，他们会不自觉地表现出一种典雅的行为举止。广都小学的汉服文化活动上升到对学生礼仪规范、伦理道德、审美素养以及人文精神的培养，教师通过向学生讲述汉服的起源、不同图案装饰的象征意义以及每个朝代服饰类型的差别，让学生了解服饰背后的文化意义。①

“成人”的重要表现是在日常生活中如何处理与他人的关系，如何与他人相处，如何安放自己的心灵。对学生来说，日常游戏是学校生活的重要内容，游戏活动往往能体现一个人的精神和品格。在课间跳大绳活动中，小冉坚持为大家甩绳子足足 20 分钟，其间，另一边甩绳子的学生换了 5 个，而她一直默默甩

① 资料来自 2022-03-25 田野观察记录。

图 4-9　汉服文化体验

绳子，既没有提出要别人顶替，也没有表现出不高兴的神情，一直微笑着。笔者问她为什么不让其他同学顶替，她说：“大家都更喜欢跳绳不喜欢甩绳子，我乐意为大家甩绳子，老师说跳绳需要大家协调配合。我掌握了甩绳子的技巧，我甩绳子他们更容易跳过去，而且我觉得甩绳子也能起到锻炼身体的作用。”① 在这样一件日常的游戏事件中，学生表现出甘于奉献和积极乐观的生活态度，用自己的行为诠释了自我对“协作”精神的理解。只有学生深入领悟中华优秀传统文化的内涵，把握和理解中华优秀传统文化，从其中有所觉悟有所收获，才能使其在生活中践行中华优秀传统文化理念，提升自身行为的道德性，从而更好地与他人和谐相处。学生把道德法则转化为自身行为，是实现自我“成人”的外在表现。

“成人”内含着一颗感恩的心。在中小学开展感恩教育，不仅能传承中华优秀传统的感恩文化，同时也能从小培养学生对外界和对他者的敬畏、感恩和关怀之情。感恩文化是华夏民族历经千年化育而成且具有中国特色的文化理念，其蕴藏着华夏祖先对生命的敬畏、对他者的关怀以及对别人恩德的深刻理解。中华优秀传统感恩文化从对天地的崇拜文化，到对父母的孝文化，再到对社会和他人感恩的礼仪文化，在这种演进的历史阶段，感恩对象逐渐从天上转向人间，并体现在日常的人际交往活动中。在日常生活中我们可以通过学生的行为发现学生知礼、懂礼的品质。他们会在教师节自己制作手工礼物并送给教师，用最质朴、最真诚的言行向教师表达感恩和敬意，也会在日常生活中表现出尊敬师长的得体行为。②

子曰：“学而时习之，不亦说乎？”③ 在儒家思想中，“志于学”是个体成人

① 资料来自 2021-11-26 田野观察记录。

② 资料来自 2021-09-13 田野观察记录。

③ 李泽厚．论语今读［M］．北京：中华书局，2015：3.

图 4-10　学生写给教师的感恩信

的基础，也是实现人生理想和人生意义的重要路径。广都小学的教师也引导学生自己创作"诗集"，以诗表达自我情感，以诗彰显自我对人生意义的认知。例如，文老师指导学生把语文教材上的课文用诗歌的形式表达出来，让所有学生都写诗创作，最后形成了《春晖集》《畅游集》《萱草集》3 本诗集，学生凭借自己坚持不懈地努力和日复一日地打磨，形成了自己关于诗的理解和表达形式。从内容上来看，学生的笔触稚嫩、思维单纯、感触直观，字里行间流露出一种真诚、自然的情感，学生将自己的经验感知与所学的知识联系起来，他们通过这样的创作超越自我，构建知识于个人生命的意义。

图 4-11　学生编写的诗集

（二）学生"学以教人"的主动性

在学校里，学生的课堂学习、日常活动和游戏等都是与同伴共同展开的，同伴之间的交往是无处不在的、具体而生动的，同伴在潜移默化中影响彼此的身心发展。中华优秀传统文化包含着"修己以安人"的理念。实践证明，同伴教学往往更能引起其他学生的兴趣和注意力，他们期待看到同伴扮演不同的角色。同伴教学鼓舞着每个学生，使他们产生成为"小先生"的憧憬和心愿。扮演新的身份，是一种角色切换的模拟体验，对学生而言意味着从被动学习转向主动探究，从学习者转向教育者。

文老师指导学生以小组的形式共同编写一本以中华优秀传统文化为主题的书，每个学生编写一个单元，一个单元分为4篇。学生在编写自己的传统文化教材时，还画了插图，有些插图旁边题了相应的文字，文字充满童趣，学生通过自我学习活动的创造性表现，展现对中华优秀传统文化的兴趣和热爱。最后由小组评选出一篇最受欢迎的课文在全班进行讲解教学，被选到的学生要自己设计教案，向其他学生讲述自己编写的课文。有一次一个学生讲杜甫的《赠花卿》，还邀请了两个同伴扮演“花敬定”和“段子章”来表演诗歌创作的历史背景，① 其后以讲故事、探真相的形式展开对诗歌的讲解，非常具有艺术性，大多数学生都表现出积极的参与感。

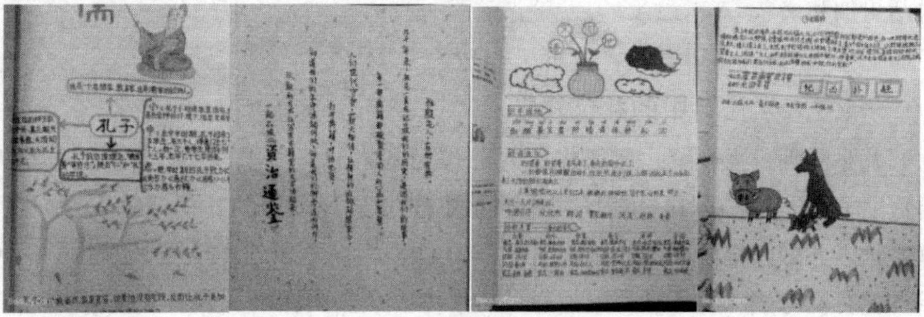

图4-12　学生编写的以传统文化为主题的“书”

古语有言，“三人行，必有我师”“弟子不必不如师，师不必贤于弟子”“青，取之于蓝，而青于蓝”，学生不仅是学习的主体，也可以在特定情境下成为老师，帮助其他同学成长。从某种意义上，教也是学的一个过程，学生通过这种“教”的体验，更能深刻地领悟如何去“学”。有学生说道：“上讲台去讲，要提前做很多功课，不能跟别人讲得一样，我会上网找一些有趣的资料，看一些视频教学，还要在家里先演练一下。”② 中华优秀传统文化教育也是这样一个过程，需要学生亲自去体验，独自展开思考，只要是真正投入心血去探究的，都会在头脑里留下印迹。在根本上，人的学习是一种实践效果，如果学生没有机会练习所学的内容，他们就无法以更有深度的方式进行学习。无实践的学习就是在空洞的语言里了解事物，要想掌握学习的内容，必须亲身去参与和实践，而让学生成为“教师”无疑是一种重要的实践方式。

① 资料来自2021-10-27课堂观察笔记。

② 资料来自访谈记录S-M-6：2021-10-20。

第三节　“不学礼，无以立”的日常秩序规范

礼是中国传统文化的核心。在我国古代的六艺教育“诗书礼乐射御”课程体系中，礼占据重要位置。古语有言：“道德仁义，非礼不成；教训正俗，非礼不备。”① 礼记云：“礼也者，理也。”“理，不可易者也。”“礼”一方面表现为“道理”，另一方面表现为形而下的行为。人的生活行为本于“道理”，“道理”建立起个人的生活规范和社会秩序以及政治文化等各方面的体制，所以“礼”即“理”。在现实生活中，“礼”主要通过人的行为展现，“礼”的存在使人的生活更加和谐。

一、“入学礼”中的礼仪教化

礼是一种行为规范，儒家将“礼”作为基本的修身手段，② 学“礼”是人得以“立”的途径。在教育场域中，学生通过丰富多彩的礼仪活动发现自我、联系他者并融入集体。“仪式是人类面对自然、他人、社会和自身所采用的一种特殊的行动方式，它承载了人们心灵与肉体的众多内在成长和外在需求。”③ 在广都小学举办的入学礼、开笔礼、少先队入队礼、每周的升旗仪式等活动在不知不觉中以“礼教”感化学生、教育学生、熏陶学生。这些具有仪式感的活动，通过精心的布置和文化场景的营造，引领学生感悟博大精深的中华优秀传统文化，形成一种文化向往和文化期待，学生在不知不觉中把自己的根深深扎在中国文化的沃土上。中华优秀传统文化的内涵也在这种现代礼仪活动中得到延续与升华，显现了优秀传统文化自身的先进性。

2021 年 08 月 28 日星期四，学校操场 入学礼暨开学典礼

今天是广都小学正式开学的日子，他们迎来了新一届一年级的小学生。从幼儿园步入小学，对他们来说是一段新的征程。学校为了迎接新同学，特别在操场上铺了长长的红地毯，地毯的入口处和中间位置摆放了拱形花篮，花篮上方架着一个镶嵌了天使翅膀的蓝色匾牌，上面写着“我是小学

① 陈澔，注．礼记［M］．上海：上海古籍出版社，1987：2.

② 王贺兰．当代中国青少年礼仪教育的反思与建构［D］．石家庄：河北师范大学，2010：16-17.

③ 滕星．教育人类学通论［M］．北京：商务印书馆，2017：283.

生啦”，地毯的其余位置每间隔一米左右就飘扬着五颜六色的气球，一眼望去，满是喜庆的视感（氛围衬托）。校长和副校长着唐装，其他教师都穿着庄严的正装（教师重视），除一年级的小学生外，其他学生都穿着整齐的校服，个个精神饱满、容光焕发。仪式开始前，主持人再次提醒各班按照要求站在规定的位置，维护现场秩序（礼的核心是序），看哪个班级表现更佳并给予口头表扬（精神鼓励）。到了 8：50，各班站定。今天入场的主角，一年级的小朋友们站在队伍的最后面，每个班级最前面站着两位“学生代表”，他们着汉服（仪式感），其他学生着日常服，虽然他们努力地站在自己的位置上，但队伍整体看上去还是歪歪扭扭的。每个班级有三名教师维持秩序，他们分别站在学生前中后的位置。主持人开场白讲完后，引导一年级各班的学生依次入场，队伍的最前面是举牌手，每个举牌手都像是受过训练一样，迈着铿锵有力的步伐，而跟在后面的学生像在幼儿园做游戏一样手牵手慢慢进场，在教师的指导下，他们微笑着挥手向两边的大哥哥大姐姐打招呼，这时候循环播放的音乐是《你笑起来真好看》（以乐和之），会唱的同学都跟着一起唱，热烈地欢迎新入学的小朋友。等一年级的小朋友出场完毕，就进入“正衣冠、点朱砂、启智慧”的仪式，每个班级着汉服的学生代表走上主席台，由校长和两位副校长为他们完成“点朱砂、启智慧”仪式，其余学生由跟班的三位教师完成相应的仪式。在这个庄重的仪式中，播放的是广都小学的校歌（以乐和之）。这是他们从幼儿园进入小学的一个标志，从此他们不再是懵懂幼童，而是要成长为一名少先队员。其后，全校学生在主持人的带领下朗诵《弟子规》（传颂经典），最后进行升国旗仪式等。

图 4-13　新生入学礼

在这场活动中，涉及仪式活动的有环境布置、人员衣着、现场秩序、背景音乐、中华优秀传统文化教育内容等。这样具有仪式感的活动赋予了日常生活独特的意义，让学生跳出日常生活，给予这一天特殊的涵义。仪式是展现中华民族文化魅力的重要方式，要求每个人的容貌、服饰、动作都要整齐严肃并合乎礼仪规范，这种看上去古板的形式内含着中国文化注重“礼节”的深厚文化传统。这场日常的“入学礼”所呈现出来的庄严感和仪式感，让学生通过“礼”的引导进入“主敬存诚”的生活状态，连通学生的心灵世界与天地之道，① 不仅能激发学生对新角色开启的新生活的向往，也能提升学生对学校秩序、传统礼仪、经典文化以及自我权利和义务的认知。

首先，学校为这场仪式营造了欢快喜庆又不失庄严的环境氛围，适宜的仪式氛围有利于学生端正态度，认真对待这具有标志性意义的时刻。红地毯、五彩的气球、花篮拱桥表达的是一种热烈欢快的氛围，教师身穿正装又散发着一种庄严肃穆的气息，给学生一种无形的约束感。据少先队负责人介绍，两个花篮拱桥具有不同的含义，入口处的花篮拱桥寓意学生踏入知识之门，中间的花篮拱桥寓意着引导学生踏入礼仪之门。② 也就是说，学知识最先要学的就是礼仪。在仪式中，看似随意的摆设，其背后往往具有深层的文化意义，由于学生相关“礼仪”文化知识的欠缺，往往难以领悟其中蕴含的教育意义。

其次，礼的核心是“序”，主持人在活动中引导教师各司其职，让学生各安其位。目的在于引导学生遵守仪式程序和规范，促进学生对程序和规范背后的权威性、确定性文化内涵的体认。学校各项活动的进行都要遵循一定的秩序原则，有秩序才能保障活动的正常进行。在仪式过程中，程序本身及具体的动作规范有着特定的文化内涵，从学生入场、举牌手领队、学生代表着汉服到点朱砂、诵经典，事件发生的顺序和动作都是精心策划安排的。所有的教师和学生都被安排在其中，他们必须遵循这场礼仪的秩序和安排，因为这场仪式是强制性参与的，从原则上来说，不能漏掉任何一个人，这就是学校的规则和秩序，是生活于其中的人都需要遵循的。

再次，以应景的音乐激发学生的情感体验。乐与礼相辅相成，乐重于内在的心神和顺，礼重于外在的行为表现。早在原始社会末期，“乐”就成为各种仪式和公众集会性质的活动中必不可少的组成部分。乐以安德是当时有识之士的共同认识。③ 庄子云：“以礼为行，以乐为和。”④ 当一年级的孩童走在红毯上，他们周边围绕的是高年级的哥哥姐姐，以欢快的歌声“你笑起来真好看，像春天的花儿一样”为背景音乐，似乎是在借助歌声来表达哥哥姐姐和教师对他们

① 程天君．“接班人”的诞生：学校中的政治仪式考察［M］．南京：南京师范大学出版社，2008：193.
② 资料来自访谈记录 T-F-7：2021-08-28。
③ 丁钢．中国教育文化的阐释［M］．北京：教育科学出版社，2021：30.
④ 庄子．庄子［M］．方勇，译注．北京：中华书局，2010：567.

的殷切期望。而“点朱砂”时的校歌则是应和学生成为一名小学生的新身份。乐教的目的主要是把人的情感推至心灵深处，这两首音乐出现在不同的情境下，引发的是不同的情感，但都恰好与学生的心境相和。这是一种无声的礼乐融合教育。《礼记》云：“乐者，天地之和也；礼者，天地之序也。”① 礼与乐缺一不能成艺，若只有“礼”的形式没有音乐“和之”，体现出来的仪式也只有僵硬的形式而无亲切的精神。艺为艺术，美在其中，礼乐合则成其美。

最后，仪式中包含的三个关键的传统文化符号，分别是汉服、“点朱砂，启智慧”、诵读《弟子规》。汉服是借用古代服饰的文化符号象征人们对中华优秀传统文化的热爱，学校领导和学生代表的汉服着装使其身体被赋予一种指定的文化符号，这一符号的所指都与被预期的文化效应相关，这一特定时刻的服饰影响着人们的思维和行为方式，把人们带进一种教育的氛围。这是对弘扬中华优秀传统文化的期望，旨在激活人们的文化记忆和文化想象，也是引导学生“成人”的重要教育手段。“点朱砂”是效仿古代学童的入学仪式，点在眉心中间的“痣”通“智”，寓意为“开天眼”，受此礼的学生从此目明心亮、智慧开达，一点就通。而现在的“点朱砂”，除了以此寄托教师对学生美好的愿望，还象征着新角色的赋予，当老师为其额头点上朱砂的那一刻，他获得了一种新的身份，步入了人生的一个新阶段。入学礼是儿童从幼儿园到小学的身份转换确认仪式，目的是让儿童理解与新角色相应的权利和义务。《弟子规》是古人关于“礼”的最基本的行为标准，教师带领学生在入学的第一天朗诵《弟子规》，是要学生体悟成为一名“小学生”后应遵循的日常行为规范，领悟传统文化中“礼”的精髓，继承和发扬古代先贤的智慧和美德。希尔斯指出：“传统是围绕人类的不同领域而形成的代代相传的行事方式，是一种对社会行为具有规范作用和道德感召力的文化力量，同时也是人类在历史长河中的创造性想象的沉淀。”② 这些传统文化符号凝聚着中华民族的文化传统，至今仍具有鲜活的生命力和广泛的社会基础。生命的厚度与深度往往要通过文化来显现，文化能通往生命的深处，让人的情感更加丰富，赋予个体生命更多的可能和更深刻的意义。

文化内涵是学校仪式具有教育意义的根本保障，若缺乏文化意义，所有的仪式就只是毫无意义地走流程。不论是“点朱砂”还是着汉服，都只是外在形式的改变，而教育需要进入学生的内在精神世界，上升到个体的道德修养，外在形式是一种通往教育的精神世界的手段。学校仪式是按照一定文化传统，将

① 胡平生，张萌，译注．礼记（三）［M］．北京：中华书局，2017：7675.
② 希尔斯．论传统［M］．傅铿，吕乐，译．上海：上海人民出版社，2014：192.

一系列具有象征意义的行为遵循一定规范和程序进行展演的过程。文化意义只能被存储于象征之中，因此展示并阐释仪式中的典型象征符号，有利于学生获得对仪式文化内涵的理解。① 因此，主持人在典礼进行中，对朱砂启智、《弟子规》的文化内涵进行简单诠释，提升学生对仪式文化内涵的理解和认同，使之产生一种情感上的归属感。

二、“入校和离校”中的礼仪浸润

在传统儒家的“成人”之道中，“知礼”是以“成人”为最终指向的。子曰：“不知礼，无以立”，“成人”所达到的完美人格蕴含着外在的社会秩序、社会规范、社会制度等“礼”的内容。② 学校是“教人成人”的教育场所，不仅要教授各学科知识，同时也应注重学生的行为准则和礼仪规范的教育。“礼”的内涵包括道德行为规范和礼仪礼节以及文明行为规范等，因此在本质上，礼仪教育可归属于德育范畴，是我们内在的文化、修养以及德性的外显形式。在我国古代教育中，孔子就十分重视对弟子日常行为的培养，要求学生应衣着整洁、彬彬有礼、温文尔雅。

在学校日常生活中，学生的行为举止、仪容仪表能在一定程度上反映学生的道德素质状况，也能反映一个学校的校风校貌。在广都小学日常的学校生活中，每天早晨“入校”时，校园两侧都有礼仪学生和执勤教师迎接学生入学，向每个学生问好，部分学生会予以回礼问候。执勤教师会观察每个学生的仪容仪表及其行为举止，提醒学生注重个人行为的得体规范。③ 学校通过师生在“入校”这个特殊时段进行行为和礼仪素质的濡染，无疑在帮助学生养成良好的礼仪规范方面具有重要作用。在这种不经意的“问好”中，引导学生从精神上进入学习与交往的场所。在日复一日的自然生活场景中引导学生注重日常行为的得体规范，学生良好的道德形象在不知不觉的行为模仿中得以形成。正如笔者所见，广都小学的学生在课间活动、体育课的自由活动等时间都积极主动地向教师问好，这与笔者曾观察过的其他学校刻意躲避教师的学生不同，他们愿意主动同教师展开交往。这种礼仪文化的实践和引导，有利于引导学生树立良好的个人形象，养成良好的行为规范和积极的人生态度。我们应将“立于礼”

① 缪学超．理解、认同与传承：学校仪式的文化育人路径［J］．湖南师范大学教育科学学报，2020，19（4）：95-100.

② 张方玉，徐铁光．孔子的成人之道及现代道德教育启迪［J］．当代青年研究，2009（1）：69-72.

③ 材料来自 2021-09-16 田野观察笔记。

的教育思想贯穿于点点滴滴的日常生活，让学生在长期的“礼仪”文化陶冶中成为一个现代意义上的文质彬彬的“君子”。

行为方式是一个人德行的外在表现。① 德行好不好，符不符合社会规范，就在于其行为是否合乎“礼”的规范。在儒家传统思想中，实践是重要的特质，是践行“仁”的基本途径。因此，养成良好的合乎“礼”的行为规范，最基本的方式就是引导学生去行动。在广都小学日常的学校行为规范常规活动中，每周的周一和周五是广都小学少先队员在校门口的马路上执勤的常规活动，他们佩戴上小小的“红袖章”，引导学校门口那条小马路上的学生和家长过马路。同时，他们会善意地、友好地提醒那些不遵守规则的成年人。② 学校通过这种方式，从日常的学校生活中培养学生遵守规则的意识和素养。从日常生活中遵守交通规则，再扩展到其他的社会生活领域，这对学生养成正确的行为规范和良好德行具有积极价值。学校重视通过日常的校园生活来培养学生的礼仪规范，有助于传承和弘扬中华优秀文化中良好的礼仪传统，同时也能在学生的德性修养和人格完善等方面提供帮助，这对我国建成现代化文明国家具有重要意义。

第四节　学校日常生活中中华优秀传统文化教育的审视

在学校有关中华优秀传统文化教育的活动中，人们依旧无法逃脱分数和实际利益的控制，活动对学生而言，更多成为一种被动的体验，学生被管理、被限定，使之精神上备受压抑，在身体上被牢牢束缚。同时，学生的在校日常生活体现出自我身体知觉的钝化，学校精心营造的中华优秀传统文化教育环境对学生“成人”的品格熏陶和浸润作用并不明显。

一、中华优秀传统文化教育活动育人初衷的迷失

中华优秀传统文化教育在学校经常被认为是一种活动，诸如广都小学举办的“千人经典诵读”“民俗文化进校园”“诗词大赛”等活动。活动本来的目的是活化传统文化教育表现形式，让师生放松心灵、切身感受传统文化的思想价值和审美意蕴。但在活动进行的过程中往往将活动的目的聚焦在活动本身的表

① 张方玉，徐铁光．孔子的成人之道及现代道德教育启迪［J］．当代青年研究，2009（1）：69-72.

② 材料来自 2021-12-06 田野观察笔记。

现形式上，忽略了活动的育人目的，偏离了开展活动的初衷。

一方面，教师对这种缺乏“实际”意义的活动感到厌倦和烦躁。有教师称：“这些活动（各种文艺活动，诗歌朗诵、文艺比赛等）真的很浪费时间，没有‘实际’意义，每次搞完这些活动老师都要给学生补课。”① 对教师而言，教学活动是要获取“实际”意义的，而这个实际意义指向学生的学业成绩。也就是说，教师对这些活动无感、厌烦的一个重要因素是其对学生学习成绩的提升毫无益处。教师的潜意识追求的是“有用”，有实际用处，这种工具性的思想导致教师难以体验活动本身的教育意义。当教师习惯了以提升学生的成绩为教学目的，习惯了追求教育的实际用处，就难以领悟活动对学生“成人”的教育意义。

另一方面，附着在活动上的功利性价值取向和评比竞争的思想观念，使活动变成枯燥无比的反复训练，失去了活动本应有的精神价值和教育意义。教师谈道：“像川剧表演、书法大赛这些竞争活动就会刺激家长和学生的虚荣心和功利心，导致学生有时性格上就显得较为浮夸。很多东西看起来很光鲜亮丽，其实这一方面好了，其他方面可能就不那么尽如人意了。”② 正如笔者在田野考察时所观察到的，学校每次搞活动，不论是朗诵比赛还是每周国旗下的诵读，都非常注重仪式感和表现形式。当笔者走进学生的日常生活，观看他们连续的训练与加强活动时，笔者感到学生的自由被剥夺、身体被规训、心灵受压抑。③ 机械的训练助长的是比较的功利心和虚荣心，学生的心灵遭受的是阴霾与煎熬，而不是优美、快乐和诗意。将大量的时间花费在单调重复的训练上，对教师和学生来说都是对自我生命的消耗。同时，功利化的表演追求助长了学生的虚荣心，让儿童错失了深化生命价值、展现日常生活意义的机会。儿童的表演和演出应是真实的、自然的，这样的情绪总是最能打动人心的，过度的表演总是有矫揉造作之嫌。活动的意义在于学生的收获和体验，当学生在活动中感到不自由、被强制时，活动就失去了育人的意义。

作为一种活动展现的中华优秀传统文化教育可以追求形式美，但重心应聚焦于活动本身的育人意义。多样的中华优秀传统文化教育活动形式能起到一种娱乐、观赏的作用，但其根本是为了陶冶心灵、充实精神，让学生深刻体验中华优秀传统文化独特的价值内涵。一般学校举办的各种传统文化艺术活动往往过多注重活动表现形式，缺少对价值观层面的重视，弱化了活动本身蕴含的中

① 资料来自访谈记录 T-F-11：2021-10-20。

② 资料来自访谈记录 T-F-15：2021-11-08。

③ 资料来自 2022-04-26 田野观察记录。

华优秀传统文化教育价值，导致中华优秀传统文化教育“教以成人”的价值旨趣难以实现。

二、技术生活弱化学生身体对传统文化的感知

在日常生活中，感知自我身体的真实存在，保持身体的活力，增强自我身体的敏感度，让身体体验一种道德及感觉丰富的生活是理想中对身体的态度。现代的生活体系使学生的身体在层级鲜明的流水线上活动，学生对生活的感知和自身的愉悦被无限缩小，在程序化的过程体验中，学生情感的敏锐度逐渐钝化。① 真正清晰、精确而有力地感知到自己身体的特殊能力正在一点一点退化。

笔者在田野考察中发现，学生自身在潜意识中忽略自我身体的存在，身体的学习功能被隐藏。在日常生活中，学生处于一种被催眠的状态来感觉世界，学生的身体功能是自动关闭的，日常接触的景象和事物对他们而言只是浮光掠影，并没有真正进入身体的感知世界，精心设计的校园生活环境散发出的文化浸润并没有如人们预想的那般真切发生。以下通过笔者与学生的访谈片段节选，感受学生对自我身体感知功能的钝化。

问：你们教室外面的墙上有4个大红木牌，上面写了什么字你们知道吗？

学生1：不知道。(S-M-13：2021-10-27)

学生2：想不起来了。(S-M-14：2021-10-27)

学生3：没印象。(S-F-15：2021-10-27)

学生4：外边墙上有牌子吗？(S-F-16：2021-10-27)

问：我发现在我们的校园有许多跟传统文化相关的景物，比如，古人的名言名句，学生的作品，还有一处最显眼的地方有9个大字，彰显了我国古代优秀传统文化的核心理念，你在校园里有没有发现什么跟古代文化相关的东西呢？

学生1：嗯，一下想不起来。(S-F-1：2021-10-13)

学生2：木樨亭算吗？(S-F-2：2021-10-13)

学生3：我知道墙上挂了很多东西，但是没注意看过写了什么。(S-M-11：2021-10-27)

学生4：我知道操场上有一面墙写了很多文言文，但是不知道写了什

① 桑内特．肉体与石头：西方文明中的身体与城市［M］．黄煜文，译，上海：上海译文出版社，2011：3.

么。(S-F-12：2021-10-27)

在教育活动中，身体是认知的出发点，而学生的身体处在混沌状态，五官被封闭起来，看不到身边的事物，对日常接触的风景知之甚少，眼睛不会看，耳朵不会听，这正是一直以来人们对身体官能的钳制、忽视而导致的结果。从本质上而言，有机体赖以认识它周围世界的概念和范畴，主要是通过有机体所拥有的身体出发的。“教育为实现其目的，必须从经验即始终是个人实际的生活经验出发。”① 而现实是，人们在被动、放松以及漫不经心中，过度地从网络媒体中摄取虚拟的生活体验，导致人们身体的知觉越来越迟钝。② 迟钝的身体难以感知现实的世界，学生的生活空洞乏味，无法产生有意义的经验。学校为学生创造了良好的人文环境，认为学生浸润其中必然能有所收获，殊不知学生对精心设计的文化环境缺少身体知觉的感知。墙上的名言警句、历史典故、儒道文化，是一幅幅历史的卷轴，它在等待有心人的发现与探索。这在某种层面也说明，这种静态的文化传递方式已不再适应时代的需求，不再能引起学生的注意，我们需要探索从静态转向动态的文化体验方式。

本章小节

中华优秀传统文化教育是人类实践活动的过程，它弥漫在师生的日常生活中，这些浸润在每一寸空气中的思想智慧与文化构成，“日用而不知”地形塑着每个人的处世态度、价值观念和人生理想，同时也潜移默化地影响着我们的思维方式、行为习惯和生活理念。本章主要从师生日常生活环境建设、师生日常交往和学校日常生活中的礼仪教化呈现广都小学日常生活中的中华优秀传统文化教育的“成人之教”。同时，反思学校日常生活中中华优秀传统文化教育存在的现实问题。

第一，日常生活是与每个人的生活息息相关的领域，师生日常所处的生活环境、日常发生的交往行为，存在隐性的、无意识间发生的教育。为了让学生的身体和心灵时刻浸润在中华优秀传统文化熏染的氛围里，广都小学从外在可观的建筑构造，到走廊上的宣传栏、黑板报、橱窗以及教室里的微末细节，都

① 杜威．民主主义与教育［M］．王承绪，译．北京：人民教育出版社，1990：52.

② KUBEY R，CSIKSZENTMIHALYI M. Television and the Quality of Life：How Viewing Shapes Everyday Experience［M］. New York：Routledge，1990：175.

做了精心的布置，在不经意间向学生传达“好学、忠义、仁孝、克己”的中华优秀传统文化理念。

第二，在师生日常交往中，教师有意无意地引导学生学习古圣人提倡的德行和智慧，在日常行为中要求学生以中华传统美德为依据反观自身行为。例如，教师在处理学生矛盾过程中，引导学生领悟“什么是德、什么是仁”，引导学生以“德性”和“仁性”的道德思想来调节自我内在认知，使学生在日常与他人交往的过程中克己复礼、言行向善，遵循“据于德，依于仁”的价值纲领。

第三，中华优秀传统文化彰显的为人之礼、处事之礼、治国之礼等秩序理念，对我们今天处理人际关系、人与自然万物的关系具有重要的引导作用。学校的各种活动，小到各个班级举办的各种节日活动，大到全校学生共同参与的开学典礼、升国旗、少先队员入队礼、毕业典礼等活动都蕴含着中华优秀传统文化重“礼”的精神，学校的各项礼仪活动体现了身体行为对中华传统“礼仪”文化的传承。同时，在学校日常的“入校”“离校”等行为规范中，将中国古代的重“礼”的文化传统和现代文明连接起来，实现了现代文明对古代文化的再次解读，而中华优秀传统文化也正是在这种更新变换中融入新的时代。

第四，需要反思的是，人们将教育的成就固着在工具化的利益追求上，过于重视升学和考试，使人沦为经济的附庸工具和对实利的盲目追求者，这种背离自然、偏离生命的教育环境，导致个人生命“存在”工具化、器物化。人的异化造成了中华优秀传统文化教育活动的异化。人的功利心不只是对高分数的追求，而是蔓延到个人生活的方方面面。中华优秀传统文化教育指引学生在生活世界里追求精神的自由和德性的完美，旨在对抗功利主义价值取向和竞争型社会对个人精神世界的侵蚀。只有净化教育环境，减少功利性竞争对人们的裹挟，才能使中华优秀传统文化教育“教以成人”的价值目标得以实现。

第五章

中华优秀传统文化教育“教以成人”的理论审思

传统文化本身是崇尚和合、自然、闲适的，而现代社会充满竞争与博弈，人们总是忙碌于追求各种外在“物”的获得，对自我心灵和生命的内在精神缺乏应有的关注与滋养，使人成为“工具化”的人，成为缺乏感情的机器。这就需要重申中华优秀传统文化蕴含的“成人”教育思想。传统儒家的“成人”教育不仅包含“臧武仲之知，公绰之不欲，卞庄子之勇，冉求之艺，文之以礼乐”，还意味着“兴于诗，立于礼，成于乐”“志于道，据于德，依于仁，游于艺”，这里需要着重体现“游艺”精神的回归，“游于艺”的游字，活泼而生动，游是从容潜玩于艺。“游”在《说文解字》中的解释是，“旌旗之流也，又引申为出游、嬉游”①。“游”字所具有的悠游浸润精神契合当下开展中华优秀传统文化教育的需要，在“游”的精神指引下，中华优秀传统文化教育成为一种闲适的、自然的“慢教育”。“游于艺”即以中华优秀传统文化陶冶和充实学生的心灵，真正关心学生的内在生命，关心学生作为一个整体的人的发展。在育人的本质问题上，其意味着“教以成人”，在价值延伸上，意味着“成己成人”，由内圣而外王。在学校组织文化上，应“以道为体”，即将落实中华优秀传统文化教育作为“道”的追求，创造舒适、自由的环境场域，让教师和学生在肆意畅游中实现“教学相长”，共同感受中华优秀传统文化的浸润与陶冶、提升自我道德与品格修养，成为中华优秀传统文化的践行者。

---

① 许慎．说文解字［M］段玉裁，注．台北：洪叶文化，1999：314.

第一节 中华优秀传统文化教育"教以成人"的学理基础

教育的使命是人的养成，让人成为人，变得完整，这本是教育的应有之义。① 完整的人是在实践中不断形成的。教育是一个触动个体内在心灵、不断走进学生内心并唤醒学生内在力量的过程，使个体的生命由内而外散发出巨大的能量，促进个体道德和理性的生长，获得精神的解放与心灵的自由。中华优秀传统文化教育是通过传统文化育人，借助传统文化推动学生"成人"。

一、"成人"教育思想的理论溯源

"成人"一般可以从两方面对其阐释：其一，可作为一个时间分际的概念来理解，即年龄上的成人；其二，可以视为"人的完成"，即作为人的理想道德品格的完成。本书特指第二层含义，即"成人"是指"人的完成"。时间概念注重的是个人存有的意义，而"人的完成"注重的是个人生长的历程。总体来说，存有是在个人生长历程中一体性存有，历程是此个人自存有开始而经验的历程。② 存有与历程对人的教养完成来说是一体的。

儒家传统文化内含着成为一个"完整的人"的标准，"教以成人"即教师通过"教"的引导使学生在获得知识的同时学会"做人"与"为人"，培养学生的德性及其内在人格的养成，推动学生生命的成长与发展，将人的人格完善性作为教育目的的重要方面。③ 从孔子思想体系来看，"成人"的教育是从"人文化成""文化教养"的角度来诠释的。例如，子路问"成人"，子曰："若臧武仲之知，公绰之不欲，卞庄子之勇，冉求之艺，文之以礼乐，亦可以为成人矣。"④ 成人含有"全人"之意，是一个理想的人格养成。朱子集注解释为，这样的理想人格要有臧武仲的智慧，这样的智慧足以穷尽事物之理；有公绰之不欲，这样的廉洁足以存养人的本心；有卞庄子之勇武，这样才足以实践力行；

---

① 陈高华. 教育与人的养成：从圆球人说起［J］. 湖南师范大学教育科学学报，2013，12（1）：5-7.

② 林安梧. 儒家思想与成人教育［J］. 鹅湖月刊，1994（226）：1-8.

③ 张媛媛，程良宏，韩光明."教以成人"：线上教学的原点回归及其实现［J］. 教育理论与实践，2021，41（22）：54-58.

④ 李泽厚. 论语今读［M］. 北京：中华书局，2015：266.

要有冉求的多才多艺，才足以泛应曲当，再加上礼的节度、乐的调和，如此才能德成于内，而文显于外。像这样德才全备，而且浑然整体，无所分别，可以称之为成人了。“成人”之为全人，并不是一个静态的概念界定，而是一种动态发展的历程。全人并不是一种超越生活世界之外的完美人格，而是内在于生活世界之中的一个整体而完全的展开历程。“成人”之为“成人”，是经由教养涵化而迈向完成的历程。从这个角度认识“知”“不欲”“勇”“艺”，便可以有一个更贴近现实生活的理解。“知”指的是经由生命的感知而开悟个人的智慧，在“道”的领悟和概念性的理解中逐渐娴熟于生活世界及整个社会整体。“不欲”可以理解为“克己”，克制不符合仁义道德的欲望和杂念，撇开与生命不相关的事物，而让原初的、自然的本性得到显露。“勇”是一种敢于担当的品格，所谓“勇者不惧”“知耻近乎勇”，“勇”指的是由生命之根源所发出的实践能力。“艺”具有非常丰富的含义，这里可以理解为经由劳作或各种能与生活世界沟通的管道，彼此相与，悠游涵泳，融洽不二。这里说的“知”“不欲”“勇”“艺”是生命本身进入整个生活世界及历史体验中所开启的。但更为重要的是“文之以礼乐”，是要经由“节之以礼，和之以乐”的教育涵化而完成。前四者说的是生命主体能动性的开发，“文之以礼乐”是一个调节性原理，二者的调和使人具体地体现为一个圆满而自足的实存。在这里，孔子阐明了“成人”应具备的诸种德性。广都小学的中华优秀传统文化教育在内容形式上涵盖了“成人”的价值指向。从学校开设的专门的传统文化课程到国家课程中的融入，从师生的日常交往到学生的躬行实践，在不同层面上涵盖了“智勇仁艺”的价值指向和“文之以礼乐”的内在追求。

“成人”原指的是理想的道德人格，类似于圣人、君子、善人等概念。但是理想的道德人格并不是悬置于时空之外，而是要落在具体的生活世界中。“成人”的概念既有其理想面，亦有其现实面。现实面与理想面是同一的，他们交结成一个整体。“成人”虽强调其为一种“完美的人”，但毕竟它是在现实的生活世界中开启的，它是要求落实的，其教养的方式亦不能脱离此生活世界。所谓的“成人”教育指的是教导人进入生活世界中，由学习的活动而开启自我生命的体验，使之能经过涵化完成的历程而达到悠然自得的境界。如前文所述，广都小学通过中华优秀传统文化教育向学生传递一种积极的价值导向和指引，陶冶学生性情，教导学生如何生活、如何与他人交往，让学生通过传统文化知识的学习创造自己的智慧成果，并从中获得“实利”，让学生感受知识的力量，帮助学生形成积极乐观的人生态度和人性表征。中华优秀传统文化教育以“学”来培养德性，以“礼”来涵养性情，以“乐”来陶冶情操，通过教以成人、学以成人、化以成人的过程来获得一种与人的本质相一致的教养和品格。

在儒家思想中，"成人"也体现为"志于道，据于德，依于仁，游于艺""兴于诗，立于礼，成于乐"的思想理念和道德追求，这是"臧武仲之知，公绰之不欲，卞庄子之勇，冉求之艺，文之以礼乐"的另一种表达，它们在内容上是连贯的，在"成人"的价值追求上是一致的。李炳南《论语讲要》中说，"志据依游"是求学的方法，"道德仁艺"是学习的内容。"志于道"是树立一个总体的高度，"据于德"是从自我生活或近处出发的一个切实维度，"依于仁"是与共在者相依共修，相互激发勉励，而"游于艺"是将三者统一起来。游与志道、据德、依仁、游艺是同时进行的，志道、据德、依仁、游艺是四位一体的生活实践。也就是说，"游于艺"之艺与"道、德、仁"三德目具有内在的深层联系，并共同构成人的德性修养的全过程。"游于艺"内含着传统经典所欲陶冶的文质彬彬的君子，既追寻内在德行之充盈，又寻求四体舒畅之美，显现为光辉外著的理想人格。①"艺"在古代的释义一般指"礼乐御射书数"的六艺之法；也指对个人特殊才艺能力的形容，例如，"冉求之艺"。文化不间断的变迁，古今社会状况不同，对于艺的理解也应与时俱进。若一味拘泥于字义的解读，传统文化就变成了死知识，无法回应现代人的生活实践。② 熊十力认为，"艺"包括一切知识技能之学。

在本书中，"艺"可以理解为学校所教的各种知识、技能、才艺等，诸如古代经典、诗词、礼仪、书画、琴乐等。通过畅游在传统知识和技艺的海洋中，引导学生进行个人品格性情的陶冶，从而成就一个具有现代意义的"君子"。而一个具备现代性格的"君子"，自然继承着传统脉络的意义，需在当代文明的潮流中，实践志道、据德、依仁、游艺的"成人"路径。"游者，玩物适情之谓。"游的意义，即要个体出于爱好、出于自动，让人有如沐春风的舒适之感。寓意着学校应以一种宽松自由的环境开展中华优秀传统文化教育，让学生出于爱好和兴趣学习中华优秀传统文化，让学生在中华优秀传统文化教育中有惬意的感受。所以说，"游于艺"中蕴含着志道、据德、依仁，也只有在游艺中才能真正完成志道、据德、依仁，这是一个德性修养的过程。

同样，"兴于诗，立于礼，成于乐"，"兴、立、成"是实践的方式，"诗、礼、乐"是学习的内容，与"志于道，据于德，依于仁，游于艺"相辅相成、

① 张锡辉．经典诠释与技艺：论游于艺对经典教育之启迪［J］．通识教育与跨域研究，2006（1）79-108.

② 张锡辉．经典诠释与技艺：论游于艺对经典教育之启迪［J］．通识教育与跨域研究，2006（1）：79-108.

相互贯通、相互制约，共同构成“成人”的有机整体。成人之道贯通了儒家的仁学思想、礼乐教化、天人理论等思想理念，从而确保了“成人”的全面性和完整性。①“教以成人”是中华优秀传统文化教育永恒的追求，它具有连续性、持续性和长期性，是一项终生的事业。

二、以文化人：中华优秀传统文化的自觉与实践

教育究其本质而言就是“以文化人”“以文育人”，通过文化来形成与提高人之所以为“人”的本质，从这个意义上讲，教育就是文化教育。② 教育具有崇高的人文理想和深刻的人文内涵，教育过程就是“文”“化”过程，由“文”而“化”的过程。③ 教育目的在塑造人的灵魂，形塑人的精神世界，铸造人的完美品格，使人成为情感丰富、精神完美的人。现实的生活世界正在对教育发出拷问，教育如何培养完美、健全的人格，如何教人“成人”，中华优秀传统文化教育的提出旨在引导人们在教育中回归“以文化人”的自觉与实践。

中华优秀传统文化教育立足于国家固有的教育制度、文化制度，通过中华优秀传统文化教育践行“以文化人”的教育理念，注重以“化育”“德教”的方式提升学生的品格修养及其内在价值观，使之在道德、精神、品格等方面全面发展。以文化人，即用文明（这也是中华固有的理念）去教化、濡染人，使人在精神意识层面形成向真、向善、向美的自觉性，使人的良善本性得以向外扩充，促进和谐社会的创造。④“以文化人”的前提是“文以载道”。道家依循天之“文”来创制社会规范和社会秩序，彰显了一种精神之用。墨家将天之“文”具体地与现实的器物创造相联系，呈现了一种物质之用。⑤ 而儒家将“文”视为重要的教育手段，使其与个人的成长相契合，真正将“文”的育化弘道于个人。儒家认为，教育是一个自我迁化的过程，是自觉自为的过程，强调对个体内在潜能的挖掘和发挥。⑥ 一方面，从孔子的“仁学”结构，到孟子

---

① 张方玉，徐铁光．孔子的成人之道及现代道德教育启迪［J］．当代青年研究，2009（1）：69-72.

② 杨叔子．素质·文化·教育［J］．高等教育研究，2012，33（10）：1-7.

③ 杨叔子，肖海涛．文化素质教育是中国教育理论和实践的创新：杨叔子院士专访［J］．苏州大学学报（教育科学版），2021，9（2）：51-57.

④ 藏明，张茂泽．“以文化人”：张岂之的人文教育观［J］．河北师范大学学报（教育科学版），2021，23（1）：36-42.

⑤ 普鸣．作与不作：早期中国对创新与技艺问题的论辩［M］．杨起予，译．北京：生活·读书·新知三联书店，2020：56-72.

⑥ 张岂之．高校的素质教育与德育［J］．思想理论教育导刊，2000（2）：43-44.

的“大丈夫”观念和荀子的“正气”思想，儒家不断塑造着“君子”和“圣人”的形象，注重对个体完美人格的涵养。另一方面，儒家树立了“教育为本”的社会信念。人的道德和习性的养成需要靠后天的教育来引导，教育才是各种社会事业中最基础、最根本的载体。① 古人化育万物的教育方式，尊重个人内在的价值追求，遵循个体发展的自然规律，彰显了中华文化浓厚的人文情怀，真正将“文”与“人”会通一处，实现了“以文化人”。

传统文化是以“人”为核心的道德文化，从“文质彬彬”到“化性起伪”，再到“性与天道”的统一，中华优秀传统文化在本质上更加注重个人内心的感悟和体验，主张从自我感知出发去领悟天地之道，由天地之道衍生出对人类社会发展规律的认识。在以“老庄”为代表的道家思想体系中，理想的人格表现为“真人”“神人”“圣人”的形象；而墨家以“兼相爱、交相利”为核心思想，理想的人格表现为“志功合一”和“贵义重利”的内在追求。在不同的学说体系中，人之为人的内涵在形式上有所差异，究其本质而言，都是对人类自身发展的追求。人的内在涵义随着时代发展和社会生活的变迁产生了诸多新的特点，不变的是人们对美好心灵和良好品质的向往，形成这一内在涵养的关键支撑要素是其奉行的“文化”。文化是人社会化的重要变量，它是一个民族和时代整体上所特有的某种情感与思想，② 这种内在的情感使人们形成相同的社会认同，规范人们的行为，形塑民族成员的心理结构和道德品质。中华优秀传统文化教育是通过华夏文明的核心思想来教化和熏染学生，注重对学生内在心灵的浸润，丰富学生的精神内涵，从根本上提升学生的道德境界和思想格局。具体到学校的教育实践，即通过独具人文价值的传统思想理念，影响学生的精神世界和人格修养，带给学生独特的经验、知识和技能，由内而外地影响学生的德性，修养其身心，促进学生完美人格的养成。

中华优秀传统文化教育要自觉吸纳古人的化育思想，让学生内在地吸收、消化中华优秀传统文化蕴含的思想理念、道德观念和价值指引，使其在文化的涵化中领悟个体成人的本质内涵。在基础教育阶段，就是通过中华优秀传统文化教育彰显华夏文明深厚的人文精神和崇高的价值追求，使学生体悟和理解中华优秀传统文化的精髓，感受古人的生活意境和精神追求，引导学生去追求和谐、有序的文化，进而培养内心和谐、德行敦厚、精神丰盈的时代新人。

① 张岂之．大学如何践行“文化育人”[J]．中国高教研究，2011（9）：4-5.

② 司马云杰：文化社会学［M］．北京：中国社会科学出版社，2007：374-377.

三、一以贯之：中华优秀传统文化教育“教以成人”的旨趣

子曰：“吾道一以贯之。”① 即孔子一生都在始终如一地坚守与推行自己的“道”，这是价值、方法、义理的坚定性。“道”不是一个抽象的理念，也不是某种神秘体验。所谓“天命之谓性，率性之谓道，修道之谓教”②。“道”意味着自然、道路、伦理和发展趋向，道是最大的，是永恒的追寻。中华优秀传统文化教育也需要形成“一以贯之”“以人为本”“教以成人”的教育之“道”，使之真正落地学校、生根课堂，为学生健全人格的发展奠定根基。在这里，将“道”理解为实现“中华优秀传统文化教育的成人之教”，也就是将践行中华优秀传统文化教育，实现“教以成人”的教育目的作为人们追求的“道”。“道”离不开人的现实生活，在根本上，“道”落实在人们日常生活的行为法则中。“道”是万德之源，对“道”的解释可以不追求统一，“道”的不可见性决定了人们不能将“道”的诠释定于一尊，固定对“道”的解释反而限制了道的无限性。

“一以贯之”地践行中华优秀传统文化教育，需要树立“志于道”的总体目标，即将“教以成人”作为中华优秀传统文化教育的理想目标。“志于道”意味着要具有“鞠躬尽瘁，死而后已”的精神。一个人能否获得他人的尊敬，就在于其能否竭尽全力追寻自己的生命之道，这种以道为志的人生才是真正有意义的。“志于道”就是要固守职业上的道。即从政为官的人应遵守为官之道，从事医生职业的人应遵守其作为医生的医道，从事教师职业的人也有其应尽的“传道、授业、解惑”的师道。作为中华优秀传统文化教育的践行者，其应遵循的“道”即将“人的发展”作为教育实践的出发点和落脚点。“道”具有个人理想的含义，③“道”不是一个抽象的理念，也不是某种神秘体验。道是在“天命之性”与“人文之教”的关系中展开的，体现在“百姓日用而不知”的生活伦理中，以及圣人修之以明的义理体认和行之以成的礼法实践中。④“道”就体现在中华优秀传统文化教育的传承与日新的活动中。“道”是教育者承载的责任义务，“道”是学生立志成才的理想，“道”是师生日常交往所遵循的法则。“道”虽然没有具体可承载的物使之能被直接看到，但是可以感知到的，“道”是不是存在，我们可以从对师生学校日常生活的观察中感知到。“志”即心之所向，是出于道德理想的认知，认识到“道”的重要价值，具有“谋道”“忧道”

---

① 李泽厚．论语今读［M］．北京：中华书局，2015：78.

② 朱熹．四书章句集注［M］．北京：中华书局，2011：19.

③ 南怀瑾．论语别裁：上册［M］．台北：老古出版社，1976：322.

④ 柯小刚．志于道、据于德、依于仁、游于艺［J］．贵州文史丛刊，2016（1）：1-8.

的自觉意识，对中华优秀传统文化蕴含的教育价值和道德法则坚信不疑并努力加以追求，以中华优秀传统文化教育推进个体人格的完成。孟子曰：“夫志，气之帅也……持其志，无暴其气。”① 志的持久性和稳定性是实现中华优秀传统文化教育之“道”的重要信念，矢志不移才能使中华优秀传统文化教育的价值和作用得到充分发挥，实现“以文化人”的目的。也就是说，在学校一以贯之地践行以“教以成人”为目的的中华优秀传统文化教育时，需要一股不动摇、不懈怠的韧劲，始终坚信中华优秀传统文化蕴含的育人价值，促进中华优秀传统文化的传承，发挥中华优秀传统文化对个体成人的推动作用。

“一以贯之”地践行中华优秀传统文化教育，需要形成“忠于道”的实践精神。“信道不笃，焉能有为?”② 忠于道，即以毕生的精力践行中华优秀传统文化教育，始终以个体“成人”为中华优秀传统文化教育的目的，摒弃功利主义的教育思想，切实关心“道”的实现，关心学生的生命成长和人格发展。“一以贯之”意味着行为倾向有长期的可预测性,③ 即不论是在幼儿园阶段、基础教育阶段还是中等、高等教育阶段，不论是在家庭、学校还是在社会都保持对个体“成人”的期望而不是“成人”之外的其他目的，使中华优秀传统文化教育的“成人”之教上下贯通、内外交融。所谓“力不足者，中道而废”，任何一项事业要获得成功，都离不开坚持不懈的努力和永不言弃的进取精神，尤其是教育事业更需要这种意志和精神，实现中华优秀传统文化教育的目标任重而道远。

第二节　健全中华优秀传统文化教育融入学校教育的保障体系

传统文化本身是自然经济的产物，具有慢的特性，其孕育于一种优哉的、休闲的、自在的自然生活场域，开展中华优秀传统文化教育也应是慢的艺术，秉着优哉游哉的思想与态度，在轻松自然的状态下展开。现代学校是源于西方的社会组织机构，学校的生态环境在某种层面上与中国优秀传统文化具有内在

① 傅佩荣.《孟子》新解（上）[M]. 南京：译林出版社，2012：129.
② 李泽厚. 论语今读 [M]. 北京：中华书局，2015：350.
③ 龙涌霖.“一贯”与“力行”：孔子“一以贯之”说新解 [J]. 中国哲学史，2022（3）：12-17.

的冲突。[1] 这就导致现代学校中传承的中国优秀传统文化在某种程度上是一种僵化的、缺乏活力和生命气息的文化。要使中华优秀传统文化教育从根本上融入学校，需要从顶层设计规划，统筹考虑落实中华优秀传统文化教育的各个关键环节，加强对中华优秀传统文化教育的制度化建设。

一、国家统筹推进中华优秀传统文化教育制度规范

"制度的规范系统确定目标，也指定追求这些目标的适当方式。"[2] 即制度的设计有其应遵循的"道"的原则，制度的权威性和合理性必须既体现某些正确的、获得行动者理解和支持的价值导向，也必须使行动者明确实现制度的规则或方式。中华优秀传统文化融入学校教育尚未建立保障中华优秀传统文化教育开展的长效机制，缺乏自上而下的融入体系和规范化、标准化的教材，这就需要构建中华优秀传统文化教育融入学校的制度规范，保证各级各类学校全面融入中华优秀传统教育。

（一）自上而下系统融入中华优秀传统文化教育

中华优秀传统文化教育能否取得良好成效，关键在于能否让中华优秀传统文化有机地"融进"学校教育。"融进"的第一层次是指中华优秀传统文化教育已经成为学校教育的一个组成部分，其所涵盖的教育内容已经通过国家设计融入教材，成为学校教育的有机组成部分。第二层次是指学校在教育实践中站稳课堂教学主阵地，遵循教育的基本原则，在日常教学中逐渐渗透、嵌入中华优秀传统文化知识，在教育形式上活化中华优秀传统文化内容使之更加具体、生动，让学生能更深入地感受中华优秀传统文化的精神价值及现实意义。

一方面，将中华优秀传统文化教育融入各级各类学校，贯通传统文化教育内容，可以改善当下实践教学中存在的学段割裂、内容重复、目标偏离等相关问题。中华优秀传统文化教育的知识、内容、形式不是现成的，它随着时间的迁移、学习阶段的变化而变化，需要持续地在学校教育中融入中华优秀传统文化知识才能达到"教以成人"的效果。另一方面，传统文化知识有难易之别，有深有浅，有简单有复杂，内容类型繁多，不同的学段所学习的内容应遵循学生的发展规律依次展开，既要保证学段的贯穿，也要体现教育内容的衔接。因

---

① 余清臣．现代学校与中国传统文化传承：一种文化生态学的视角［J］．浙江社会科学，2008（7）：108-114，129.

② 斯科特．制度与组织：思想观念与物质利益［M］．姚伟，王黎芳，译．北京：中国人民大学出版社，2010：63.

此，需要学校结合实际、因时制宜，以中华优秀传统文化涵养学生的内在精神与道德品格。在各级各类学校系统中开展中华优秀传统文化教育是传统文化本身的系统性决定的，每一阶段的教育既有自身的相对独立性，也有一定的承接性和系统性，同时又有超越阶段的界限，成为人们终身学习的对象。

在各级各类学校实施中华优秀传统文化教育，坚持中华优秀传统文化教育的连续性原则，"因为有了连续性原则，可以使先前情境中的某些东西传递到以后的情境中去"①。同时，需要将中华优秀传统文化贯穿于日常点点滴滴的教育活动中，注重中华优秀传统文化教育内容的思想价值和育人价值。

（二）建立保障中华优秀传统文化教育发展的长效机制

目前虽然很多学校尝试和探究推进中华优秀传统文化教育的具体实践路径，但一些学校对中华优秀传统文化教育的认识存在简单化和片面化的问题，并未从深层次上领悟中华优秀传统文化教育的意涵，对中华优秀传统文化的教育内容、教育方式、实施手段都缺乏长远考虑。更重要的是，一些学校没有从"育人"的角度考虑中华优秀传统文化教育存在的必要性，把中华优秀传统文化教育作为一项短期任务完成。

在调研过程中，笔者同时与陕西两所学校的教师进行了深入的访谈，这两所学校也曾做过中华优秀传统文化教育"进校园"的活动，但时间都很短暂，仅仅维持了半年。② 两所小学都是在 2017 年中共中央发布《关于实施中华优秀传统文化传承发展工程的意见》后，为了落实国家政策要求，特别开展了中华优秀传统文化教育"进校园"活动。其中一所小学是根据当地的民俗和可利用的资源，聘请当地的"捏面花"能人进校教学生捏面花。"捏面花"是当地的一种民俗文化，就是把面捏成各种各样的动物、植物图案，染上颜色，蒸熟、晒干，用来在清明时节祭奠祖先、自家食用或赠予亲友。该校教师介绍，这其中有一个历史典故，这项民俗是为了纪念正直忠烈的晋国大臣介子推，学校在传授捏面花技艺的同时也会向学生传授相关的历史典故知识，让学生通过民俗活动了解传统文化知识。但是在完成中华优秀传统文化教育"进校园"的"任务"后，这门课程也就结束了，校外聘请一个教师需要一定的费用，授课使用的面团、颜料都需要学校提供，这笔支出并没有纳入学校长期的开支列表。③ 最

① 杜威．我们怎样思维：经验与教育［M］．姜文闵，译．北京：人民教育出版社，2005：262.

② 资料来自访谈记录 OT-M-1：2021-11-21；OT-M-2：2021-11-26；OT-F-3：2021-12-05；OT-M-4：2021-12-11。

③ 资料来自访谈记录 OT-M-2：2021-11-26；OT-F-3：2021-12-05。

重要的原因是，学校本身并没有认识到这项教育活动的“育人”价值，学校管理者从一开始便并未计划要将这项活动长期进行下去，而只是为了解决中华优秀传统文化教育“进校园”的问题将这项教育活动“塞进”学校，问题解决了，自然不再继续投入时间和经费。这对管理者来说就是从经济学角度出发所做的理性抉择，牺牲连贯性求得短期的有效性，看似合理实则损害无穷。“对行动者而言，不同的行动有不同的效益，而行动者的行动原则是最大限度地获取效益。”① 当学校为了外在的目标，而不是为了学生的内在发展而开展中华优秀传统文化教育活动时，这项活动就失去了育人的价值。这种作为某种象征性的仪式而展开的活动，虽然在学校活动中能被人们看见，但并不是学校日常教学过程中一个真实的育人价值元素，② 只是一种工具性的文化存在。

一项具有传统文化意蕴的活动和一门“传统文化”课程并不能完全代表中华优秀传统文化教育，中华优秀传统文化教育在本质上是一种教学理念，是一种育人思想，学校管理者真正认识到中华优秀传统文化教育的价值及其对个人发展的意义才是开展中华优秀传统文化教育的关键。在实践教学中，个别管理者认为中华优秀传统文化教育“进校园”就是加入一门特色课程，曲解了中华优秀传统文化教育的内涵，还有管理者认为中华优秀传统文化教育就如“安全教育”“劳动教育”等，是这众多事项中的一项。③ 这就将中华优秀传统文化教育和其他课程隔离开来，破坏了中华优秀传统文化的系统性和整体性。我们要建立保障中华优秀传统文化教育长效发展的教育机制，在学校中持续地、全面地开展中华优秀传统文化教育，树立“教以成人”的中华优秀传统文化教育理念，使之真正促进学生的成长与发展，而不是作为一种可见的仪式而存在。

（三）推动中华优秀传统文化教育教材编写规范化

目前，我国大部分地区和学校都在积极开展中华优秀传统文化教育。有的提倡加强对既有教材中中华优秀传统文化知识的深入挖掘和阐发，有的专门设立传统文化教育课程，不论是哪一种形式，都不可避免地存在一些问题。在我国基础教育阶段的教材中，几乎每一门学科都包含中华优秀传统文化的知识内容，但也由于这种普遍性，传统文化无法在任何一门课程中占据主要地位。相比其他科目，中华优秀传统文化在语文、道德与法治、历史课程中涵盖较多，但其内容零散繁杂，体系脉络不明显，导致学生对传统文化的概念模糊不清。而通过开设“校本

---

① 科尔曼．社会理论的基础［M］．邓方，译．北京：社会科学文献出版社，2008：14.

② THOMPSON J D. Oganizationgs in Action：Social Science Bases of Administrative Theory［M］. New York：Routledge，2008：178.

③ 资料来自访谈记录 T-M-20：2022-04-26。

课程”进行的中华优秀传统文化教育，有的没有教材，只是跟随教师学习某种技艺，诸如捏面人、剪纸、陶艺、国画等；有的有教材，但教材的质量参差不齐，有的是学校教师自行编订，有的是学校统一从市面上购买，教材的科学性、系统性和知识内容的典范性难以保证。多数学校的中华优秀传统文化教育停留在技术、形式的浅层次上，缺乏对中华优秀传统文化教育的制度的、艺术的、文化的深层次思考。

在田野调研中，广都小学的管理者也表示：“现在市面上各种各样的传统文化教材太多了，如果学校要开这样一门课程，应该要有一个国家编制的教材，才能保证教学内容的科学性和系统性。”① 也就是说，教材应该由国家或教育主管部门组织编写，保证编写人员的专业性，严加审核，② 确保学校使用的中华优秀传统文化教育教材的丰富性、科学性。教材在根本上是将人类社会生活中最具意义的经验系统化、条理化地组织起来，使群体的生活在制度上、文化上、精神上得以延续。“建设什么样的教材体系，核心教材传授什么内容、倡导什么价值，体现国家意志，是国家事权。”③“正是教科书确定了什么才是值得传承下去的精华和合法的文化。”④ 这就关系到“优秀”传统文化的一个辨别问题，教科书中体现的必须是能滋养人的精神和心灵、能有效提升个人技艺和文化素养的内容。我们需要对市面上既有的以中华优秀传统文化为核心内容的教材进行严格审查，对那些良莠不齐、优劣并存的教材进行及时清理。⑤ 同时，需要国家从根本上进行规划设计，组织专家编写中华优秀传统文化教育教材，确保教材的科学性、规范性，保证选取内容的优秀性。

此外，国家应加大对中华优秀传统文化教育的支持力度，保障财政投入，培养专职的中华优秀传统文化教师，积极归纳中华优秀传统文化教育“示范学校”的先进经验，为其他学校提供可借鉴的经验模式，促进中华优秀传统文化教育的顺利开展。同时，统筹利用博物馆、科技馆、文化馆、纪念馆等社会教育资源履行中华优秀传统文化教育职能，形成全社会共同倡导中华优秀传统文化教育的生

---

① 资料来自访谈记录 T-M-20：2022-04-26。

② 赵建梅．培养双语双文化人：新疆少数民族双语教育的人类学研究［D］．上海：华东师范大学，2011：45.

③ 吴小鸥，李想．中小学教材建设对中华优秀传统文化的创造性转化［J］．教育研究，2019，40（8）：51-58.

④ 阿普尔，克丽斯蒂安-史密斯．教科书政治学［M］．侯定凯，译．上海：华东师范大学出版社，2005：95.

⑤ 吴小鸥，李想．中小学教材建设对中华优秀传统文化的创造性转化［J］．教育研究，2019，40（8）：51-58.

态场景。

二、学校内部加强中华优秀传统文化教育督导机制

从组织分析的角度看，任何组织，其行为一定会受到所处环境以及相应的制度规则的制约。学校规制是学校的内部规定或是自治规则。作为学校内部规则，学校规制虽不具有法律的强制力，但对学校内部的组织成员具有普遍约束力。① 制度确定和限制人们选择的集合。学校应加强中华优秀传统文化教育的质量保障机制，阐明中华优秀传统文化教育“教以成人”的目的，确定合理的教育结构和恰当的课程设置，进一步明确各学段的内容重点、实施方式以及可操作的审定与评价标准，提供一个日常开展中华优秀传统文化教育的规范机制，保障中华优秀传统文化教育有组织、有计划地开展。

（一）通过完善的制度建设消除形式主义的中华传统文化教育

由于学校尚未形成完善的中华优秀传统文化教育运行机制，部分关于中华优秀传统文化教育工作有头无尾，不能较好地实现中华优秀传统文化教育“教以成人”的育人目标。笔者曾在广都小学的资料室看到靠墙角的地上堆放了许多关于实施中华优秀传统文化教育活动的方案，每个年级的方案和主题都不同，这些材料上积了一层灰，已被搁置了很久。教师表示：“之前每个年级的语文组都编写了一套促进中华优秀传统文化教育的教学方案和相关的一些内容，印刷出来后就摆在资料室了，并没有投入实际使用。这个大概就是用来应付检查吧。”② 编写中华优秀传统文化教育的教学方案对学校来说有其合理性和必要性，但若脱离了教学实践的具体情境，缺乏对实践运用的考虑，则会导致完全无效的后果。静态的文本材料对个人的成长毫无意义，只有将丰富的内容运用于实践，应用于学生的现实生活才能真正达到教育的目的，促进学生的成长与发展。

厚重的文字材料和可见的教学方案可以在形式上体现学校注重中华优秀传统文化教育的推进，但由于缺乏完善、科学的规划，这套教学方案无疾而终，我们需要构建完善的中华优秀传统文化教育制度建设和保障体系，规避这种形式主义的教育方式，让教师和学生在中华优秀传统文化教育的活动中真正“乐在其中”而不是被“淹没”其中。

（二）保障“传统文化”教育课程规范化运行

这里的“传统文化”不仅是指广都小学专门开设的“传统文化”课程，还包

---

① 刘冬梅．论教师的教学权［J］．河南师范大学学报（哲学社会科学版），2014，41（6）：1-11.

② 资料来自访谈记录 T-F-15：2021-11-13。

括融入既有教材中的所有中华优秀传统文化教育的课程内容。由于学校的规章制度缺乏有效的约束力，学校存在“主科”挤占传统文化等“副科”的现象，在教学过程中忽略中华优秀传统文化教育的重要性。学校应树立先进的教学理念与科学的管理观，强化教学规章制度，加强组织制度约束力，注重教学规范化管理，使教师在具体的教学工作中遵循学校的规章制度，保证与传统文化相关的课程正常开展。

教育的根本目标是培养全面发展的人。学校每一门课程的存在都是为了促成这一目标的达成，每门课程的价值在“育人”的意义上是同等重要的。学校开设的“传统文化”课程主要是以地方课程、校本课程的形式开展，是学校自主自愿开展的，不具有强制性，这导致课程的稳定性不足，存在被“撤掉”的风险。笔者在田野观察中发现，若“主科”的教学任务在专门的课堂上没有完成，教师便会占用“传统文化”“道德与法治”等“副科”来完成“主科”的教学任务，课表具有的制度约束力失去相应的规范效应。因此，中华优秀传统文化教育的健康、有序、良性发展，应上升为学校的制度规范。① 通过规范化的制度约束，引导教师真正认识中华优秀传统文化教育的“成人”价值及其“以文化人”的意义，确保“传统文化”课程的有效开展，使之成为学校教育体系中不可或缺的一部分。

科学合理的课程设计和教学安排是学生身心全面健康成长的重要保障，偏向一隅的教学追求将导致学生片面发展、畸形发展的问题。中华优秀传统文化作为中华民族生存与发展的精神根基，开展中华优秀传统文化教育，让古代经典文化思想中的德、智、美等优良传统贯穿课堂之中，是现代课程结构的必然选择。同时，一项完整的教育活动需进行相应的考核评价，考核是促进教育形式革新的重要手段。我们需要对“传统文化”进行相关的评价考核，将考试成绩纳入学生综合质量评价指标。② 但要注意考试内容的编排，不能过多地考查固定的死知识，将学生陷入死记硬背的泥潭，耗损学生的精力与求知热情。应以学生素养发展为导向，从多个维度考查学生的传统文化素养，通过其他相关课程，诸如“道德与法治”“语文”“艺术”等课程检测学生的中华优秀传统文化修养，在全面了解的基础上进行综合判断。

---

① 立法先行，夯实根基，全面推进新时代中华优秀传统文化教育［N］. 人民政协报，2020-12-01（3）.

② 吴艳玲 . 提升中华优秀传统文化教育实效：《中华优秀传统文化进中小学课程教材指南》解读［J］. 基础教育课程，2021（7）：5-9.

三、以理论研究推进中华优秀传统文化教育的落实

传承和发展中华优秀传统文化的社会形势需要教育学研究提供相应的理论基础和实证保障。① 理论研究虽然不能直接给予可操作的、程序化的实践方式，但可以为开展中华优秀传统文化教育提供多种思路和想象。

中华优秀传统文化教育究竟教什么、如何教、怎么在学校落实？需要相关学者在实践探索的基础上给予理论指导。需要形成一批专门的中华优秀传统文化教育笔者，对中华优秀传统文化内容进行系统的研究整理，讲清楚中华优秀传统文化"是什么""有什么"的问题，从学理层面对中华优秀传统文化精髓进行深入研究阐发，分析中华优秀传统文化教育的基本视角，厘清其主要命题，讨论其基本思路，辨析其内在逻辑、概括其精神气质。② 同时，寻找中华优秀传统文化一以贯之的"成人"教育思想观念，阐述中华优秀传统文化内在的"成人"逻辑。厘清中华优秀传统文化"成人"教育理念的教学模式和历史经验，探究在当下如何培养"智勇双全、文质彬彬、仁艺相得"的人，融通古代教育与现代教育"教以成人"的价值追求。

学者的理论探究需关注实践、回应实践，解决实践中存在的问题。笔者应积极探究践行中华优秀传统文化教育的教学理论，阐明中华优秀传统文化教育与既有学科的契合性，深入探究中华优秀传统文化教育的形式和内容。中华优秀传统文化滋养着中华民族最深沉的精神世界，是推动中华民族生生不息、发展壮大的力量源泉。具体到学校教育，就需要教育笔者以儿童的视角对中华优秀传统文化进行抽象概括，赋予中华优秀传统文化以时代意义和有趣的形式，让中华优秀传统文化的表现形式鲜活起来，增强学生对中华优秀传统文化内容的适应性和可接受性，使中华优秀传统文化教育的表现形式更加适合青少年的发展需求和心理特点。同时，挖掘中华优秀传统文化遗产，对传统文化的发展进程进行反思。推进中华优秀传统文化与时俱进，深入阐述中华优秀传统文化的核心论题，帮助一线教师准确认知、清晰理解中华优秀传统文化中的思想观念、人文理想、礼乐制度、社会秩序、民风民俗等。

对于中国这样一个在世界上唯一拥有数千年一脉相承文明体系的大国，教育的管理者、笔者和实践者理应更加重视自身文化的传承。构建相对完善的中华优秀传统文化知识体系，理解中国传统文化中蕴含的有价值的思想观念、历史经验

---

① 刘峻杉．对传统文化展开教育学研究的意义、难点与方法论省思［J］．中国教育科学（中英文），2019，2（5）：123-134.

② 曹胜高．中华优秀传统文化核心课程体系的建构［J］．中国大学教学，2020（9）：47-52.

及其表达方式。将中华优秀传统文化融入现代教育体系中，建立与时代精神相契合、系统完备、富有成效的教育体系，在通过教育途径传承自身文化传统上成为世界各国教育发展的楷模。

第三节 推动“分数中心”到“成人之教”观念变革

中国的“成人之教”是面向所有人的，是所谓的“有教无类”“人皆可以为圣贤”的传统理念。随着国际竞争的日益激烈，越来越多的国家推行一种以追求国家利益为目标的教育制度，人文学科和艺术被看成华美的装饰，人文教育彰显的思想性、批判性被搁置一旁。中华优秀传统文化教育旨在引导人们转变分数至上的旧观念，追求教育的人文性、思想性价值，推动个体完美人格的养成。

一、匡正中华优秀传统文化教育“教以成人”的根本目的

在儒学中，人的问题、德行的问题乃是贯通诸哲学问题的一个核心。① 中华优秀传统文化教育的核心是通过“以文化人”和“以文育人”的方式达至“教以成人”。“文”具有丰富的内涵，不仅有中华优秀文化、全人类优秀文化，而且包含人文社会科学与自然科学的丰富文化资源与成果，并与人的德智体美全面发展联系在一起。② 中华优秀传统文化教育的“教以成人”是一个缓慢发生的过程，它注重对学生情感的陶冶，审美素养的提升，注重学生优良道德品质的养成和人格修养的完善，让学生在无功利的文化浸润中享受知识带来的思想体验和精神想象。

功利性的应试教育把学生当成知识的容器，刻板地向学生传授考试需要的标准答案，使学生沉溺于枯燥乏味的背诵与训练之中，不仅磨灭学生的思维能力，还阻碍学生自然天性的发展。应试的教育让教师反复传递考试需要的知识内容，阻碍了教学方式的变革；它让学生背上沉重的学习负担，摧残儿童的创造力和想象力；它让家长把目光着眼于孩子的成绩，忽视了孩子个性的发展。受“应试教育”的长期影响，学校重成绩轻文化、重结果轻过程的现象久久难以消除，教学的中心总是围绕考试的内容而“有针对性”“有选择性”地展开。教育的目的异化为以学生的分数为旨归，分数的背后不仅仅是学校和学生的荣誉，还有更加优

① 李景林．教养的本原：哲学突破期的儒家心性论［M］．沈阳：辽宁人民出版社，1998：2.
② 张岂之．大学如何践行“文化育人”［J］．中国高教研究，2011（9）：4-5.

质的教育资源和更多的机会，这种根深蒂固的抢夺竞争思想理念使人们认为不考试的教学内容都是不重要的，是不需要学习掌握的，这种观念违背了学校教育的伦理指向。由此导致的惯性思维使人们执着于功利性的外在目标，排斥、抵制教育的内在目标，将中华优秀传统文化教育看作教育的“加餐”，对其重要性认识不足。所谓“不塞不流，不止不行”，不破除旧的东西，新的事物就难以建立起来。在教育中同样如此，要树立“以人为本”的教育观就必须从根本上破除以分数为中心的思想根源，把人作为教育目的，而不是利用人去实现其他外在的目的。《尚书》记载：“唯人，万物之灵。”中华优秀传统文化本身蕴含着“以人为本”的思想理念，中华优秀传统文化“进校园”不仅是保存、传承传统文化，更重要的是体悟中华优秀传统文化内含的思想理念，在教育过程中将“分数至上”的观念转变为“以人为本”的价值追求。

教育是要“唤起学生的求知欲和判断力，以及控制复杂情况的能力，使他们在特殊情况下应用理论知识对前景做出展望——所有这些能力不是靠一条体现在各个科目考试中的固定规则所能传授的”①。考试的内容必定是需要学习的重要内容，但绝不是教育的目的。教育的目的与意义不仅在于传授知识，更在于对学生进行道德教育和品格陶冶，培养其健全人格，使其成人，教人“为人之道”②。教育面向的是学生生命发展，单纯的知识积累和分数并不能代表教育的成功。学贵“变化气质”，教育旨在改造人的思想、陶冶人的品性，提升人的道德境界，如此才能形塑学生完美人格。若只是将目光停留在学生的考试成绩上，只能造就一批批的考试工具，而不能培养出真正意义上的人。只有人们从思想上觉醒，深刻认识到中华优秀传统文化教育的重要地位和重要作用，才能积极主动地开展中华优秀传统文化教育。

在中华优秀传统文化教育的形式上，可以融入“游于艺”的形式和思想内涵开展中华优秀传统文化教育，让学生“游”在其中，乐在其中。例如，德国为了纪念格林兄弟规划了一条与《格林童话》密切相连的旅行路线，在生活中构建还原童话故事中展现的城市、乡镇，让人们在观光旅游的惬意享受中，感受文化艺术的熏陶与陶冶，让人有梦回童年之感触。③ 这里便体现了一种“游于艺”的精神意味，中华优秀传统文化教育“进校园”，同样可以从人们的生活出发，从身边的细微处展开，把中华优秀传统文化蕴含的知识和精神一点一滴地融入人们的日

① 怀特海．教育的目的［M］．徐汝舟，译．北京：生活·读书·新知三联书店，2002：10.

② 郑师渠．在欧化与国粹之间：学衡派文化思想研究［M］．北京：商务印书馆，2021：86.

③ 安战国．对德国文化政策与管理的认识与启示［J］．当代兵团，2013（10）：40-41.

常，让人们在日常不自觉中自然地接受中华优秀传统文化的陶冶。

二、中华优秀传统文化教育遵循个体“成人”的自然天性

自工业社会以来，人类渐趋远离自然，几乎全部的生活都被置于人造的社会中，人在生产“物”的过程中逐渐沦为“物”的奴隶，人异化为没有精神和情感的“工具人”。中华优秀传统文化教育基于对科学主义和实用工具主义的批判反省，通过对个人内在精神的唤醒、心性品格的陶冶，赋予整个社会以人文精神。“士志于道，而耻恶衣恶食者，未足与议也。”士应当摆脱外在的欲望和贪念，唯有如此，个体的道德生命才具备展开的基础。人没有道德生命则与机器无异，中华优秀传统文化教育唤醒人的精神意识，培育个人内心深处的道德修养及其对完美人格的追求，使人成为具有崇高精神追求的、真正意义上的人。子曰：“士不可以不弘毅，任重而道远。仁以为己任，不亦重乎？死而后已，不亦远乎？”① 这是由“天命”与“天道”而召唤来的使命感，这种尽心、尽性的精神追求和实践精神将个人引向完美的人格。

人的重要性在于“成人”的历程。中华优秀传统文化教育遵循个体发展成人的自然之“道”。“天命之谓性，率性之谓道，修道之谓教。”② 教育即“修道”，“修道”则是“率性”而为，“率性”指个人良善之性的发挥，使人在遵循自然之道中朝向生命本真。性命之学是儒家修行实践最高的追求。传统文化中的“性命”并非现代意义上浅层的“生命”，而是怀守道德、生命之清明，能够“参天地，赞化育”，以整个身心感受宇宙自然之造化，向上能参透天道，向下能了解万物变化生成的原理，开悟造化之根源。中华优秀传统文化教育追求超越功利性和实用性的价值趋向，彰显对人的主体权利和生命经验的关照，指引人在生活世界里追求精神的自由和德性的完美，教育的人性回归因此发生。

回归本性、循其自然是个体成人的内在通途。“唯天下至诚，为能尽其性；能尽其性，则能尽人之性。”③ 儒家强调“诚明”之于个人生命觉悟的重要性，每个人都要在生命的旅程中追寻对自我本体的认知，最终回归本性，集中体现为个体对性命之学不畏艰难的追求。这种“虽不能至，然心向往之”的精神追求，赋予

---

① 李泽厚．论语今读［M］．北京：中华书局，2015：153.

② 朱熹．四书章句集注［M］．北京：中华书局，2011：19.

③ 周敦颐．周子通书［M］．上海：上海古籍出版社，2000：31.

了人生终极的意义。① 老子曰："道生之，德畜之，物形之，势成之。"② 世间万物都有自身的形态，教育不是改变学生固有的天性，也不是干涉或主宰学生的生长方向，教育是要帮助学生进一步发展他的天性，进一步挖掘他的潜能和成长的可能性。中华优秀传统文化教育不仅是传授有实用价值的知识，更重要的是，阐明人之所以为人的价值观，尊重学生的生命尊严，将个体精神引向敞开、外化，建立人的主体性。

中华优秀传统文化教育注重对人的道德精神的培育，追求人的内在精神与自然世界的和谐，让心灵靠近自然与美德，彰显"道法自然""天人合一""和合共生"的思想。"任何活动都离不开目的，目的是活动展开的向导。"③ 中华优秀传统文化教育是以"人"本身为目的而展开的关系和意义建构，这种建构是全面的，是指向人的发展的。它向外创生出追寻真理和建功立业的理想，向内则渗透此理想的真实本源。为了这一目的的达成，学校应以学生的发展为本位，通过引导、激发和唤醒，触动学生内心原初的力量，润养其精神，陶冶其心灵，教化其品格，使之在日积月累中把所学内化为自身的气质、道德修养和思想观念，为自我完整人格的形成奠定内在的精神基础。

三、彰显"成人"教育理念，促进学生的健全发展

"人是意义、价值世界的根本，意义与价值因人而存在着，没有人，就谈不上意义与价值。人虽然不是客观物质世界的本原，却是意义与价值世界的本原。"④ 中华优秀传统文化教育是为了人的发展，人是教育的目的。

（一）以人为本的自觉与实践

人是教育活动的主要对象，是教育的直接目的，教育为人的存在与生成寻找着自身独特的逻辑之规。以人为本内含着对个人生命存在的开放性认知，注重对个人生命正向价值的肯定，同时摒弃负向价值对个人生命的侵蚀，以人的生命自觉、生命体验和生命关怀为根本理念和价值追求。⑤ "天地之大德曰生"，这里的

① 王嘉毅，鲁子箫．规避伦理风险：智能时代教育回归原点的中国智慧［J］．教育研究，2020，41（2）：47-60.

② 任法融．道德经释义［M］．北京：东方出版社，2012：119.

③ 怀特．再论教育目的［M］．李永宏，等译．教育科学出版社，1997：4.

④ 舒志定．论古希腊教育观的形而上特性［J］．宁波大学学报（教育科学版），2006（2）：1-6.

⑤ 王嘉毅，鲁子箫．规避伦理风险：智能时代教育回归原点的中国智慧［J］．教育研究，2020，41（2）：47-60.

“生”指生命、人生、生活，不仅强调宇宙万物之生命的共生共荣，而且凸显在现实生活中如何成就有意义的人生。“生生”可以说是儒家思想的根本理念。① “天地之间，其犹橐籥乎。”② 意思是宇宙结构类似于一个巨大的风箱，通过有节律地一进一出、一张一缩、一动一静的阴阳运转，气生其中，万物创生。老子认为天地万物的本体是“炁”，阴阳二气和合生化就是宇宙之大道。中国传统文化体现的是对生生不息的宇宙自然之道的敬畏和遵从，对生命价值意义的追求。

中华优秀传统文化在教学价值观上重视德性伦理，在教学方法上重视个人内在的体悟。③ “教育学是成人之学，而成为什么样的人，则是教育目的所体现的核心内容。”④ 教育的根本目标是要推动人的全面发展，通过系统的文化知识和适宜的环境熏陶，全面培养人的道德、智慧、情感和艺术思维。中华优秀传统文化教育不只是教会学生某种知识与技能，更是通过知识的传授、技能的学习调动学生的积极性，使他们主动开展中华优秀传统文化的探究与学习。在这一过程中，让学生切身感受中华优秀传统文化的魅力，通过中华优秀传统文化陶冶道德情操，培养学生的生活态度，让学生更好地认识自己，提升学生与他人交往的能力，帮助学生在复杂的环境中安身安心，促进学生的自我实现和发展。

所谓“温柔敦厚，《诗》教也；疏通知远，《书》教也；广博易良，《乐》教也，絜静精微，《易》教也；恭俭庄敬，《礼》教也；属辞比事，《春秋》教也”⑤，六经之可贵即在于此也。教以成人的一个重要维度是文化基础，而文化基础的核心要素之一便是人文底蕴。人文底蕴是学生在长期学习运用文化知识和技能技艺等方面形成的基本能力、人文情感、审美情趣和价值取向。⑥ 学校应引导学生体悟中华优秀传统文化蕴含的思想理念和道德精神，彰显传统的厚度、历史的深度，促进学生人文底蕴的提升，使之在情感上变得丰富，在审美上趋向高雅。中华优秀传统文化教育注重对人文精神的传承，人文精神集中表现了对人的尊重，关怀人的存在价值，关心人的感觉、情绪和知觉，这是一种为了人，把人当成人，关注和理解人的精神世界的思想情怀。⑦ 这就要求在中华优秀传统文化教育过程中

① 李承贵．生生：儒家思想的内在维度［J］．学术研究，2012（5）：1-10.
② 出自《道德经》。橐籥，指古代鼓风吹火用的器具，比喻肺主气，司呼吸，调节气机的功能。
③ 王嘉毅，鲁子箫．规避伦理风险：智能时代教育回归原点的中国智慧［J］．教育研究，2020，41（2）：47-60.
④ 孙彩平．教育的伦理精神［M］．太原：山西教育出版社，2004：240.
⑤ 胡平生，张萌，译注．礼记（四）［M］．北京：中华书局，2017：7950.
⑥ 核心素养研究课题组．中国学生发展核心素养［J］．中国教育学刊，2016（10）：1-3.
⑦ 邹广文．弘扬传统文化应注重人文精神的承传［J］．人民论坛，2017（7）：32-34.

始终关注学生本身，关注学生的心灵及其内在需求，使学生学会关心自我的日常生活，在日常生活中自我训练、自我教育，提升自我的文化素养。

（二）崇尚“中和”，避免盲目从众的竞争行为

自工业革命以来，人类开始追逐一种快节奏的生活，不论学习、工作、生活都追求快，随即衍生出了快餐、快递、快时尚等。人们一方面在心里向往着从前的“慢生活”，另一方面又积极地追求快速、便捷的生活方式。在这样的大背景下，教育活动也成了一场“快”的角逐，人们总是追求更快、更高效、更统一的教学方式，忽略了作为主体的人的感受与体验。中华优秀传统文化历来不主张竞争，所谓“礼之用，和为贵”① “君子和而不同”②，散发出的是“反求诸己，由内而外”“躬自厚而薄责于人”的思想内涵，使人类社会趋于更少竞争、更多合作，倡导人与人之间和谐相处。

当下，人们为了考试成绩而展开的竞争实际上是一种盲目的从众行为，是人对普遍行为的自觉模仿，相对而言是被动发生而不是内在主动的诉求。这种被动是群体一致的逼迫，当身边的人都为了分数而采取各种行动时，这种对分数的一致追求便在潜移默化中成为一种准则。这个准则不需要特意制定，群体对分数追求的动机和行为自然而然地加强了它对人们观念的控制。若有人对此毫不动容便会与群体格格不入，由此而产生焦虑、恐慌、苦恼的情绪，为了与交往的人保持一致，人们别无选择，这是竞争社会在无形中对人们的“绑架”。这种从众式竞争的觉醒，需要人们敢于独辟蹊径，跳出群体竞争的漩涡，勇于开辟新的发展道路和新的可能性。同时也需要人们形成一种普遍的道德上的包容，容忍他人以自己的规范开辟道路，不排挤、不讥讽他人异于群体期望的价值选择。在这个意义上，我们更需要提倡中华优秀传统文化中“和合共生”“仁爱向善”的思想理念，在日常生活中奉行儒家“以仁律己”“修己安人”“推己及人”的道德律令，对防止人的异化和不必要的恶性竞争具有重要价值。

残酷的竞争压迫学生的身心状况，导致学生长期处于一种非正常成长状态。从追求分数的漩涡中跳出来，走向追求“成人”的教育，需要人们思维意识的觉醒和观念行为的革新，以“游”的精神态度开展中华优秀传统文化教育，而不是增加学生的学习负担。“游”是一种精神上的自由解放，中华优秀传统文化教育要追求一种“游”的状态，去除功利性的教育目的，以一种无目的的精神来开展中华优秀传统文化教育。当学生在无功利目的状况下学习，不受外在压力诸如分数、

---

① 李泽厚．论语今读［M］．北京：中华书局，2015：15.

② 李泽厚．论语今读［M］．北京：中华书局，2015：255.

攀比等虚荣心的束缚，真实地面对自我，才能获得心灵的自由，以洒脱自适的生活态度面对世界，从而形成健全完美的人格。

中华优秀传统文化强调“诚敬”的治学方法。“子张问行。子曰：‘言忠信，行笃敬，虽蛮貊之邦，行矣。’”① “忠信笃敬”强调修学从心出发、学以为己，而不是为了超过他人。当教育经过调整变得更符合人们的兴趣和能力时，学校常见的学生之间的竞争就会减弱。② “教育是人的灵魂的教育，而非理智知识和认识的堆集。”③ 在日常的教学活动中，教师应更多地关注学生的德行修养，引导学生学会学习，调动学生的积极性，不以考试成绩为教学内容的导向。升学率不是教育的目的，更不是教师的责任，教育的目的是人，是教学过程本身，是让学生在每时每刻都受到思想的启发和精神的陶冶。康德曾说：“人，一般说来，每个有理性的东西，都自在地作为目的而实存着。他不单纯是这个或那个意志所随意使用的工具。在他的一切行为中，不论对于自己还是对其他有理性的东西，任何时候都必须被当作目的。”④ 学校不能把学生视作为其获得荣誉和头衔的工具，不能利用学生实现教育以外的其他功利性目的。潘光旦提出“中和位育”教育思想，从内在心理层次上指引人们在教育生活中找到属于自我的“安所遂生”之道。⑤ “和”越来越成为时代的主题，未来教育将更强调合作而不是竞争，社会、学校、家庭等应从强调竞争的思想理念中解脱出来，为学生创造自由、合作、开放的生长环境。

本章小节

雅思贝斯曾说：“人类一直靠轴心时期所产生的思考和创造的一切而生存。每一次新的飞跃都回顾这一时期，并被它重燃火焰……轴心期潜力的苏醒和对轴心期潜力的回归，或者说复兴，总是提供了精神的动力。”⑥ 中华优秀传统文化教育实践仍然需要将目光投向轴心时期的文化源头，从中获取精神力量和思想源泉。

---

① 李泽厚．论语今读［M］．北京：中华书局，2015：255.

② 柯林斯，哈尔弗森．技术时代重新思考教育：数字革命与英国的学校教育［M］．陈家刚，程佳铭，译．上海：华东师范大学出版社，2013：109.

③ 雅斯贝尔斯．什么是教育［M］．邹进，译．北京：生活·读书·新知三联书店，1991：4.

④ 康德．道德形而上学原理［M］．苗力田，译．上海：上海人民出版社，2012：36.

⑤ 潘光旦．自由之路［M］．上海：上海三联书店，2008：153-160.

⑥ 雅思贝斯．历史的起源与目标［M］．魏楚雄，俞新天，译．北京：华夏出版社，1989：14.

本章首先回到先秦儒家，汲取儒家思想蕴含的中华优秀传统文化教育“成人之教”的精神资源，在此基础上进一步阐明推进中华优秀传统文化教育“成人之教”得以实现的制度保障和教育观念变革，着重从理论层面探讨个体“成人”的可能性。

“成人”之道源于先秦儒家教育思想，“成人”即指人经过教养涵化的历程而修得理想的人格。中华优秀传统文化教育秉持“以文化人”“以文育人”的观念，强调“以人为本”，注重从内在去提升人的素养，陶冶人的情操，改变人的思维。让学生在中华优秀传统文化教育中获得自我发展的深层力量，成就自由的精神。中华优秀传统文化教育的“成人”之道是一以贯之的，需要我们形成“志于道”“忠于道”的实践精神，认识到中华优秀传统文化教育之“教以成人”的内在意蕴，一以贯之地坚持中华优秀传统文化教育的“成人”追求，将中华优秀传统文化教育贯穿于日常的教育活动中，让学生始终能感受到中华优秀传统文化教育的陶冶与滋养。

中华优秀传统文化教育的全面发展需要通过顶层设计，由国家给予指导与规划，统筹推进中华优秀传统文化教育制度规范，完善相关制度体系，让中华优秀传统文化教育在学校的落实有章可循。然后，需要学校内部加强中华优秀传统文化教育督导机制，加强组织领导力和制度约束力，在课堂教学中贯彻落实中华优秀传统文化教育。同时，以理论研究推进中华优秀传统文化教育的落实，通过教育理论研究进一步阐述中华优秀传统文化教育的“成人”教育思想，连通中华优秀传统文化教育与现代学校教育体系，推动中华优秀传统文化教育“教以成人”的价值目的实现。

当下“各国及各国的教育制度都在拼命追求国家的利润，都在轻率地抛弃民主制度生存所必需的技能，这种倾向若是发展下去，世界各国很快就会产出一代代有用的机器。”① 这种技术性思维忽略了人本身，消除了人的生命意识和独特情感。中华优秀传统文化教育的根本目的是引导学生“成人”，是以一种“以人为本”的教育理念消解教育实践中弥漫的功利主义教育气息，使教育回归本原，关切学生生命本身的成长，注重个体人格的全面发展。这就需要学校的管理者和教师形成共同的教育追求，从根本上认识到中华优秀传统文化教育对个体“成人”的重要价值和深远意义，遵循个体“成人”的自然天性，共同为学生人格的全面发展而变革教育理念。

---

① 努斯鲍姆．功利教育批判：为什么民主需要人文教育［M］．肖聿，译．北京：新华出版社，2017：2.

第六章

中华优秀传统文化教育“教以成人”的实践路向

中国传统教育实质是一种成人的教育，中华优秀传统文化教育的核心是“以人为本”“教以成人”，其目的是塑造学生完美的人格，促进学生德智体美劳等全面协调发展。这一目的的实现需要学校教育和家庭教育的共建，需要教师和家长协作共同努力。我们需要注重家庭教育对学生“成人”的奠基作用，通过家庭教育和学校教育的协调配合培养学生“完美”“和谐”的人格形象。此外，我们需要弱化教育实践的工具性价值取向，引导教师在教育过程中关注学生作为“人”的存在和价值。同时，为教师营造良好的学习空间和学习平台，提升教师中华优秀传统文化教育的能力，激发学生学习中华优秀传统文化的兴趣和倾向。

第一节　家校共育助推中华优秀传统文化教育“成人”目标的实现

在“成人”教育中，家庭人伦道德教化的启蒙不可或缺。家庭环境是儿童生长发展的自然课堂，家庭教育能将中华优秀传统文化寓于日常生活中，通过家校共育开展中华优秀传统文化教育，是对学生“孝悌”“仁爱”之本心的扩充，对儿童道德品格的形塑及其文化意识情感的培养具有重要的影响作用。

一、家庭是个体“成人”教育的开端

家庭是个人“成人”过程中各种关系的起点，并由此辐射出与他人和社会、国家的关系。人生活在群体中，个体“成人”的历程不能脱离家庭与社会而达成。个体“成人”是一个由家庭走向社会的过程，即将个人对父母兄弟的孝悌之心扩展至对他人和对社会的仁爱之心，把自我生命内在的根源扩展至整个生活世界。

（一）家庭的教化传统

传统中国的“家庭”，是以父系血缘和亲缘为基础，由不同代人组成的“家族”。传统中国的大家族不仅仅是具有血缘关系的族群聚合体，而且它在更大意义上具有重要的社会、政治、经济和文化功能。① 在古代封建社会，家族往往有一套系统的制度体系制约族人的行为，如祖训、族规、宗法、宗约等，这些礼教文化让每个人扮演社会设定的角色，遵循社会赋予其身份的思维与行为模式，从而使家族得以延续。古代自给自足的自然经济进一步促进了家庭单位的稳固性和延续性，由此也就产生了一系列用于教育子女的家规、家训，例如，唐太宗的《帝范》、王祥的《训子孙遗令》、诸葛亮的《诫子书》、颜之推的《颜氏家训》、陶渊明的《与子俨等疏》等。大量遗存的家训著作表明家庭教育在古代人的教育生活世界中发挥着重要的作用。

随着封建统治的结束，“家族”存在的社会基础与制度保障不复存在，取而代之的是现代型的“核心家庭”。与传统的“家族”不同，核心家庭是自我维持和自我繁衍的最小社会单位，与过去的家族相比，缺少学习应对更复杂的社会、政治、国家关系的条件。但家庭传统的家文化理念，诸如“父慈子孝”“兄友弟恭”“长幼有序”等思想理念，至今仍然在处理家庭伦理关系中发挥着积极的作用。

（二）家庭环境塑造儿童的文化心理图式

家庭是人生的第一所学校，家庭教育是我们整个教育的开端和基石，儿童在家庭环境中接受的初始教育将会影响其之后对待其他事物的态度和情感倾向。家庭的延续性，使家庭教育具有普遍性和长久性。在家庭教育中，成人是主要的教育者，而儿童是受教育者，成人是家庭生活的掌管者，具有一定的权威和话语权。这里的成人是指年龄意义上的成人，指家长。家庭教育在根本上是一种“终身教育”，家庭生活占据了我们一生大部分时光，我们的生活无时无刻不受家庭的影响。

个体理想人格的完成不能脱离人伦生活而实现。家庭中显现的日常伦理自儿童来到这个世界便随之发生，儿童在成人所期望的引导中，不自觉地形成对成人伦理价值观的认同。② 在“个体生活的历史中，首要的就是对他所属的那个社群传统手把手传下来的那些模式和准则的适应。”③ 家庭的传统与习俗从儿童出生起

① 袁德润．当代中国基础教育与文化传统关系再认识［D］．上海：华东师范大学，2009：69.

② 史密斯．文化：再造社会科学［M］．张美川，译．长春：吉林人民出版社，2005：75.

③ 本尼迪克特．文化模式［M］．王炜，等译．北京：生活·读书·新知三联书店，1988：5.

就在潜移默化中塑造儿童的经验和行为。儿童在物质、心理、情感和社会性等方面对成人具有较强的亲情依恋和心理依赖，他们在与成人共同生活的过程中自然而然地受成人日常显露的“文化模式”影响，在潜移默化中实现对这种文化模式的认同和内化，从而形成对本文化传统的强烈情感。① 他们通过敏锐的观察、直接的接触、缓慢的试探，逐渐了解成人对人或事物的态度、惯例、习俗等，在日复一日的环境强化下，使儿童在不知不觉中接受成人奉行的传统思想和行为方式。

社会心理学研究认为，日常接触的文化塑造个体心理图式。“图式一旦形成，将对社会认知的一些方面产生强烈的影响，从而影响个体的社会行为。”② 图式是个体形成社会性和个性的基础，也是文化内源性特征存在的生理、心理和行为基础。图式是“文化”的产物。③ 因此，可以说家庭环境、家庭文化对儿童的影响具有根基性的价值。正如米德所说：“我们不知不觉地使自己处在其他人的位置上，并且像其他人那样活动。”④ “人们从小不假思索学到的东西将影响他整个的一生。”⑤ 成人不经意间的行为、举动，都可能被儿童模仿学习，这种在潜移默化中形成的文化认同、道德准则和思维方式，在很大程度上决定个人的价值观及其德行品格的养成。

（三）家庭教育的中华优秀传统文化取向

2021 年 10 月 23 日，我国颁布了《中华人民共和国家庭教育促进法》，提出家庭教育应注重弘扬中华民族优秀传统文化、革命文化、社会主义先进文化，注重形成优良的家风家训文化，在日常生活中以身示范，为未成年的健康成长营造良好的家庭文化环境，弘扬中华民族家庭美德。⑥ 作为中华儿女，每个人都在不自觉中受到中华优秀传统文化的熏陶与影响，在家庭中对儿童进行中华优秀传统文化教育，从时间和形式上来说都具有得天独厚的优势。

家庭虽然承担着教育的职能，但家庭毕竟不是专门的教育场所，⑦ 家长的角

---

① 袁德润．当代中国基础教育与文化传统关系再认识［D］．上海：华东师范大学，2009：65.

② 巴伦，伯恩．社会心理学［M］．黄敏儿，王飞雪，等译．上海：华东师范大学出版社，2004：98-101.

③ 袁德润．当代中国基础教育与文化传统关系再认识［D］．上海：华东师范大学，2009：65.

④ 米德．心灵、自我和社会［M］．霍桂桓，译．南京：译林出版社，2012：75.

⑤ 雅斯贝尔斯．本真教育的回归［J］．教书育人，2009（22）：12-14，4.

⑥ 中华人民共和国家庭教育促进法［EB/OL］．中华人民共和国教育部政府门户网，2021-10-23.

⑦ 戈布尔．第三思潮：马斯洛心理学［M］．吕明，陈红雯，译．上海：上海译文出版社，1987：105-106.

色不同于教育工作者，家庭教育是通过家庭日常生活的渗透和感染，在无意识间、偶然间发生，这种自然发生的家庭教育可能是积极的，也可能是消极的，恰恰是这种无意识的活动对儿童的思想和行为产生综合而持久的影响。为了给青少年儿童提供一个良好的生长环境，促进孩子优良品德和健全人格的养成，家长需要在日常生活中，借助具体的生活情境和现实情况，有意识地向孩子传递积极向上的人生观、价值观和道德观。在日常生活中注重给孩子树立规矩，引导孩子从小养成独立生活、尊重他人、克制自己、遵守纪律的行为习惯。同时，引导孩子学习基本的礼仪以及做一些力所能及的家务，让孩子形成良好的生活习惯和正确的价值理念。当下，我们越来越意识到家风、家教对孩子成长的重要性，认识到良好的家庭环境对儿童的道德养成、品格塑造具有潜移默化的作用，对传承和弘扬中华优秀传统美德具有不可替代的意义。

家庭教育，毋庸置疑是中华优秀传统文化教育的开端，是引导个体“成人”的开端。所谓“言传身教”“其身正，不令而行；其身不正，虽令不从”。家庭教育更多的是言传身教，家长通过自身的行为感染儿童，通过日常的语言教化和行为示范强化儿童的观念和认知。拉伊认为：“儿童的观念多半是视觉观念。”① 儿童直接观看到的事物在不知不觉中会变成他们所奉行的观念。父母“经常念叨就容易进入孩子的情感领域，渗透到孩子深层意识之中，”② 从而使孩子在不自觉中形成某种习惯。中国传统文化中关于“礼仪”“德行”“仁爱”的教育很大程度上是从家庭环境以及家庭成员的影响开始的。“我们无意识得像其他人对我们说话那样对自己说话。”③ 在家庭中进行中华优秀传统文化教育，需要家长注重在日常生活中与儿童相处的方式，重视引发儿童的孝悌本心，重视家庭伦理关系对孩子品格的塑造作用，让孩子认识到作为一个有德行的人应该具有的礼仪风貌、德性修养。这对儿童而言无疑是一种心理强化的过程。

家庭是中华优秀传统文化传承与教育的重要场所，家庭教育是文化濡染的起点。家长在日常生活中显现出的“礼仪风范”“道德观念”“待人接物”“为人处世”的方式对儿童具有垂范作用，能有效地保证中华优秀传统文化传承的持续性和延展性。

---

① 拉伊．实验教育学［M］．沈剑平，瞿葆奎，译．北京：人民教育出版社，2004：91.

② 陈建翔．关于家庭人格教育的若干思考［C］//中国家庭子女教育：海峡两岸家庭教育研究文集．长春：吉林教育出版社，2000：163.

③ 米德．心灵、自我和社会［M］．霍桂桓，译．南京：译林出版社，2012：75.

二、关注家庭教育对儿童良好德行养成的推动作用

“性相近，习相远。”人的本性都是相近的，真正使人与人之间拉开距离的是日常养成的习惯。如果家长在日常生活中适时给予儿童正确的指导，将孝悌、仁爱等伦理道德融入家庭教育中，就能让孩子从小建立起对自我道德品格的要求，从内心深处遵循自然人伦之道。步入学校以后，学生也能更好地遵循学校的礼仪法制等规则，从而在任何环境中都能如其自如、得心应手，在社会生活中与他人和谐相处。

（一）良好的家庭氛围形塑美好的德行

学生在家庭环境中接受的教育及其表现和行为与家庭结构、生长环境以及家长的文化水平、知识储备、道德观念、生活情趣及其审美意识息息相关。不同的家庭氛围对学生学习中华优秀传统文化的动机和兴趣具有不同的影响。

一方面，注重中华优秀传统文化教育的家长，支持学生在课余时间进一步学习中华优秀传统文化，为孩子报课外培训班，培养孩子的气质和品格。① 笔者曾与一位学生小雅和其母亲共同参与她们申报的课外“国学训练营”，这是一个由爱好中华优秀传统文化的社会群体组建的“国学”班，在周六、周日开课。这里的教师都着汉服授课，学生进入课堂也需要换上汉服。笔者参与的第一堂课是“如何行礼”，教师从日常生活交往的角度，教学生“问候礼、坐姿礼、举手礼”等的语言表达方式和身体行为方式，教师进行多次示范后让学生现场练习。② 教师并没有从文化传统的角度教学生“礼”的内涵，只教给学生一些日常礼仪的外在表现形式。虽然缺少对“礼”的传统文化内涵的解释，但这种庄严的形式让学生对传统礼仪产生一种敬畏之心。据小雅的母亲介绍，她会跟孩子一起在家观看《典籍里的中国》和《中国诗词大会》等节目，也会在周末带孩子去图书馆、科技馆、博物馆等场所听取相关的公益讲座，基本每周都会跟孩子一起共读一本经典著作，到四年级已经读完了《三字经》《唐诗三百首》《论语》三部著作。③ 苏霍姆林斯基说：“每个人从幼年起就会关注别人的精神世界。”④ 家长个人的生活经历、思想觉悟、文化素养、职业成就、志趣和爱好不可避免地会影响孩子的认知和行为。

另一方面，一部分家长本身是中华优秀传统文化的爱好者，他们会在潜移默化中把自己的文化观念传递给孩子。据一位学生介绍，他的爷爷特别喜欢中国的

① 资料来自访谈记录 P-F-1：2021-12-18；P-F-3：2021-12-14；P-F-5：2021-12-23。

② 资料来自 2021-12-18 田野观察记录。

③ 资料来自访谈记录 P-F-1：2021-12-18。

④ 苏霍姆林斯基．帕夫雷什中学［M］．赵玮，王义高，蔡兴文，等译．北京：教育科学出版社，1983：237.

水墨画，周末经常带他去博物馆、文殊院，欣赏张大千等名家的画作。① 儿童对中华优秀传统文化能否产生兴趣和热爱，关键在于家长能否适时利用恰当的情境启发孩子的学习动机。当儿童经常融入一个具有浓厚文化意蕴的环境中，他的心灵自然而然地靠近环境所散发出来的高雅与质朴。也有一些家长，在日常生活中非常重视孩子的礼仪规范，日复一日地教导孩子言说的方式和行为的规矩，让孩子在日常生活中遵循“礼”的规范。② “人而无礼，焉以为德。”不懂得礼待他人，不守礼不知礼的人，是没办法谈论他的道德修养的。家长的素养和文化偏向对孩子具有直接的影响，家长在日常生活中有关中华优秀传统文化的言谈和议论对孩子具有重要的价值导向。有学生说：“我奶奶经常说，老祖宗留下来的都是好东西。”③ “我爸爸曾告诉我，在四大文明古国中，只有中国的文化没有间断的流传下来了，我觉得中华文化很伟大。④” “每到过年时候，我爷爷就会包很多纸钱，写上老祖宗的名字，在春节的时候烧给他们，爷爷告诉我，这是表达对祖宗的追思。”⑤ 子曰：“慎终追远，民德归厚矣。” 丧礼和祭祀是一个人孝道持续进行的行为和表现，也是人之为人的基础。家长日常生活中的祭祀行为蕴含着一种道德信仰和社会生活基本规范，这种行为模式会在潜移默化中影响孩子的认知观念、心理情感及其行为方式。家长对孩子的期待和指导，是影响学生道德品质的重要因素，不论是哪一种家庭，在日复一日年复一年的生活中，儿童都从其中受到家长文化认知结构的影响。

（二）以“孝悌”为原点展开个体成人之历程

孝是立己之学，是个体人格完成的根本。“孝悌也者，为仁之本与！本立而道生。”⑥ 孝悌的实现，就个人而言是修身成人，培养仁的根本与起点。“仁”指的是一种存在的真实感，是一种人与人、人与物、人与天之间存在的真实感。推进中华优秀传统文化教育从家庭开始，遵循“立爱自亲始”的实践逻辑，即以人的原点“孝悌”为中心展开其“成人”的历程。孝是对自我生命根源的崇敬，经由这样一个崇敬的过程使得个人的生命根源能如其自如地开展，孝是生命的本位，而本位是生命的原初动力。孝是个人生命中不可分割的、现实存在的道德真实感。悌使生命之根源如其自如地落实于人的日常生活的体验中，从而使个体生命交结

① 资料来自访谈记录 S-M-11：2021-12-21。

② 资料来自访谈记录 P-F-5：2021-12-23。

③ 资料来自访谈记录 S-F-3：2012-10-15。

④ 资料来自访谈记录 S-F-5：2012-10-15。

⑤ 资料来自访谈记录 S-M-11：2021-12-21。

⑥ 李泽厚 . 论语今读［M］. 北京：中华书局，2015：6.

成一个网格。

孝悌是发自生命深处的内在根源动力，此根源性的动力使人将他者视为与自我一样的主体，敬畏所有生命的存在。“孝”所强调的是纵面的追溯，而“悌”强调的是横面的开拓。纵面、横面共同形成一个坐标，坐标的原点即“人之为人”的一个活生生的实存。人以自我为生命的中心展开与他人生命的交往与联系，由此而形成一个人伦关系的网格。个人之理想人格的达成，意味着个人不论在家庭还是在社会网格中都能应对自如，充分发挥自我角色。在这个过程中，孝悌伦理不是单方面的行为，而是处于一种与家庭成员共生共在交互的环境中。人总是处于各种关系中，尤其是处于各种人伦关系中，在这个意义上，家庭教育就是引导人超越内在的本心，将孝悌引发的“仁”扩充至一切自我与他人的关系之中。“仁”是人与人之间相处的大道，道德之大全，个体在日常生活中与人交往要参考“仁”来实践，还需注意从行动开始、过程和目的都“依于仁”实践。

三、推动学校和家庭中华优秀传统文化教育合作与互补

家庭作为基本的社会单位对学生个体“成人成德”具有重要作用，家庭教育对学生道德观念和文化意识养成具有潜移默化的影响，开展中华优秀传统文化教育需要形成家校共建的合力，需要家长的参与和支持。

（一）通过课堂教学推动家校共育

“家风家训”是中华优秀传统文化教育的一个重要内容，“道德与法治”中的家风、家庭美德、家文化教育贯穿了整个小学阶段，例如，一年级有“我爱我家”主题课程，三年级有“家是最温暖的地方”，四年级有“为父母分担”“我的家庭贡献与责任”，五年级有“我们一家人”“弘扬优秀家风”等，这些关于“家风家训”的课题将学校教育和家庭教育联系起来，将教师和家长联系起来。以“家风家训”为主题的教学活动在学校只能解决认知的问题，具体的行为实践需要在家庭生活中完成，需要家长的支持和参与，家长的态度及其提供的支持是影响“家风家训”主题教育成效的重要因素。

广都小学以课堂为载体，以学生为沟通媒介，把课堂任务延伸到家庭，提升学生对“家”的认知，增进学生对父母的理解，让学生理解传统文化中的孝悌精神和人之所以为人的“仁”之本心。例如，在“为父母分担——少让父母为我担心”这一节课上，教师为了让学生理解家长的辛苦与付出，给学生布置了一项家庭作业，让学生回家后跟父母聊一聊他们一天的工作，并制作出父母作息的时间

表，条件允许的学生，可以跟随父母一起去体验他们一天的生活。① 通过这样的方式，激发学生的孝道本心，让学生学会理解父母，在家庭中承担起自己的责任。在“这些事我来做”的课上，教师提出让学生回家后做家务，比如，清洁卫生、整理衣柜、清洗自己的衣物等，并让家长拍照发到班级微信群。② 这种方式有形式化的嫌疑，但也确实在一定程度上让学生体会和认识到父母的艰辛，更加懂得为人子女所应尽的孝道，从而在日常生活中做一些力所能及的事。在小学阶段，学生的抽象思维和概念思维尚未发育成熟，相较而言，他们的情感更丰富、情绪更敏感，这一时期的道德启蒙主要是影响学生的情感认同倾向。③ 而学生情感的源头正是其最初接触的家庭，真挚的情感是个体人格养成的关键。在日常教学中，教师也会时不时融入“父慈子孝”“兄友弟恭”“勤俭节约”等传统家庭教育思想，引导学生热爱自己的家庭、关心自己的父母，学会孝敬老人、友爱弟妹。④ 孔子曰：“教民亲爱，莫善于孝。教民礼顺，莫善于悌。”⑤ 孝是做人的根本，教育一个人，首先应该让他遵循孝悌之道。《礼记·祭义》有言，“立爱自亲始，教民睦也”⑥。父母与子女之间的“亲亲之爱”是人最基本的情感，要培养一个人的仁爱精神，就要让他先从爱自己的父母开始。

（二）家校共育促成个体生命和谐发展

孟子强调“成人”的根据是超越内在本心，而荀子认为外在的礼仪法度才是“成人”的根据所在。孟子将“恻隐之心”作为人之本与“仁”的出发点，将为“仁”由己扩展至“孝悌”和“泛爱众”，在现实生活的实践中实现“仁”的普遍化；荀子以“礼”为人道之极，将“礼”作为社会秩序的最高原则，个体“成人”的关键是达到社会主体对个人的外在要求。⑦ 如果说学校教育进行的荀子式的“成人之道”，那么家庭教育遵循的就是孟子的“成人之道”。学校作为群体的生活场所，作为个体的学生在群体的场域里难免面临自我主体性的失落，或被他者的存在消解自我生命的意义，导致学生在学校里成为一种缺乏主体性的共同体。而在家庭中的学生，作为核心的家庭成员，需要谨防个人存在的主体主义。家庭

---

① 资料来自 2021-10-28 田野观察记录。

② 资料来自 2021-11-04 田野观察记录。

③ 朱小蔓，钟晓琳．情趣教育：一种有意义的情感教育探索［J］．中国教育学刊，2014（4）：1-5.

④ 资料来自 2021-09-28 至 2021-12-01 田野观察记录。

⑤ 陈川雄．论孝［J］．孔子研究，1998（3）：102-109.

⑥ 陈川雄．论孝［J］．孔子研究，1998（3）：102-109.

⑦ 杨国荣．善的历程：儒家价值体系的历史衍化及其现代转换［M］．上海：上海人民出版社，1994：91.

教育与学校教育的结合，就是要中和学生身上的主体主义和其在学校被消解的自我，使学生获得和谐、平衡的健全发展。

家庭教育是一个充分发挥个体内在本心的过程，是对个人生命情感的扩张，凸显个人的主体性价值。在形式上，家庭教育更多体现为一种感性的、自然的教育，而学校教育是理性的，有目的、有针对性展开的。如果说家庭教育是让学生的自然本性得到充分发挥，那么学校教育就是要以社会的礼仪法度为核心来引导学生的自然本性，使之处于更大的社会结构中，遵循“依于仁”的价值指引与他人和谐相处。家庭教育和学校教育在内在形式上具有一种隐而不显的张力，家庭与学校之间的合作就是要平衡这组张力，一方面，家庭是仁的发源地，使儿童的个体本性得到充分舒展；另一方面，学校是礼法规训的开端，使儿童由家庭走向社会的过程中，遵循礼制章法。从这个意义出发，强调推动中华优秀传统文化教育进家庭，以“家校共育”推动教化学生的“成人之道”，对形塑学生的美好品格、培养学生的道德信念和人文精神具有重要作用。

第二节　提升教师践行中华优秀传统文化教育的文化自觉

教师的特质首先是一种“文化”的存在，承负着与“文化”息息相关的教育使命。文化自觉，“是指生活在一定文化中的人对其文化有‘自知之明’，明白它的来历、形成过程、所具有的特色和它发展的趋向”①。教师不仅是文化自觉最主要的群体，也是中华优秀传统文化教育实践的主体。教师应当对中华优秀传统文化具有精神上的自觉，从文化的视野出发思考教育问题，将教育置于与文化的联系之中。教师对中华优秀传统文化的价值认同和自觉践行直接影响学生的文化修养，教师的文化品位提升，就会自然而然地体现在教学行为和育人效果的变化上。② 只有教师主动自觉地践行中华优秀传统文化，通过身教的方式影响学生，才能真正培养出具有文化自觉的学生。

一、明明德：提升教师的中华优秀传统文化教育修养

“德”，是天地乾坤之法则，从道而来，道是人生之根本，万物之源头。人与

① 费孝通．费孝通论文化与文化自觉［M］．北京：群言出版社，2005：37.

② 张广斌．对中小学开展中华优秀传统文化教育的几点建议［J］．人民教育，2017（Z2）：34-38.

万物都是靠其德性成就，道体因隐微而看不见，德性明显而看得见。如前所述，将践行中华优秀传统文化教育称为“道”，那么教师是否践行道就是要从“德”出发来窥见。这里的“德”指向教师作为中华优秀传统文化教育者的“德行修养”，也就是说，开展中华优秀传统文化教育需要教师有系统、深厚的知识储备和文化素养。教师作为文化传承的教育主体，在提升自身中华优秀传统文化修养的同时应形成清醒的文化教育意识，通过中华优秀传统文化教育引导学生完美人格的养成。

（一）树立传承中华优秀传统文化的自觉意识

教师作为中华优秀传统文化教育的实践者，对学生产生的影响与其学识水平、教学能力和文化修养都密切相关，提升教师的中华优秀传统文化素养和言传身教能力至关重要。在教学实践中，一线教师习惯于将目光聚焦到自身专业知识、教学技能、学生管理等方面的能力提升上，对中华优秀传统文化教育“教以成人”的核心指向和育人价值认识不足。

为了提高“传统文化”课程的授课质量，广都小学为教师提供学习专家讲座的机会。“但这种学习往往是形式高大，实效甚微。听完讲座，经过培训，教师仍旧不知道如何才能把‘传统文化’课上好。”① 教师真正要上好“传统文化”这门课，并不是听几次讲座或者是参加几次培训就能取得成效。传统文化课堂是广都小学开展中华优秀传统文化教育的主阵地，但在教育实践中，受功利性教育追求的影响，中华优秀传统文化教育存在的“实际功用”价值被否定，导致“传统文化”课程失去存在的现实基础，经常被“主科”占用。这就需要教师从思想意识层面认识到中华优秀传统文化教育的价值，从内心深处热爱中华优秀传统文化，树立传承并发展中华优秀传统文化的意识。只有改变教师的观念，使之将对分数的推崇转向对生命的尊重、对成绩的追求转向对“成人”的关切，才能真正发现中华优秀传统文化教育的“育人”价值。

教师是改变学生生命现实状态的人。改变“他人现实”的人，先要改变“自我”的现实。一方面，教师应形成广阔的文化视野，把教学当作文化思想的传承、学生品格的陶冶，着眼于学生思维能力、德行素养的提升，而不是单纯地进行知识的传递，着眼于学生考试成绩的获得。从根本而言，教师在中华优秀传统文化教育中占据最为关键的位置，担负着教育青少年“成人成德”的重要职责。因此，教师要不断提高自身文化境界，了解中华优秀传统文化的历史发展、基本精神及其内在意蕴，从内心深处热爱中华优秀传统文化，在日常工作中积极地学习中华

① 资料来自访谈记录 T-F-3：2022-04-26。

优秀传统文化，树立以中华优秀传统文化蕴含的价值伦理为教育学生的使命感和责任感，从根本上认识到中华优秀传统文化教育之于个体“成人成德”的重要意义。

另一方面，教师要做中华优秀传统文化的终身学习者，追求丰富的人文知识，沉浸于人文之美，以中华优秀传统文化知识思考、解读当下的社会问题，形成对中华优秀传统文化知识的鉴赏能力。同时，教师要“以身作则”，做中华优秀传统文化的传承者、守护者、践行者，将蕴含积极价值理念与道德规范的中华优秀传统文化精髓“内化于心、外化于行”，并在此基础上潜移默化地引领和影响学生。① 当教师把思想的触角探入中华优秀传统文化的世界，从内在心理上认识到中华优秀传统文化的育人价值，将中华优秀传统文化的教育价值转化为教育行为，最终“化”到学生的精神世界中去，才能在真正意义上站稳传统文化教育课堂，使之扎根于学校的教育教学活动中。如此才能彰显教师“德性”的光辉。

（二）提升教师的文化眼界，深耕传统文化课堂

教育在本质上是对于人类所创造的思想文化的自觉传承活动。② 教师作为文化的创造者和使用者，守护人类整体的精神与智慧，其文化理念和教育观念主宰着教育发生的方式。在教学过程中，教师需要用复杂性思维进行思考，体认、感受并响应不同文化的差异，对不同的教学内容进行深刻的思虑与理解，以自身的思考与行动的责任去带动学生。

在教学实践中，教师往往注重微观的知识点而缺乏宏观的文化视野，缺乏对知识的历史溯源的研究，导致学生对自身的文化和他者的文化分辨不清，对自身的文化习俗和他者的习俗混淆。有教师称：“每学期的课本上都有两三篇外国作者的课文，我们讲的时候主要是讲课文、讲字词，基本不会介绍它的作者，除非是那种特别有名的，我会简单介绍一下。”③ 这种单纯注重知识点，而不进行任何文化分析的教学方式把学习降格为知识掌握、信息接受、能力训练，排斥心灵对意义的追寻，遮蔽了学生在学习活动中可能产生的高阶思维价值取向，把教育本身降低至世俗性的功能化教育。

笔者在与学生的访谈中发现，有学生甚至认为“圣诞节”“万圣节”是我们本来就有的节日，以为“巴金”是外国人，不知道“苏联”是什么。④ 现代以来，

---

① 郑秋月，郭亚苹．论中华优秀传统文化在思想政治教育中的“文化育人”及促成路径［J］．学校党建与思想教育，2018（18）：90-91，96.

② 朱永新．教育的真谛乃是文化的自我创生［J］．教育研究，2012，33（3）：92-94，99.

③ 资料来自访谈记录 T-F-11：2021-10-20。

④ 资料来自访谈记录 S-F-5：2021-10-18；S-F-10：2021-10-21。

中西方文化经过了百年的碰撞、摩擦和交融，一些生活方式和日常习惯对很多人来说已经很难做出“自我”与“他者”的区分，这导致学生产生文化认知的困惑和精神导向的失序，这就需要教师在教育过程中予以引导，发挥中华优秀传统文化的主心骨作用。中华优秀传统文化教育不仅是要学生传承本民族的文化，还要学生能对本民族的文化和他者的文化进行区分，并能通过自己的智性能力进行文化分析。

在教育教学中，教师对待任何一种文化要素，既不是单纯忽视或转化它，也不是单纯保存它，而是对它进行分析和评价。一方面引导学生认识不同文化的特征和精神指向，另一方面探索这种差异背后的历史渊源，避免不同文化形式引起学生头脑的混乱。儿童对世界万物具有直接的、真诚的感受，他们具有思考所有触动他们心灵问题的潜力，关键是如何激发儿童去思考。只有通过各种方式、各种途径激发儿童的思考能力，儿童才能形成成熟的文化判断力，才不会被偏见、麻木、偏私捕获，才能抵御愚蠢化与蒙昧化。从而形成“臧武仲之知”，成为一个真正意义上具有智慧的人。

在多元文化共存的现代社会，教师在教学过程中对不同文化应进行批判性分析，鼓励学生多层次、多维度地去探究多种文化要素和相关经验，在充分理解和对话的基础上促进文化的融合与创新性发展。一方面，文化传统具有延续性，尤其以儒家为代表的文化传统具有超稳定性特点，学生无法直接实现跨文化的沟通和理解。另一方面，外来文化在潜移默化中已经影响了学生的生活方式、思维方式，学生往往面临着文化心理的冲突、矛盾与混乱。要使学生达成跨文化的沟通理解，教师应在教学过程中，引导学生通过理性的思考进行不同文化的比较和分析。通过对学生思想与判断力的提升，促进学生精神的个体化，学生形成有思想、会辩驳、能实践的德性修养，从而真正促进文化对学生心灵的陶冶作用，引导学生形成健全的人格。

二、博学之：厚植教师中华优秀传统文化教育人文涵养

博学，“谓广博学习也”，博学是儒家教学论中极具生命力的思想。子曰：“君子博学于文。”① “吾尝终日不食，终夜不寝，以思，无益，不如学也。”② 在孔子看来，广泛的学习各种知识是进行教育教学的基础和前提。在这里，博学指教师在自我生命实践中持续学习中华优秀传统文化，在传统典籍中涵养性情，形成丰

① 李泽厚．论语今读［M］. 北京：中华书局，2015：121.
② 李泽厚．论语今读［M］. 北京：中华书局，2015：302.

厚的中华优秀传统文化素养。中华优秀传统文化教育是一项永恒的事业，教师作为传承中华优秀传统文化的重要使者，需要一种孜孜以求、锲而不舍的学习精神，达到乐以忘忧、乐此不疲的境界。只有教师“乐在其中”，才能让学生领略中华优秀传统文化的趣味和意义，也只有教师具有广博的学识和人文素养，才能带领学生感悟源远流长、辉煌灿烂的古代文明，体悟“经史子集”的厚重思想和“诗词歌赋”的韵味及其精神内涵。

（一）为教师构建良好的学习空间

人们赋予了教师形象太多美好，但在真实的教师生活中，教师往往面临着诸多不为人知的困境。在各种减负的呼吁和喧哗中，教师反而需要承担更多的教育任务。教师既要在短时间内教给学生更多的知识，还要减轻学生的学习负担；既要让学生有更多的时间自主学习，同时还要保障学生的学习效果。成堆的表格和琐碎的评价占据了教师的日常时间，功利性的分数追求消解教师的精神世界。诗人荷尔德林曾言：“充满劳绩，人诗意地栖居在这片大地上。”当教师的日常生活被难以获得意义的劳动充塞，在年复一年、日复一日的琐碎积压中，教师再也难以诗意地栖居。理想与现实的差距冲击着教师的内在心灵，在繁忙又难以取得成就感的同时，教师往往会产生生命的虚无和无意义感。

笔者在与教师的访谈中了解到，多数教师在职前接受的中华优秀传统文化教育非常有限，有教师表示他们上学的那个年代感受不到传统文化的重要性，也有教师表示上大学时学的是理科专业，传统文化方面的知识很少涉及。① 此外，学校的各项烦琐事件，诸如会议、检查、考核、各种表格填写无孔不入地榨取教师的精力，从精神上和身体上不断地压向教师。教师的时间被各种琐碎的日常工作占据，能用于自由学习的时间非常有限。

在信息时代的大环境下，教师在空闲时间往往利用手机观看网络上的教学视频，这种学习是碎片化的，缺乏内在的精神意义。而同事之间的听课学习，局限于对教学方法和教学经验的学习，缺乏对自身内在文化素养的提升。对此，学校可以发挥“教师共同体”和“区域学校共同体”② 的积极作用，定期、持续性地举办与中华优秀传统文化教育相关的读书沙龙和讲座，让教师能够不断地充实、更新自己的知识体系。定期的、持续的学习可以让教师对教学目标保持明确的认识，在教学过程中能够以广博的知识明智地运用教材，以灵活、有趣味的方式深

---

① 资料来自访谈记录 T-F-3：2021-12-15；T-F-10：2021-10-14；T-F-11：2021-10-20；T-F-15：2021-11-08。

② 本书第二章有详细论述。

入浅出地向学生传递中华优秀传统文化知识。同时，学校要为教师创造更加自由的教育环境，将教师从琐碎的、无意义的活动中解放出来，给予教师更多自主学习的时间。让教师通过自我主动地探究和学习，在感性、悟性、灵性等层面不断地突破自我，充实自我中华优秀传统文化素养，领悟中华优秀传统文化教育的精髓，从而更好地促进学生的品德发展和人格修养。

（二）以广博的知识活化中华优秀传统文化表现形式

教师作为教育实践的“传道授业解惑”者，既需要具备广博的文化知识，还需有高超的专业技能知识。中华优秀传统文化知识本身是静态的，需要教师在课堂教学中将之活化。在教学过程中，教师要对中华优秀传统文化进行“现代化”“生活化”“场景化”的转换，创造性地解读文本，让中华优秀传统文化以一张神采奕奕、充满活力的面孔展现在学生面前。以学生喜闻乐见的方式进行创意表达，实现知识对学生实际生活的影响。教师对中华优秀传统文化的解读和评价影响学生对中华优秀传统文化的认知。在教学实践中，教师要对中华优秀传统文化进行反思和“再阐释”，创造一个更具文化意义的情境和叙事空间，将中华优秀传统文化放在现代时空语境下做出新的阐释，① 使学生更好地领悟中华优秀传统文化蕴含的内在精神。

中国传统文化的复杂性以及传统与现代之间的文化变迁使得古代经典中显现的思维方式与现代人具有明显的差异，这就增加了教师对中华传统文化进行创造性解读的难度。中华传统文化中的“天人合一、阴阳相生、道法自然”等，强调内在直觉悟性的思维方式，在现代性的转换中面临较大挑战。② 一方面，这种偏重形而上的思维方式与当代强调实证、数据和效率的经验性思维存在明显差异，使学生在潜意识中产生抗拒心理。另一方面，传统文化中的一些核心概念被不同学派、不同时期、不同人物反复使用且衍生出不同意涵，例如，“仁”“道”“德”“性”“知”等；一些词语的语义在历史长河中发生了深刻的流变，与当下人们的理解相去甚远，例如，“自然”“心”“性命”“精神”“智慧”“技艺”“术”等。③ 这种古今时域的变化对人们理解其内涵造成较大的困难，早期的思想理念具有高度浓缩的特征，后人的“训诂、注释、义疏”给予其不同的解释，这使得准确诠释中国传统文化的精髓具有很大的挑战性。这就需要教师“博学于文”，以广

---

① 黄济．在中小学如何开展国学教育［J］．课程·教材·教法，2015，35（2）：3-16.

② 刘峻杉．复兴传统文化对教师教育的需求及其应对［J］．教育科学研究，2017（3）：81-85.

③ 刘峻杉．对传统文化展开教育学研究的意义、难点与方法论省思［J］．中国教育科学（中英文），2019，2（5）：123-134.

博的知识见闻为基础，创造性地展现深沉厚重的传统文化与现代生活的关系，寻求传统文字与现代语态的对接之道，连接学生生活经验，使中华优秀传统文化在与现代生活的融合碰撞中显现出生生不息的活力。目前的中华优秀传统文化教育更多地体现为一种灌输式教育，教师应更多地引导学生体悟中华优秀传统文化，让学生发挥自己的智慧和主动性去理解和内化中华优秀传统文化。

教师要从中华优秀传统文化的陶冶中形成一种广阔的胸襟和格调，在与学生及家长交往中注重传统礼仪风范，树立良好的教师形象。笔者在课堂观察中发现，有教师在课堂上言语犀利，教学方式简单粗暴，缺乏格调与美感。① 乌申斯基曾言：“在教育中，一切都应以教育者的人格为基础，因为只有人格才能影响人格。”② 教师对学生的影响力，归根结底是人格的影响力。教师的一言一行和一举一动都是人格的体现。教师在教学过程中应展现崇高的德行修养，通过自身切实的行动感染学生、教育学生，将学习中华优秀传统文化转化为学生内在的需要，由此激发学生学习中华优秀传统文化的主动性和参与感，深化学生对中华优秀传统文化的理解，引导学生自觉以中华优秀传统文化涵养精神和陶冶品格。

（三）融通中华优秀传统文化教育与学科课程的内在联系

目前，国家提倡将中华优秀传统文化教育融入各个学科中，让学生在每门课上都能接触到不同类型的优秀传统文化知识，时刻浸润在中华优秀传统文化的熏陶中，以此濡染学生的精神世界，形塑学生的心灵与品格。在中华优秀传统文化知识与其他课程的融合过程中，需要教师挖掘现实生活中的教学资源，加强书本知识和现实世界的联系，对课程进行“二度开发”。也就是说，教师在教学过程中需要对教学材料和内容进行适度的情境化处理，使之连接学生的现实生活经验，符合学生的发展需要。中华优秀传统文化融入其他课程的程度主要取决于教师对课程文本的再创造及其对教学材料和内容进行情境化处理的手段。但部分教师将文化知识的范围置于某一特定领域之内，往往忽略学科课程中蕴含的传统文化知识，难以捕捉开展传统文化教育的契机。

融入教材中的中华优秀传统文化是文本的静态呈现，这些静态的文本知识要转化成对学生的现实影响，需要教师依据教育情境对静态的文本知识进行创造性加工和解读。③ 若教师缺乏相关的理论知识和专业素养，在教学过程就难以引导学生进行探究性的活动，导致课堂教学仅仅停留在知识传递的层面。在中华优秀传

① 资料来自 2022-04-12；2021-09-15；2021-11-15；2021-10-12 等田野观察记录。

② 李政涛．重建教师的精神宇宙［M］．上海：华东师范大学出版社，2014：81.

③ 张媛媛，程良宏，韩光明．“教以成人”：线上教学的原点回归及其实现［J］．教育理论与实践，2021，41（22）：54-58.

统文化与其他课程的融合过程中，需要教师构建本学科与中华优秀传统文化之间的内在联系。同时，挖掘现实生活中的教学资源，加强中华优秀传统文化知识和与学生当下生活的联系，使静态的文本知识变得具体、丰富而深刻。

教师需要关注中华优秀传统文化与学科课程的内在连接，对学科课程中蕴含的传统文化元素进行系统解读与深入思考，向学生传递中华优秀传统文化的相关信息与情感体验。同时，以特有的东方气韵和诗意气质表达中国故事，激发情感共鸣，从而使学生欣赏中华优秀传统文化，认同中华优秀传统文化所表达的道德精神和伦理内涵。全面开展中华优秀传统文化教育需要各科教师从跨学科的角度来打通中华优秀传统文化与学科之间的内在关联，并将两者融通后的知识负载于课程体系中，进而实现中华优秀传统文化与现代教育体系之间内在的融通，便于学生对中华优秀传统文化知识的接受和学习。也就是说，教师不仅要具有所教学科的专业知识，还需具备较高的中华优秀传统文化素养，通过深度的挖掘与提炼，探究中华优秀传统文化与学科知识内在融通的可能性，以更加开放的视野和灵动的思维，将中华优秀传统文化知识和学科知识整合融通。

因此，要充分发挥语文、道德与法治、音乐、美术以及其他学科的课堂渗透作用，让越来越多的中华优秀传统文化知识能以灵活的、融通的、更具创意的教学方式展现在学生面前，融入学生的日常生活中，让学生能以古观今，以古知今，彰显中华优秀传统文化与生活世界的联系及其价值。同时，教师在教学过程中要让学生切身体验中华优秀传统文化内涵的价值与意义，唤醒并培育学生的文化想象力和生命厚重感。

三、笃行之：寻求贴近学生生活的中华优秀传统文化教育形式

"笃行之"意味着对自我所遵循的"道"意志坚定地躬行践履。这里意味着教师在教育过程中以学生的发展为本位探索中华优秀传统文化教育的内容、形式与方法，使之更加接近学生的生活世界，促进学生的全面发展。

（一）借助视频教学实现中华优秀传统文化教育从静态呈现到动态体验

在教学活动中，学生容易对富有情感色彩、彰显具体过程且生动活泼的知识内容产生学习的兴趣和认知的欲望，而那些没有过程、枯燥的知识内容难以调动学生的情绪和情感体验，难以进入学生的脑海深处。① 教学方法就是考虑如何将知识妥善地教给学生，给他们留下深刻的印象，促进学生对知识的掌握。

① 奥姆罗德．教育心理学［M］．彭运石，彭舜，等译．西安：陕西师范大学出版社，2006：410-411.

教师在教育活动中的任务在于提供刺激学生的反应和指导学生学习过程的环境。“归根到底，教师能做的一切在于改变刺激，以便反应尽可能使学生确实形成良好的智力和情绪的倾向。”① 教师提供什么样的刺激源于教师所奉行的教育理念和教学方法，教学方法是一种行动的艺术，受目的指导。

当下，数字化、大数据、互联网等技术给人类的精神生活带来深刻变革，借用多媒体图像视频，通过图像、语言和音乐等多元素融合的方式开展中华优秀传统文化教育，既可以增加技术的文化属性，同时以传统经典融通现代科学，更易于引发学生的情感共鸣，获得新一代少年儿童的喜爱。对此，广都小学的教师通过网络搜集筛选有关不同地域特色的中华优秀传统文化教育视频，形成了制作精美且实用有趣的“微视频”教学资源库，让学生能跟随不同教师学习中华优秀传统文化。“有些视频可以拿来就用，直接嵌入课程主题，有些视频需要教师进行简单的剪辑，融入有关课堂教学的主题，使其适用于教学。这些视频我们都是共享的，我们的教师可以拿来就用。”② 这些微视频主题鲜明、短小精悍、画面唯美，通过这种声色并茂的图像视频向学生展现中华优秀传统文化的知识内容，可以提升以感性思维为主的小学生学习中华优秀传统文化的积极性和感染力。无论是图像还是视频，皆为学生深入了解中华优秀传统文化打开了一扇窗户。

海德格尔曾预言，人类正在进入“世界图像时代”，在技术革新与商业利益的驱使下，媒介全方位渗透人类感知官能，对人类的各种感觉经验进行塑形和改造，③ 当代文化完成了由静态的文本叙事到动态的图像叙事的视觉转向。中华优秀传统文化在校园里的融入形式也需要从静态浸润转向动态传播。例如，广都小学的“文化上墙”“书吧设计”“作品展示”等静态的引导方式常常被学生忽略。笔者在与学生的交谈中发现，他们几乎从来没有关注每天穿过的走廊上悬挂展示的名人名言，这些文化符号变成了毫无意义的装饰物。另外，观看静物画，只能看到表面的形式，无法触及作品蕴含的精神价值及其存在的深层含义。弗雷德里克·马特尔曾说：“世界文化大战已经爆发。这是一场各个国家通过传媒进行的旨在谋取信息控制权的战争……是一场通过互联网而展开的全球内容贸易的战争……也是通过文化与信息的传播来赢取新的地区影响力而展开

① 杜威．民主主义与教育［M］．王承绪，译．北京：人民教育出版社，1990：197.

② 资料来自访谈记录 T-F-9：2021-11-30。

③ MCLUHAN M，LAPHAM L H. Understanding Media：The Extensions of Man［M］. London：Routledge，1997：227.

的战争。”① 移动互联网改变了年青一代的生活空间、思维方式和信息获取方式，观看直播、浏览制作视频是很多学生日常生活的一部分，学校可以因势利导，给中华优秀传统文化披上网络化形式的外衣，借助移动互联网、人工智能等新技术开展中华优秀传统文化教育，让中华优秀传统文化活态展现。为学生提供数字化可视、可感、可触的沉浸式体验，在动态的视频场景中形成一种“在场感”。

（二）借助视频教学实现中华优秀传统文化教育的“生活化”

目前，网络空间有诸多传播各类中华优秀传统文化知识的媒介渠道，还有央视播出的各类文化节目和纪录片。例如，《我在故宫修文物》《如果国宝会说话》《经典咏流传》《中国诗词大会》《典籍里的中国》等，通过美轮美奂的画面、专业深入的解说、动情入理的表演把中华优秀传统文化的博大精深和精妙绝伦表现得淋漓尽致，让人们在沉浸式体验中感受中华优秀传统文化雄浑厚重的壮丽、空灵悠远的神意、悠然飘逸的超凡气质等内在精髓。视频中展现的文字、画面、声音等视听意象与中华优秀传统文化内容在文化情感上相互促进，② 集思想性与审美价值于一体，让人们从多个感官层面出发想象中华民族精神、中华美学精神等深层次的文化情感。教师可以把这些精彩的节目片段搬进课堂，让原本的“旧时王谢堂前燕”，充满了专家讲解、解析的古文典籍，转化为“飞入寻常百姓家”的趣味文字，以学生喜闻乐见的方式为引子，让学生对中华优秀传统文化产生亲近感和好奇心。

教师要在实践中不断研究教学内容、教学技巧，尝试运用各种方法来适应学生的需要。借助短视频开展中华优秀传统文化教育富有生活趣味且符合学生的喜好，可以实现内容严肃化与形式娱乐化的统一，有效拉近中华优秀传统文化与学生的心理距离。且中华优秀传统文化包含的内容宽广博大，不同的地域具有不同的特征，那些具有地域特征的教学内容需要以一种本土的、原汁原味的方式展现才能让学生体验其中的趣味，借助视频教学可以巧妙地向学生展现中华优秀传统文化的广博与精妙，帮助学生理解不同地域的文化特色，感受中华优秀传统文化的深邃精妙。麦克卢汉认为：“媒介即人的延伸。”视频可以提供多元化、多角度、多体感的表达方式，能在短时间内调动人的视觉、听觉、

---

① 马特尔．主流：谁将打赢全球文化战争［M］．刘成富，房美，胡园园，等译．北京：商务印书馆，2012：366.

② 李飞雪，范朝慧．视听意象：中华优秀传统文化的短视频传播［J］．中国电视，2021（8）：63-68.

知觉及其想象力。通过视频开展中华优秀传统文化教育，需要充分发掘中华优秀传统文化的精神内涵，以现代绚丽的视听语言和灵动的表现形式，对中华优秀传统文化进行艺术性的解读和创造性的转换。以镜像的方式营造文化意境，充分凸显不同门类传统文化的独特审美价值，将中华优秀传统文化转化为视觉语言，使学生身临其境，置身于多样化的场景中，沉浸于视频所创造的拟态环境中。① 例如，“李子柒美食短视频”，通过隐性的方式以中华优秀传统精粹滋养民众，视频展现出的文化符号和文化意义调动了人们对中华优秀传统文化意境的想象，透视出中华优秀传统文化的恬静与美好，其展现的时节耕作画面满足了快节奏生活中的人们对慢生活的向往。例如，文老师在课堂上给学生播放“国学经典合集”“诗意成都”“二十四节气创意动画”“十二生肖”等视频，②通过动画人物的表演和解说生动地展现了中华优秀传统文化的特征和价值意蕴，增添了文化的厚重感与高度，丰富了中华优秀传统文化的内涵，让学生在轻松愉悦的场景下习得中华优秀传统文化知识。

（三）谨防视频教学对中华优秀传统文化的过度娱乐化

以视频开展中华优秀传统文化教育虽然符合学生的思维特性，有利于唤起学生认识中华优秀传统文化的兴趣，但视频教学在某种程度上只能作为辅助。在根本上，中华优秀传统文化是深沉的、厚重的，其内含的深邃思想需要学生慢慢体悟领会，图像视频提供的信息停留于浅层次，一般很难深入影响学生的意识形态思维。尼古拉斯·卡尔认为：“从纸面转到屏幕，改变的不仅是我们阅读的方式，还影响我们投入阅读的专注度和沉浸在阅读之中的深入程度。”“我们正在彻底颠覆图书好不容易缔造出来的‘深阅读’、独处阅读的氛围和神经系统。”③ 而真正进入中华优秀传统文化的通途绝不是浅浏览可以达到的。尼尔·波兹曼曾警示人们：“有两种方法可以让文化精神枯萎，一种是奥威尔式的——文化成为一个监狱，另一种是赫胥黎式的——文化成为一场滑稽戏。”④ “如果一个民族分心于繁杂的琐事，如果文化生活被重新定义为娱乐的周而复始……

---

① 周伟琳．“中华优秀传统文化+短视频”的传播优势及策略［J］．桂林师范高等专科学校学报，2022，36（4）：47-51.

② 资料来自 2021-09-08；2021-09-22；2021-10-27；2022-03-17 田野观察记录。

③ CARR N. The Shallows：What the Internet Is Doing to Our Brains［M］. London：W. W. Norton and Company，2010：16-80.

④ POSTMAN N. Amusing Ourselves to Death：Public Discourse in the Age of Show Business［M］. London：Viking Penguin Inc，1985：155-156.

那么这个民族就会发现自己危在旦夕，文化灭亡的命运就在劫难逃。"① 利用图像视频进行中华优秀传统文化教育并不是把文化娱乐化、滑稽化，也不是把沉重的历史结晶变成轻飘飘的故事，而只是以一种更适合少年儿童的形式展现中华优秀传统文化。网络上传播的各类短视频准入门槛低、内容混杂良莠不齐，为了博取眼球和流量推崇"娱乐至上"的观念。利用短视频进行传统文化教育需要教师认真筛选，警惕不良视频的引导，避免庸俗浅薄的内容进入学生的视野。这就需要相关人员制定内容筛选和鉴别机制，选取适宜学生观看的视频，避免对中华优秀传统文化的误读和过度娱乐化。② 另外，短视频的娱乐化、碎片性特征与一些传统文化知识的严肃性和晦涩难懂形成张力，短视频教学不可能适应所有类型的中华优秀传统文化，中华优秀传统文化自身与新媒体之间存在着不可消除的隔阂，它只能是进行中华优秀传统文化教育的形式之一。这就要求制作者要遵循短视频逻辑，对中华优秀传统文化内容进行创新性改造，兼顾内容的专业性与趣味性，展现中华优秀传统文化精神内涵的优质教育资源。

第三节　激活中华优秀传统文化教育对学生生命整体的关怀

作为一项教育研究，最终要回到"教育学立场"，回到学生的立场，与学生做生命的对话。生命是研究教育现象的切入口，教育的本质归根结底是为了提高人的生命质量。③ 中华优秀传统文化教育最终也要回到对生命意义的探讨上，尊重学生的生命意义，真正从学生"成人"的目的推进中华优秀传统文化教育。在教育实践中，站在学生的立场，从学生的角度进行教育活动，把学生作为教育活动的主体，而不是被动接受知识的容器。根据前述，教育的功利化趋向和中华优秀传统文化教育脱离学生生活以及学生本身对中华优秀传统文化学习的畏难情绪，以下将探讨如何让学生坚定学习中华优秀传统文化的信念，如何在多元文化交融中把握主心骨，又如何通过中华优秀传统文化教育引导学生关照自我生活，最后以自我生命实践传承中华优秀传统文化。

---

① POSTMAN N. Amusing Ourselves to Death：Public Discourse in the Age of Show Business [M]. London：Viking Penguin Inc，1985：162.

② 宁海林．"一带一路"背景下中华优秀传统文化短视频传播研究［J］. 大连海事大学学报（社会科学版），2018，17（6）：76-81.

③ 李政涛．教育学的生命之维［J］. 教育研究，2004（4）：33-37.

一、以中华优秀传统文化培育扎根学生心灵的文化意识

儒家传统的根本关怀就是学习如何成人。[①]"子在川上曰，逝者如斯夫，不舍昼夜。"[②] 中华优秀传统文化强调对生命现实与当下的把握。中国传统文化的核心是对"生命"的关照，主张通过自我生命实现"参天地，赞化育"的大道境界，通过对自我生命的反省与提升而实现更高质量的"生生"。个人存在的全部意义都是为了更好的"生生"。

（一）激活学生承担生命之"道"的自觉

当下，人们推崇个人自我生命理想的实现，人都成为精致的"利己主义者"，缺乏对他人与社会的关怀。教育者可汲取中华优秀传统文化中"成己成人"的思想理念，引导学生认识什么是自身应遵循的"道"。对学生而言，其遵循的道就是承担属于学生的责任和义务。每个人都背负着多样的责任义务，有时责任义务常常让生命太沉重，通常应该做、必须做的事，往往不是人们喜欢做的事，甚至是想要逃避的事。所谓"君子谋道不谋食"，在儒家思想中，一个人生命价值的实现就是承载其所在位置上的责任与义务，遵循其职位应有的"道"。"道"可能不是个人的志趣，甚至可能与个人的志向相悖，但人生的意义在于遵循"道"。尽人生的责任义务是生命的最高价值。作为学生，其应遵循的"道"就是"学以成人"，这就要求学生将对个人小我的关注，扩大到对社会的关怀，承担自我之于他人和社会的责任与义务。

米兰·昆德拉的《不能承受的生命之轻》告诉我们，人唯有背上沉重的负担，其生活才能在灿烂轻盈中展现，而若抛弃沉重的负担，人就会变得比鸿毛还轻，漂浮在上空，居无定所、心无所安，随风任意飘荡，生命便失去了本来的意义。书中写道："最沉重的负担同时也是最强盛的生命力的影像。负担越重，我们的生命就越贴近大地，它就越会真切实在。"[③] 历经五千多年的中华优秀传统文化，承载着厚重的文化精神，其内含的伦理价值和生命大道对每个人来说都是沉重的，但作为华夏儿女，我们天生便承载着厚重的历史与文化，负重前行才能展现个人生命的厚度与人生的意义。一个人只有承担起自身应尽的责任与义务，其生命价值才能得以彰显。

笔者在田野调研中发现，很多学生都表示更喜欢白话文阅读，觉得那些古诗词太难了，且字义晦涩难懂。自白话文普及、繁体字简化以来，人们在日常

---

① 杜维明．东亚价值与多元现代性［M］．北京：中国社会科学出版社，2001：120.
② 李泽厚．论语今读［M］．北京：中华书局，2015：174.
③ 昆德拉．不能承受的生命之轻［M］．许钧，译．上海：上海译文出版社，2010：5.

交流和学习中接触到文言文、古汉语的机会越来越少，学生自小接触的语言和文字与传统典籍相去甚远，有些学生可能英语掌握得很好，却读不懂一篇文言文。由于古文简洁的表达和字义的差别，现在人们很难通过字面意思理解典籍的含义，学生学习起来相对较为吃力，也就在一定程度上造成了学生的畏难情绪。任何一项深度的学习都不会是容易的，学习本身就不是一件在精神上轻松愉快的事，而是一种精神磨砺的过程，人唯在这个过程中思考、悟道、砥砺其德，才能在现实生活中获得生命的意义。

由于时代的变迁和文化的发展，古代记载的文字典籍变得难以理解，人们对传统文化的理解变得越来越难，遂出现了诸多关于古代典籍的“注、释、疏”等，不同学者对相同的文献有不同的诠释，人们不得不对传统文化的内在意涵做出自己的理解和判断。而一般人学习中华优秀传统文化是基于现代人的认知框架去理解传统文化，这种认知是建立在现有理解和经验的基础上的。正如泰特所言：“一切经典都由每一代人重新阐释，否则它们就不再是经典。”① 对待经典的最好方式就是令它们保持鲜活的生命力，而不是把它们当作博物馆里定型的展品。对中华民族来说，不管处于什么时代，都需要不断回望文化滥觞的春秋时期，挖掘品味经典的著作，从它们的思想中获取进步的力量。

学生需要对中华优秀传统文化秉持发自内心的敬畏之心，形成学习、认知中华优秀传统文化的意识和信念。古语有言：“习与智长，化与心成。”② 一个人从小接触的生活环境和文化习俗影响个人智识的养成，而这种在生活中潜移默化养成的思维和品质将成为个人生命的底色。经典著作是古人用最纯真、最生动的语言精心撰写，它蕴藏着传统中国的文化基因，学生在其中能感受到古人的家国情怀、政治追求、治学理念、价值追求和德性修养等。通过对经典著作的学习可以提升学生对中华优秀传统文化的理性认知，激发学生强烈的文化认同情感，赋予学生坚定的文化自信理念，增强他们传承中华优秀传统文化的责任感和使命感。中华优秀传统文化是过去的，也是现在的，更是面向未来的。青少年是国家的未来，寄托着中华民族复兴前进的美好愿景，传承中华优秀传统文化是他们义不容辞的使命担当。

（二）引导学生在多元文化碰撞中把握主心骨

全球化的发展把全世界的人连接在一起，“他文化”伴随着经济和科技的发

---

① 泰特．教育的真谛：伟大思想家的观点及其现实意义［M］．陈玮，译．上海：上海社会科学院出版社，2021：导言 3.

② 赵克生．童蒙教育与朱子学的下移：明清时期儿童的《小学》阅读［J］．社会科学辑刊，2016（1）：132-142.

展渗透在世界的每一个角落，形成了一种“文化侵蚀”现象。人们的价值观和思想阵地受到多种文化的交叉影响，意识形态的稳定性和坚定性受到影响与挑战。中华优秀传统文化教育的一个重要目的就是着力于个人文化生命的培育，使个体回归文化故乡，让生活在当代的青少年能够更好地、积极地继承优秀的文化传统，进而获得文化上的归属感和精神上的丰富性，找到发自生命本源的思想根基,① 成为具有坚定民族意识和民族文化认同感的中国人。

当前，学生接触的文化是多元的，但他们稚嫩的头脑和幼小的心灵还不能完全区分本民族的文化与其他民族的文化，这二者之间的界限在他们的意识里是模糊的，多元文化共同对学生的智识结构产生影响。在不同的文化浸染下将会产生不同品性的人，文化影响个体看待问题、思考问题的方式，也在无形中形塑个体的世界观、人生观、价值观。人们受多元文化的影响是一个无法避免的社会现象，中华优秀传统文化教育的一个重要作用就是在不同文化的比较、碰撞和交融中，引导学生理性地认识本民族的文化和其他民族文化。同时，将中华文化放在整个世界的大背景中，让学生形成更广阔的视野，在更高的站位上认识自己的文化。外域文化是认识自身文化的一面镜子，认识自身的文化需要以“他文化”为参照，同其他文化进行深入、辩证、客观、实事求是地比较研究，既能发现自身文化的不足与缺憾，也能对比出自身文化的卓越与魅力。

中华优秀传统文化教育以传统经典育人，在文化上回归经典，在学生的精神上烙下中华文化的印记，让学生在中西方文化混杂的现实世界里，认识中华优秀传统文化的核心价值，在文化的多元分歧中把握“主心骨”。一个人必须有文化上的主心骨，这个主心骨是个人生活于世间为人处世的准则和依据，是个体精神与灵魂的安放之处，没有了这个主心骨，个人就会失去生活的中心，失去滋养生命的“根”，变得毫无活力。

二、以中华优秀传统文化教育激活学生身体感知力

人的生存、思考与行动都要通过身体，个人的感觉属于并受制于身体。古人是从天地、生命、哲学的视角出发来认识身体，从不同的层面衍生出了不同的身体观，这些观念至今仍在潜移默化中影响着人们。儒家注重对身体的秩序规范，道家强调善养吾浩然之气，佛教认为身体只是皮囊，可以随时舍弃。而在当下的教育实践中，人们更倾向于内在精神的变化与成长，身体往往被表象性地外化为毫无活力的物质存在，因此，对身体的注意总是一种对于外在表象

① 王立刚．论传统文化教育的内容体系［J］．当代教育与文化，2017，9（1）：10-16.

的疏离性的注意。① 但相关研究表明："正是我们的有机体而不是其他什么绝对外部现实成为我们构建周围世界的基本参照，成为那个时刻存在的、构建自我经验主要部分的主观感的参照；我们最周密的想法和最明智的行动、我们最大的喜悦和最深的伤痛，都是以身体为衡量标准。"② 中华优秀传统文化教育同样需要以学生的切身感知为切入点，调动学生的感知体验，保持身体的活力和敏感度，让身体体验一种道德及感觉丰富的生活。

（一）以中华优秀传统文化之趣味浸润身体，增强身体感知力

中华优秀传统文化教育的实施之所以困难重重，一方面源于古代文化知识与现代生活的疏离，另一方面源于人们身体感知功能的钝化。在中华优秀传统文化教育实践中，减少文化的疏离感需要以身体感知为媒介，身体的亲缘性有益于学生更快地进入古典文化内涵的生活世界。"身体"整体性地涵盖了感知功能的各方面，身体的视觉、听觉、触觉等诸方面并不是局部分开发生作用的，而是在同为生命的身体相互感知的关系中交互作用、相融共生。

一种充满趣味性的角度或者一种不同于往常人们所惯用的方式引入中华优秀传统文化，引起学生感知上的新奇与情绪的波动，使其对传统文化产生探索的欲望，让身体感知朝向传统文化所表达的内在意蕴，关注传统文化与自我感性功能发生的碰撞与触动。中华优秀传统文化教育实践需要关心人的身体感受，激发身体感受传统文化所内含的道德精神和理想人格建设，通过身体的真实感知引导学生展现自我行为、情感、意志的倾向性，丰富学生生命的内涵。思想的阐释需要以人本身的感受为媒介表达出来，只有身有所悟，才能心有所感。

（二）以中华优秀传统文化之内涵唤醒身体记忆，观照真实世界

中华优秀传统文化教育是从学生既有的经验出发的，学生经验与中华优秀传统文化之间的断裂导致中华优秀传统文化教育难以落到实处，难以真正走进学生的心灵。技术变革带来的网络世界占据了学生大量的空闲时间，学生对虚拟世界的体验多于对真实世界的感受，在不知不觉中产生了自我身体与中华优秀传统文化之间的隔阂与疏离。对于身体，唯有体验它，即接受贯穿身体的生活事件，关注自己内在真实的感受，③ 才能打开身体的感知功能，让身体参与真实的事件活动，去体验这个世界的喜怒哀乐，而不是在想象的世界中钝化感知。

① HORKHEIMER M, ADORNO T W. Dialectics of Enlightenment [M]. Trans JEPHCOTT E. New York: Kentnium Press, 1986: 232, 233.

② 达马西奥．笛卡尔的错误：情绪、推理和人脑［M］．毛彩凤，译．北京：教育科学出版社，2007：4.

③ 梅洛-庞蒂．知觉现象学［M］．姜志辉，译．北京：商务印书馆，2001：57.

我们的心灵体验和精神生活与生理学和塑造人类经验的身体行为具有不可分割的联系。当身体的行为脱离了精神文化的根基，文化也就失去了生存的土壤。身体通过充当外在官能活动和内在精神活动之间的桥梁，把单一经验之间产生的分隔界限统一在同一感知空间。① 可见，身体本身蕴含着一种能够融合自我内在与外在的力量，是具有空间性、意向性和整体性的意义发生场，人通过身体而存在于世间，并通过自我身体与人类社群的文化传统建立相应的联系。实际上，任何感觉体验都是以某种共存的场或环境为前提的，② 要让学生体验到中华优秀传统文化之美，就需要学生在现实生活中有所体悟。在具体的教学实践中，可以带领学生在自然世界中感受诗词描绘的美景，实地参观气势恢宏的中华文化遗址，诸如故宫、兵马俑、三星堆等，也可以参观当地的名人文化馆、艺术馆、博物馆等，让学生的身体对中华优秀传统文化有真实的感知。身体感受在我们组织经验的时候起到认知性作用，对相关传统文化事物的感知可以在学生的身体中留下深刻的记忆，这种身体的记忆也是学生与中华优秀传统文化教育的连接点。

（三）以中华优秀传统文化技艺打开身体，达至修养身心

学校对学生身体的规训在一定程度上有损学生的身体健康，需要通过积极的身体活动来平衡这种不良倾向。中华优秀传统文化教育展现了对身体官能的改善，诸如书法、国画、武术、太极等课程，能有效提高学生对自我身体官能的注意力，加强学生对自我身体感知的掌控。不论是理论知识的学习还是实践技能的操作，都受到身体条件的影响并要求一定的肌肉紧张度，通过书法等中华优秀传统文化内容的学习，可以有效地改善学生对身体的意识，增加学生对身体感知的敏锐度。

维特根斯坦认为，我们对身体部位和运动认知的典型特征是直觉性的和无反思性的。③ 而通过中华优秀传统文化教育进行一种审美意识的训练，展开一趟文化寻美的旅程，能够让人更加真实地了解自身的身体部位及其功能，以及不同身体官能带来的知觉差异。身体是执行人们内在意志力量的媒介，行动的能力及其有效性有赖于身体自身的功效。如果人们不能准确地掌控身体去执行活动，那么即使知道正确的行动也无法达到目的。这是源于对身体的无知，对身体意识和身体控制的欠缺。学习国画、书法、太极等中华优秀传统文化技艺，

---

① 舒斯特曼．身体意识与身体美学［M］．程相占，译．北京：商务印书馆，2011：165.

② 梅洛-庞蒂．知觉现象学［M］．姜志辉，译．北京：商务印书馆，2001：283.

③ 维特根斯坦．哲学研究［M］．李步楼，译．北京：商务印书馆，1996：185.

如同让学生在五千年的华夏文明中呼吸、漫步，绘画、书法等艺术技能的获得需要学生全身心的参与，让学生在一种审美意识的历练中造就身体健康的精神基础。太极拳课程同样是从身体走向人内在精神的养身、养神课程，在动静结合中修养“身心合一、心平气和、淡泊明志和宁静致远”的儒雅风格。

人类只有重新回归身体、回归感觉，才能真正恢复被现代技术排挤掉的人的身体和文化。学生的学习必须源于真实的身体感知，具有实际的中华优秀传统文化感知经验的身体对学生的影响才是深刻的、持久的，才能作为一种有意义的经验促进学生对知识的学习和生命的成长。

三、以中华优秀传统文化教育关怀学生生命经验

当前教学中存在着泛知识、唯知识教育论的倾向和以知识的掌握及应试的高分数为终极目标等背离教育本质的样态。教学成了服务考试的手段，忽视了学生学习的情感和精神需要，我们必须走出分数和升学率的控制，摆脱功利化和工具性的束缚，让学生多去感悟与感受，丰富学生的生命体验和精神世界，彰显生命的尊严和价值。

（一）以中华优秀传统文化教育关照学生生活

中华优秀传统文化教育不同于一般的知识和技能的传授，文化的传承不仅是让学生去认知和了解，还要将传统文化知识全方位地融入学生的生活。在中华优秀传统文化教育实践中，需要我们从学生的需求、兴趣、经验和活动出发，站在学生的立场开展传统文化教育活动，关注学生的内在发展需求，提升中华优秀传统文化教育对学生的吸引力。

个人的生命在生活中展现，生活彰显个人生命的形式。发现学生生活，把握学生的生命发展需求，充分利用他们探究和表达的自然冲动，是提升中华优秀传统文化教育对学生吸引力的重要手段。只有主动关照学生的生活，给予其生活实际需要的指引并将之运用于生活，才能使学生掌握知识背后蕴含的更为抽象的文化及其社会意义。① 中华优秀传统文化教育内容是连接教育活动与学生生活的媒介，这就意味着对中华优秀传统文化教育内容的讲解要站在学生的立场上，关照学生的发展特点，尊重学生的存在，遵循儿童的天性，以适宜的，

---

① 余清臣．现代学校与中国传统文化传承：一种文化生态学的视角［J］．浙江社会科学，2008（7）：108-114，129.

吸引儿童的形式展现教学内容。[①] 笔者在田野观察中发现，教师在课堂上往往沉浸于刻板知识的传授，忽略与学生的互动、交流，教学内容缺乏对学生的吸引力，学生在课堂上表现出心不在焉。对此，一方面需要在教学过程中调动儿童的积极性，注重学生的参与，让学生投入教学过程；另一方面需要重新审视教学内容与学生生活的联系，把学生当作特定阶段内具有丰富经验的、独立的、完整的人来看待，参照学生的生活经验来选取中华优秀传统文化的文本精粹。

由于时代背景的差异，中华优秀传统文化中的一些知识和内容可能不易被学生理解和接受。这就需要教育者复活传统，在教学活动中关注学生的日常生活，挖掘现实生活中的教学资源，将与学生生活密切相关的现实事件融入教学内容，以现实的问题为中心组织教学活动，促进传统文化知识与现实生活世界的联系。通过现实生活展示、教授中华优秀传统文化，能较好地促进中华优秀传统文化与学生生活经验的结合，引发学生的情感共鸣，让学生切身感悟中华优秀传统文化对自身的影响。同时，也能让学生深入思考与探索当下人们的生活实践与日常需求，关心人们在日常生活中的成就与遭遇、幸福与不幸，形成独特地看待自我和世界的文化态度。[②] 正如加塞尔所说：“思想不能先于生活，因为思想也不过是生活的一个片段、一项具体活动。”[③] 同样，中华优秀传统文化教育不能脱离学生的生活，离开生活，教育就无所依托，成为无法落地的空中楼阁。总之，我们需要营造一个尊重学生独特性、呵护学生心灵、关注学生发展的良好教学环境，超越功利性的教育取向，使教学过程更具生命性和生活关怀。

（二）提升中华优秀传统文化教育的价值追求

按照教育的三重境界，我们把中华优秀传统文化教育分为三个层次，即知识境界、价值境界、审美境界。好的教育必然无限地从知识境界走向道德境界和审美境界，不仅仅是教给学生知识，更在潜移默化中完善学生的人格、丰富学生的情感、提升学生的精神境界。目前，多数学校的中华优秀传统文化教育还处于第一层次，即知识境界。例如，笔者在田野观察中看到，教师在古诗词教学中仍未摆脱“应试”的传统教学组织模式，一般都是对文本进行解读，在教学目标上注重让学生理解古诗表达的含义并能背诵古诗，教学停留在知识传

---

① 王嘉毅，马维林．再论“以学生为中心”的教学意蕴与实践样态［J］．中国教育学刊，2015（8）：66-72.

② 范梅南．生活体验研究：人文科学视野中的教育学［M］．宋广文，等译．北京：教育科学出版社，2003：45.

③ 加塞尔．什么是哲学［M］．商梓书，等译．北京：商务印书馆，1994：124-125.

递的浅层次上。① 中华优秀传统文化教育不仅仅是对传统文化知识的传递，还是把知识转化为生命所具有的德性，将学生导向对真理的认识和对崇高道德品质的追求，让学生在古诗词的学习中领悟其背后的人生哲理，学习古人健康的人格和高尚的品性。从而，使中华优秀传统文化教育上升至“修己立人”的本位目的。

中华优秀传统文化教育秉持关怀学生内在精神，注重人的全面发展的教育目的。承载着相应的伦理责任和价值担当，这意味着理想的中华优秀传统文化教育行为经得起道德价值的考量和追问，学生面对的不再是系统化、概念化、逻辑化的知识体系，而是融入了学生生活的知识和经验以及教师自身对知识内容的反思与见解。中华优秀传统文化教育不是单向度地给学生传授中华优秀传统文化知识，而是一种主体间性的文化交往和碰撞，这种交往伴随着文化意义的再生，在这一过程中，中华优秀传统文化及其蕴含的民族精神得以传承和创新。由此，个人承载的民族传统和文化血脉的基因和记忆得以延续。个体的生命在文化传承的过程中受到浸染和熏陶，感受到生生不息的民族精神和社会赋予的历史责任。

四、以中华优秀传统文化教育指引学生生命实践

当下，人类正在迈向一个高新技术、高智能化的时代，区块链、基因工程、虚拟技术等对人们的日常生活已然产生了实质性的影响，技术的过载使人的人文性逐渐失落。相较而言，古老的传统文化似乎已淡出人们的视线，对人们生活的影响力渐趋萎缩，对中华优秀传统文化的理解与传承是要我们始终铭记自身作为人的要求。事实上，不论技术如何发展，世界如何变换，古老的文化和习俗一直伴随着人们，影响着人们的实践活动，这是中华优秀传统文化之“道”更深层的转化与升华。

（一）以中华优秀传统文化教育丰富学生精神体验

所谓“不愤不启，不悱不发”②。开展中华优秀传统文化教育需要学生自身有积极主动的欲望和心理情感去认识自己的文化。教师通过经典字句实现中华优秀传统文化教育对个人生命经验的关照，让学生能够用学到的知识在日常生活中进行有效的交流，从而唤醒和激发学生的内在兴趣和动力，使之热爱学习

① 资料来自 2021-09-08；2021-09-22；2021-10-13；2021-10-27；2022-04-13 等田野观察记录。

② 李泽厚．论语今读［M］．北京：中华书局，2015：129.

中华优秀传统文化。中华优秀传统文化教育不是单纯的知识传递、意义理解，而是重新回归文化本位的运动。当下学校的中华优秀传统文化教育偏向于让学生了解具体的中华优秀传统文化知识，学生虽然掌握了相关知识，但并未将知识转化为自身内在的思维方式和外在的行为实践，传统文化依然是停留在书本上的文化。① 思维能够站在更高的层面上认识事物的本质，传统文化并不是一成不变的学习对象，学生通过自我思考来把握、理解传统文化。对学生而言，学习只是个人参与认知历程的一个时刻，只有在中华优秀传统文化的学习中加深个人思考的经验、体悟知识蕴含的文化结构，才是真实的、有意义的认知历程。

人的存在是一个追求意义的过程。对学生而言，学习的意义并不仅是获得某种固有的知识或掌握某项技能，更为重要的是学习过程本身对学生思维和情感的训练，使之能够批判、敢于批判，能够运用自己的理性独立思考，并恪守个人对社会的目标承诺。学习不只是当下的一种认知历程，学习的真正意义超越学生在课堂上获得的经验，指向学生的心灵深处及其精神向往，为其实现更长远的发展目标奠定思想基础。中华优秀传统文化教育的重点不在于当下取得的结果，而在于教师与学生共同经历的教学相长的体验，享受知识带来的思想体验和心灵碰撞。

（二）引导学生在日常生活中践行中华优秀传统文化理念

中华优秀传统文化特别重视“实践”的功夫，中华优秀传统文化不仅是人们研究、论述、宣传的对象，还是要通过每一个个体将之实践出来，在每一个人身上体现出经典思想之修持涵养，并由个人推至家庭、学校和社会。中华优秀传统文化教育注重学生内心的体悟及其情感的陶冶，提高学生的智力品性，着力于学生德性品格的提升和审美素养的完善，让学生在中华优秀传统文化的浸润中体悟传统文化内涵的精神理念，引导学生成为有传统美德、有思想、有格局、有文化追求的人，过一种有品位、有信仰的生活。学生是具有自主性的人，学生通过知识的学习改造自身，在实践中发展自己的行动能力，提升自己的文化素养。学习中华优秀传统文化的目的，最终是要服务于个人的生活，使人能够对自己的生活遭遇更加清晰，能借助中华优秀传统文化蕴含的哲理思想认识、评价、规范自己的生活。

一个人在生活中践行中华传统美德，秉持中华优秀传统文化的思想理念，以中华文化特有的价值观为人处世是对中华优秀传统文化最忠实的传承。中华

① 余清臣．现代学校与中国传统文化传承：一种文化生态学的视角［J］．浙江社会科学，2008（7）：108-114，129.

优秀传统文化教育的目标，就是将中华优秀传统文化浸润到学生的思想里、血液里，影响学生的一言一行、一举一动，使之将传统经典作为自我为人处世的基本道理和准则涵养品格，具体如“孝亲、敬长、悌兄、信友”等，并由个人推至家庭、学校、社会。当中华优秀传统文化渗入人的日常的、细微的、不经意的行为之中时,[①] 中华优秀传统文化才真正进入人的心灵，成为学生日常生活中的理念思想，它不仅提升人的精神世界和道德修养，更重要的是改变人的行为实践。

历史表明，即使最有价值的思想，若不加以保护传承、改革创新，最终都会湮没在历史的长河中，就像从来没有存在过一样。近现代以来，人们崇尚经济效益的获得，个人名利的得失，古代的文化精神不再是众人的追求，而是成为静默在书斋里的文献资料，人们逐渐遗忘了自身最初的文化精神。中华优秀传统文化是每个人都应当学习的知识，而不仅仅是某些专家学者所研究的，因为这是民族的根，是我们的身份标识，对个人道德品性、智能情感、理想信念的形成具有重要的影响作用。在义务教育阶段，我们要激发学生对中华优秀传统文化学习的兴趣，兴趣的培养是最为重要的，只有当儿童对一件事物产生浓烈的好奇心与探究心理，他们的感知、意识、思维和联想能力才能被充分激活，这种活跃的知觉状态是儿童学习的恒久动力。[②] 我们在基础教育阶段注重培养学生对中华优秀传统文化的兴趣，使其形成学习中华优秀传统文化知识的欲求和习惯，到了中等教育和高等教育阶段，它将自然地成为学生的精神需要，内化为学生日常的生活方式，使外在的要求自然转化为内在的自觉。

本章小节

中华优秀传统文化教育所注重的“成人”，即促进个体人格的完成，这是一个“人文化成”的过程。家庭是学生“成人”的第一环境，不论有意还是无意，年长者的语言、行为、道德观念和审美情趣都会在潜移默化中影响家庭的每一个成员，且这种影响是综合而持久的。中国传统文化中关于“礼仪”“德行”“仁爱”的教育很大程度上是从家庭环境以及家庭成员的影响开始的。家校

① 张琼．苏州星港学校培养学生现代教养的实践与研究［D］．苏州：苏州大学，2011：11.

② 刘铁芳，孙意远．吾道一以贯之：孔子的教化之道及其当下意义［J］．吉首大学学报（社会科学版），2020，41（5）：88-96.

共育是从对学生完美人格的养成中寻求家庭教育的支撑点。通过家校共育，引导家长重视对学生良善本性的保护，让学生从孝悌亲情之爱衍生出对他人乃至整个社会的关怀。

教师是“己欲立而立人，己欲达而达人”的神圣工作。教师要在教学中形成传承中华优秀传统文化的文化自觉，需要在现实中陶冶教师的“好学”“好知”的精神，充实教师立人、达人的专业职能。“人不率则不从，身不先则不信。”教师要教学生学习中华优秀传统文化，首先自己要学习传统典籍，形成“学如不及，犹恐失之”的好学精神，提升自身中华优秀传统文化素养。只有教师具备深厚的传统文化知识，才能在教学活动中“用活”中华优秀传统文化教学素材，用自己的语言讲好中国思想，讲好中华传统价值理念，从而提高中华优秀传统文化教育对学生的吸引力。

中华优秀传统文化教育要回归学生生命实践，引导学生承担自我生命之“道”。作为华夏儿女，继承发展中华优秀传统文化是新一代青年学生的价值使命。先秦儒家以“诗书礼乐”等传统文化来陶冶学生性情，增进社会关怀，充实人文素养。现如今在学校开展中华优秀传统文化教育，教学内容不再限于先秦的典籍，而扩展至文学、艺术、历史、哲学等更丰富的中华优秀传统文化知识。学校应通过教学方式的变革以及教学目标的调整，增加中华优秀传统文化教学的趣味性和文化性。

所谓“君子不器”，“器”指的是人像器具一样，只有某种特殊的功能和用途，缺乏自由的心灵与适应环境变化的能力，因而无法超越既有社会制度的局限，成为精神自由的人。中华优秀传统文化教育引导学生悠游浸润于古典文化，让学生在中华优秀传统文化的学习过程中领悟“志于道”的内涵，在与他人相处时与人为善，彰显自我德行与仁性，以悠然自得的精神态度展开各项学习活动，形成极富人文素养的“游于艺”精神。

成人之教的意义在于悠闲、自然，在于过程的享受。叶圣陶先生曾言：“教育是农业而不是工业。”它不是一道道固定的程序，它需要一个缓慢的生长过程，需要阳光雨露的滋润，需要细心地栽培照料。中华优秀传统文化教育的推进同样需要这一个缓慢的过程，不能快进，也不能跳跃，必须循序渐进、一步一步地展开。

第七章

反思与展望

中华优秀传统文化经过历史长河的洗涤与锤炼，滋养着一代又一代中国人的心灵，其深厚的思想内涵构筑了独具中国特色的民族之魂。作为民族生存、国家发展的基因与命脉，中华优秀传统文化蕴藏着“教以成人”和“立德树人”的教育元素和治国理政的思想资源，在提升国民文化素养、推进社会文明进步等方面具有重要价值。学校是传承中华优秀传统文化的重要阵地，推进中华优秀传统文化教育“进校园、进课堂”是实现文化传承与创新的主要途径，也是教育学生“成人”的重要方式。本书通过对田野学校传统文化教育实践的考察，分析其中华优秀传统文化教育的文化内涵和发展逻辑及其面对的理论与实践之间的张力，在过程分析和机制揭示的同时梳理中华优秀传统文化教育现象的脉络，凝练助推中华优秀传统文化教育发展的理论策略。

第一节　研究结论与创新

中华优秀传统文化在信息技术革命、互联网等影响下，不自觉地吸收了现代科技的创新精神，中华优秀传统文化的内涵及其形式逐步融合了西方科学与中国哲学。随着历史的发展和时代的变迁，中华优秀传统文化持续不断地转型、转变，在继承与发展中实现自身的创新与变革，但无论如何发展，中华优秀传统文化的核心依旧是“教以成人”道路的追求。

一、研究结论

（一）中华优秀传统文化教育的“成人”理想是由内圣而外王

中华优秀传统文化教育在育人目标上，是一个由内圣而外王，从个人走向社会的过程。一方面，个人是文化生命的关键，个人的主观精神是通过其创造活动来发展和生成的。中华优秀传统文化教育首先要关怀学生作为智性灵魂的精神个体化，把学生的精神个体化看作人类和未来的希望，真正地关切学生的心灵世界，引导学生进行以思考实践为中心的精神成长，为其获得完整的发展奠定根基。这个过程即“内圣”的追求，通过自我身心修养之道德实践，奠定自身完善之人格品行。另一方面，教育作为一种文化活动，是从社会中选择有价值的文化作为学习资源，目的在于通过对不断发展的主体的个体生命生成指向，使其以非功利的心灵与世界、他者共享存在，使其形成家国意识、民族情怀，在提升自我文化修养的过程中推动中华优秀传统文化的复兴。这个过程则内含着“外王”的理想实践，以己身完善之道德品格为根本基础，通过道德教化来实现理想社会，即以“修身”来达到“齐家、治国、平天下”等各项成就功绩，达至人生之最高境界。

从“志于道，据于德，依于仁，游于艺”出发来看，依旧是一个“内圣外王”的思想脉络。① 儒家历来有“学而优则仕”的传统，“道德仁艺”表面上是内圣的追求，而其背后所期望的是“明明德于天下”的入世姿态，曾子曰：“士不可以不弘毅，任重而道远”，彰显了个人对社会发展的责任与应尽的义务。一个人成圣成贤的价值不只在于修养己身，更包含着“推己及人”“成己成人”的外王理想暗示。“道，要人人能走，就有了客观的意义，所以‘艺’是外王的学问，儒学的德行实践所开出的人生大道，是在诗书礼乐的润泽陶冶中，而不是素朴无文刻板地自苦，也可以说是生活的‘艺术化’，游于艺就是在悠然自得中，实现圆满的人格。”② 也就是说，“志于道，据于德，依于仁，游于艺”，不仅仅是修养己身的自我关怀理念，同时也应衍生出更大的理想境界，即由内圣而外王，从自我走向他人与社会的入世期待。“内圣外王”亦可理解为从“自我”到“无我”的过程中，人将对自我的关注转向对他人与社会的关怀，承担自我对他人与社会的责任与义务，生命的最高意义由此实现，从而成为一个真正意义上有价值的人。

（二）中华优秀传统文化教育形塑学生的德行品格

中华优秀传统文化弘扬天地之真理至道，以及保持人类生命的秩序。中华优秀传统文化以生命为中心，由生命出发开展教训、智慧、学问与修行。③ 生命重视的首先是“道德”。道德伦理是一种修为与涵养，不是训练、管理、要求。

---

① 潘君茂．儒、道二家论游比较：以《论语》“游于艺”与《庄子》“游刃有余”为对举［J］．淡江中文学报，2019（41）：277-304.

② 王邦雄，曾昭旭，杨祖汉．论语义理疏解［M］．新北：鹅湖月刊杂志社，1983：6.

③ 牟宗三．中国哲学的特质［M］．台北：台湾学生书局，1994：5.

在中华优秀传统文化的内涵中，道德是做人的根本，即个人内在的修养是第一位的；而知识的应用等方面是次要的。在一个人的生命历程中，如果将知识的“用”作为存在的目的，忽略“道德”的本体地位，那么他的人生将失去本真的意义。“道德”是指引个人生命方向的源头，源头不清楚，人的生命就会堕落沉沦。道德是人生之根本。只有坚持对内在自我生命道德伦理的修持涵养，践行中华优秀传统道德理念，才能在家庭、社会、国家的事务中承担起应尽的责任与义务，才能获得生命的光辉。

中华优秀传统文化追求回归生活伦理，在生活上弘扬传统家风家教之内涵，讲究尊老爱幼、长幼有序。人道之重心在伦理，伦理的开始是在生活当中，其根本是儿童最早接触的家庭，“孝悌忠信礼义廉耻”都是在家庭生活中萌芽生出的，其精神内涵是“道德仁艺”，“道德仁艺”彰显的是传统文化蕴含的伦理之本体。中华优秀传统文化教育是培养学生道德伦理和良好品格的重要手段。品格涵养需要从日常行为规范做起，从小到大，由近及远，在经年累月的传统文化浸润与陶冶中一点一滴地提高自己的品格涵养，而不是远离生活实际的空泛论述。不论是在课堂教学还是在师生日常交往抑或在家庭生活中，人们在潜移默化中向学生传达具有良善品德特质的行为，引导学生形成良好的习性和社会行为。学生习得有关日常人际交往、德性修养、为人处事的基本道理和准则，会自然而然地把那些日常生活中用得着的具体行为规范，落实在现实生活中，诸如孝亲、敬长、悌兄、信友等。学生通过自我在家庭、学校、社会中力行实践中华优秀传统文化思想，久而久之，养成习惯，内化为个人的道德标准，为其完美人格的形成奠定内在的基础。

（三）中华优秀传统文化教育构造学生的思维方式

中华优秀传统文化是对五千年中华文明的传承，其内容之丰富、结构之宏大超乎人们的想象。中华优秀传统文化教育不是竭尽所能地向学生传递有关传统文化的所有知识，而应着力于引导学生把握中华优秀传统文化内含的精神及其思维方式。思维方式是人们的思维习惯或思维程序，在不同的文化背景下生长起来的人，其思维方式必定存在差异。文化是通过人们的思维活动而产生的集体成果，因此文化的表达形式是由思维来决定的。中华优秀传统文化在内涵上具有延伸性，要在课堂上逐一向学生讲解中华优秀传统文化是不可能实现的。我们可以通过对孔子、朱子等圣贤传记的学习，让学生理解“厚德载物、自强不息”的精神。通过《论语》中“学而时习之”“学而不厌”“吾非生而知之者”等具体知识，引导学生形成重学、乐学、好学的思想。通过“逝者如斯夫，不舍昼夜”①，体悟“时间”的流逝与“生命”的珍贵，领悟其背后蕴含的“超时间性”和“以生生为德”的思想。在“道可道，非常道”的学习中参悟自我所应循的“道”。在“吾道一以贯之”中体悟“忠恕”于个人人生的意义。让学生通过具体的知识，领悟中华优秀传统文化的思想精神及其内含的广阔思维视野，将知识转化为引导自身的行为方式和思维方式。一个人在日常生活中展现中华优秀传统文化的思维习惯和行为方式是其对中华优秀传统文化最忠实的传承。

（四）中华优秀传统文化在教育实践中更新延续

“传统并不是一尊不动的石像，而是生命洋溢的，有如一道洪流。”② 中华优秀传统文化具有自身的先进性和包容性。中华优秀传统文化教育不是简单地复制和延续某种固有的文化，而是一个文化突破的历程，是在教育的传承中实现“苟日新，日日新，又日新”的变革过程。

教育与文化是相互生成的，教育依托文化而存在，文化通过教育而得以传承延续。“文化”是人所创造建立的人道世界和人文环境，个人不经文化的洗礼，不接受教育，便无法成其所以为人。③ 在教育体系里，一切知识文化只是育人的手段，在古人看来，受过教育的人在情感上温柔敦厚，能爱人，能敬人；在理智上疏通知远，能判断，能评价。因而受过教育的人，情理和谐，人格健全，是个“文化”人。④ 康德认为：“教育必须提供文化，包括知识与教导，使人的天赋才能得以发挥尽致。同时，教育必须培养人审慎的行为、高尚的气质，使人为社会和他人所尊重。最后，教育必须予人以道德训练。”⑤ 因此，可以说“文化”与“教育”是两个相辅相成并以“人”为核心和以“人道”为基础的领域。在根本上，教育传承和创新了人类创造的灿烂文化，而文化则为教育活动提供了教育资源和实质内容。所以，人创造了文化，而教育造就了人，人进一步更新延续文化。就本书所探讨的中华优秀传统文化教育而言，教育实践的过程融通了中华优秀传统文化与现代之间的距离，进一步而言，通过教育实践，中华优秀传统文化获得了新的内涵和新的生命气息。在教育过程中，教师通过

① 李泽厚．论语今读［M］．北京：中华书局，2015：174.

② 黑格尔．哲学史讲演录：第1卷［M］．贺麟，王太庆，译．北京：商务印书馆，2009：8.

③ 俞懿娴．从文化哲学论现代教育的困境［J］．东海学报，2000（41）：233-262.

④ 俞懿娴．教育哲学的传统与现代：古代人文主义与 J. Dewey［J］．教育研究集刊，2006，52（3）：1-20.

⑤ KANT，Education［M］．Ann Arbor，MI：University of Michigan Press，1960：1-32.

创新性方式将静态的传统文化知识以富有生命力的形式向学生展现，活化中华优秀传统文化的表现形式，将传统的、静态的文化和生长于现代的青少年连接起来，让中华优秀传统文化直面现代人的文化需求和价值理念。而教育过程本身，内含着对中华优秀传统文化的革新，中华优秀传统文化教育并不是原原本本地固守传统，而是挖掘中华优秀传统文化的当代意义，让中华优秀传统文化在当今发挥其育人价值、思想价值。教育不仅保存、传递文化，它还变革、更新文化，文化只有不断地更新才能保持其生命力。

二、本书的创新之处

本书以广都小学为田野考察点，通过对广都小学中华优秀传统文化教育的发展历程、办学经验、实践困境进行梳理探究，为其他学校开展中华优秀传统文化教育提供了一些现实的经验和借鉴。具体而言，本书的创新之处主要体现在以下三方面。

第一，研究视角的创新。本书运用人类学田野考察的研究方法，这有别于以往中华优秀传统文化教育的研究大多聚焦于文本的分析与梳理。这种基于田野考察的研究，以实践教学为着眼点，以真实发生的教育现象为分析材料，弥补了已有研究中对教学实践关怀的缺失。在本书中，通过对田野调查学校“广都小学”的实地深入考察和一手资料的获得，从广都小学中华优秀传统文化教育的发展历程、实践困境等层面全面系统地探究了中华优秀传统文化教育“教以成人”的学理基础和实践路向。

第二，本书系统全面地将中华优秀传统文化与中小学的学校教育生态环境之间的联系进行梳理。本书深入系统地将传统文化的经典典籍、伦理道德、礼仪风范、古典技艺、书法等中华优秀传统文化元素与广都小学的课堂实践和师生的日常生活深度整合。中华优秀传统文化教育作为国家层面重要的教育战略，对提升中华民族的文化自信心，培养个人完美人格的养成具有重要意义。但正如本书所指出的，中小学是实践中华优秀传统文化教育的主阵地，因此，试图将中华优秀传统文化深度融入中小学的教育教学实践中，既是本书的重要研究目标，也是本书的创新之处。

第三，本书借助儒家的“成人”教育思想理念彰显中华优秀传统文化的生动性、鲜活性及其蕴含的育人价值，由此出发呈现中华优秀传统文化在“教以成人”层面的教育意义，优化中华优秀传统文化教育路径。当下，人们处在一个“五色令人目盲，五音令人耳聋”的功利欲望社会，亟须以中华优秀传统文化固有的伦理道德来重振人心。“成人”教育思想内含着“志于道，游于艺”

的价值追求，志于道，指引我们领悟天地自然之道，引导每个人遵循其道，引导学生“学以成人”“学以为己”。“游于艺”，告诉我们以一种优哉游哉、轻松愉悦、自然而然、无功利目的的形式进行中华优秀传统文化的“教”与“学”，让教师和学生在中华优秀传统文化教育过程中感到畅然快意、舒适自然，在“游”的状态下体悟中华优秀传统文化的思想精髓及其价值理念。这在一定程度上，有利于缓解当下人们在教育过程中过于注重追求分数和外在成就的焦虑心理，让师生更多地体验中华优秀传统文化教育的过程和生命不断绽放的乐趣。

第二节 研究不足与展望

在整个研究中，笔者经历了一个从困顿迷茫走向坚定清晰的探究历程。进入田野初期，不论在理论层面还是实践方面，笔者都深深地感到自己对中华优秀传统文化教育认识的不足。进入学校初期，笔者似乎被田野牵着鼻子走，笔者只是按照学校每天的日常，一日一日地过完在学校的田野调查生活。笔者极尽可能地记录一切笔者所观察到的、感知到的事件，笔者的大脑充斥着各种杂乱的信息，而找不到一条可以把这些杂乱信息关联起来的主线。笔者只是在观看，且似乎失去了任何评判的能力，笔者在内心深处感到自己的无知与无能为力。笔者深深地觉得每一位一线教师都要比笔者这个“笔者”懂得多，笔者最需要的就是跟随他们学习。这种局促不安的心情伴随了笔者一整个学期，直到第一个学期结束，开始整理资料时，笔者才感觉到自己慢慢走出田野，变回一个“笔者”，一个有能力思考的人。在田野中，笔者观看教师忙碌的工作，学生日复一日地学习，笔者与他们重复着同样的日子，有时候，笔者似乎完全陷入其中，因他们的疲惫而疲惫，因他们的快乐而快乐。回到“书斋”里，笔者又变回一个独立的思考者和探究者，笔者开始反省自己所经历的一切。研究过程的坎坷使研究的重心和焦点都聚焦得较慢，拨开云雾探索“道路”的过程耗费了笔者大量的时间和精力。

一、研究不足

首先，本书在资料收集与处理、理论分析与解读等方面难免存在不足。在研究方法层面，本书主要是通过访谈、观察和资料收集的方式，访谈内容属于回忆性及个人知觉的描述，与实际情形可能存在一定偏差。“叙述文本只是对某些特定的人有意义，它所建构的事实只是对特定的解释者在特定的历史条件下有意义。”① 所有的叙述文本都只能部分地、有选择地呈现现实，叙述文本的权威性并不清晰。人们在回忆过往事物时，只有那些印象深刻的才会被提及。再者，访谈对象对于笔者的综合印象和信任度，也会影响其配合程度及其对相关事物描述的深浅和角度。同时，访谈对象对研究问题的认知程度和态度也是影响研究呈现的重要原因。在资料收集方面，因田野学校实施中华优秀传统文化教育时间较长，相关负责人也有所更换，资料可能存在少许遗失，所以资料的收集也不如预期的完整。

其次，本书聚焦的是学校中的中华优秀传统文化教育，并未对中华优秀传统文化的核心内容进行细致梳理和深入分析，未能从整体上呈现中华优秀传统文化内容的结构，也并没有着力从传统文化的宝库中挖掘出宝藏，对中华优秀传统文化本身的学术意义和学术价值缺乏系统的探究。而是根据田野观察，将自己所见所闻的中华优秀传统文化教育现象和内容呈现出来，并对其进行全景式描述与多层面分析，这种全面探究中华优秀传统文化教育的方式很难对某一方面做深度分析。如果单从某一方面，比如，教师、课程、家庭、学校管理制度、师生交往方式等维度出发去探究，则能对某一相关的传统文化知识进行更加深入的解析，例如，传统文化中的教师观、传统文化蕴含的教育思想、制度理念等，从其中的某一点出发描绘传统文化元素在当前学校中发挥的作用及其对现代教育的影响更能展现中华优秀传统文化的精深。为了综合展现中华优秀传统文化教育在学校中的概貌，本书是从多维度出发，力求展现中华优秀传统文化在学校教育中的博与广，但这种方式导致在逻辑上、层次上难免有所重复。很多知识是相互关联的，一些问题的产生因素也是相互交织的。每一种方法论都有其特定的认识问题和逻辑问题。田野考察最重要的就是要确立事实命题的真理性，即所描述的事件是客观真实的。而人的主观性特征与之形成不可避免的张力，使事实的描述不可能绝对的客观化。主观性必须被限制在一种具有客观约束的分析框架中。每一种研究方法都是有弱点的，没有十全十美的方法，笔者只能尽可能地去靠近真相、探寻真理。

最后，存在一个普遍的问题，即研究能否以“小”见“大”。埃德蒙·利奇（Edmund Leach）曾针对中国人类学家撰写的著作提出这样的问题：“在中国这样广大的国家，个别社区的微型研究能都代表中国？”② 埃德蒙·利奇对这个问题的回答是否定的。显然，通过本书探讨的广都小学中华优秀传统文化教育

① 丁钢. 声音与经验：教育叙事研究［M］. 北京：教育科学出版社，2008：61.

② 费孝通. 缺席的对话：人的研究在中国：个人的经历［J］. 读书，1990（10）：3-11.

来反映我国所有小学的中华优秀传统文化教育状况是不现实的。我国地域广阔，各地区的教育水平、教育资源差异巨大，本书考察的田野学校并不能代表中国的所有学校，也不能把对广都小学的研究结果套用到其他学校上去。而人类学的基本假设就在于小地方可以反映大社会，如果不去纠结田野学校到底能代表多大的区域，而是从问题域的角度来理解基础教育阶段中华优秀传统文化教育普遍存在的问题，即研究所探讨的田野学校到底可以反映出哪些普遍的论题。从这一角度来说，以广都小学的中华优秀传统文化教育状况来反映中华优秀传统文化教育在基础教育阶段的具体表征，虽不一定具有普适性，却对其他学校开展中华优秀传统文化教育具有一定的参考意义。

二、研究展望

中华优秀传统文化是一座宝藏型的富矿，潜藏着巨大的转化势能，对中华优秀传统文化的研究不是对历史产物的猎奇，而是潜入中国文化的海洋挖掘宝库。[①] 目前关于中华优秀传统文化教育融入学校、进入课堂等方面的课题已经引起诸多理论研究者和一线教师的热切关注。但还有诸多不够成熟，有待进一步研究的问题。

一是关于中华优秀传统文化教育师资的培养问题。当前，对于是否开设专门的传统文化教育课程仍旧是一个值得讨论的问题，在尚未开设专门的传统文化教育课程之前，中华优秀传统文化主要融入“语文”“道德与法治”“历史”等课程中，那么就需要相应地提升这三门课程的任课教师的中华优秀传统文化素养，使之能在具体的教育过程中润物细无声地融入中华优秀传统文化知识。部分学校将中华优秀传统文化教育作为校本课程单独设课，但很少有专门的传统文化教育教师，几乎都是由其他课程的教师兼任。大多数教师缺乏系统的传统文化知识，也没有接受过专门的传统文化教育的培训学习，教师队伍中缺乏真正理解中华优秀传统文化教育精髓的专业人才。关于中华优秀传统文化教育的开展只是停留在知识传承的浅显层面，未能深入展现知识背后蕴含的文化理念及其深邃的思想内涵。毫无疑问，专业的传统文化教育的教师决定中华优秀传统文化教育开展的质量及其未来的发展走向。故而，未来有关中华优秀传统文化教育的研究，专门的传统文化教育师资的培养和建设是一个至关重要的问题，有待笔者进一步探清如何为传统文化教育教师的专业发展提供理论和制度

---

① 刘峻杉．对传统文化展开教育学研究的意义、难点与方法论省思［J］．中国教育科学（中英文），2019，2（5）：123-134.

支持。

二是中华优秀传统文化教育与学科之间的融合问题。目前，小学教育中的中华优秀传统文化教育主要融入“语文”和“道德与法治”中，在其他学科中的融入不足。中华优秀传统文化教育内含的知识是丰富而广博的，不仅仅是可以体现在这两门学科中的“诗词歌赋”“元曲小说”“道德伦理”“仁义礼智信”等，还有书画音乐、射箭蹴鞠、科技成就等可以深度融入美术、音乐、体育、科学、劳动等课程中。在现有课程体系内全面融入中华优秀传统文化教育，才能更加丰富、系统、全面地展现中华优秀传统文化的内容体系，才能让学生更加深刻地体悟中华优秀传统文化的博大精深。所以，如何将中华优秀传统文化教育融入其他学科课程，建构中华优秀传统文化教育的综合课程体系，是未来中华优秀传统文化教育课题需要加深研究的一个重要领域。

三是如何将现有课程体系内的中华优秀传统文化教育内容、方法及其形式整合到中华优秀传统文化教育的体系中，着力构建中华优秀传统文化教育自身的理论体系。正如前文所述，现有的课程体系内包含了大量中华优秀传统文化教育的内容，具有诸多可总结归纳的教学经验和教学方法，这些分散于各学科中的内容体系和教学理念对人们进一步理解中华优秀传统文化教育具有重要的意义。且依据教育实践活动建构起来的理论体系是最具说服力的，是经得起实践考验的。如何将这些零散的教学内容、教学方式和教学思想纳入中华优秀传统文化教育的理论体系还需要做进一步深入的探究。

四是探究如何进一步发掘中华优秀传统文化内涵的深厚价值。中华优秀传统文化具有博古通今的特质，中华优秀传统文化中固有的伦理、道德、忠孝、仁爱、中庸等思想与优秀传统美德，在当下，仍旧是安邦定国、稳定社会人心的重要组成元素。未来的研究可进一步挖掘中华优秀传统文化的现代价值，探寻中华优秀传统文化中蕴含的治国之道、育人之道，借助传统经典思想探讨如何建构一个有秩序的理想世界，如何使人成为“真正意义上的人”。

五是如何进一步探寻解释经典的理论。古圣贤所流传下来的思想学说、经史典籍，都是古人毕生的智慧与心血的结晶。传统经典与现代之间隔着不可跨越的时空距离，随着时代的变迁和社会的发展，中华优秀传统文化也需要“旧貌换新颜”，以符合时代价值、具有青春活力和生命气息的形式展现在现代人的眼前。这就需要笔者以现代人的发展为需求，进一步探寻解释传统经典的理论。

总之，中华优秀传统文化经得起历史的检验和实践的考验，而中华优秀传统文化教育是一个永恒的教育议题，是一个需要持续去探究的教育研究领域。

参考文献

一、中文文献

（一）著作

[1] 蔡丰明. 游戏史 [M]. 上海：上海文艺出版社，2007.

[2] 陈文华. 长江流域茶文化 [M]. 武汉：湖北教育出版社，2004.

[3] 陈向明. 质的研究方法与社会科学研究 [M]. 北京：教育科学出版社，2000.

[4] 成都市双流区地方志编纂委员会. 双流县志 1911—1985 [M]. 成都：四川科学技术出版社，2016.

[5] 程天君. "接班人"的诞生：学校中的政治仪式考察 [M]. 南京：南京师范大学出版社，2008.

[6] 丁钢. 声音与经验：教育叙事研究 [M]. 北京：教育科学出版社，2008.

[7] 丁钢. 中国教育文化的阐释 [M]. 北京：教育科学出版社，2021.

[8] 董晓萍. 田野民俗志 [M]. 北京：北京师范大学出版社，2020.

[9] 杜维明. 东亚价值与多元现代性 [M]. 北京：中国社会科学出版社，2001.

[10] 费孝通. 费孝通论文化与文化自觉 [M]. 北京：群言出版社，2005.

[11] 傅佩荣.《孟子》新解（上）[M]. 南京：译林出版社，2012.

[12] 何一民. 成都学概论 [M]. 成都：巴蜀书社，2010.

[13] 贺麟. 文化与人生 [M]. 上海：上海人民出版社，2011.

[14] 胡平生，张萌，译注. 礼记 [M]. 北京：中华书局：2017.

[15] 胡平生，张萌，译注. 礼记（三）[M]. 北京：中华书局，2017.

[16] 胡平生，张萌，译注. 礼记（四）[M]. 北京：中华书局，2017.

[17] 胡适. 中国哲学史大纲 [M]. 北京：民主与建设出版社，2016.

[18] 金生鈜．规训与教化［M］．北京：教育科学出版社，2004.
[19] 瞿葆奎．教育学文集：教学（上册）［M］．北京：人民教育出版社，2010.
[20] 瞿葆奎．教育学文集：教育与教育学［M］．北京：人民教育出版社，1993.
[21] 李景林．教养的本原：哲学突破期的儒家心性论［M］．沈阳：辽宁人民出版社，1998.
[22] 李申申，陈洪澜，李荷蓉，等．传承的使命：中华优秀文化传统教育问题研究［M］．北京：人民出版社，2011.
[23] 李慎之，何家栋．中国的道路［M］．广州：南方日报出版社，2000.
[24] 李廷宪．教育伦理学的体系与案例［M］．芜湖：安徽师范大学出版社，2010.
[25] 李小娟．走向中国的日常生活批判［M］．北京：人民出版社，2005.
[26] 李泽厚．论语今读［M］．北京：中华书局，2015.
[27] 李泽厚．说文化心理［M］．上海：上海译文出版社，2012.
[28] 李政涛．重建教师的精神宇宙［M］．上海：华东师范大学出版社，2014.
[29] 李宗桂．中国文化导论［M］．广州：广东人民出版社，2002.
[30] 梁启超．梁启超论中国文化史［M］．北京：商务印书馆，2012.
[31] 刘荫柏．中国古代杂技［M］．北京：商务印书馆，1997.
[32] 牟宗三．中国哲学的特质［M］．台北：台湾学生书局，1994.
[33] 南怀瑾．论语别裁：上册［M］．台北：老古文出版社，1976.
[34] 潘光旦．自由之路［M］．上海：上海三联书店，2008.
[35] 任法融．道德经释义［M］．北京：东方出版社，2012.
[36] 石鸥．教科书概论［M］．广州：广东教育出版社，2019.
[37] 司马云杰．文化社会学［M］．北京：中国社会科学出版社，2007.
[38] 孙彩平．教育的伦理精神［M］．太原：山西教育出版社，2004.
[39] 覃光广，冯利，陈朴．文化学辞典［M］．北京：中央民族学院出版社，1988.
[40] 谭平，冯和一，唐婷，等．天府文化与成都的现代化追求［M］．成都：巴蜀书社，2018.
[41] 汤一介．中国传统文化的特质［M］．上海：上海教育出版社，2019.
[42] 滕星．教育人类学通论［M］．北京：商务印书馆，2017.

[43] 田广林 . 中国传统文化概论 [M]. 北京：高等教育出版社，1999.

[44] 王邦雄，曹昭旭，杨祖汉 . 论语义理疏解 [M]. 新北：鹅湖月刊杂志社，1983.

[45] 王弼 . 老子道德经注 [M]. 楼宇烈，校释，北京：中华书局，2011.

[46] 王国轩，王秀梅，译注 . 孔子家语 [M]. 北京：中华书局，2016.

[47] 王杰 . 传统文化的价值取向与主体价值问题 [M] //张立文，王俊义，许启贤，等 . 传统文化与现代化. 北京：中国人民大学出版社，1987.

[48] 王丽 . 名家谈语文学习 [M]. 上海：华东师范大学出版社，2007.

[49] 王晓宁，张梦琦 . 法国基础教育 [M]. 上海：同济大学出版社，2015.

[50] 文化部艺术研究院音乐研究所 . 中国古代乐论选辑 [M]. 北京：人民音乐出版社，1981.

[51] 吴康宁 . 教育社会学 [M]. 北京：人民教育出版社，1997.

[52] 夏丏尊，叶圣陶 . 文心 [M]. 北京：生活 · 读书 · 新知三联书店，2008.

[53] 夏晓虹 . 梁启超文选：下集 [M]. 北京：中国广播电视出版社，1992.

[54] 项贤明 . 泛教育论：广义教育学的初步探索 [M]. 太原：山西教育出版社，2002.

[55] 杨国荣 . 善的历程：儒家价值体系的历史衍化及其现代转换 [M]. 上海：上海人民出版社，1994.

[56] 叶澜 . 二十世纪中国社会科学 · 教育学卷 [M]. 上海：上海人民出版社，2005.

[57] 殷海光 . 中国文化的展望 [M]. 上海：上海三联书店，2002.

[58] 岳纯之，校 . 唐律疏议 [M]. 上海：上海古籍出版社，2013.

[59] 张岱年，程宜山 . 中国文化精神 [M]. 北京：北京大学出版社，2015.

[60] 张岱年，程宜山 . 中国文化与文化论争 [M]. 北京：中国人民大学出版社，1990.

[61] 张岱年，方克立 . 中国文化概论 [M]. 北京：北京师范大学出版社，1994.

[62] 张岱年 . 张岱年全集：第 7 卷 [M]. 石家庄：河北人民出版社，1996.

[63] 张继功，李反修，李森 . 中国优秀传统文化概论 [M]. 西安：陕西

师范大学出版社，1998.

[64] 张良驯，周雄，刘胡权．当代青少年中华优秀传统文化教育研究［M］．北京：北京理工大学出版社，2015.

[65] 章太炎．章太炎全集：第4卷［M］．上海：上海人民出版社，1985.

[66] 赵吉惠．中国传统文化导论［M］．南京：江苏教育出版社，2007.

[67] 赵坤．中华优秀传统文化当代价值［M］．桂林：广西师范大学出版社，2019.

[68] 赵汀阳．没有世界观的世界：政治哲学和文化哲学文集［M］．北京：中国人民大学出版社，2005.

[69] 郑金洲．教育文化学［M］．北京：人民教育出版社，2000.

[70] 郑师渠．在欧化与国粹之间：学衡派文化思想研究［M］．北京：商务印书馆，2021.

[71] 中共中央宣传部．习近平总书记系列重要讲话读本（2016年版）［M］．北京：学习出版社，人民出版社，2016.

[72] 中央教育科学研究所．陶行知教育文选［M］．北京：教育科学出版社，1981.

[73] 中央教育科学研究所．叶圣陶语文教育论文集［M］．北京：教育科学出版社，1980.

[74] 周敦颐．周子通书［M］．上海：上海古籍出版社，2000.

[75] 周雪光．组织社会学十讲［M］．北京：社会科学文献出版社，2003.

[76] 朱熹．四书章句集注［M］．北京：中华书局，2011.

[77] 庄子．庄子［M］．方勇，译注．北京：中华书局，2010.

[78] 邹进．现代德国文化教育学［M］．太原：山西教育出版社，1992.

（二）译著

[1] 阿普尔，克丽斯蒂安·史密斯．教科书政治学［M］．侯定凯，译．上海：华东师范大学出版社，2005.

[2] 阿斯曼．文化记忆：早期高级文化中的文字、回忆和政治身份［M］．金寿福，黄晓晨，译．北京：北京大学出版社，2015.

[3] 埃尔．文化概念［M］．康新文，晓文，译．上海：上海人民出版社，1988.

[4] 埃里克森．什么是人类学［M］．周云水，吴攀龙，陈靖云，译．北京：北京大学出版社，2013.

[5] 奥姆罗德．教育心理学［M］．彭运石，彭舜，等译．西安：陕西师范

大学出版社，2006.

[6] 巴伦，伯恩．社会心理学 [M]. 黄敏儿，王飞雪，等译．上海：华东师范大学出版社，2004.

[7] 本尼迪克特．文化模式 [M]. 王炜，等译．北京：生活·读书·新知三联书店，1988.

[8] 比斯塔．教育的美丽风险 [M]. 赵康，译．北京：北京师范大学出版社，2018.

[9] 波普诺．社会学 [M]. 李强，等译．北京：中国人民大学出版社，1999.

[10] 伯格．观看之道 [M]. 戴行钺，译．桂林：广西师范大学出版社，2015.

[11] 达马西奥．笛卡尔的错误：情绪、推理和人脑 [M]. 毛彩凤，译．北京：教育科学出版社，2007.

[12] 杜威．民主主义与教育 [M]. 王承绪，译．北京：人民教育出版社，1990.

[13] 杜威．我们怎样思维：经验与教育 [M]. 姜文闵，译．北京：人民教育出版社，2005.

[14] 杜威．学校与社会·明日之学校 [M]. 赵祥麟，任钟印，吴志宏，译．北京：人民教育出版社，1994.

[15] 范梅南．生活体验研究：人文科学视野中的教育学 [M]. 宋广文，等译．北京：教育科学出版社，2003.

[16] 费特曼．民族志：步步深入 [M]. 龚建华，译．重庆：重庆大学出版社，2013.

[17] 福柯．规训与惩罚 [M]. 刘北成，杨远婴，译．北京：生活·读书·新知三联书店，2012.

[18] 戈布尔．第三思潮：马斯洛心理学 [M]. 吕明，陈红雯，译．上海：上海译文出版社，1987.

[19] 格莱斯．质性研究方法导论 [M]. 王中会，李芳英，译．北京：中国人民大学出版社，2013.

[20] 格林．释放想象：教育、艺术与社会变革 [M]. 郭芳，译．北京：北京师范大学出版社，2017.

[21] 哈里斯．文化人类学 [M]. 李培茱，高地，译．北京：东方出版社，1998.

[22] 哈维．后现代的状况：对文化变迁之缘起的探究［M］．阎嘉，译．北京：商务印书馆，2003.

[23] 海默尔．日常生活与文化理论导论［M］．王志宏，译．北京：商务印书馆，2008.

[24] 赫尔巴特．普通教育学［M］．李其龙，译．北京：人民教育出版社，2015.

[25] 赫勒．日常生活［M］．衣俊卿，译．重庆：重庆出版社，1990.

[26] 赫伊津哈．游戏的人：文化中游戏成分的研究［M］．何道宽，译．广州：花城出版社，2007.

[27] 黑格尔．哲学史讲演录：第1卷［M］．贺麟，王太庆，译．北京：商务印书馆，2009.

[28] 怀特海．教育的目的［M］．徐汝舟，译．北京：生活·读书·新知三联书店，2002.

[29] 怀特海．教育与科学理性的功能［M］．黄铭，译．郑州：大象出版社，2010.

[30] 怀特．再论教育目的［M］．李永宏，等译．北京：教育科学出版社，1997.

[31] 吉尔兹．地方性知识：阐释人类学论文集［M］．王海龙，张家瑄，译．北京：中央编译出版社，2004.

[32] 加塞尔．什么是哲学［M］．商梓书，等译．北京：商务印书馆，1994.

[33] 康德．道德形而上学原理［M］．苗力田，译．上海：上海人民出版社，2012.

[34] 康德．论教育学［M］．赵鹏，何兆武，译．上海：上海人民出版社，2005.

[35] 苛费尔，布林克曼．质性研究访谈［M］．范丽恒，译．北京：世界图书出版公司，2013.

[36] 柯林斯，哈尔弗森．技术时代重新思考教育：数字革命与美国的学校教育［M］．陈家刚，程佳铭，译．上海：华东师范大学出版社，2013.

[37] 科尔曼．社会理论的基础［M］．邓方，译．北京：社会科学文献出版社，2008.

[38] 克里希那穆提．一生的学习［M］．张南星，译．北京：群言出版社，2004.

[39] 昆德拉．不能承受的生命之轻［M］．许钧，译．上海：上海译文出版社，2010.

[40] 拉伊．实验教育学［M］．沈剑平，瞿葆奎，译．北京：人民教育出版社，2004.

[41] 郎格．情感与形式［M］．刘大基，傅志强，周发祥，译．北京：中国社会科学出版社，1986.

[42] 马尔库塞．单向度的人：发达工业社会意识形态研究［M］．张峰，吕世平，译．重庆：重庆出版社，1988.

[43] 马克思，恩格斯．费尔巴哈：唯物主义观点和唯心主义观点的对立［M］．北京：人民出版社，1988.

[44] 马特尔．主流：谁将打赢全球文化战争［M］．刘成富，房美，胡园园，等译，北京：商务印书馆，2012.

[45] 梅洛－庞蒂．知觉现象学［M］．姜志辉，译．北京：商务印书馆，2001.

[46] 米德．心灵、自我与社会［M］．霍桂桓，译．南京：译林出版社，2012.

[47] 明茨伯格．经理工作的性质［M］．孙耀君，译．北京：团结出版社，1999.

[48] 努斯鲍姆．功利教育批判：为什么民主需要人文教育［M］．肖聿，译．北京：新华出版社，2017.

[49] 诺斯．制度、制度变迁与经济绩效［M］．刘守英，译．上海：上海三联书店，1994.

[50] 欧克肖特．人文学习之声［M］．孙磊，译．上海：上海译文出版社，2012.

[51] 普鸣．作与不作：早期中国对创新与技艺问题的论辩［M］．杨起予，译．北京：生活·读书·新知三联书店，2020.

[52] 荣格．东洋冥想的心理学：从易经到禅［M］．杨儒宾，译．北京：社会科学文献出版社，2000.

[53] 桑内特．肉体与石头：西方文明中的身体与城市［M］．黄煜文，译，上海：上海译文出版社，2011.

[54] 圣吉．第五项修炼：学习型组织的艺术与实践［M］．张成林，译．北京：中信出版社，2009.

[55] 施瓦布．第四次工业革命：转型的力量［M］．李菁，译．北京：中信

出版社，2016.

[56] 史密斯. 文化：再造社会科学 [M]. 张美川，译. 长春：吉林人民出版社，2005.

[57] 史徒华. 文化变迁的理论 [M]. 张恭启，译. 台北：允晨文化实业公司，1989.

[58] 舒斯特曼. 身体意识与身体美学 [M]. 程相占，译. 北京：商务印书馆，2011.

[59] 斯宾塞. 斯宾塞教育论著选 [M]. 胡毅，王承绪，译. 北京：人民教育出版社，2005.

[60] 斯科特. 制度与组织：思想观念与物质利益 [M]. 姚伟，王黎芳，译. 北京：中国人民大学出版社，2010.

[61] 斯托尔，芬克. 未来的学校：变革的目标与路径 [M]. 柳国辉，译. 北京：北京大学出版社，2010.

[62] 苏霍姆林斯基. 帕夫雷什中学 [M]. 赵玮，王义高，蔡兴文，等译. 北京：教育科学出版社，1983.

[63] 苏霍姆林斯基. 育人三部曲 [M]. 毕淑芝，等译. 北京：人民教育出版社，1998.

[64] 泰勒. 原始文化：神话、哲学、宗教、语言、艺术和习俗发展之研究 [M]. 连树生，译. 桂林：广西师范大学出版社，2005.

[65] 泰特. 教育的真谛：伟大思想家的观点及其现实意义 [M]. 陈玮，译. 上海：上海社会科学院出版社，2021.

[66] 威廉斯. 文化与社会 [M]. 吴松江，张文定，译. 北京：北京大学出版社，1991.

[67] 维特根斯坦. 哲学研究 [M]. 李步楼，译. 北京：商务印书馆，1996.

[68] 希尔斯. 论传统 [M]. 傅铿，吕乐，译. 上海：上海人民出版社，2014.

[69] 雅思贝斯. 历史的起源与目标 [M]. 魏楚雄，俞新天，译. 北京：华夏出版社，1989.

[70] 雅斯贝尔斯. 什么是教育 [M]. 邹进，译. 北京：生活·读书·新知三联书店，1991.

[71] 雅斯贝尔斯. 时代的精神状况 [M]. 王德峰，译. 上海：上海译文出版社，2013.

[72] 亚里士多德. 尼各马可伦理学 [M]. 北京: 中国社会科学出版社, 1999.

[73] 约翰逊, 克里斯滕森. 教育研究: 定量、定性和混合方法 [M]. 马健生, 等译. 重庆: 重庆大学出版社, 2015.

(三) 期刊

[1] 安战国. 对德国文化政策与管理的认识与启示 [J]. 当代兵团, 2013 (10).

[2] 巴战龙. 人类学家乡研究的反思与辩护: 基于两项教育民族志的研究 [J]. 北方民族大学学报 (哲学社会科学版), 2009 (2).

[3] 白益民. 教师的自我更新: 背景、机制与建议 [J]. 华东师范大学学报 (教育科学版), 2002 (4).

[4] 柏嫱, 柏华. 中华优秀传统文化融入大学生思想政治教育的现实路径 [J]. 学校党建与思想教育, 2019 (16).

[5] 布朗, 木子西. 社会资本理论综述 [J]. 马克思主义与现实, 2000 (2).

[6] 蔡海龙. 全面深化教师队伍建设应坚持教师立法的专业主义取向 [J]. 中国教育学刊, 2020 (4).

[7] 蔡红生. 文化概念的考证与辨析 [J]. 新疆师范大学学报 (哲学社会科学版), 2009, 30 (4).

[8] 蔡扬翼. 书法教学在德育中的作用 [J]. 思想教育研究, 2003 (4).

[9] 藏明, 张茂泽. "以文化人": 张岂之的人文教育观 [J]. 河北师范大学学报 (教育科学版), 2021, 23 (1).

[10] 曹胜高. 中华优秀传统文化核心课程体系的建构 [J]. 中国大学教学, 2020 (9).

[11] 车广吉, 丁艳辉, 徐明. 论构建学校、家庭、社会教育一体化的德育体系: 尤·布朗芬布伦纳发展生态学理论的启示 [J]. 东北师大学报 (哲学社会科学版), 2007 (4).

[12] 陈川雄. 论孝 [J]. 孔子研究, 1998 (3).

[13] 陈高华. 教育与人的养成: 从圆球人说起 [J]. 湖南师范大学教育科学学报, 2013, 12 (1).

[14] 陈来. "国学热"与传统文化研究的问题 [J]. 孔子研究, 1995 (2).

[15] 陈炎. 超越国学研究的古典境界 [J]. 中国文化研究, 1998 (1).

[16] 陈云龙，任建英，曾莹．中华优秀传统文化教育发展的探讨［J］．课程·教材·教法，2019，39（12）．

[17] 程太生，张红娟．高校加强中华优秀传统文化教育的实践与思考［J］．太原师范学院学报（社会科学版），2017，16（5）．

[18] 邓英敏．历史教育是优秀传统文化教育的重要途径［J］．中共郑州市委党校学报，2008（3）．

[19] 董国军．传统文化与德育论略［J］．江苏理工大学学报（社会科学版），2001（2）．

[20] 都进学，李必勤，张海涛，等．关于新世纪青年群体掌握优秀传统文化现状的调查报告［J］．重庆工业高等专科学校学报，2003（4）．

[21] 段超．中华优秀传统文化当代传承体系建构研究［J］．中南民族大学学报（人文社会科学版），2012，32（2）．

[22] 樊秀丽．教育民族志方法的探讨［J］．教育学报，2008（3）．

[23] 范中杰．论传统节假日教育与青少年传统文化教育［J］．现代教育论丛，2008（4）．

[24] 费孝通．缺席的对话：人的研究在中国：个人的经历［J］．读书，1990（10）．

[25] 郜静宇．中华优秀传统文化融入高中思想政治教学的路径研究［J］．求知导刊，2021（38）．

[26] 葛洪泽．关于“国学”讨论的几个问题［J］．求是，1996（7）．

[27] 顾冠华．中国传统文化论略［J］．扬州大学学报（人文社会科学版），1999（6）．

[28] 顾明远．文化是一个民族的根与魂：谈中华优秀传统文化教育［J］．人民教育，2017（23）．

[29] 韩聪钰，贾利军．传统文化课程体系建设与大学生思想政治教育：基于北京地区高校的调查分析［J］．北京教育（德育），2012（9）．

[30] 郝佳彤，崔月英，朱红．中小学实施中华优秀传统文化教育的探索［J］．教育探索，2015（1）．

[31] 何雨晴．抖音上中华优秀传统文化传播的 SWOT 分析及策略探讨［J］．传播与版权，2022（10）．

[32] 核心素养研究课题组．中国学生发展核心素养［J］．中国教育学刊，2016（10）．

[33] 侯静雯．2010 年至 2020 年小学语文传统文化教育内容研究综述［J］．

语文建设，2021（6）.

[34] 黄济. 在中小学如何开展国学教育[J]. 课程·教材·教法，2015，35（2）.

[35] 靳浩辉. 高校加强中华优秀传统文化教育的三重视域：时代价值、现状审视与实践路径[J]. 教育探索，2017（3）.

[36] 柯小刚. 志于道、据于德、依于仁、游于艺[J]. 贵州文史丛刊，2016（1）.

[37] 柯政. 学校变革困难的新制度主义解释[J]. 北京大学教育评论，2007（1）.

[38] 孔宪峰. 中华优秀传统文化的当代价值：兼论中国共产党关于传统文化的新认识[J]. 教学与研究，2015（1）.

[39] 蒯义峰. 应试教育：一个学校行为的组织分析[J]. 基础教育，2015，12（4）.

[40] 李承贵. 生生：儒家思想的内在维度[J]. 学术研究，2012（5）.

[41] 李飞雪，范朝慧. 视听意象：中华优秀传统文化的短视频传播[J]. 中国电视，2021（8）.

[42] 李逢超. 阅读文化典籍：中小学生优秀传统文化教育的重要途径[J]. 中小学图书情报世界，1999（5）.

[43] 李国娟. 高校加强中华优秀传统文化教育的理论思考与实践逻辑[J]. 思想理论教育，2015（4）.

[44] 李琼. "牵手"互联网，让优秀传统文化教育"活"起来[J]. 中小学管理，2017（11）.

[45] 李涛，陈玉玲. 制度主义视角下的应试教育[J]. 当代教育科学，2012（16）.

[46] 李先明，成积春. 中华优秀传统文化传承体系的构建：理论、实践与路径[J]. 南京社会科学，2016（11）.

[47] 李逸峰. 当前中小学书法教育：问题与对策[J]. 课程·教材·教法，2013，33（6）.

[48] 李政涛. 教育学的生命之维[J]. 教育研究，2004（4）.

[49] 李宗桂. 试论中国优秀传统文化的内涵[J]. 学术研究，2013（11）.

[50] 林安梧. 儒家思想与成人教育[J]. 鹅湖月刊，1994（226）.

[51] 林正范. 论生态取向教师学习的校园环境特征[J]. 教育研究，

2012，33（9）.

[52] 刘峻杉．对传统文化展开教育学研究的意义、难点与方法论省思[J]．中国教育科学（中英文），2019，2（5）.

[53] 刘峻杉．复兴传统文化对教师教育的需求及其应对 [J]．教育科学研究，2017（3）.

[54] 刘良业，张建功，郝丽芳，等．如何开展中华优秀传统文化教育[J]．河北教育（德育版），2014（1）.

[55] 刘敏．浅议法国传统文化教育 [J]．比较教育研究，2014，36（6）.

[56] 刘铁芳，孙意远．吾道一以贯之：孔子的教化之道及其当下意义[J]．吉首大学学报（社会科学版），2020，41（5）.

[57] 刘应龙．浅谈对联教学的素质教育功能 [J]．对联·民间对联故事，2003（9）.

[58] 龙涌霖．“一贯”与“力行”：孔子“一以贯之”说新解 [J]．中国哲学史，2022（3）.

[59] 吕莉．学科教学中渗透中华优秀传统文化教育四部曲：以小学道德与法治课程为例 [J]．基础教育课程，2021（7）.

[60] 罗志田．国学不是学：西方学术分类与民初国学定位的困惑 [J]．社会科学研究，2002（1）.

[61] 蒙培元．天·地·人：谈《易传》的生态哲学 [J]．周易研究，2000（1）.

[62] 孟长玲．中学历史教学的重要任务是弘扬中国传统文化 [J]．西安教育学院学报，2003（3）.

[63] 孟凡丽．论少数民族地区跨文化教师的培养 [J]．教师教育研究，2007（3）.

[64] 明成满，赵辉．中华优秀传统文化教育一体化路径探寻 [J]．中学政治教学参考，2021（35）.

[65] 缪学超．理解、认同与传承：学校仪式的文化育人路径 [J]．湖南师范大学教育科学学报，2020，19（4）.

[66] 聂永成．新制度主义社会学视域下的中小学“阴阳课表”现象治理[J]．教育科学，2019，35（4）.

[67] 宁海林．“一带一路”背景下中华优秀传统文化短视频传播研究[J]．大连海事大学学报（社会科学版），2018，17（6）.

[68] 宁海林．“中华优秀传统文化+短视频”整合传播研究 [J]．现代传

播（中国传媒大学学报），2018，40（6）．

[69] 潘君茂．儒道二家论游比较：以论语“游于艺”与庄子“游刃有余”为对举[J]．淡江中文学报，2019（41）．

[70] 潘涌．祛蔽当前“读经热”：表达为本——由“读经热”引发的对古今母语教育的建设性反思[J]．教育研究，2015，36（1）．

[71] 裴娣娜．教育创新与学校课堂教学改革论纲[J]．课程·教材·教法，2012，32（2）．

[72] 亓华．汉语国际推广与文化观念的转型[J]．北京师范大学学报（社会科学版），2007（4）．

[73] 齐勇锋，李平凡．完善公共文化服务体系，提高国家文化软实力[J]．中国特色社会主义研究，2012（1）．

[74] 秦永芳．试论在青少年德育中传统文化德育资源的开发与利用[J]．学术论坛，2007（8）．

[75] 曲洪志．我国传统文化是思想政治教育的重要资源[J]．山东社会科学，2006（4）．

[76] 渠敬东．迈向社会全体的个案研究[J]．社会，2019，39（1）．

[77] 冉昌光．中国文化何以自信[J]．邓小平研究，2017（1）．

[78] 任翔．语文教材传统文化教育内容体系化刍论[J]．中国教育学刊，2020（6）．

[79] 任翔．中国传统文化教育的目标与内容初探[J]．中国教育学刊，2019（1）．

[80] 石硕．胡入中华：“中华”一词的产生及开放性特点——东晋南北朝至隋唐胡汉融合与“中华”词义嬗变[J]．清华大学学报（哲学社会科学版），2022，37（4）．

[81] 石中英．教师职业倦怠的一种哲学解释[J]．中国教育学刊，2020（1）．

[82] 舒志定．论古希腊教育观的形而上特性[J]．宁波大学学报（教育科学版），2006（2）．

[83] 宋熙炯．论教师教育权[J]．江西教育科研，2007（1）．

[84] 苏建明．统编小学《道德与法治》中爱国主义教育的三维构建[J]．教学与管理，2020（29）．

[85] 孙汝建．中国优秀传统文化教育的缺失与重建[J]．民主，2007（5）．

[86] 谭红樱，田穗．中小学开展中华优秀传统文化教育的研究综述［J］．重庆第二师范学院学报，2016，29（1）．

[87] 田慧生，张广斌，蒋亚龄．中华优秀传统文化融入课程教材体系的理论图谱与实践路径［J］．教育研究，2022，43（4）．

[88] 王嘉毅，鲁子箫．规避伦理风险：智能时代教育回归原点的中国智慧［J］．教育研究，2020，41（2）．

[89] 王嘉毅，马维林．再论“以学生为中心”的教学意蕴与实践样态［J］．中国教育学刊，2015（8）．

[90] 王鉴．课堂志：作为教学研究的方法论与方法［J］．教育研究，2018，39（9）．

[91] 王立刚．论传统文化教育的内容体系［J］．当代教育与文化，2017，9（1）．

[92] 王璐，尤铮．英国传统文化教育研究［J］．比较教育研究，2014，36（6）．

[93] 王明娣，翟倩．中华优秀传统文化融入教学的价值、困境及路径［J］．民族教育研究，2020，31（6）．

[94] 王强．我国当前教师准入制度的问题成因与对策［J］．教育发展研究，2016，36（22）．

[95] 王学伟．试论中国优秀传统文化的科学内涵［J］．海南师范大学学报（社会科学版），2014，27（6）．

[96] 王云卉．新加坡传统文化教育对我国大学生传统文化教育的启示［J］．教育观察（上半月），2017，6（17）．

[97] 王泽应．论承继中华优秀传统文化与践行社会主义核心价值观［J］．伦理学研究，2015（1）．

[98] 魏兆锋．21 世纪中国基础教育的传统文化使命［J］．教育学报，2010，6（4）．

[99] 温儒敏．“部编本”语文教材的编写理念、特色与使用建议［J］．课程·教材·教法，2016，36（11）．

[100] 吴丽．中华优秀传统文化在小学《道德与法治》课程实施中的缺失与回归［J］．教育理论与实践，2020，40（11）．

[101] 吴润填，林妙君．语文教学中加强传统文化教育的思考与实践［J］．广东水利电力职业技术学院学报，2008（2）．

[102] 吴小鸥，李想．中小学教材建设对中华优秀传统文化的创造性转化

[J]. 教育研究，2019，40（8）.

[103] 吴艳玲. 提升中华优秀传统文化教育实效：《中华优秀传统文化进中小学课程教材指南》解读 [J]. 基础教育课程，2021（7）.

[104] 习近平寄语全国各族少年儿童："美好的生活属于你们，美丽的中国梦属于你们"[J]. 上海少先队研究，2015（3）.

[105] 向云驹. 论"文化空间" [J]. 中央民族大学学报（哲学社会科学版），2008（3）.

[106] 萧放. 传统节日：一宗重大的民族文化遗产 [J]. 北京师范大学学报（社会科学版），2005（5）.

[107] 肖正德. 中小学中华优秀传统文化教学的突出问题及完善之路 [J]. 中国教育学刊，2019（11）.

[108] 辛涛，申继亮，林崇德. 从教师的知识结构看师范教育的改革 [J]. 高等师范教育研究，1999（6）.

[109] 徐梓. 将中华传统文化纳入国家课程的思考 [J]. 中国教师，2017（16）.

[110] 许丽丽. 在初中美术教学中进行中华优秀传统文化教育的策略研究 [J]. 中国教师，2020（7）.

[111] 雅斯贝尔斯. 本真教育的回归 [J]. 教书育人，2009（22）.

[112] 杨朝晖. 学校日常生活育人的意义与路径 [J]. 宁波大学学报（教育科学版），2021，43（3）.

[113] 杨春霞. 传统文化教育的现代价值 [J]. 新闻爱好者，2006（9）.

[114] 杨果，吴增礼. "互联网+"时代中华优秀传统文化传播的本质要义、实践审视和联通路径 [J]. 湖南大学学报（社会科学版），2021，35（5）.

[115] 杨涵深，游振磊. 义务教育"大班额"：现状、问题与消减对策 [J]. 教育学术月刊，2019（12）.

[116] 杨丽萍. 传统文化教育的时代语境与推进路径：基于《完善中华优秀传统文化教育指导纲要》的解读 [J]. 西南民族大学学报（人文社会科学版），2015，36（4）.

[117] 杨丽，温恒福. 近30年来我国教学理论研究的主要特点分析 [J]. 教育研究，2011，32（3）.

[118] 杨叔子. 经典需诵读，诗教应先行：一项弘扬与培育民族精神的战略措施 [J]. 华中科技大学学报（社会科学版），2004（1）.

[119] 杨叔子. 素质·文化·教育 [J]. 高等教育研究，2012，33（10）.

[120] 杨叔子，肖海涛．文化素质教育是中国教育理论和实践的创新：杨叔子院士专访 [J]．苏州大学学报（教育科学版），2021，9（2）．

[121] 杨智敏．论新时期中小学传统文化教育的若干问题 [J]．学术探索，2005（6）．

[122] 易晓明．当代中国艺术教育的人文目标建构 [J]．南京师大学报（社会科学版），2021（1）．

[123] 尹力．教师教育权与学生受教育权的冲突与协调 [J]．高等师范教育研究，2002（3）．

[124] 于春海，杨昊．中华优秀传统文化教育的主要内容与体系构建 [J]．重庆社会科学，2014（10）．

[125] 余清臣．现代学校与中国传统文化传承：一种文化生态学的视角 [J]．浙江社会科学，2008（7）．

[126] 曾繁仁．中国古代"天人合一"思想与当代生态文化建设 [J]．文史哲，2006（4）．

[127] 张宝明．"绅士"对抗"猛士"：一代人的文化自信与人文救赎——从《新青年》到《学衡》[J]．探索与争鸣，2018（7）．

[128] 张岱年．国学与时代 [J]．中国社会科学院研究生院学报，1995（5）．

[129] 张方玉，徐铁光．孔子的成人之道及现代道德教育启迪 [J]．当代青年研究，2009（1）．

[130] 张广斌．对中小学开展中华优秀传统文化教育的几点建议 [J]．人民教育，2017（合刊 2）．

[131] 张继良．从否定传统文化到"国学热"的兴起（上）[J]．甘肃社会科学，1998（1）．

[132] 张九童．新时代文化自信：生成逻辑、价值定位、应然功能 [J]．长白学刊，2019（4）．

[133] 张梦蕾，刘峻杉．道家经典诵读与冥想结合的小学国学课程研究 [J]．课程·教材·教法，2018，38（4）．

[134] 张岂之．大学如何践行"文化育人"[J]．中国高教研究，2011（9）．

[135] 张岂之．高校的素质教育与德育 [J]．思想理论教育导刊，2000（2）．

[136] 张善超，李宝庆．中华优秀传统文化融入中小学课程设计：内涵、

路径与特色 [J]. 教育理论与实践, 2016, 36 (11).

[137] 张锡辉. 经典诠释与技艺：论游于艺对经典教育之启迪 [J]. 通识教育与跨域研究, 2006 (1).

[138] 张艳玲, 王玉伟, 陈松. “部编版”语文教材的鲜明特点及时代意义 [J]. 前线, 2017 (10).

[139] 张永奇. 中华优秀传统文化传承发展机制的构建：价值、内容与策略 [J]. 马克思主义研究, 2017 (12).

[140] 张媛媛, 程良宏, 韩光明. “教以成人”：线上教学的原点回归及其实现 [J]. 教育理论与实践, 2021, 41 (22).

[141] 赵克生. 童蒙教育与朱子学的下移：明清时期儿童的《小学》阅读 [J]. 社会科学辑刊, 2016 (1).

[142] 赵毅衡. 文化：社会符号表意活动的集合 [J]. 社会科学战线, 2016 (8).

[143] 郑秋月, 郭亚苹. 论中华优秀传统文化在思想政治教育中的“文化育人”及促成路径 [J]. 学校党建与思想教育, 2018 (18).

[144] 周伟琳. “中华优秀传统文化+短视频”的传播优势及策略 [J]. 桂林师范高等专科学校学报, 2022, 36 (4).

[145] 周险峰. 论教育文本的意向性建构 [J]. 湖南师范大学教育科学学报, 2006 (5).

[146] 周雪光, 练宏. 政府内部上下级部门间谈判的一个分析模型：以环境政策实施为例 [J]. 中国社会科学, 2011 (5).

[147] 朱森. 优秀传统文化融入大学生思想政治教育的思考 [J]. 学校党建与思想教育, 2014 (23).

[148] 朱术. 发挥优秀传统文化在中学生德育教育中的作用 [J]. 福建教育学院学报, 2005 (5).

[149] 朱小蔓, 钟晓琳. 情趣教育：一种有意义的情感教育探索 [J]. 中国教育学刊, 2014 (4).

[150] 朱旭东. 论教师专业发展的理论模型建构 [J]. 教育研究, 2014, 35 (6).

[151] 朱永新. 教育的真谛乃是文化的自我创生 [J]. 教育研究, 2012, 33 (3).

[152] 邹广文. 弘扬传统文化应注重人文精神的承传 [J]. 人民论坛, 2017 (7).

（四）报纸

[1] 立法先行，夯实根基，全面推进新时代中华优秀传统文化教育 [N]. 人民政协报，2020-12-01（3）.

[2] 我国大中小学教材建设步入新的历史阶段：三位专家谈国家教材委员会成立 [N]. 中国教育报，2017-07-14（7）.

[3] 习近平. 在2015年春节团拜会上的讲话 [N]. 人民日报，2015-02-18（2）.

[4] 习近平在全国宣传思想工作会议上强调：胸怀大局把握大势着眼大事，努力把宣传思想工作做得更好 [N]. 人民日报，2013-08-21（1）.

[5] 习近平在中共中央政治局第十三次集体学习时强调：把培育和弘扬社会主义核心价值观作为凝魂聚气强基固本的基础工程 [N]. 人民日报，2014-02-25（1）.

[6] 现代视野中的传统文化 [N]. 人民日报，2005-02-04（15）.

[7] 中共中央办公厅，国务院办公厅. 关于实施中华优秀传统文化传承发展工程的意见 [N]. 人民日报，2017-01-26（6）.

（五）学位论文

[1] 程良宏. 教学的文化实践属性研究 [D]. 上海：华东师范大学，2017.

[2] 董成雄. 中国优秀传统文化的系统解读和传承建构 [D]. 泉州：华侨大学，2016.

[3] 冯国林. 传统文化教育的误区：以XX小学“读经诵典”活动为例 [D]. 成都：四川师范大学，2012.

[4] 耿洪涛. 在青少年中加强中华优秀传统文化教育研究 [D]. 长春：长春理工大学，2011.

[5] 洪静怡. 日本传统文化教育研究：基于传统文化课程的分析 [D]. 上海：华东师范大学，2015.

[6] 景云艳. 文化记忆理论视角下中华优秀传统文化教育何以可能 [D]. 长春：东北师范大学，2021.

[7] 鞠忠美. 中华传统文化创造性转化创新性发展实现机制研究 [D]. 济南：山东大学，2018.

[8] 李政涛. 教育生活中的表演：人类行为表演性的教育学考察 [D]. 上海：华东师范大学，2003.

[9] 刘华荣. 儒家教化思想研究 [D]. 兰州：兰州大学，2014.

[10] 刘旭东. 现代课程的价值取向研究 [D]. 兰州：西北师范大

学，2000.

[11] 穆树航．小学教师办公室生活研究：基于县城Z小学的田野考察[D]．上海：华东师范大学，2018.

[12] 邱国勇．社会主义核心价值观教育研究[D]．武汉：武汉大学，2013.

[13] 师娅．中国传统文化与社会主义核心价值观建设[D]．西安：陕西师范大学，2017.

[14] 谭红樱．中小学校开展中华优秀传统文化教育存在的问题及对策研究：基于贵州省18所项目校的考察[D]．重庆：重庆师范大学，2016.

[15] 谭俊英．新时期中国和新加坡中华传统文化教育的比较研究[D]．广州：广东外语外贸大学，2017.

[16] 徐建宇．苏南地区普通高中生传统文化素养教育现状及对策研究[D]．成都：四川师范大学，2014.

[17] 杨锋．中国传统吟诵研究：从节奏、嗓音和呼吸角度[D]．北京：北京大学，2012.

[18] 杨淑玲．经典教育身心提升之探究[D]．衡阳：南华大学，2022.

[19] 殷翊．中小学优秀传统文化教育的特质与策略研究[D]．广州：广州大学，2009.

[20] 袁德润．当代中国基础教育与文化传统关系再认识[D]．上海：华东师范大学，2009.

[21] 袁先全．回归语言之善：论师生交往中教师语言对学生道德发展的影响[D]．武汉：华中师范大学，2010.

[22] 张宏．用中华优秀传统文化培育文化自信研究[D]．沈阳：辽宁大学，2019.

[23] 张乐农．我国大中小学中华优秀传统文化教育衔接研究[D]．武汉：华中科技大学，2019.

[24] 张琼．苏州星港学校培养学生现代教养的实践与研究[D]．苏州：苏州大学，2011.

[25] 张媛磊．中学生传统文化教育问题研究[D]．郑州：河南大学，2013.

[26] 赵建梅．培养双语双文化人：新疆少数民族双语教育的人类学研究[D]．上海：华东师范大学，2011.

（六）论文集

［1］陈建翔．关于家庭人格教育的若干思考［C］//中国家庭子女教育：海峡两岸家庭教育研究文集．长春：吉林教育出版社，2000.

［2］沈成．学校教育应弘扬中华优秀传统文化［C］//叶圣陶研究会．叶圣陶德育思想与实践研讨会论文集．苏州：叶圣陶研究会，2004.

［3］郑宗義．中华文化的精神价值［C］//郁文华章：中华文化学与教育资源套（中学篇）．香港：中华人民共和国香港特别行政区政府教育局，2020.

（七）电子文献

［1］成都市双流区人民政府．双流教育基本情况（2022年）［EB/OL］．成都市双流区人民政府网，2022-06-08.

［2］教育部，国家语委．关于进一步加强学校语言文字工作的意见［EB/OL］．中华人民共和国教育部政府门户网，2017-01-18.

［3］中华人民共和国家庭教育促进法［EB/OL］．中华人民共和国教育部政府门户网，2021-10-23.

二、英文文献

［1］CARR N. The Shallows：What the Internet Is Doing to Our Brains［M］. London：W. W. Norton and Company，2010.

［2］DENZIN N K，LINCOLN Y S. The Discipline and Practice of Qualitative Research［M］//The Landscape of Qualitative Research：Theories and Issues. Thousand Oaks：SAGE Publications Inc，2003.

［3］POSTMAN N. Amusing Ourselves to Death：Public Discourse in the Age of Show Business［M］. London：Viking Penguin Inc，1985.

［4］HOFFMAN M L. Empathy and Moral Development：Implications for Caring and Justice［M］. New York：Cambridge University Press，2000.

［5］HORKHEIMER M，ADORNO T W. Dialectics of Enlightenment［M］. Trans JEPHCOTT E New York：Kentnium Press，1986.

［6］KANT. Education［M］. Ann Arbor，MI：University of Michigan Press，1960.

［7］KUBEY R，CSIKSZENTMIHALYI M. Television and the Quality of Life：How Viewing Shapes Everyday Experience［M］. New York：Routledge，1990.

［7］MCLUHAN M，LAPHAM L H. Understanding Media：The Extensions of Man［M］. London：Routledge，1997.

[8] NYE J S. Soft Power：The Means to Success in World Politics [M]. New York：Public Affairs，2004.

[9] STAKE R E . The Art of Case Study Research [M]. Thousand Oaks：SAGE Publications，1995.

[10] SUTTON M Q，ANDERSON E N. Introduction to Cultural Ecology [M]. Lanham：AltaMira Press，2004.

[11] THOMPSON J D. Oganizationgs in Action：Social Science Bases of Administrative Theory [M]. New York，Routledge，2008.

[12] TYLER R. Basic Principles of Curriculum and Instruction [M]. Chicago：The University of Chicago Press，1949.

[13] WISPÉ L. History of the Concept of Empathy [M] //EISENBERG N，STRAYER J，Empathy and its Development. NewYork：Cambridge University Press，1987.

[14] WOODWARD K. Identity and Difference [M]. Thousand Oaks：Sage Publication Inc，1997.

（二）期刊

[1] JOHNSON J P，LIVINGSTON M，SCHWARTZ R A，et al. What Makes a Good Elementary School? A Critical Examination [J]. The Journal of Educational Research，2000，93（6）.

[2] SMITH R. Paths of Judgement：The Revival of Practical Wisdom [J]. Educational Philosophy and Theory，1999，31（3）.

（三）其他

[1] Le Socle Commun des Connaissances et des Competences [EB/OL]. Ministère de l'Educction Nationale et de la Jeunesse，2014-03-20.

附　录

一、访谈提纲

（一）校管理者访谈提纲

1. 自有了人类活动后就产生了各种各样的文化，我国的文化发展已绵延了数千年，进入现代社会以来，我们一直在反思并探索中华优秀传统文化的内容、价值和意义，那么您是如何认识传统文化的，您认为中华优秀传统文化都包含哪些内容？

2. 贵校有关中华优秀传统文化教育的发展理念是什么？具体的执行方案是什么？方案设计从何而来，由哪些人参与设计？

3. 您对中华优秀传统文化教育“进校园、进课堂”是怎么认识的？贵校探究中华优秀传统文化教育的出发点和落脚点是什么？

4. 贵校在中华优秀传统文化教育探究过程中取得了哪些成就，遭遇了哪些困难？学校是如何克服困难的？

5. 根据贵校在推动中华优秀传统文化教育过程中遇到的困难，您认为，目前学校开展中华优秀传统文化教育存在的主要问题是什么？

6. 关于中华优秀传统文化教育的教材和读本已有诸多相关著作，贵校最初编写中华优秀传统文化教育教材的动因是什么？您觉得贵校编写的传统文化校本教材的独特性体现在哪些方面？

7. 贵校编纂的第一套有关传统文化教育的教材排版是基于什么样的思想基础，出于何种考虑？在编写中华优秀传统文化教育教材的过程中是如何在中华传统文化的浩瀚海洋里进行筛选的，筛选的依据是什么？

8. 贵校编写的传统文化教育教材实施起来存在哪些困难？能否按照最初的设想达到每日一诵读、每周一大家、每月一名著的预期？

9. 贵校的传统文化教育教材实施后有何成效？对教师、学生、家长分别产生了哪些影响？

10. 随着贵校编纂的传统文化教育教材的实施，有没有出现一些意料之外的反响或者其他一些让您印象深刻的事件？

11. 贵校有关中华优秀传统文化教育的活动有哪些？活动如何开展？学生兴趣如何？您认为在贵校开展的多种传统文化教育中，哪种课程形式更受学生欢迎？（国学课、陶艺课、书法课、川剧）

12. 您觉得中华优秀传统文化教育可以帮助学生形成什么样的品质？您觉得哪些关于中华优秀传统文化的活动对学生成长与发展起到了明显的推动作用？

13. 贵校是否有专业的教师（例如，书法、琴棋书画、川剧或国学专家）教授有关传统文化的课程？几年级开始上？每周上几次？授课教师是从何处请来？

14. 贵校有没有与传统文化相关的社团，例如，戏剧社、书画社、汉服社等，活动由哪些教师开展？活动的频率大概是多久一次？

15. 在中华优秀传统文化教育探索的过程中，贵校取得了哪些成果？哪些成就让您觉得难以忘怀呢？根据贵校多年来的中华优秀传统文化教育实践的经验，您对开展中华优秀传统文化教育有何建议？

16. 贵校所在的教育部门开展了哪些传统文化活动或相关指示，有没有一些政策指导或者支持活动？

17. 根据您的了解，贵校每周三开展的传统文化教育课程有没有被其他课程挤占的情况？您认为传统文化是否应该有全国统一的课程？

18. 贵校开展的有关传统文化教学的教师培训反响如何，贵校有没有计划培养专门开展中华优秀传统文化教育的教师？通过什么方式培养？

19. 贵校多年坚持开展中华优秀传统文化教育的因素有哪些？

20. 您认为开展中华优秀传统文化教育的主要作用是什么，他对学校、教师和学生都有什么意义？

（二）教师访谈提纲

1. 您如何认识中华传统文化？您认为中华传统文化都包含什么内容？

2. 您觉得实施中华优秀传统文化教育最重要的意义是什么？您觉得通过什么样的教育方式能达到较为理想的效果？

3. 您是否参与编写了贵校的传统文化校本教材？

4. 您在教材编纂过程中如何识别“优秀”的传统文化？不同年级的难易程度的分类标准是什么？

5. 您在校本教材使用的过程中遇到过哪些问题，您又是如何解决的？

6. 您如何融通校本教材与语文（或道德与法治、美术）课程教学中的中华优秀传统文化教育内容？您觉得语文（或道德与法治、美术）与中华优秀传统文化教育有什么联系？

7. 您觉得编写中华优秀传统文化教育校本教材的最重要的意义是什么？在实践探索中这个预期的意义是否达成？

8. 您觉得贵校编写的传统文化教育校本教材实施起来存在哪些困难？能否按照我们最初的设想达到每日一诵读、每周一大家、每月一名著的预期？

9. 贵校的传统文化教育教材实施后有何成效？对教师、学生、家长分别产生了哪些影响？

10. 您所在班级的板报、手抄报一般都有什么主题？更换的频率大概多久呢？依据什么来更换主题呢？

11. 贵校举办过诸多有关中华优秀传统文化教育的活动，您觉得举办活动最重要的意义是什么？在您的记忆里哪次活动让您印象最深刻，对您的触动最大呢？

12. 我们知道小学阶段的孩子都是出于半野性的状态，爱玩是他们的天性，您如何平衡传统文化教育中的规则意识教育与孩子爱自由的天性之间的关系呢？

13. 在您的教育生涯中，您有没有怀疑过中华优秀传统文化教育的"育人"价值及其在学校教育中的意义？是什么事件引发了您的忧虑呢？您又是如何处理这种忧虑的心理？

14. 在您的教学生涯中，在开展有关中华优秀传统文化教育的相关活动时都遇到过哪些困难？您支持开展专门的传统文化教育课程吗？

15. 您觉得贵校的中华优秀传统文化教育如何才能获得更进一步的发展？

（三）学生访谈提纲

1. 你喜欢你的学校吗？你最喜欢校园的哪个角落呢？

2. 校园里的建筑你留意观察过吗？有没有你最喜欢的建筑呢？

3. 你在校园玩耍的过程中，有没有发现一些与传统文化相关的东西呢？为什么你会觉得这些事物与传统文化相关呢？

4. 在你日常生活接触的事物中，你觉得哪些事物与传统文化相关呢？

5. 你在校园里都看到了什么，哪些事物比较吸引你呢？校园里让你印象最深刻的是什么呢？你觉得你们校园环境整体上是一种什么样的风格呢？

6. 学校墙上挂的名言名句你认真读过吗？你最喜欢的是哪一句呢？

7. 古诗词是古人表达思想情感的集中体现，我们每学期都会学好几首古诗词，你喜欢学习古诗词吗？你觉得学习古诗词对你产生了哪些影响呢？你最喜欢哪一首古诗呢？

8. 汉字是我们中华民族的象征，古时候出现了很多书法大家，他们凭借一手好字名留千古，我们进入小学后都要开始学习写字，而且要把字写得漂亮端正，你在平时写作业时会注意把字写工整吗？你觉得学校的书法课对你写好汉字有帮助吗？你觉得把字写好的意义是什么呢？

9. 先秦时期是中国文化发展的繁荣时期，这一时期出现了许多思想家，被称为“诸子百家”，你知道诸子百家都包含哪些学派，与哪些人物相关呢？你知道与他们相关的著作吗？有没有你读过的著作呢？

10. 据我所知，我们学校有上百个社团，你都参加过哪些社团呢？为什么选择这些社团呢？（如果有关于传统文化的请学生讲述自身的感受和收获，如果没有，则追问学生为何未选择与传统文化相关的社团）

11. 我们国家有许多传统的节日，你都知道哪些传统节日呢？你知道这些节日的来历和与节日相关的习俗吗？

12. 我们在学校的学习生活中会学到很多待人接物的知识，比如，尊老爱幼、乐于助人、勤俭节约等，你在学习了这些知识后对你在日常生活中的行为有没有什么影响呢？你会不会有意识地指引自己去践行这些美德呢？

13. 不论在日常生活中还是学校的课堂上我们都会听到一些感动人心的英雄故事，我国古代也有很多名垂青史的大英雄，如蔺相如、司马迁、苏武、岳飞等，你都知道哪些古代英雄的事迹呢？这些英雄的事迹有哪些是值得我们现在学习的呢？

14. 我们学校举办过很多有关传统文化的实践活动和一些比赛活动，你参加过这些活动吗？哪次的活动让你觉得印象最深刻呢？

15. 学校会举办很多的仪式，比如，升国旗、少先队员入队礼、开学典礼，可以说一下你在参加这些活动的时候的感受吗？有没有什么让你印象深刻的事情呢？

16. 你觉得你在家里和在学校的时候有什么不一样的地方呢？放学回到家后一般都做什么呢？你觉得你父母传授给你的一些观念和学校教师教你的是一致的吗？有没有不一样的地方呢？

（四）家长访谈提纲

1. 基本信息询问，如学历、专业、家乡、个人兴趣爱好等。

2. 在日常生活中，您会关注孩子有关中华优秀传统文化知识的学习吗？您在与孩子的谈话交流中会有意识地向孩子传递中华优秀传统文化知识吗？

3. 您如何培养孩子对中华优秀传统文化的兴趣呢？例如，是否给孩子报过书法、国画、围棋、古琴、中国舞等与传统文化相关的兴趣班？孩子的学习成效如何？

4. 工作日内，孩子回到家后，您会和孩子一起阅读《中华优秀传统文化每周一课》的内容吗？一般每天读多长时间呢？您有哪些收获呢？

5. 您在平时与孩子相处的过程中，关心孩子的成绩多于他的个性品质吗？

6. 学校有些课程需要孩子在家做家务进行实践，您有教过孩子做家务吗？您觉得做家务对孩子有哪些影响和帮助呢？

7. 您在家里会给孩子设立家庭规矩吗？例如，用餐礼仪、待人接物、作息睡眠等方面。

8. 您参与过学校举办的国学活动（比如，书法比赛、写对联、诵经典等）吗？这些活动给您留下什么样的印象呢？您觉得这些活动对您教育孩子的方式有什么影响吗？

9. 您读过哪些关于传统文化的书籍呢？您对中国传统文化典籍，如《论语》《孟子》“唐宋诗词”“四大名著”等喜欢吗？如果有时间，您愿意学习与中华优秀传统文化相关的知识内容吗？

10. 您支持孩子学习中华优秀传统文化吗？您给孩子购买过哪些有关传统文化知识书籍？您选择这些书的依据是什么呢？您觉得孩子学习中华优秀传统文化存在哪些困难？

11. 您对学校开展中华优秀传统文化教育的方式了解多少呢？您对学校开展中华优秀传统文化教育有什么建议吗？

12. 您觉得家校共建、家校共同推动中华优秀传统文化教育对您产生了哪些影响？您支持以这样的方式推动中华优秀传统文化教育吗？

二、访谈对象基本信息

本研究共访谈人员 50 位。其中广都小学教师 20 位，包括校管理者和各科任课教师；学生 20 位，四年级一班 10 位，五年级一班 2 位，六年级一班 8 位；访谈家长 6 位。同时，为了做研究对比，笔者访谈了陕西西安两所学校的 4 位教师。访谈对象编码方式：身份+性别+序号（按第一次访谈先后时间排序）。教师编码为 T，学生编码为 S，家长编码为 P；男性编码为 M，女性编码为 F，其他小学访谈教师编码在“身份”前加（O）。

（一）广都小学访谈教师基本信息

编码	年龄（岁）	性别	籍贯	最高学历	职务	任教学科
T-M-1	44	男	四川	本科	主任	不带课
T-M-2	43	男	四川	本科	副主任	语文
T-F-3	45	女	四川	本科	教师	语文兼书法、传统文化
T-M-4	46	男	四川	专科	主任	不带课
T-F-5	39	女	四川	专科	教师	数学兼道德与法治
T-F-6	35	女	吉林	本科	教师	体育兼生活老师
T-F-7	28	女	甘肃	本科	教师	音乐
T-M-8	34	男	重庆	本科	教师	数学
T-F-9	48	女	四川	本科	教师	语文兼道德与法治、传统文化
T-F-10	42	女	四川	本科	教师	英语兼班主任
T-F-11	36	女	四川	研究生	教师	语文兼道德与法治、传统文化
T-M-12	29	男	辽宁	本科	教师	体育
T-F-13	33	女	四川	研究生	教师	英语兼班主任
T-M-14	36	男	贵州	本科	教师	美术
T-F-15	43	女	四川	本科	教师	语文兼书法、传统文化
T-F-16	29	女	四川	研究生	教师	语文兼书法、传统文化
T-M-17	47	男	四川	本科	副主任	不带课
T-F-18	38	女	四川	本科	教师	数学
T-F-19	40	女	四川	研究生	教师	英语兼班主任
T-M-20	56	男	四川	本科	校长	不带课

（二）其他小学访谈教师基本信息

编码	年龄（岁）	性别	籍贯	最高学历	职务	任教学科
OT-M-1	35	女	陕西	研究生	教师	语文
OT-M-2	29	女	陕西	研究生	教师	语文
OT-F-3	31	女	重庆	研究生	教师	语文兼道德与法治
OT-M-4	30	女	陕西	本科	教师	语文

（三）广都小学访谈学生基本信息

编码	性别	籍贯	母亲工作	父亲工作	兴趣爱好
S-F-1	女	成都	全职妈妈	事业单位	画画
S-F-2	女	成都	全职妈妈	事业单位	唱歌
S-F-3	女	绵阳	教师	教师	阅读
S-F-4	女	眉山	销售	务工	看动画片
S-F-5	女	乐山	收银员	自营	做“手账”
S-M-6	男	成都	银行职员	公务员	轮滑
S-M-7	男	德阳	全职妈妈	事业单位	打游戏
S-M-8	男	成都	务农	务农	演讲
S-F-9	女	甘孜	务工	务工	跳舞
S-F-10	女	成都	微商	自营	收集盲盒
S-M-11	男	成都	护士	自营	围棋
S-F-12	女	成都	工人	工人	阅读小说
S-M-13	男	成都	文员	工人	无
S-M-14	男	成都	全职妈妈	自营	剧本杀
S-F-15	女	成都	舞蹈教师	自营	拍短视频
S-F-16	女	成都	经商	经商	角色扮演
S-F-17	女	成都	全职妈妈	医生	打游戏
S-M-18	男	绵阳	自营	自营	无
S-M-19	男	成都	服务业	会计	主持
S-F-20	女	德阳	糕点师	建筑师	弹钢琴

（四）广都小学访谈学生家长基本信息

编码	年龄（岁）	性别	籍贯	最高学历	职业
P-F-1	37	女	四川	专科	全职妈妈
P-F-2	35	女	甘肃	本科	全职妈妈
P-F-3	41	女	重庆	本科	教师
P-M-4	41	男	四川	专科	教师
P-F-5	35	女	四川	专科	微商
P-F-6	30	女	云南	本科	文员

三、访谈记录、课堂观察记录

（一）教师访谈记录节选（T-F-3：2021-06-15）

笔者：请您介绍一下贵校主要开展了哪些与中华优秀传统文化教育相关的课程和活动。

受访者：我先讲一下我所在学校的中华优秀传统文化教育实践的发展历程。2000年的时候我来到这所学校，当时情况比较特殊，我教的是一个双语班，那个时候我是第一次教双语班。因为我自己喜欢传统文化，就在班上做了很多引导学生学习传统文化知识的实践研究，包括带着他们进行传统文化课外知识的阅读，开展诗词诵读活动，效果非常好。大概2002年的时候，这批学生二年级了，我和他们聊天的时候发现他们相比其他班级的学生学习好、有礼貌，口语和作文的表达能力以及行为规范等方面也更为出色，仲校长也发现了这一点。仲校长是一个比较传统的老校长，但是他非常支持我们的工作。后来新校长——艾校长上任后也支持推行传统文化教育，她是一位具有非常开拓进取精神又有非凡能力的校长，她认为让学生学习传统文化很重要，她现在退休了自己办了一所幼儿园，还在引导孩子学习传统文化、学习中华礼仪等。当时她组织大家开会研讨，和教师们商量怎么把传统文化教育在学校持续地做下去，并将我任命为学校主管语文的副教导，我们一起思考怎么在学校教传统文化，那时候还叫“国学”，大概是2002年，应该都快5月份了才提出全校推广，当时我们很快就编好了一本经典读本《三字经》，全校共读《三字经》，读完后效果非常好，但是出现了一个后续问题：读完这本后明年读什么？出现没有连续性的问题。我在想如果我们要做这个，就一定要有连续性。所以我们编写了一系列成体系的教材，让每个阶段的学生都能学习到适合他们的传统文化。

笔者：请您谈一下这几套教材之间的联系与区别。

受访者：一开始我们想着在市面上买一套，直接使用，那时候网络信息还不像现在这么发达，我们几个老师就一起到成都的书店到处去找，结果非常尴尬，我们发现市面上竟然找不到一套适合小学生诵读的古诗文。于是当时我就在想，没有我们就自己编，然后我们就开始编写我们的第一套传统文化读本，大概用了3年时间编成这一套（指着桌上的教材）。然后就让孩子们试用，效果非常好，孩子们的文学素养有很明显的提升。这个是10多年前的版本。当时这套教材基本上就是全国最早的国学校本教材，当时季羡林教授还在世，他担任了我们这套书的顾问。当时去找季教授的时候，他连着说了三遍，你们是在做一件功德无量的事情。这套书我们从题目就可以看出，它是简单地将诗词诵读内容根据年段进行了一个划分，看里面内容还是不知道究竟该怎么教学，没有教学的流程，就是现在到市面上，很多其他小学生的读本都是这种体系，它就是一章一章的，一章一个内容，但是这章我究竟是教一个星期、教两节课还是教一节课，我怎么教学，老师拿着它还是不知道怎么做，所以它存在一个很大的问题。当时我们就在想，因为我们是一线老师，我们肯定要解决怎么教学的问题，那么我们综合起来传统文化进校园的几个难点就是教什么、谁来教、怎么教、什么时候教四大难题。那么教什么，我们其实这么多年一直在主抓的是教什么的问题，但是我们后来慢慢地在这个时间过程中，就想把教什么、怎么教、什么时候教这些问题融为一体，彻底解决这个困难。

（二）学生访谈记录节选（S-F-2：2021-09-27）

笔者：你喜欢你的学校吗？你最喜欢校园的哪个角落呢？

受访者：喜欢，我们老师会给我们发班币，可以用来换礼物，每次拿到班币我都很开心。校园里我最喜欢的是“乐融融”广场，那里有桂花树，每到花开的时候就特别香。我想重新回答这个问题，我最喜欢的地方是“木樨亭”，因为这个亭子是文老师命名的，我们经常在木樨亭玩耍。

笔者：校园里的建筑你留意观察过吗，有没有你最喜欢的建筑呢？

受访者：没有注意过，我最喜欢的是篮球架，因为我投了很多次都投不进去球。让我觉得很有挑战性。

笔者：你在校园玩耍的过程中，有没有发现一些跟传统文化相关的东西呢？为什么你会觉得这些事物跟传统文化相关呢？

受访者：好像没有发现。有一些古代人写的文章，我不知道写了什么。

笔者：学校墙上挂的名言名句你认真读过吗？你最喜欢的是哪一句呢？

受访者：我一、二年级的时候读过这些，我在校园里走的时候会看一看。每天上学的路上妈妈都教我，我们家一直都在关注《典籍里的中国》，晚上妈妈也会陪我一起读。

笔者：汉字是我们中华民族的象征，古时候出现了很多书法大家，他们凭借一手好字名留千古，我们进入小学后都要开始学习写字，而且要把字写得漂亮端正，你在平时写作业时会注意把字写工整吗？

受访者：会的，我喜欢书法。我妈妈给我在外边报了书法班，是一个 80 岁的爷爷教我，我觉得把汉字写好是对我们中国文化的尊重，汉字是我们中国人发明的。

笔者：先秦时期是中国文化发展的繁荣时期，这一时期出现了思想家，被称为“诸子百家”，你知道诸子百家都包含哪些学派，与哪些人物相关呢?

受访者：孔子、孟子、韩非子、墨子。

笔者：我们国家有许多传统的节日，你都知道哪些传统节日呢?你知道这些节日的来历和节日期间相关的习俗吗?

受访者：我最喜欢端午节，因为我觉得赛龙舟特别有意思，我还没有看过，我特别想去看看。

笔者：我们在学校的学习生活中会学到很多待人接物的知识，比如，尊老爱幼、乐于助人、勤俭节约等。你在学习了这些知识后对你在日常生活中的行为有没有什么影响呢?

受访者：我觉得我们都要节约粮食，不能浪费食物，妈妈每天都要让爸爸把菜吃完。

笔者：你都知道哪些古代英雄的事迹呢?这些英雄的事迹有哪些是值得我们现在学习的呢?

受访者：我喜欢诸葛亮，我觉得他特别聪明，有句话说，三个臭皮匠顶个诸葛亮，诸葛亮这么聪明是因为他勤学苦练，我也要像诸葛亮一样认真学习。

笔者：我们学校举办过很多有关传统文化的实践活动和一些比赛活动，你参加过这些活动吗?

受访者：我们班上会举行一些活动，重阳节、中秋节、元旦等，中秋节我参加了主持，觉得很有意义，中秋节要家庭团圆，因为月亮都是圆的。中秋节我还穿了汉服，就好像回到了古代的时候，好像过一种古代的生活，古代有皇帝、现在有总统，我觉得古代的普通人生活比较困难。

（三）家长访谈记录节选（P-F-3：2021-12-14）

笔者：您支持给孩子报诸如书法、国画、古琴、中国舞等与传统文化相关的兴趣班吗?您有没有给自己的孩子报过这些班呢?

受访者：我们还是比较支持的。一般家长都会给孩子报书法，我们的孩子是因为他的书法基础太差了，平时写字写得太潦草、不工整，为了让他形成良好的书写习惯，把字写好看，所以就给他报了书法。对小孩来说，最重要的是态度的问题，给他报这个班，他自己也会稍微重视一些，帮他提高一下书写的规范性，现在的好多家长从幼儿园开始就报写字班了，写字的过程也能让孩子静下来。

笔者：您对学校开展中华优秀传统文化教育有什么建议吗?

受访者：我觉得要想真的做好，还是需要把它渗透到教学中去做。有些时候我们看到的是学校就单独搞个什么活动，如果它只是单独地搞一个形式的活动，那它就只是一个形式，也起不到什么教育的作用，所以还是要把它渗透到课程里面。要么就是说，学校做一个专门的传统文化教育活动，就是有专人专门负责把它弄起来，每周都要有，因为传统文化教育不是说举行一次活动就能把它教好。如果只做一次，那它本身就还是一个形式。是给领导安排视察的人看的，就只是为了完成任务，而学生有没有受益我们不知道。如果真正地想把这个传统文化渗透进去，我们就要长期性地做下去。因为咱们多少年来都不注重这个传统文化，现在说要把传统文化教好，肯定是要有一个长期的过程。本来不管什么都要有一个慢慢来的过程。传统文化很多人都很少接触。有时候想一下，现在让孩子背《三字经》《道德经》，这些有什么用啊，没有什么用的。古代的时候生活比较简单，人是会关心自己内心的想法，因为古代的时候没有像现在科技这么发达，现代人可以借助很多外力来完成东西。现在的人其实已经不像从前一样了，生活也不关注自己。而且现在社会这么复杂，道理谁都懂，他就是把这些都背会了，以后进入社会该变坏的人还是会变坏。所以学校还是要把它（传统文化）弄成一个长期教育活动。

（四）课堂观察记录（2021 年 9 月 14 日节选）

语文课，四年级一班。

早读开始文老师就进入班级，开始收昨天布置的作业，学生基本已到校，还有少数几个座位空着。坐在第一排的 DZ 同学虽然不是学习委员，却最喜欢帮老师做杂活，收作业、送东西、拿粉笔这些事情他做起来总是得心应手，很快他就把在座学生的作业收齐了。

剩余的几个学生陆续到校后，文老师开始听写字词，“钱塘江、若隐若现、人声鼎沸、薄雾、霎时、洱海、鹅卵石、葡萄……”听写完后，文老师让同桌互批，然后询问哪些同学有错误，有八个学生举起了手，文老师对他们说，把错词抄两遍，今天放学前让小组长再听写一遍，写对了才能回家（听写字词是“语文”教学悠久的传统，字词也是语文学习的最基本要求，也是逢考必出现的内容，基本所有的语文试卷的第一题都是“字词拼写”，在这方面失分的学生不在少数。学习字词最有效的方式就是多写多练。文老师让写错的学生把错的词抄两遍，在某种程度上也是合理的。但或许我们可以让学生把写错的词说出来，看一下这八个同学写错的字词有没有什么特征，有没有哪些字是大家都容易出错的，让学生分析自己为什么会写错，这样或许他改正了之后就再也不会出错了）。

字词听写完后，朗读课结束了。休息 5 分钟后开始上课。

文老师以问问题的方式开始新的教学活动。“我们学习一篇新的课文的时候，应该如何提问?”学生都踊跃地举手，他们说“这篇课文的中心思想是什么?”“这篇课文的结构是什么?”“这篇课文总共有几段?”等，然后文老师进行总结，在黑板上写下：

如何提问：1. 从内容上提；2. 从写法上提；3. 受到启发。

接下来开始学习新课文《夜间飞行的秘密》，文老师让学生以提问题的方式展开对课文的阅读，在读完课文后，尝试从以上三方面进行提问。7 分钟后所有学生都读完了课文，文老师开始让学生提问。他们有人问道：“谁在夜间飞行?”“它的秘密是什么?”“是事物还是生物飞行的秘密?”“为什么人听不到超声波?”“为什么用避开不用躲开（障碍)?”“蝙蝠的眼睛用来干什么的?”“科学家做一次实验就知道蝙蝠不是靠眼睛飞行，为什么要做 3 次呢?”“超声波对人体有害吗？人类如何规避?”

(学生对课文还是充满好奇心和想象力的，他们在用心思考与感知，只有真正读进去了，才能提出有意义的问题)

坐在第四排的最左边的杨子墨同学传递过来一本语文书给我，他有多出来的一本，书递到了我手里后，他用眼神示意。充满善意又友好的小朋友，他们的世界总是简单美好的。

在学生问出这么多问题后，接下来文老师带领学生从课文中去寻找答案，逐字逐段地讲解课文。

四、广都小学赋及其办学理念

（一）广都小学赋

旭日东升，其道大光；百年广小，风雨沧桑；广都南隅，功名深藏。数易其址，几更其名；初心不渝，雪松常青；居闹市而辟净土，洗浮华而归朴诚；榕冠垂荫，桂影馥亭。

朝阳融融，大爱化人；惠泽学子，岂有偏分；厚植根底，薄绽其缤；童声追远，国学铸魂；字正腔圆，浩然养真。寻脉川剧，蜀韵翩庠；曲振央视，域外传芳；学科渗透，相得其彰；抟泥脸谱，点睛红装；舞唱经典，眉宇铿锵；著书立言，淬炼思量；一朝面世，声名远扬。立德树人，品性端方；知行合一，跬步云翔；顺时应节，意气堂堂！

杏坛勤耕，凯歌频传；上下求索，九州光斓；矢志向阳，济世和暄。思谋远道，献国以未来栋梁；潮头勇进，震名于现代领航；根深叶茂，与时俱飏；阳光智慧，再灿华章！

（二）广都小学办学理念

在文化坚守与创新中，广都小学响亮地提出了以“朝阳东升、生机勃发、乐于进取、志在创新”为文化核心的“阳光育人”教育哲学，践行“大爱向阳，温暖如初”的办学理念，以培育“积极进取、豁达友善、诚实守信、独立自主、心中有爱”的阳光少年为育人目标，努力践行“让学生快乐、有尊严地成长；让教师有效、惬意地工作；让学校持续、和谐地发展”的办学目标，致力于教育的公平、均衡、尊重、生态的价值追求。立足“立德树人”的育人宗旨，坚持传统文化传承与艺术教育两大特色，在精品化特色发展的道路上自信、坚实地走向卓越。

五、广都小学课表及作息表

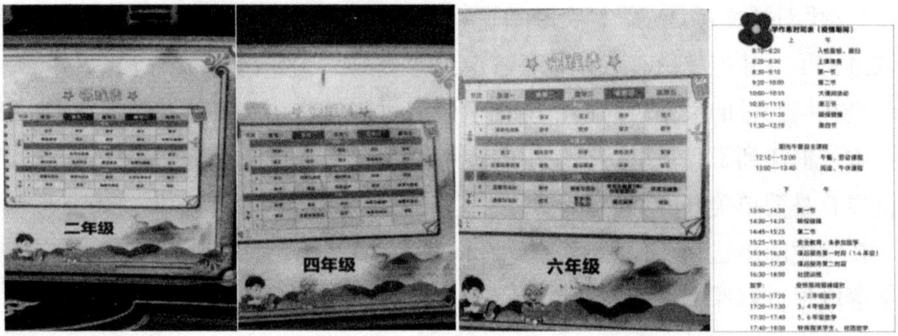

后　记

本书的研究主题“中华优秀传统文化教育”是源自儒家的“成人”思想。从子路问“成人”到孔子的“吾与点也”和“从心所欲不逾矩”，儒家“成人”的核心是达到一种悠然自得的生活状态，是“化行俗美，民生和乐”。研究传统文化，我们必须承认儒家文化的核心位置，传统儒家的思想就像一个圆，似乎从任意一点出发，都能回到原点。最初进入田野，我试图让自己完全融入中华优秀传统文化教育的实践中，只是观看实践，没有过多的审思与批判，而是注重让自己去理解。从人的现实生活出发，以功利主义和实用主义的角度去理解广都小学的中华优秀传统文化教育实践，我在潜意识中成为教育实践的维护者，理解教师的现实处境，理解学校的“发展”需求，我从理论笔者转变为一个彻底的现实主义者。我用一种最庸常的心态观看这一切。当我真正开始从理论层面思考教育的本质，思考中华优秀传统文化教育的本质，我不情愿地体会到，现实教育追求的是“满地的六便士”，而真正的教育是教会人“抬头看月亮”。理论与实践之间难以连接的鸿沟始终阻碍着我的研究与思考，让我时而迷失在功利主义的实践中，时而畅游在理想又完美的教育理论中，而我难以在自己的研究中平衡二者之间的关系。做学问如果无法回应实践，那意义何在？在困顿迷茫时，偶然间看到一句话：“理论研究不需要解决实践问题，理论是给人期待与理想。”想这大概就是形成一种虽不能至，然心向往之的理想追求。它让我们生活在满是“六便士”的现实世界，却怀着“抬头看月亮”的美好心境。如果理想的“成人”是“臧武仲之知，公绰之不欲，卞庄子之勇，冉求之艺，礼乐之饰”，那么在现实中追求一种“见利思义，见危授命，久不忘平生之言”的品格亦可以为“成人”了。

本书是在我的博士论文的基础上修改完善而成的。在思考和写作的过程中，有诸多需要我感谢和铭记的家人、师长和亲友。首先要衷心地感谢我的博士导师赵建梅教授！导师对我的帮助不仅仅是在学业方面，还体现在物质上、精神上、日常生活等各方面。导师在平时是雷厉风行的院长，但跟学生在一起时，她像我们的母亲一样照顾我们、关爱我们。导师无私的关爱与支持是我写完博士论文的最大动力，在论文初成阶段，导师牺牲自己的休息时间，在数不清的夜晚为我指点迷津，一字一句地指导我修改论文。第一次预答辩我遭遇挫折，在除夕的前一夜，这个本该与家人共乐的时刻，导师紧急召开研讨会指导我的论文。对此我常怀感恩之心，也深深地被老师的精神感动。回想四年时光里与导师在一起的生活，导师一直是我的精神向导，我期望自己变成像导师一样的人。我对导师不仅仅是感恩与感谢，在日益相处中，对导师的情感转化为一种亲人之间的细腻情感，导师不仅仅是我的导师，还是我的亲人，往后余生我所有的思想和行为都将带着导师给予我的烙印。

感谢华东师范大学丁钢教授对我的悉心指导。丁老师具有博大的胸怀、深邃的智慧、敏锐的思想、宽阔的眼界。我愚笨的脑袋和拙劣的笔触显然表达不出丁老师令人高山仰止的思想智慧。从预开题、开题到两次预答辩再到论文送审前夕，以及在成都与丁老师在一起的时光，丁老师都给予我全面而深刻的指导，为我厘清论文的主线和逻辑结构，点明论文研究的核心和主旨。感谢新疆师范大学程良宏教授、毛菊教授、王阿舒教授对我各方面的关怀与指导、支持与帮助。感谢教育科学学院的各位老师为我们的辛苦付出。感谢新疆师范大学教育科学学院为我们提供的学习平台，让我有幸赴华东师范大学李政涛教授门下学习交流，在李老师门下的学习让我更加深刻地理解了“生命”与“教育实践”的内在关联，也让我深刻地感受到师门学子对叶澜老师的思想和学术研究的传承。华东师大自由的学术氛围和良好的学习环境让我受益颇多，记得华东师大图书馆一楼悬挂的牌匾上写着“志于道、据于德、依于仁、游于艺”，大概从那个时候起我便开始思考其中的“成人”意义。

感谢我的田野调研学校广都小学给予我学习考察的机会，尤其感谢章主任、文老师等对我的支持与帮助，感谢四年级一班可爱的孩子们带给我的温暖与快乐。感谢一路走来所遇到的所有师长的帮助与支持，谢谢你们让我的生命充满阳光与爱。感谢我的家人的支持与陪伴，感谢我的父母和我的兄弟姐妹。感谢我的丈夫严孟帅，在我撰写书稿期间，一边工作一边照顾襁褓中的孩子，还承担了各项琐碎的家务，空闲之余又帮我审读论文，不断叮嘱我注重细节、注重每一个标点符号的运用。感谢我的女儿来到我的生命里，你稚嫩的笑容温暖着我，照亮我前行的道路。

新疆师范大学是一所具有悠久传统和充满文化魅力的学校，维吾尔族的姑娘如此美丽、灵动，记得在一个天朗气清的傍晚，应是天仙狂醉，乱把白云揉碎，远处皑皑的雪山岿然不动，校园里的乐队“俱怀逸兴壮思飞，欲上青天揽

四川师范大学马克思主义理论学术丛书